이기적 스터디 카페

카페 회원가입 시 전부 제공!

KB061873

1:1 질문답변

궁금한 문제는 바로 답변을 받아야죠!
전문가가 달아주는 친절한 답변!

온라인 스터디 모임

같은 목표를 두고 함께 공부해봐요!
스터디 모임 인증하고 간식도 챙겨요!

다양한 추가 자료

스터디 카페에서만 받아볼 수 있는!
아주 특별한 학습자료!

리뷰 이벤트

이기적 도서에 대한 리뷰를 달아보세요!
네이버 페이 포인트를 드려요!

*제공되는 혜택은 도서별 상이합니다. 도서별 제공되는 혜택을 확인해주세요.

이기적 스터디 카페 | 검색

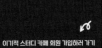
이기적 스터디 카페 회원 가입하러 가기

365 이벤트

홈페이지와 스터디 카페에서 365일 진행!

정오표 이벤트

이기적 수험서로 공부하다가 오타·오류를 발견하셨나요?
그럼 영진닷컴에 제보해 주세요.

참여 방법

- 이기적 수험서의 오타·오류를
  'book2@youngjin.com'에 보내주세요.
- [도서명], [페이지], [수정사항], [이름], [연락처]를
  꼭 적어 주세요.

QR로 세부 내용 확인!

기출문제 복원 이벤트

시험보고 오셨다면 이기적 스터디 카페에 공유해 주세요.
참여해주시는 모든 분께 푸짐한 상품을 드립니다.

참여 방법

- 이기적 수험서로 공부하신 후, 시험을 보고 오세요.
- 기억나는 문제를 '이기적 스터디 카페'에 와서 공유해 주세요.

QR로 세부 내용 확인!

참여 혜택

영진닷컴 도서
최대 30,000원 상당

이벤트 선물
다양하게 아낌없이 팡팡!

정오표 이벤트 당첨자는 매월 5일 이기적 홈페이지(license.youngjin.com)에서 확인하세요.

※ 이벤트의 세부 내용은 변경될 수 있습니다. 자세한 사항은 이기적 홈페이지나 카페를 확인하세요.

당첨자 확인

이렇게
기막힌
적중률

GTQ

일러스트 2급 ver.CC

당신의 합격을 위한 **이렇게 기막힌 적중률!**

맞춤 학습 플랜

내 실력
자가 진단 테스트!!

테스트 시작

▶ QR 코드를 핸드폰으로 스캔하여 나의 실력을 테스트하세요.

▶ GTQ 일러스트는 실무 작업형 실기 시험입니다.

▶ GTQ 일러스트 2급의 합격 점수는 60점이므로 충분히 연습하세요.

▶ 기출 유형 문제는 꼭 풀어보고 시험에 응시하세요.

▶ 자가 진단 결과와 다르게 직접 학습 플랜을 작성하여 공부해도 됩니다.

☑ 7일 완성

스피드 학습법 : 7일 코스
문제 위주로 빠르게 학습하세요.

1단계 : 최신 기출 유형 따라하기

최신 기출 유형 따라하기를 천천히 따라서 풀어보고 문제 유형을 익히세요.

2단계 : 기출 유형 문제

기출 유형 문제를 시간 내에 풀어볼 수 있도록 연습하세요.

3단계 : 부족한 기능

문제를 풀면서 시간이 많이 소요되거나 자주 틀리는 기능 위주로 연습하세요.

플러스 알파 1단계 : 기적의 합격 강의

이해가 어렵거나 글로만 읽으면 어려운 내용들은 홈페이지에서 강의를 통해 학습하세요.

플러스 알파 2단계 : 이기적 스터디 카페

전문가와 직접 1:1 질문답변을 할 수 있으니 공부하면서 효과적으로 활용하세요.

☑ 20일 완성

정석 학습법 : 20일 코스
기능별로 차근차근 학습하세요.

1단계 : 최신 기출 유형 따라하기

최신 기출 유형 따라하기를 천천히 따라서 풀어보고 문제 유형을 익히세요.

2단계 : 시험 문항별 기능 익히기

각 기능별로 차례로 따라하면서 일러스트레이터에 익숙해지세요.

3단계 : 스터디 카페

이기적 스터디 카페에 가입하여 모르는 부분을 질문하여 빠르게 답변을 받을 수 있습니다.

4단계 : 기출 유형 문제

기출 유형 문제를 시간 내에 풀어볼 수 있도록 연습하세요.

5단계 : 부족한 기능 연습

문제를 풀면서 시간이 많이 소요되거나 자주 틀리는 기능 위주로 연습하세요.

☑ 1주 완성

	1일	2일	3일	4일	5일	6일	7일
1주	기출 유형 따라하기	1회 2회	3회 4회	5회 6회	7회 8회	9회 10회	부족한 기능 복습

☑ 3주 완성

	1일	2일	3일	4일	5일	6일	7일
1주	시험 문항별 기능 익히기						기출 유형 따라하기
	기본 툴 활용		문자와 오브젝트		어플리케이션 디자인		
2주	틀린 문제 복습	스터디 카페	1회	2회	3회	4회	5회
3주	6회	7회	8회	9회	10회	부족한 기능 복습	

▶ 무료 동영상 강의 안내

- '무료 동영상 강의'는 이기적 홈페이지(license.youngjin.com)에서 시청할 수 있습니다.
- 홈페이지에 로그인 후 '무료 동영상' 게시판의 해당 카테고리에서 간단한 인증 절차 후에 동영상 강의를 시청하세요.
- GTQ 일러스트 2급의 Part1과 Part2는 시험 안내와 일러스트레이터 메뉴 관련 및 툴 설명으로 동영상을 제공하지 않습니다. Part3 시험 문항별 기능 익히기 이론부터 동영상을 제공합니다.
- 본 도서에서 제공하는 동영상 시청은 1판 1쇄 기준 2년간 유효합니다. 단, 출제기준안에 따라 동영상 내용은 변경될 수 있습니다.

이 책의 구성

1 일러스트 핵심 기능 익히기

일러스트 CC 2020의 기본 기능을 미리 학습할 수 있도록 소개하였습니다.

※ Adobe CC 버전은 해마다 업데이트 될 수 있고 그에 따른 프로그램의 버전(CC 2021, CC 2022, CC 2023 등)의 메뉴나 용어에서 차이가 있을 수 있습니다.

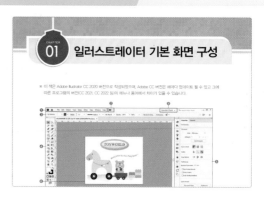

2 시험 문항별 기능 익히기

출제되는 기능별로 Chapter를 구성하여 이해하기 쉽게 설명하였습니다.

3 최신 기출 유형 따라하기

최신 기출 유형 문제를 따라하기 식으로 구성하였습니다.

4 기출 유형 문제 10회

기출 유형 문제 10회분을 따라하기 식으로 구성하였습니다.

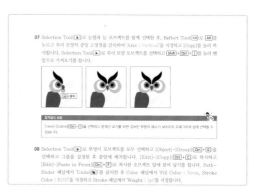

차례

부록 자료 다운로드

이 책에 사용된 완성(정답) 파일은 이기적 홈페이지(license.youngjin.com/)에서 다운받을 수 있습니다.

1. 이기적 홈페이지(license.youngjin.com/)에 접속하세요.

2. [자료실]-[GTQ] 게시판을 클릭하세요.

3. '[6587] 이기적 GTQ 일러스트 2급 ver.CC' 게시글을 클릭하여 완성 파일을 다운로드합니다.

답안 전송 프로그램

1. 다운 받은 부록 자료 안에 있는 'SETUP.EXE'를 더블 클릭합니다.

2. 그림과 같이 설치 화면이 나오면 [다음]을 클릭합니다.
   (오류가 날 경우, 오른쪽 마우스 버튼을 클릭하여 [관리자 권한으로 실행]을 눌러 주세요.)

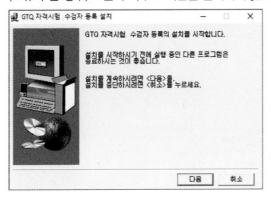

3. 프로그램이 설치될 폴더를 보여주면 [설치시작]을 클릭합니다.

4. [확인]을 클릭하여 설치를 완료합니다.

5. 바탕화면에 'GTQ 수험자용' 아이콘을 더블클릭합니다. [수험자 등록] 화면에 수험번호를 입력한 후 [확인] 버튼을 클릭합니다.
   ※ **실제 시험장에서는 본인의 수험번호를 입력합니다.**

6. 답안이 모두 완료되면 [답안 전송]을 클릭합니다. 다음과 같이 [상태]가 '성공'으로 바뀌면 [닫기]를 클릭합니다.

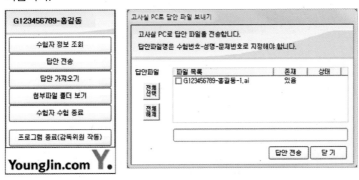

7. 시험 종료 전에 답안 파일을 감독 PC로 전송했는지 다시 확인합니다.

01
PART

GTQ 일러스트는
이렇게 준비하세요

시험 안내

01 응시 자격 조건

02 원서 접수하기

- license.kpc.or.kr에서 접수
- 인터넷 홈페이지를 통해 접수한 후 수험표를 인쇄하여 직접 선택한 고사장, 날짜, 시험시간 확인(방문 접수 가능)
- 응시료
  1급 : 31,000원 / 2급 : 22,000원 / 3급 : 15,000원

03 시험 응시

90분 만에 답안 파일 작성과 네트워크로
연결된 감독위원 PC로 답안 전송

04 합격자 발표

license.kpc.or.kr에서 확인 후 자격증 발급 신청

01 자격검정 응시 안내

① 응시 자격 : 전 국민 누구나 응시 가능

② 자격 종류 : 공인민간자격

③ 시험 등급 및 버전, 시험 시간

등급	프로그램 버전	평가 범위	시험 시간	합격 기준	시험 방법	응시료
1급	Adobe Illustrator CS4, CS6, CC(영문)	1문항(25점) 2문항(35점) 3문항(40점)	90분	100점 만점 70점 이상	실무작업형 실기시험	일반 : 31,000원 군장병 : 25,000원
2급				100점 만점 60점 이상		일반 : 22,000원 군장병 : 18,000원

※ 시행처의 상황에 따라 응시료가 변동될 수 있습니다. 자세한 사항은 한국생산성본부(license.kpc.or.kr) 홈페이지에서 확인하세요.

02 학점 인정

① 인정 학점 및 전공분야

등급	인정 학점	대분류	중분류	직무번호	표준교육과정 해당 전공	
					전문학사	학사
1급	5점	15. 정보/통신	컴퓨터 전문응용	02	게임그래픽, 게임디자인, 광고디자인, 만화예술, 멀티미디어, 산업디자인, 시각디자인, 인터넷정보, 컴퓨터그래픽, 전자편집디자인, 컴퓨터산업디자인	디지털아트학, 멀티미디어학, 산업디자인, 시각디자인학
2급	3점					

※ 해당 전공인 경우 '전공필수 학점'으로 인정 / 그 외 전공일 경우 '일반선택 학점'으로 인정

② 인정 기간 : 국가공인 승격일(2021. 1. 1.) 이후 자격 취득자에 한해 학점인정 적용

③ 인정 절차
- 국가평생교육진흥원, 시 · 도 교육청 등에 온라인 접수로 학점인정 신청
- 최종합격 후 발급한 자격증 원본을 제출하여 원본 대조 후 사본 제출
- 명칭변경, 종목통합 등의 변동사항이 발생할 경우 재교부 후 제출

※ 자세한 학점은행제 인정에 대한 최신 상세내용은 학점은행 홈페이지(cb.or.kr)의 '공지사항'을 참고하여 주시기 바랍니다.

CHAPTER 02 시험 소개

01 수험자 유의사항 및 답안 작성 요령

수 험 자   유 의 사 항

- 수험자는 문제지를 받는 즉시 응시하고자 하는 과목 및 급수가 맞는지 확인한 후 수험번호와 성명을 작성합니다.
- 파일명은 본인의 "수험번호–성명–문제번호"로 공백 없이 정확히 입력하고 답안폴더(내 PC₩문서₩GTQ)에 ai 파일 포 맷으로 저장해야하며, 다른 파일 형식으로 저장하였을 경우 0점 처리됩니다. 답안문서 파일명이 "수험번호–성명–문제 번호"와 일치하지 않거나, 답안 파일을 전송하지 않아 미제출로 처리될 경우 불합격 처리됩니다.
- 수험자 정보와 저장한 파일명, 저장 위치가 다를 경우 전송이 되지 않으므로, 주의하시기 바랍니다.
- 답안 작성 중에도 주기적으로 '저장'과 '답안 전송'을 이용하여 감독위원 PC로 답안을 전송하셔야 합니다. (※ 작업한 내용을 저장하지 않고 전송할 경우 이전의 저장내용이 전송되오니 이점 반드시 유념하시기 바랍니다.)
- 답안문서는 지정된 경로 외의 다른 보조기억장치에 저장하는 행위, 지정된 시험 시간 외에 작성된 파일을 활용한 행위, 기타 통신수단(이메일, 메신저, 네트워크 등)을 이용하여 타인에게 전달 또는 외부 반출하는 행위는 부정으로 간주되어 자격기본법 제32조에 의거 본 시험 및 국가공인 자격시험을 2년간 응시할 수 없습니다.
- 시험 중 부주의 또는 고의로 시스템을 파손한 경우와 〈수험자 유의사항〉에 기재된 방법대로 이행하지 않아 생기는 불 이익은 수험자의 책임임을 알려 드립니다.
- 시험을 완료한 수험자는 최종적으로 저장한 답안파일이 전송되었는지 확인한 후 감독위원의 지시에 따라 문제지를 제 출한 후 퇴실합니다.

❶ 답안 파일 저장 시 반드시 '수험번호–성명–문제번호' 형식으 로 파일 포맷은 ai, 버전은 Illustrator CC를 지정하여 저장해야 하 며 '내 PC₩문서₩GTQ' 폴더에 저장해야 합니다. 예를 들어 '수 험번호 : G123456789, 성명 : 홍길동, 문제 번호 : 3번 문제'라면 'G123456789–홍길동–3.ai' 파일로 저장하여 제출하면 됩니다.

❷ 작업 진행 중 있을 수 있는 시스템 오류를 대비하여 새 도큐먼트 를 만든 후 파일명(수험번호–성명–문제번호)을 지정하여 저장한 후 중간 중간 작업을 진행하며 Ctrl + S 를 눌러 저장합니다.

❸ 모든 작업이 마무리된 후 완성한 정답 파일을 다시 한 번 꼼꼼히 점검 후 전송합니다.

- **온라인 답안 작성 절차**

  수험자 등록 ⇒ 시험 시작 ⇒ 답안파일 저장 ⇒ 답안 전송 ⇒ 시험 종료
- 배점은 총 100점으로 이루어지며, 점수는 각 문제별로 차등 배분됩니다.
- 각 문제는 주어진 조건에 맞게 답안을 작성하셔야 하며, 조건을 지키지 못했을 경우에는 0점 또는 감점 처리됩니다.
- 조건에서 주어진 단위는 'mm(밀리미터)'입니다. 그 외는 출력형태(레이아웃, 색상, 문자, 규격 등)와 같게 작업하시오.
- 문제 조건에 서체의 지정이 없을 경우 한글은 굴림이나 돋움, 영문은 Arial로 작업하십시오.

  (단, 그 외에 제시되지 않은 문자 속성을 기본 값으로 작성하지 않은 경우는 감점 처리됩니다.)
- 문제 조건에 크기와 색상, 두께의 지정이 없을 경우**《출력형태》**를 참고하여 면 또는 선으로 작업 해주시기 바랍니다.
- Image Mode(이미지 모드)는 별도의 처리 조건이 없을 경우에는 CMYK로 작업하시오.
- 조건에서 제시한 기능의 속성을 해지할 경우 해당 요소는 0점 처리됩니다.

한 국 생 산 성 본 부

❶ 새 도큐먼트 설정 시 [New Document] 대화상자에서 'Units : mm'로 설정하고 작품 규격에 맞게 'Width'와 'Height'를 설정한 후 작업을 진행합니다.

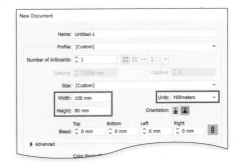

❷ 문제지의 주어진 지시사항에 서체에 대한 조건이 주어지며 보통 기본 속성 값(스타일, 장평, 자간 등)을 이용하여 문자를 작성합니다. 응시자가 임의의 속성 값을 변경하여 입력하면 감점처리 되므로 특별히 문제지 지시문 사항에 주어지지 않은 경우를 제외하고는 기본 속성 값을 이용해 문자를 작성합니다.

❸ 새 도큐먼트 설정 시 [New Document] 대화상자에서 'Advanced'를 클릭하여 추가 옵션을 펼친 후 'Color Mode : CMYK'를 설정한 후 작업을 진행합니다. 각 문제를 작성할 때마다 해상도는 꼭 확인하여 새 도큐먼트를 엽니다.

문제1 : **기본 툴 활용**   25점

다음의 《조건》에 따라 아래의 《출력형태》와 같이 작업하시오.   출력형태

조건

파일저장규칙	AI	파일명	문서₩GTQ₩수험번호-성명-1.ai
		크기	100 × 80mm

1. 작업 방법
① 도형, 변형 툴과 Pathfinder 기능을 활용하여 오브젝트를 작성한다.
② 그 외 《출력형태》 참조

★ 자세한 지시사항은 **기출 유형 문제 05회**를 참고하세요.

❶ 제시된 도큐먼트의 크기대로 파일을 새로 만들고 눈금자의 원점을 도큐먼트의 왼쪽 상단으로 설정한 후 안내선을 출력 형태에 맞게 배치합니다.

❷ 단위는 반드시 mm(밀리미터)로 설정합니다.

❸ 답안 저장 시 ai 파일 포맷, Illustrator CC 버전으로 제시 조건에 준하여 파일을 저장합니다.

❹ 도형, 변형 툴과 Pathfinder 활용하여 제시된 출력 형태와 동일하게 오브젝트를 제작합니다.

❺ Pathfinder 활용한 오브젝트는 윤곽선 보기와 미리보기가 동일하도록 합치거나 삭제하여 오브젝트를 정리합니다.

❻ 안내선 등을 활용하여 출력 형태와 맞는 크기와 위치를 지정하여 배치합니다.

❼ 제시된 조건과 동일한 CMYK 색상을 적용합니다.

❽ 테두리의 색상과 두께는 제시된 조건과 동일하게 적용합니다.

❾ 작업 완료 후 레이아웃을 맞추기 위해 Scale Tool로 임의로 크기를 조절할 경우, 반드시 'Scale Strokes & Effects : 체크 해제'하고 조절을 해야 선의 두께가 변경되지 않습니다.

❿ 제시된 조건 외에 블렌드나 이펙트 등을 사용하여 오브젝트를 생성한 경우는 반드시 속성을 확장합니다.

⓫ 답안 전송 전 최종적으로 저장할 때 작업 중 생성된 불필요한 오브젝트는 삭제하고 눈금자와 안내선 가리기를 합니다.

문제 2 : 문자와 오브젝트　　　　　　　　35점

다음의 《조건》에 따라 아래의 《출력형태》와 같이 작업하시오.

조건

파일저장규칙	AI	파일명	문서\GTQ\수험번호-성명-2.ai
		크기	100 × 80mm

출력형태

1. 작업 방법

① 'GOTHIC CASTLE' 문자에 Times New Roman (Bold) 폰트를 적용한다.
② 'Cultural Assets' 문자에 Type on a Path Tool을 활용한다.
③ Brush는 《출력형태》를 참고하여 작성한다.
④ Effect는 《출력형태》를 참고하여 작성한다.
⑤ 그 외 《출력형태》 참조

2. 문자 효과

① Cultural Assets (Times New Roman, Regular, 13pt, C100M90)

★ 자세한 지시사항은 **기출 유형 문제 06회**를 참고하세요.

❶ 제시된 도큐먼트의 크기대로 파일을 새로 만들고 눈금자의 원점을 도큐먼트의 왼쪽 상단으로 설정한 후 안내선을 출력 형태에 맞게 배치하며, 단위는 반드시 mm(밀리미터)로 설정합니다.

❷ 답안 저장 시 ai 파일 포맷, Illustrator CC 버전으로 제시 조건에 준하여 파일을 저장합니다.

❸ 도형, 변형 툴과 Pathfinder 활용하여 제시된 출력 형태와 동일하게 오브젝트를 제작합니다.

❹ Pathfinder 활용한 오브젝트는 윤곽선 보기와 미리보기가 동일하도록 합치거나 삭제하여 오브젝트를 정리하고, 안내선 등을 활용하여 출력 형태와 맞는 크기와 위치를 지정하여 배치합니다.

❺ 제시된 조건과 동일한 CMYK 색상을 적용합니다.

❻ 그라데이션의 색상 및 방향은 출력 형태와 동일하게 적용합니다.

❼ 문자는 제시된 글꼴을 사용하고 자간, 행간, 장평 등 문자 속성은 임의 지정하지 않고 반드시 기본값으로 작성합니다.

❽ 문자 오브젝트는 작업 방법에서 제시된 글꼴을 사용하고 오타나 누락된 문자가 없는지 확인한 후 에 Create Outlines로 변환한 후 변형합니다.

❾ 곡선을 따라 흐르는 문자는 열린 패스를 그린 후 Type on a Path Tool을 사용하여 입력합니다.

다음의 《조건》에 따라 아래의 《출력형태》와 같이 작업하시오.

조건

파일저장규칙	AI	파일명	문서₩GTQ₩수험번호−성명−3.ai
		크기	120 × 80mm

1. 작업 방법
① 도형 툴로 오브젝트를 제작한 후 Pattern을 활용하여 작성한다. (패턴 등록 : 막대 사탕)
② 태그에는 규칙적인 점선을, 셔츠에는 불규칙적인 점선을 설정한다.
③ 셔츠에 Pattern을 적용한다.
④ 태그 중간에 배치된 오브젝트는 정렬, 간격을 일정하게 한 후 Group을 설정한다.
⑤ 그 외 《출력형태》 참조

2. 문자 효과
① Enjoy! (Arial, Regular, 12pt, C100M60)
② NIGHT PARTY (Arial, Bold, 10pt, K100)

출력형태

★ 자세한 지시사항은 **기출 유형 문제 05회**를 참고하세요.

❶ 제시된 도큐먼트의 크기대로 파일을 새로 만들고 눈금자의 원점을 도큐먼트의 왼쪽 상단으로 설정한 후 안내선을 출력 형태에 맞게 배치합니다.

❷ 단위는 반드시 mm(밀리미터)로 설정합니다.

❸ 답안 저장 시 ai 파일 포맷, Illustrator CC 버전으로 제시 조건에 준하여 파일을 저장합니다.

❹ 도형, 변형 툴과 Pathfinder 활용하여 제시된 출력 형태와 동일하게 오브젝트를 제작합니다.

❺ Pathfinder 활용한 오브젝트는 윤곽선 보기와 미리보기가 동일하도록 합치거나 삭제하여 오브젝트를 정리합니다.

❻ 안내선 등을 활용하여 출력 형태와 맞는 크기와 위치를 지정하여 배치합니다.

❼ 제시된 조건과 동일한 CMYK 색상을 적용합니다.

❽ 그라데이션의 색상 및 방향은 출력 형태와 동일하게 적용합니다.

❾ 테두리의 색상과 두께는 제시된 조건과 동일하게 적용합니다.

❿ 문자는 제시된 글꼴을 사용하고 자간, 행간, 장평 등 문자 속성을 임의 지정하지 않고 반드시 기본값 작성합니다.

⓫ 작업 완료 후 레이아웃을 맞추기 위해 Scale Tool로 임의로 크기를 조절할 경우, 반드시 'Scale Strokes & Effects : 체크 해제'하고 조절을 해야 선의 두께가 변경되지 않습니다.

⓬ 제시된 조건 외에 블렌드나 이펙트 등을 사용하여 오브젝트를 생성한 경우에는 반드시 그 속성을 확장하고 편집합니다.

⓭ Pattern은 제시된 이름, 색상, 크기, 회전 방향, 간격 등 출력 형태와 동일하게 적용합니다.

⓮ 오브젝트의 불투명도는 Transparency 패널에서 Opacity의 %를 지정하여 적용합니다.

⓯ 규칙적인 점선과 불규칙적인 점선은 Stroke 패널에서 dash와 gab을 지정하고 cap의 모양 등을 고려하여 최대한 출력 형태와 동일하게 지정합니다.

⓰ 그룹으로 제시된 오브젝트는 복사와 변형 툴, Align 패널을 활용하여 출력 형태와 동일하게 크기, 개수, 정렬, 간격을 일정하게 한 후 배치하고 반드시 Group 설정을 합니다.

⓱ 그룹으로 지정된 오브젝트를 포함한 태그나 패키지의 회전 등의 변형은 균등 간격으로 그룹 배치한 후 함께 변형을 적용합니다.

⓲ 답안 전송 전 최종적으로 저장할 때 작업 중 생성된 불필요한 오브젝트는 삭제하고 눈금자와 안내선 가리기를 합니다.

CHAPTER 04 자주 질문하는 Q&A

Q 온라인 답안 작성 절차는 어떻게 되나요?

수험자 등록 → 시험시작 → 수시로 장방 저장 및 전송 → 최종 답안 전송 → 시험 종료

Q 새 도큐먼트의 색상 모드와 작업 단위의 설정은 무엇으로 하나요?

별도의 처리조건이 없을 경우 답안 파일의 색상 모드는 CMYK로 설정하고 작업 조건에서 주어진 단위는 'mm(밀리미터)'를 지정합니다.

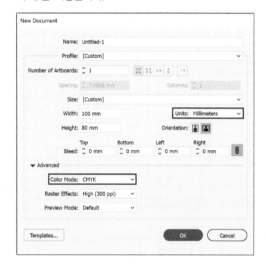

Q 작업 중인 도큐먼트의 색상 모드와 파일의 규격은 어떻게 변경하나요?

– 색상 모드의 변경 : [File]–[Document Color Mode]에서 'CMYK Color'로 변경할 수 있습니다.
– 파일의 규격의 변경 : Artboard Tool(□)을 선택하고 작업 도큐먼트 상단의 Control 패널에서 'W, H'의 수치를 변경하거나 Artboard Tool(□)을 더블 클릭하여 대화상자에서 'Width'와 'Height'를 변경할 수 있습니다.

Q 작업 중인 도큐먼트의 눈금자 단위를 mm(밀리미터)로 변경할 수 있나요?

A. [File]–[Document Setup]에서 'Units'를 'Millimeters'로 변경하거나 Ctrl + R 로 눈금자 보기를 한 후 눈금자 위에 마우스 오른쪽 버튼을 누르고 'Millimeters'로 변경이 가능합니다.

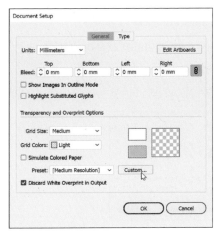 

Q 작업 중 일부 패널이 사라져서 안 보이면 어떻게 하나요?

[Window]–[Workspace]–[Essentials]를 클릭하거나 작업 도큐먼트 오른쪽 상단의 '작업 영역 전환기'에서 'ESSENTIALS'를 클릭하면 모든 패널이 초기 값으로 정렬되어 패널이 모두 나타납니다.

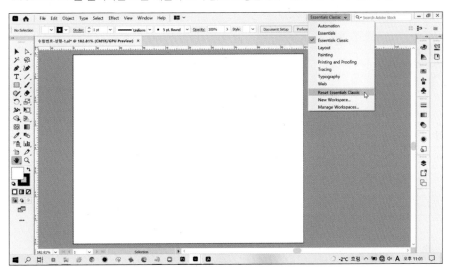

합격생의 비법

[Window]–[Workspace]–[Essentials Classic]를 클릭하면 Tool 패널의 모든 도구를 기본값을 볼 수 있고 이전 버전에 서처럼 패널이 오른쪽에 정렬됩니다. 작업 도큐먼트의 오른쪽 상단 '작업 영역 전환기'에서 'Reset Essentials Classic' 을 클릭하면 초기화가 가능합니다.

Q 답안 파일을 저장 경로인 답안폴더(내 PC₩문서₩GTQ)에 지정하지 않고 도큐먼트를 닫았을 때 어떻게 찾나요?

[File]–[Open Recent Files] 메뉴를 클릭하면 최근에 작업한 파일의 이름을 확인할 수 있습니다. 클릭하여 파일을 열고 [File]–[Save As]로 저장 위치를 답안 폴더로 지정하고 다시 저장합니다.

Q 문제지에 제시된 브러쉬 이름이 기본 Brushes 패널에 없는데 직접 그려야 하나요?

일러스트레이터가 실행될 때는 기본적인 브러쉬만 Brushes 패널에 표시됩니다. 그 외에 작업 방법에서 제시된 브러쉬는 Brushes 패널 하단의 'Brush Libraries Menu(🔖)'를 클릭한 후 추가로 불러오거나 [Window]–[Brush Libraries] 메뉴를 클릭하여 불러 올 수 있습니다.

Q Color 패널 또는 Gradient 패널에서 편집 중 Color Stop을 더블 클릭하여 색상을 지정하는데 CMYK가 아닌 K로 나오는 경우 어떻게 CMYK로 설정하나요?

색상이 RGB 또는 K만 있는 Grayscale일 때는 Color 패널 오른쪽 상단의 팝업 버튼을 눌러 CMYK를 지정합니다.

Q 패턴 간의 간격은 어떻게 조절하나요?

– 간격이 없는 패턴 정의하기

 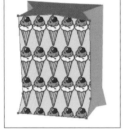

▲ 오브젝트 선택 후 Define Pattern   ▲ 패턴이 적용된 오브젝트

– 간격이 일정하게 있는 패턴 정의하기

▲ 사각형을 그리고 'Fill Color : None, Stroke Color : None'을 지정하고 함께 선택 후 Define Pattern   ▲ 패턴이 적용된 오브젝트

– 간격이 어긋나게 배치된 패턴 정의하기

▲ 오브젝트를 어긋나게
복사, 배치 후 투명 사
각형과 함께 선택하고
Define Pattern

▲ 패턴이 적용된 오브젝트

Q 패턴을 정의하고 오브젝트에 적용하면 답안의 출력형태와 패턴의 크기, 위치, 각도가 다르게 나오는데
어떻게 조정하나요?

– 패턴과 크기 조절 : Scale Tool(▣)을 더블 클릭하고 Options의 'Transform Objects : 체크 해제, Transform
Patterns : 체크'를 지정하고 배율을 입력하면 오브젝트의 크기는 그대로 유지되며 패턴의 크기만 확대 및 축소할
수 있습니다.

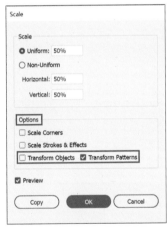

– 패턴의 위치 조절 : [Object]–[Transform]–[Move] 대화상자에서 Options 항목의 'Transform Objects : 체크 해제,
Transform Patterns : 체크'를 지정하고 'Horizontal'과 'Vertical'에 수치를 입력하여 패턴의 위치를 이동할 수 있
습니다.

– 패턴의 각도 조절 : Rotate Tool()을 더블 클릭하고 Options 항목의 'Transform Objects : 체크 해제, Trans-form Patterns : 체크'를 지정하고 각도를 입력하면 오브젝트의 각도는 그대로 유지되며 패턴만 회전할 수 있습니다.

Q 브러쉬를 적용한 후 새로운 오브젝트를 그릴 때 사용된 브러쉬 속성이 그대로 유지되는 경우가 있는데 어떻게 삭제하나요?

Brushes 패널 하단의 'Remove Brush Stroke(☒)'를 클릭하여 브러쉬 속성을 제거하거나 Tool 패널 하단의 'Default Fill and Stroke(◨)'를 클릭하여 기본 색상인 흰색과 검정색을 지정한 후 작업을 연결해서 합니다.

Q 오브젝트에 적용된 이펙트는 어떻게 삭제하나요?

– Appearance 패널에서 해당 이펙트를 선택하고 패널 하단의 휴지통 아이콘을 클릭하여 삭제합니다.
– Properties 패널에서 Appearance 항목의 [fx] 오른쪽의 휴지통 아이콘을 클릭하여 삭제합니다.

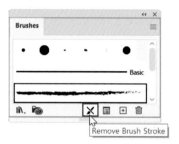

Q 이펙트 적용 후 옵션을 편집하려면 어떻게 하나요?

– Appearance 패널에서 해당 이펙트를 클릭 또는 더블 클릭하여 대화상자에서 편집합니다.
– Properties 패널에서 Appearance 항목의 fx 오른쪽의 해당 이펙트를 클릭하여 편집합니다.

Q 자주 사용하는 도구를 도큐먼트로 분리하는 방법은 없나요?

도구 패널의 툴 중에 오른쪽 하단에 작은 삼각형이 있는 도구는 마우스로 누르면 가려진 도구들이 보이며 오른쪽 끝에 'Tearoff' 막대를 누르면 떼어내기가 가능합니다. 자주 사용하는 도구는 작업의 편리성을 위해 떼어내기를 하고 작업 도큐먼트의 원하는 위치에 배치하여 사용합니다.

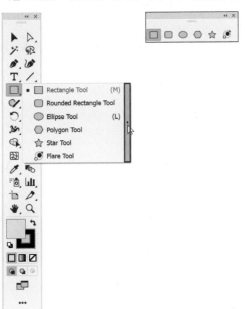

02
PART

일러스트
핵심 기능 익히기

CHAPTER
01

일러스트레이터 기본 화면 구성

※ 이 책은 Adobe Illustrator CC 2020 버전으로 작성되었으며, Adobe CC 버전은 해마다 업데이트 될 수 있고 그에 따른 프로그램의 버전(CC 2021, CC 2022 등)의 메뉴나 용어에서 차이가 있을 수 있습니다.

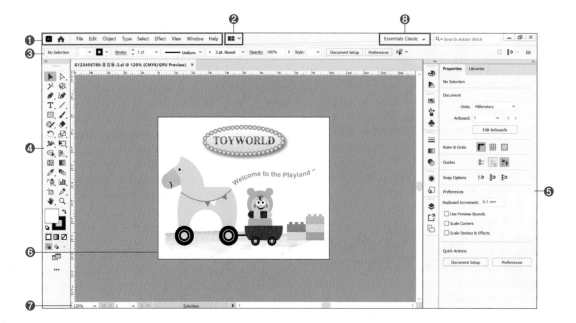

❶ **메뉴 표시줄** : 일러스트레이터에서 사용하는 기능들을 분류한 곳으로 명령 실행을 위한 조건이 맞지 않으면 하위 메뉴의 명령어가 비활성 상태로 표시됩니다. Home(🏠)을 눌러 Create New, Open, Recent 파일을 지정할 수 있습니다.

❷ **도큐먼트 배열** : Open된 여러 개의 도큐먼트의 정렬 방법을 다양하게 지정할 수 있습니다. 탭 정렬이 기본이며 타일 형식으로 정렬하면 여러 개의 도큐먼트를 함께 보면서 작업이 가능합니다.

❸ **컨트롤 패널** : 선택한 도구와 선택된 오브젝트의 세부 옵션을 설정할 수 있는 곳으로 Color, Stroke, Opacity, Brushes, Character 등의 속성을 지정할 수 있습니다. 선택된 오브젝트에 따라 제공되는 옵션이 다릅니다.

❹ **도구 패널** : 일러스트레이터 작업에 필요한 각종 도구들을 선택, 그리기, 문자, 변형, 색상 설정 등 각 기능별로 모아 놓은 곳입니다. 도구 선택 후 작업 도큐먼트에 직접 드래그하여 작업을 할 수 있으며 작업 도큐먼트에 클릭하거나 패널 상의 도구를 더블 클릭하면 해당 도구의 대화상자가 표시되어 정확한 수치 및 세부 옵션을 지정하여 작업할 수 있습니다. 오른쪽 하단 모서리에 검정색 삼각형이 표시된 도구는 마우스를 클릭하면 숨겨진 관련 도구가 표시되어 선택할 수 있고 Tearoff로 도구 패널에서 작업 도큐먼트 위로 분리가 가능합니다.

❺ 패널 : 일러스트레이터에서 제공하는 다양한 기능들을 손쉽게 사용할 수 있도록 팔레트 형식으로 구성되어 있으며 패널들을 서로 합치거나 분리하여 새롭게 정렬할 수 있으며 Window 메뉴를 이용하여 패널을 다시 표시할 수 있습니다.

❻ 도큐먼트 : 실제 작업 중인 공간으로 파일의 이름과 포맷, 확대/축소 비율이 표시되며 열려 있는 도큐먼트는 탭의 형식으로 나열됩니다.

❼ 상태 표시줄 : 현재 작업 중인 도큐먼트의 파일 크기, 확대 비율, 도구 패널에서 선택된 도구에 대한 간단한 정보를 표시합니다.

❽ 작업 영역 전환기 : 작업의 유형에 따라 유저 인터페이스의 구성을 손쉽게 변경할 수 있으며 사용자가 직접 구성하여 저장할 수 있습니다.

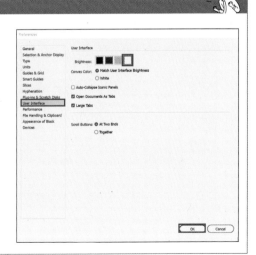

새 도큐먼트 만들기 & 파일 저장하기

01 새 도큐먼트 만들기 및 파일 저장하기

❶ [File]-[New]를 선택하고 'Width : 120mm, Height : 80mm, Units : Millimeters, Color Mode : CMYK'를 설정하여 새 도큐먼트를 만들고 [View]-[Rulers]-[Show Rulers](Ctrl + R)를 선택하여 눈금자를 표시합니다.

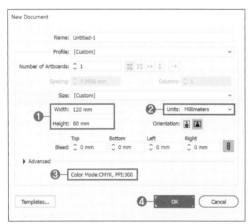

합격생의 비법

Advanced를 클릭하여 확장하면 CMYK 컬러 모드를 확인 및 설정할 수 있습니다.

합격생의 비법

[File]-[New]를 설정하는 화면이 아래와 같다면, [Edit]-[Preferences]-[General]의 Options에서 'Use legacy "File New" Interface'를 체크하여 설정을 바꿀 수 있습니다.

❷ [File]-[Save As]를 선택하고 '저장 위치 : 내 PC₩문서₩GTQ, 파일 형식 : Adobe Illus-trator(*AI), 파일 이름 : 수험번호-성명-문제번호'를 입력하고 [저장]을 클릭한 후 [Illus-trator Options] 대화상자에서 'Version : Illustrator 2020'으로 설정하고 [OK]를 클릭하여 작업 도큐먼트를 저장합니다.

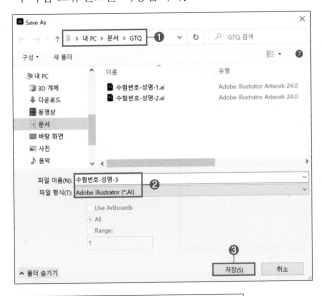

합격생의 비법

• 작업 중에 발생할 수 있는 에러나 시스템 오류에 대비하여 Ctrl + S 를 수시로 눌러 저장합니다.
• [Illustrator Options]의 'Version'은 작업 중인 컴퓨터에 설치된 Adobe Illustrator CC의 버전에 따라 다르게 표시됩니다.

02 작업하기

❶ 작품의 규격 왼쪽 상단에 원점(0,0)을 확인하고 왼쪽과 상단 눈금자 위에서 마우스로 드래그하여 제시된 출력형태와 레이아웃 구성이 동일하게 안내선을 표시합니다.

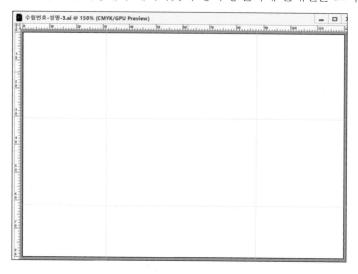

합격생의 비법

안내선의 위치는 제시된 문제의 출력형태를 참조하여 전체적인 레이아웃에 맞게 적절하게 배치합니다.

합격생의 비법

안내선의 편집은 [View]-[Guides]-[Unlock Guides]([Alt]+[Ctrl]+[;])를 선택하고 잠금을 해제한 후 Selection Tool([▶])
또는 Direct Selection Tool([▷])로 선택하여 이동, 삭제가 가능합니다. 편집 후 반드시 [View]-[Guides]-[Lock Guides]
([Alt]+[Ctrl]+[;])를 선택하고 잠금을 해야 안내선이 고정되어 오브젝트와 함께 편집되지 않습니다.

❷ 문제지에 주어진 작업 방법 및 문자 효과와 출력형태에 맞추어 모든 작업을 완료합니다.

03 저장하기

❶ [View]–[Guides]–[Hide Guides](Ctrl+;)를 선택하여 안내선을 숨기고, [View]–[Fit Artboard in Window](Ctrl+0)를 선택하여 현재 창에 맞추기를 합니다. [File]–[Save As]를 선택하고 '저장 위치 : 내 PC₩문서₩GTQ, 파일 형식 : Adobe Illustrator(*AI), 파일 이름 : 수험번호–성명–문제번호.ai'를 확인하고 [저장]을 클릭한 후 [Illustrator Options] 대화상자에서 'Version : Illustrator 2020'으로 설정하고 [OK]를 클릭합니다.

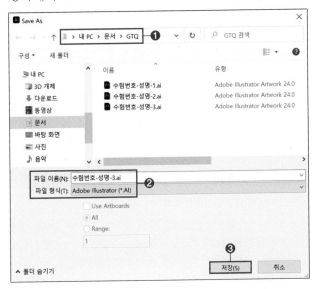

Tool Panel

합격생의 비법

Tool 패널에 도구 추가하고 삭제하기

Tool 패널 하단의 Edit Toolbar(…)를 클릭합니다. 모든 도구가 나타나고 스크롤 바를 내리면 모든 도구를 볼 수 있습니다. Tool 패널에 등록된 도구는 비활성, 등록되지 않은 도구는 활성 상태입니다. Tool 패널로 드래그하여 추가할 수 있습니다.

01 선택 도구

❶ Selection Tool(▶) : 오브젝트를 선택하거나 이동할 수 있는 도구로 도큐먼트의 오브젝트를 더블 클릭하여 격리 모드인 Isolation Mode로 전환하여 선택 오브젝트만을 편집할 수 있습니다. Tool 패널을 더블 클릭하면 [Move] 대화상자에서 가로, 세로, 각도를 직접 입력하여 오브젝트를 이동, 회전하거나 복사할 수 있습니다. Bounding Box의 조절점을 드래그하여 오브젝트의 크기 및 회전과 같은 변형을 할 수 있습니다.

합격생의 비법

Selection Tool(▶) 활용법

• 다중 선택하기 : 여러 개의 오브젝트가 포함되도록 드래그하여 선택하거나 Shift 를 누르면서 클릭하면 다중 선택할 수 있고 이미 선택한 오브젝트의 선택을 해제할 수도 있습니다.

• 오브젝트 복사하기 : 선택한 오브젝트를 Alt 를 누르면서 드래그합니다.

• 오브젝트 수평, 수직 이동하기 : 드래그할 때 Shift 를 눌러 줍니다.

• 크기 조절하기 : Bounding Box의 조절점을 드래그하여 조절하며 Shift 를 누르면 비율에 맞게 조절이 됩니다.

• 오브젝트 회전하기 : Bounding Box 조절점의 바깥쪽에서 드래그하여 회전할 수 있고 Shift 를 누르면 45° 단위로 회전이 됩니다.

• Isolation Mode로 전환하기 : 단일 Path, 그룹, 문자 오브젝트, 패스파인더 등이 적용된 오브젝트를 더블 클릭하면 격리모드에서 개별 편집이 가능하며 도큐먼트의 빈 곳을 더블 클릭 또는 Esc 를 눌러 정상 모드로 전환이 가능합니다.

❷ Direct Selection Tool() : 오브젝트의 부분적인 고정점 또는 선분을 선택하거나 이동, 삭제 등 편집할 때 사용하는 도구입니다. Tool 패널을 더블 클릭하면 [Move] 대화상자가 표시됩니다.

▲ 고정점 클릭하여 선택

▲ Delete 로 삭제

▲ 고정점을 위로 드래그

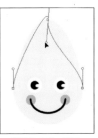
▲ 핸들을 드래그하여 선분 변형

▲ 완성

❸ Group Selection Tool(⌖) : 그룹이 설정된 오브젝트의 개별 객체를 선택하거나 이동할 때 사용하는 도구이며 그룹으로 지정된 오브젝트를 더블 클릭하면 그룹 전체가 선택됩니다.

❹ Magic Wand Tool(⌖) : 오브젝트 중에 면과 선 색상, 두께 등 동일한 속성을 가진 오브젝트를 클릭하여 선택할 때 사용하는 도구입니다. Tool 패널을 더블 클릭하여 Magic Wand 패널에서 옵션을 지정할 수 있습니다.

❺ Lasso Tool(⌖) : 오브젝트의 고정점이나 패스를 자유 곡선으로 드래그하여 선택할 때 사용하는 도구입니다.

🄌 그리기 도구

❶ Pen Tool(✏) : 고정점과 패스를 이용해서 직선 또는 곡선을 자유롭게 그리는 도구입니다.

❷ Add Anchor Point Tool(✏) : 패스의 선분 위에 클릭하여 고정점을 추가하는 도구입니다.

❸ Delete Anchor Point Tool(✏) : 패스의 고정점에 클릭하여 불필요한 고정점을 삭제하는 도구입니다.

❹ Anchor Point Tool(◣) : 패스의 핸들을 재편집하는 도구로 직선 패스의 고정점에 드래그하면 핸들이 생성되어 곡선 패스로 변환할 수 있고, 곡선 패스의 고정점에 클릭하면 핸들이 삭제되어 직선 패스로 변환할 수 있는 도구입니다.

합격생의 비법

패스를 그리는 과정에서 바뀌는 다양한 펜 모양

- ✒ : 패스를 그리는 시작점을 표시하며 Caps Lock 이 켜져 있으면 ✕ 로 표시됩니다.
- ✒ : 패스를 그리는 중일 때 표시입니다.
- ✒ : 패스를 그리는 중 바로 전에 생성된 고정점 위에 마우스를 올리면 보이는 표시로 곡선의 고정점에 클릭하면 한쪽 핸들을 삭제하고 이어지는 다음 고정점을 직선 또는 곡선 방향이 다른 패스를 그릴 때 사용합니다.
- ✒ : 패스를 그리는 중 시작 고정점과 마지막 고정점을 하나로 연결하여 닫힌 패스를 만듭니다.
- ✒ : 선택이 해제된 열린 패스의 끝 고정점에 마우스를 올리면 보이는 표시로 클릭하여 다시 연결하여 그릴 수 있습니다.
- ✒ : 패스를 그리는 중 별개의 열린 패스의 끝 고정점에 마우스를 올리면 보이는 표시로 클릭하여 하나의 패스로 서로 연결할 수 있습니다.

❺ Line Segment Tool(✏️) : 작업 도큐먼트에 드래그하여 선을 그릴 수 있습니다. Shift 를 누르면서 드래그하면 수평선, 수직선, 45° 단위의 사선을 그릴 수 있습니다. 도큐먼트에 클릭 또는 Tool 패널을 더블 클릭하여 대화상자에서 길이와 각도를 지정할 수 있습니다.

– Length : 선의 길이를 지정합니다.
– Angle : 선의 각도를 지정합니다.
– Fill Line : 선에 면 색상을 지정합니다.

❻ Arc Tool(✏️) : 도큐먼트에 드래그하는 방향과 크기대로 호를 그릴 수 있습니다. 도큐먼트에 클릭 또는 툴을 더블 클릭하여 대화상자에서 정확한 수치를 입력하고 축 길이와 형식을 지정하여 그릴 수 있습니다.

❼ Spiral Tool(✏️) : 도큐먼트에 드래그하는 방향과 크기대로 나선형 모양을 그릴 수 있습니다. 도큐먼트에 클릭하여 대화상자에서 정확한 수치를 입력하여 나선의 반지름, 회전 방향, 선분의 수를 지정하여 그릴 수 있습니다.

– Radius : 나선의 중심에서부터의 반지름을 지정합니다.
– Decay : 나선의 회전 정도를 지정합니다.
– Segment : 고정점의 사이를 연결하는 선분의 수를 지정합니다.
– Style : 시계 방향, 반시계 방향으로 회전 방향을 지정합니다.

❽ Rectangular Grid Tool(✏️) : 도큐먼트에 드래그하여 사각형의 격자를 그릴 수 있습니다. 도큐먼트에 클릭 또는 Tool 패널을 더블 클릭하여 대화상자에서 정확한 수치를 입력하여 너비, 높이, 그리드 분할 개수와 밀집 정도, 면 색상 등을 지정하여 그릴 수 있고 주로 표 모양을 그릴 때 유용합니다.

❾ Polar Grid Tool(✏️) : 도큐먼트에 드래그하여 방사형의 그리드를 그릴 수 있습니다. 도큐먼트에 클릭 또는 Tool 패널을 더블 클릭하여 대화상자에서 정확한 수치를 입력하여 너비, 높이, 원과 선의 분할 개수, 밀집 정도를 지정하여 그릴 수 있습니다.

❿ Rectangle Tool(✏️) : 도큐먼트에 드래그하여 직사각형이나 Shift 를 누르면서 정사각형을 그릴 수 있고 도큐먼트에 클릭하여 대화상자에서 너비와 높이를 지정하여 그릴 수 있습니다. 모서리 안쪽의 ◎ 표시를 안쪽으로 드래그하여 둥근 사각형으로 편집할 수 있습니다.

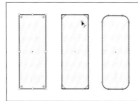

⓫ Rounded Rectangle Tool() : 도큐먼트에 드래그하여 둥근 모서리의 사각형을 그릴 수 있고 도큐먼트에 클릭하여 대화상자에서 너비와 높이, 모서리의 둥근 정도를 지정하여 그릴 수 있습니다.

– Width : 가로 크기를 지정합니다.
– Height : 세로 크기를 지정합니다.
– Corner Radius : 모서리의 둥근 정도를 지정합니다.

⓬ Ellipse Tool() : 도큐먼트에 드래그하여 타원 또는 Shift 를 누르면서 정원을 그릴 수 있고 도큐먼트에 클릭하여 대화상자에서 너비와 높이를 지정하여 그릴 수 있습니다. 외곽의 점을 드래그하여 파이 형태로 변형, 편집이 가능합니다.

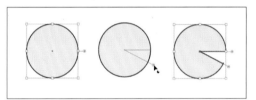

⓭ Polygon Tool() : 도큐먼트에 드래그하여 정삼각형, 정오각형 등 다양한 다각형을 그릴 수 있고 도큐먼트에 클릭하여 대화상자에서 면의 수를 지정하여 그릴 수 있습니다.

– Radius : 다각형의 반지름을 지정합니다.
– Sides : 다각형의 면의 수를 지정합니다.

⓮ Star Tool(⭐) : 도큐먼트에 드래그하여 별 모양을 그릴 수 있고 도큐먼트에 클릭하여 대화상자에서 꼭짓점의 개수와 안과 밖의 반지름을 지정하여 다양한 별의 모양을 그릴 수 있습니다.

‒ Radius 1 : 중심에서 바깥쪽 꼭짓점까지의 반지름을 지정합니다.
‒ Radius 2 : 중심에서 안쪽 꼭짓점까지의 반지름을 지정합니다.
‒ Points : 꼭짓점의 개수를 지정합니다.

합격생의 비법

드래그하는 동안 키보드의 화살표 ↑을 누르면 꼭짓점의 개수가 증가하고 ↓을 누르면 감소합니다.

⓯ Flare Tool(🔘) : 도큐먼트에 드래그하여 광선 효과의 중심이 되는 빛의 위치와 크기를 지정하고 마무리 빛은 클릭하여 지정합니다. Tool 패널을 더블 클릭하여 대화상자에서 광원의 지름, 투명도, 밝기, 길이 등을 지정할 수 있습니다.

⓰ Shaper Tool(🖊) : 드래그하여 직선과 도형을 그릴 수 있습니다.

⓱ Pencil Tool(✏) : 드래그하여 손으로 그린 느낌으로 자연스러운 자유 곡선을 그릴 수 있는 도구이며 Tool 패널을 더블 클릭하여 부드러운 정도 등 허용 한계를 지정할 수 있습니다.

⓲ Smooth Tool(✏) : 드로잉한 패스의 고정점에 드래그하여 거친 선을 부드럽게 만들 수 있는 도구입니다.

⓳ Path Eraser Tool(✏) : 선택한 패스의 고정점이나 선분에 클릭 또는 드래그하여 패스를 부분적으로 지워 열린 패스를 만들 수 있는 도구입니다.

합격생의 비법

베지어 곡선의 명칭 및 패스 익히기

Pen Tool()은 벡터 방식을 대표하는 베지어 곡선으로 이루어진 패스를 그려 정교한 작업이 가능합니다.

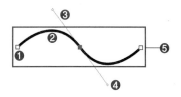

❶ Anchor Point(고정점) : 패스의 모양을 결정하는 기준이 되는 점입니다. 클릭하여 직선의 패스로 연결하거나 드래그하여 핸들의 길이와 각도를 조절하여 곡선을 그릴 수 있습니다.
❷ Segment(선분) : 2개의 고정점 사이를 연결하는 선입니다.
❸ Direction Line(방향선) : 드래그하여 곡선을 그릴 때 나오는 핸들의 선으로 곡선의 형태를 조절할 수 있으며 기본적으로 2개의 방향점이 생깁니다.
❹ Direction Point(방향점) : 방향선의 끝점이며 곡선 패스의 각도와 길이를 조절합니다.
❺ Path(패스) : 고정점과 선분으로 연결되어 이루어진 선입니다.

⓪③ 문자 도구

❶ Type Tool(T) : 문자를 가로쓰기로 입력하는 도구로 클릭하여 짧은 개별 문자나 드래그하여 사각형 영역 안에 들어갈 단락을 입력할 수 있습니다. 문자의 세부 속성은 Character 패널에서, 단락 속성은 Paragraph 패널에서 지정할 수 있습니다.

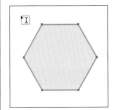  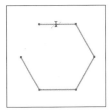
❷ Area Type Tool(T) : 패스의 윤곽선을 클릭하여 그 모양 안에 가로쓰기로 문자를 입력하는 도구로 Paragraph 패널에서 단락의 정렬을 지정하여 패스의 모양대로 문자를 배치합니다.

❸ Type on a Path Tool(↙) : 패스의 윤곽선에 클릭하여 가로쓰기로 문자를 입력하는 도구로 패스를 따라 흐르는 문자를 지정할 수 있습니다.

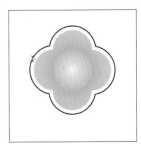 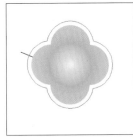 

❹ Vertical Type Tool(IT) : 문자를 세로쓰기로 입력하는 도구로 클릭하여 짧은 개별 문자를 입력하거나 드래그하여 사각형 영역 안에 단락을 입력할 수 있습니다. 한글이나 한자 등 동양권의 문자를 입력할 때 많이 쓰입니다.

❺ Vertical Area Type Tool(T) : 패스의 윤곽선에 클릭하여 패스 모양 안에 세로쓰기로 문자를 입력하는 도구입니다.

❻ Vertical Type on a Path Tool(↙) : 패스의 윤곽선에 클릭하여 세로쓰기로 문자를 입력하는 도구로 패스를 따라 흐르는 문자를 지정할 수 있습니다.

❼ Touch Type Tool(Ⅱ) : 입력한 문자를 클릭하면 해당 문자만 개별적으로 선택이 가능하고 색상, 폰트, 크기, 위치, 기울이기 등의 문자 속성을 개별적으로 수정할 수 있습니다.

04 페인팅 도구

❶ Paintbrush Tool(✏️) : Brushes 패널에서 브러쉬 종류를 선택한 후 페인트 브러쉬 도구를 사용하여 붓으로 그리듯이 자연스럽게 드로잉하고 선 속성으로 다양한 모양을 만듭니다. Tool 패널을 더블 클릭하여 부드러운 정도 등 허용 한계를 지정할 수 있습니다.

❷ Blob Brush Tool(✏️) : Paintbrush Tool(✏️)처럼 자연스럽게 드로잉할 수 있으며 드로잉의 결과가 면 속성으로 지정되며 겹친 부분은 하나의 오브젝트로 합쳐집니다.

❸ Mesh Tool(🔲) : 오브젝트의 면에 클릭하여 그물망과 같은 형태로 분할하여 그 교차점마다 다양한 색상을 적용하여 자연스러운 색상 표현이 가능합니다. 그라디언트나 블렌드 도구로 구현이 어려운 실사 느낌의 그래픽 표현에 유용합니다.

❹ Gradient Tool(🔳) : 2개 이상의 색상을 지정하여 그 중간을 자연스럽게 채워서 처리하는 도구이며 Gradient 패널에서 색상과 유형을 지정할 수 있습니다. Shift 를 누르면서 드래그하면 수직, 수평, 45° 각도로 그라디언트를 조절할 수 있습니다.

합격생의 비법

Gradient 적용과 편집 방법

• Gradient Tool(🔳)로 그라디언트가 적용된 오브젝트 위에 마우스를 드래그하여 방향과 각도 및 적용 범위를 지정합니다. 그라디언트의 시작 지점은 ● 모양으로 표시되고 끝 지점은 ■ 모양으로 표시됩니다.

• Gradient Tool(🔳)로 그라디언트가 적용된 오브젝트 위에 마우스 포인터를 올리면 그라디언트 편집 막대가 표시되며 'Color Stop'을 더블 클릭하여 Color 패널에서 색상을 빠르게 편집할 수 있습니다.

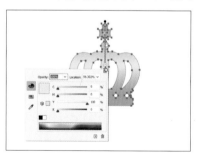

• 그라디언트의 끝 지점인 ■ 모양 위에 마우스 포인터를 올려 이동 커서(▶)로 표시되면 그라디언트가 적용된 거리를 이동하여 조절할 수 있고, 회전 커서(↻)로 표시되면 그라디언트의 각도를 빠르게 조절할 수 있습니다.

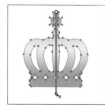 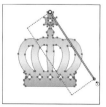 

- 그룹 상태의 오브젝트에는 그라디언트 편집 막대가 나타나지 않으며, 그라디언트 편집 막대는 [View]-[Hide/Show Gradient Annotator]로 보거나 숨길 수 있습니다.

❺ Eyedropper Tool(✐) : 도큐먼트에 배치된 오브젝트에 클릭하여 적용된 색상 및 속성을 추출할 수 있는 도구입니다. 오브젝트를 선택한 후 도큐먼트에 배치된 오브젝트를 클릭하여 동일 속성을 적용할 수 있습니다.

❻ Measure Tool(✐) : 2개의 점 사이에 드래그하여 거리를 측정하는 도구로 Info 패널에서 그 값을 확인할 수 있습니다.

❼ Shape Builder Tool(⬡) : 겹쳐진 2개 이상의 오브젝트를 합치거나 나누는 도구입니다.
 – 오브젝트 합치기 : 겹쳐진 2개 이상의 오브젝트를 함께 선택하고 드래그합니다
 – 오브젝트 나누기 : 겹쳐진 부분을 클릭합니다.

❽ Live Paint Bucket(🪣) : 오브젝트의 테두리를 자동으로 감지하여 클릭하면 색을 채우는 도구입니다.

❾ Live Paint Selection Tool(🖱) : 라이브 페인트로 표현된 오브젝트의 면이나 선을 선택하는 도구입니다.

05 변형 도구

❶ Rotate Tool(↻) : 선택한 오브젝트를 회전하는 도구로 Tool 패널을 더블 클릭하면 오브젝트의 중심점에 자동으로 회전축이 지정되며 대화상자에서 회전각을 입력할 수 있습니다. 작업 도큐먼트에 Alt 를 누르고 클릭하면 클릭한 지점이 회전축으로 지정되며 대화상자가 표시됩니다. Shift 를 누르면서 드래그하면 45° 단위로 회전이 가능합니다.
 – Angle : 회전 각도를 지정합니다.
 – Transform Objects : 패턴이 적용된 오브젝트의 경우에 활성화되며 패턴의 모양은 등록된 상태를 그대로 유지하며 오브젝트만 회전합니다.
 – Transform Patterns : 패턴이 적용된 오브젝트의 모양은 그대로 유지되며 패턴만 입력된 수치대로 회전합니다.
 – Copy : 회전 값대로 복사본을 만듭니다.
 – Preview : 작업 도큐먼트에 회전한 오브젝트를 미리 표시합니다.

▲ 원의 중앙에 Alt +Click

▲ Angle : 36°, Copy

▲ 회전 복사

▲ Ctrl + D 로 반복 복사

❷ Reflect Tool() : 선택한 오브젝트를 반사하는 도구로 대칭이 되는 오브젝트를 만들 때 사용합니다. 더블 클릭하면 오브젝트의 중심점에 자동으로 축이 지정되며 대화상자에서 대칭축을 선택할 수 있는 도구입니다. 작업 도큐먼트에 Alt 를 누르면서 클릭하면 클릭한 지점이 대칭축으로 지정되며 대화상자가 표시됩니다.

– Axis : 반사하는 축을 지정하는 부분으로 Horizontal(가로 대칭), Vertical(세로 대칭), Angle(각도)을 지정할 수 있습니다.

▲ 몸통 중앙 부분에 Alt +Click

▲ Axis : Vertical, Copy

▲ 대칭 복사

❸ Scale Tool() : 선택한 오브젝트의 크기를 확대하거나 축소하는 도구입니다. 더블 클릭하면 오브젝트의 중심점에 자동으로 축이 지정되며 대화상자에서 수치와 옵션을 선택할 수 있는 도구입니다. 작업 도큐먼트에 Alt 를 누르면서 클릭하면 클릭한 지점이 축으로 지정되며 대화상자가 표시됩니다. Shift 를 누르면서 드래그하면 비율에 맞게 크기 조절이 가능합니다.

– Uniform : 가로와 세로 비율을 동일한 크기로 지정할 수 있습니다.
– Non–Uniform : 가로와 세로 비율을 각각 입력하여 크기를 지정할 수 있습니다.
– Scale Strokes & Effects : 체크 시 크기를 조절할 때 테두리의 두께와 오브젝트에 적용한 효과의 수치가 같은 비율로 적용됩니다.

▲ 도큐먼트 우측 하단에 Alt +Click

▲ Uniform : 50%, Scale Strokes & Effects : 체크, Copy

▲ 축소 복사

❹ Shear Tool() : 선택한 오브젝트의 기울기를 조절하는 도구로 더블 클릭하면 오브젝트의 중심점에 자동으로 축이 지정되며 대화상자에서 수치와 옵션을 선택할 수 있는 도구입니다. 작업 도큐먼트에 Alt 를 누르면서 클릭하면 클릭한 지점이 축으로 지정되며 대화상자가 표시됩니다. Shift 를 누르면서 드래그하면 기울이는 방향으로 반듯하게 조절이 가능합니다.

❺ Reshape Tool() : 오브젝트의 전체적인 모양은 그대로 유지하면서 선택한 고정점만을 조정할 수 있는 도구입니다.

❻ Width Tool() : 오브젝트의 선/획에 드래그하여 폭이 다양한 획을 만들 수 있습니다.

❼ Warp Tool() : 오브젝트를 핑거 페인팅을 하듯이 손가락으로 밀어 마우스 커서의 움직임에 따라 변형하는 도구로 더블 클릭하여 대화상자에서 브러쉬의 크기와 한 번 클릭 시 왜곡되는 강도를 지정할 수 있습니다.

❽ Twirl Tool() : 오브젝트에 클릭하여 소용돌이 모양으로 왜곡, 변형할 수 있는 도구입니다.

❾ Pucker Tool() : 오브젝트에 클릭하여 클릭 지점을 향해 수축시키는 도구입니다.

❿ Bloat Tool() : 오브젝트에 클릭하여 클릭 지점으로부터 바깥쪽을 향해 확대, 팽창시키는 도구입니다.

⓫ Scallop Tool() : 오브젝트의 테두리에 임의의 곡선을 안쪽으로 추가하여 마치 조개 모양처럼 왜곡하는 도구입니다.

⓬ Crystallize Tool() : 오브젝트의 테두리에 임의의 뾰족한 모양을 바깥쪽으로 추가하여 마치 수정결정체 모양처럼 왜곡하는 도구입니다.

⓭ Wrinkle Tool() : 오브젝트의 테두리에 주름 모양처럼 추가하여 왜곡하는 도구입니다.

⓮ Free Transform Tool() : 선택한 오브젝트의 크기, 회전, 기울기, 왜곡 등의 변형을 한 번에 조절할 수 있는 도구로 조절점의 모서리에 클릭한 후 드래그하면서 Ctrl 을 누르면 자유로운 왜곡이 가능합니다. 조절점의 모서리를 Shift 와 Alt 를 누르고 드래그하면서 Ctrl 을 누르면 드래그하는 방향으로 원근감 표현이 가능합니다.

⓯ Blend Tool() : 선택한 2개 이상의 오브젝트의 모양과 색상, 크기, 선 두께 등의 점증적인 변화를 만드는 도구입니다. 더블 클릭하여 [Blend Options] 대화상자에서 블렌드의 단계와 방향을 지정할 수 있습니다.

06 심볼 도구

❶ Symbol Sprayer Tool(🖼️) : Symbol 패널에서 클릭하여 선택한 심볼 모양을 도큐먼트에 클릭 또는 드래그하여 뿌려주는 도구입니다. Alt 를 누르면서 클릭하면 이미 뿌려진 심볼 모양을 삭제할 수 있습니다.

❷ Symbol Shifter Tool(👆) : 작업 도큐먼트에 뿌려진 심볼을 드래그하여 위치를 이동하는 도구입니다.

❸ Symbol Scruncher Tool(👐) : 작업 도큐먼트에 뿌려진 심볼의 위치를 조밀하게 하거나 Alt 를 누르면서 클릭하여 퍼지도록 이동하는 도구입니다.

❹ Symbol Sizer Tool(👆) : 작업 도큐먼트에 뿌려진 심볼을 드래그하여 크기를 확대하거나 Alt 를 누르고 클릭하여 축소하는 도구입니다.

❺ Symbol Spinner Tool(🔄) : 작업 도큐먼트에 뿌려진 심볼을 드래그하여 각도를 회전하는 도구입니다.

❻ Symbol Stainer Tool(🖌️) : Swatches 패널에서 해당 색상을 클릭한 후 작업 도큐먼트에 뿌려진 심볼에 클릭하여 색상을 입히거나 Alt 를 누르면서 클릭하여 원래 등록된 심볼의 색상으로 복구하는 도구입니다.

❼ Symbol Screener Tool(🖌️) : 작업 도큐먼트에 뿌려진 심볼에 클릭하여 투명하게 만들거나 Alt 를 누르면서 클릭하여 불투명하게 만들어 주는 도구입니다.

❽ Symbol Styler Tool(🖌️) : Graphic Styles 패널에서 스타일을 클릭하여 선택한 후 심볼에 클릭하여 스타일을 적용하거나 Alt 를 누르면서 클릭하여 적용된 스타일을 삭제하는 도구입니다.

07 그래프 도구

❶ Column Graph Tool(📊) : 작업 도큐먼트에 드래그하여 그래프의 크기를 결정하며 대화상자에서 데이터를 입력하여 세로 막대 그래프를 만드는 도구입니다.

❷ Stacked Column Graph Tool(📊) : 작업 도큐먼트에 드래그하여 그래프의 크기를 결정하며 대화상자에서 데이터를 입력하여 누적 막대 그래프를 만드는 도구입니다.

❸ Bar Graph Tool(📊) : 작업 도큐먼트에 드래그하여 그래프의 크기를 결정하며 대화상자에서 데이터를 입력하여 가로 막대 그래프를 만드는 도구입니다.

❹ Stacked Bar Graph Tool(📊) : 작업 도큐먼트에 드래그하여 그래프의 크기를 결정하며 대화상자에서 데이터를 입력하여 가로 누적 막대 그래프를 만드는 도구입니다.

❺ Line Graph Tool(📈) : 데이터 값을 점으로 나타내며 각 집합의 점들을 직선으로 연결하여 데이터 변화를 표현하는 도구입니다.

❻ Area Graph Tool() : 선 그래프와 유사하지만 데이터 값의 전체 양의 변화를 표현하는 도구입니다.

❼ Scatter Graph Tool() : 데이터를 X, Y 좌표 위에 점의 위치로 표현하는 분산 그래프를 표현하는 도구입니다.

❽ Pie Graph Tool() : 전체 데이터에서 하나의 데이터가 차지하는 비율을 표현하는 파이 모양의 그래프를 표현하는 도구입니다.

❾ Radar Graph Tool() : 방사형으로 분할되어 점의 치우침으로 변화를 쉽게 레이더 모양으로 그래프를 표현하는 도구입니다.

ⓞ8 분할 및 오리기 도구

❶ Eraser Tool() : 클릭 또는 드래그하여 오브젝트를 지우는 도구로 닫힌 패스를 만들며 툴을 더블 클릭하여 대화상자에서 지우개 브러쉬의 각도와 둥글기, 크기 등을 지정할 수 있습니다.

▲ 원본 오브젝트　　　　▲ 드래그하여 지우기　　　　▲ [Effect]-[Illustrator Effects]-[Stylize]-[Drop Shadow] 적용하기

❷ Scissors Tool() : 가위로 선을 자르듯이 오브젝트의 윤곽선에 클릭하여 자르는 도구로 열린 패스를 만듭니다.

❸ Knife() : 선택한 오브젝트의 패스 위에 드래그하여 오브젝트를 자유롭게 분리하여 닫힌 패스를 만들 수 있는 도구로 선택한 오브젝트가 없으면 드래드할 때 스치는 오브젝트에 전체적으로 적용됩니다. Shift 와 Alt 를 누르면서 오브젝트를 가로지르면 직선으로 분리됩니다.

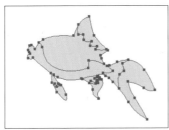 

▲ 선택 후 드래그하여 면을 분리하기　　　　▲ 색상 편집하기

❹ Artboard Tool(🔲) : 인쇄 또는 출력할 별도의 대지를 만드는 도구로 더블 클릭하여 [Artboard Options] 대화상자에서 작품의 규격을 지정할 수 있습니다.

❺ Slice Tool(✏) : 웹 페이지용 이미지로 분할하는 도구입니다.

❻ Slice Selection Tool(✏) : 웹 페이지용 이미지로 분할한 영역을 선택하는 도구입니다.

09 이동 및 확대/축소 도구

❶ Hand Tool(✋) : 작업 도큐먼트를 드래그하여 원하는 위치로 이동하는 도구로 다른 도구를 사용하여 작업 중에 Space Bar 를 누르면 Hand Tool(✋)로 일시적으로 변환되며 툴 자체를 더블 클릭하면 [View]-[Fit Artboard in Window](Ctrl+0)를 선택한 것과 같이 현재 창에 맞추기가 됩니다.

❷ Print Tiling Tool(🔲) : 인쇄할 부분의 위치를 조절하는 도구입니다.

❸ Zoom Tool(🔍): 작업 도큐먼트를 클릭하거나 드래그하여 확대할 수 있는 도구로 Alt 를 누르면서 클릭하면 축소됩니다. 다른 도구를 선택하여 작업 중일 때 Ctrl+Space Bar 를 누르면 확대를, Ctrl+Alt+Space Bar 를 누르면 축소할 수 있는 상태로 변환됩니다. 툴 자체를 더블 클릭하면 화면 비율이 100%에 맞춰집니다.

10 칠 및 테두리 색상 설정

❶ Fill(🔲) : 오브젝트의 내부를 채우는 면 색상을 지정합니다.

❷ Stroke(🔲) : 오브젝트의 윤곽선에 적용하는 선 색상을 지정합니다.

❸ Swap Fill and Stroke(↰) : 오브젝트의 면 색상과 선 색상을 서로 교체합니다.

❹ Default Fill and Stroke(🔲) : 면 색상과 선 색상을 흰색과 검정색으로 초기화합니다. 브러쉬나 이펙트 적용 후 새로운 오브젝트를 그릴 때 클릭하여 옵션을 초기화할 수 있습니다.

❺ Color(🔲) : 오브젝트의 면과 선에 단일 색상을 지정합니다.

❻ Gradient(🔲) : 오브젝트의 면과 선에 그레이디언트 색상을 지정합니다.

❼ None(🔲) : 오브젝트의 면과 선에 색상을 지정하지 않은 상태입니다.

11 그리기 모드 설정

❶ Draw Normal(🔲) : 그리는 순서대로 오브젝트가 배치되는 표준 그리기 모드입니다.

❷ Draw Behind(🔲) : 먼저 그린 오브젝트의 바로 뒤쪽으로 배치되는 배경 그리기 모드입니다.

❸ Draw Inside(🔲) : 먼저 그린 오브젝트에 겹치는 부분만 잘라서 배치되는 내부 그리기 모드입니다. Clipping Mask가 적용된 경우와 같습니다.

Menu

CHAPTER 04

01 File

❶ **New** : 새로운 도큐먼트를 만드는 메뉴로 문제지에서 제시한 규격대로 단위를 지정하여 만듭니다.

❷ **Open** : 저장된 일러스트레이터 도큐먼트를 열거나 이미지를 열 수 있습니다.

❸ **Close** : 현재 선택된 일러스트레이터 도큐먼트를 닫습니다.

❹ **Save** : 현재 선택된 일러스트레이터 도큐먼트를 처음 저장했던 동일한 이름, 동일한 위치, 동일한 포맷으로 저장할 때 사용하는 메뉴입니다.

❺ **Save As** : 현재 선택된 일러스트레이터 도큐먼트를 다른 이름 또는 다른 위치 및 파일 형식으로 저장할 때 사용하는 메뉴입니다.

❻ **Place** : 다른 프로그램에서 작업한 파일을 현재 작업 중인 도큐먼트에 가져올 때 사용하는 메뉴입니다.

02 Edit

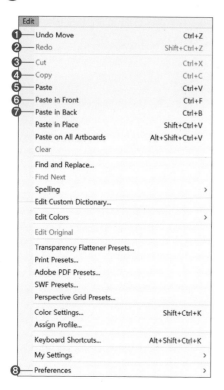

❶ Undo : 현재 작업 중인 도큐먼트에 작업 과정을 순차적으로 취소하는 메뉴입니다.

❷ Redo : 작업 과정을 취소한 만큼 복구하는 메뉴입니다.

❸ Cut : 선택한 오브젝트를 잘라서 클립보드에 임시로 저장하는 메뉴입니다.

❹ Copy : 선택한 오브젝트를 복사하여 클립보드에 임시로 저장하는 메뉴입니다.

❺ Paste : 자르거나 복사하여 클립보드에 임시로 저장한 오브젝트를 현재 작업 중인 도큐먼트에 붙여 넣는 메뉴입니다.

❻ Paste in Front : 자르거나 복사하여 클립보드에 임시로 저장한 오브젝트를 원본 오브젝트 앞에 붙여 넣는 메뉴입니다.

❼ Paste in Back : 자르거나 복사한 오브젝트를 원본 오브젝트 뒤에 붙여 넣는 메뉴입니다.

❽ Preferences : 작업자의 편의대로 다양한 환경 설정을 지정할 수 있는 메뉴입니다.

⑱ Object

❶ Transform : 선택한 오브젝트의 이동, 회전, 크기, 반사 등 변형을 대화상자를 이용해 지정하고 [Copy]를 눌러 복사할 수 있는 메뉴입니다.
- Transform Again(<kbd>Ctrl</kbd>+<kbd>D</kbd>) : 이전에 변형 과정을 반복할 수 있는 메뉴입니다.

❷ Arrange : 선택한 오브젝트의 드로잉 순서를 변경할 수 있는 메뉴로 겹쳐진 오브젝트의 앞뒤 순서를 재배열할 때 주로 사용합니다.
- Bring to Front : 선택한 오브젝트를 맨 앞으로 가져오는 메뉴입니다.
- Bring Forward : 선택한 오브젝트를 한 단계 앞으로 가져오는 메뉴입니다.
- Send Backward : 선택한 오브젝트를 한 단계 뒤로 보내는 메뉴입니다.
- Send to Back : 선택한 오브젝트를 맨 뒤로 보내는 메뉴입니다.

❸ Group : 2개 이상 선택한 오브젝트를 하나로 묶어서 그룹화 시켜주는 메뉴입니다.

❹ Ungroup : 그룹화된 오브젝트를 개별 오브젝트로 해제하는 메뉴입니다.

❺ Lock : 선택한 오브젝트를 편집이 불가능한 상태로 잠그는 메뉴입니다.

❻ Unlock All : Lock 메뉴로 잠근 오브젝트의 잠금을 모두 해제하는 메뉴입니다.

❼ Hide : 선택한 오브젝트를 도큐먼트에서 숨겨주는 메뉴입니다.

❽ Show All : Hide 메뉴로 숨긴 오브젝트를 모두 표시하는 메뉴입니다.

❾ Expand : 블렌드, 심볼, 문자, 그라디언트, 패턴 등의 속성을 개별 오브젝트로 확장하여 변경하는 메뉴입니다.

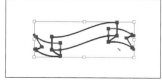
▲ 확장된 오브젝트

▲ 색상 편집

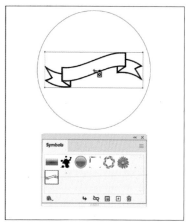
▲ 심볼 인스턴스

❿ Expand Appearance : Appearance 패널에 등록된 속성을 개별 오브젝트로 확장하여 분리하는 메뉴입니다. Effect를 적용한 오브젝트나 브러쉬를 적용한 오브젝트를 확장하면 편집 가능한 패스로 변환되며 [View]–[Outline/GPU Preview]에서 확장된 모양이 동일하게 표시됩니다.

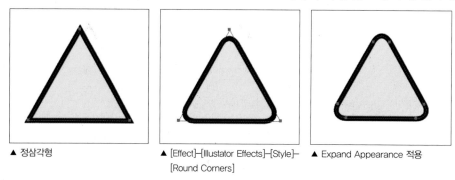

▲ 정삼각형　　　　　　▲ [Effect]–[Illustator Effects]–[Style]–　　▲ Expand Appearance 적용
　　　　　　　　　　　　　 [Round Corners]

⓫ Create Gradient Mesh : 선택한 오브젝트의 면을 그물망 모양으로 분할하는 옵션을 대화상자로 지정할 수 있는 메뉴입니다.

⓬ Path : 열린 패스를 연결하거나 선을 면으로 확장하는 등 패스의 수정과 편집을 지정할 수 있는 메뉴입니다.

　– Join : 열린 패스의 2개의 끝 고정점을 연결하여 닫힌 패스를 만드는 메뉴입니다.

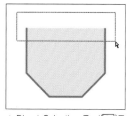
▲ Direct Selection Tool(▷)로
　드래그하여 선택

▲ Join 적용

　– Average : 선택한 고정점들의 평균적인 위치를 정렬하는 메뉴입니다.
　– Outline Stroke : 선택한 오브젝트의 테두리 선의 속성을 면으로 변환하는 메뉴입니다.

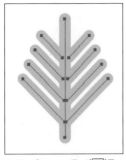

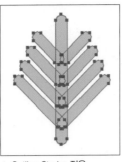

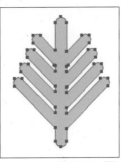

▲ Line Segment Tool(⬚)로   ▲ Outline Stroke 적용   ▲ Pathfinder 패널의 Unite(⬚)
그리기   적용

- Offset Path : 선택한 오브젝트를 입력된 수치만큼 안쪽 또는 바깥쪽으로 이동하여 동일한 간격으로 복사본을 만드는 메뉴입니다.

▲ 오브젝트 선택   ▲ 수치 입력   ▲ 확대된 복사본에 색상 적용

- Add Anchor Points : 패스의 고정점과 고정점 사이의 선분 중간에 균일하게 고정점을 추가하는 메뉴입니다.

❸ Pattern
- Make : 선택한 오브젝트를 패턴으로 정의하여 등록하는 메뉴입니다.
- Edit Pattern : 등록된 패턴을 편집하는 메뉴입니다.

❹ Blend : 선택한 2개 이상의 오브젝트 사이에 모양과 색상, 크기, 테두리 두께 등의 점증적인 변화를 만들거나 세부 옵션, 스파인 변환 등의 기능을 지정하는 메뉴입니다.
- Make : 선택한 2개 이상의 오브젝트에 중간 단계를 만들어 Blend 효과를 적용하는 메뉴입니다.
- Release : 적용된 Blend 효과를 해제하여 원래의 개별 오브젝트로 만드는 메뉴입니다.
- Blend Options : Blend 효과의 적용 방법이나 단계 등 세부 옵션을 지정하는 메뉴로 Blend Tool(⬚)을 더블 클릭해도 대화상자가 나옵니다.

- Spacing : 블렌드가 적용된 오브젝트의 중간 단계의 간격을 지정합니다.
- Orientation : 오브젝트의 중간 단계의 방향을 지정합니다.

❺ Envelope Distort : 선택한 오브젝트를 특정한 스타일로 왜곡하거나 선택된 오브젝트의 모양 또는 베지어 곡선을 추가하여 자유롭게 변형할 수 있는 메뉴입니다. 실제로 오브젝트의 윤곽선이 변형되는 것이 아니라 특정 스타일의 틀로 왜곡되어 보이는 것으로 수정이 용이합니다.

‒ Make with Warp / Reset with Warp : 선택한 오브젝트 또는 문자를 다양한 스타일로 왜곡할 수 있는 메뉴입니다. 스타일이 적용된 오브젝트를 선택하고 Reset with Warp로 재설정이 가능하고 컨트롤 패널에서도 재설정이 가능합니다.

- Style : 15가지의 변형을 지정할 수 있고 Warp 효과를 가로 또는 세로로 지정할 수 있습니다.
- Bend : 오브젝트를 왜곡시킬 때 변형의 정도를 값으로 표시합니다.
- Horizontal : 선택한 오브젝트를 수평 방향으로 왜곡시킵니다.
- Vertical : 선택한 오브젝트를 수직 방향으로 왜곡시킵니다.

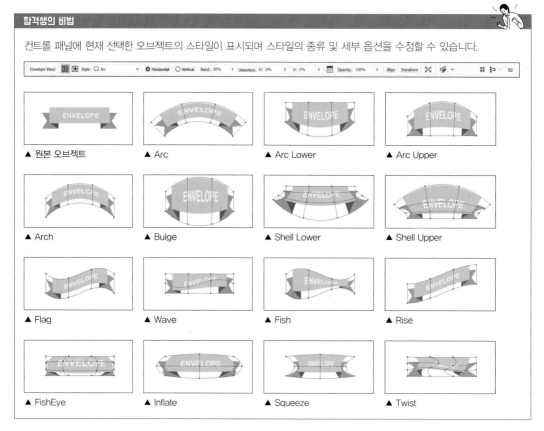

합격생의 비법

컨트롤 패널에 현재 선택한 오브젝트의 스타일이 표시되며 스타일의 종류 및 세부 옵션을 수정할 수 있습니다.

▲ 원본 오브젝트 ▲ Arc ▲ Arc Lower ▲ Arc Upper

▲ Arch ▲ Bulge ▲ Shell Lower ▲ Shell Upper

▲ Flag ▲ Wave ▲ Fish ▲ Rise

▲ FishEye ▲ Inflate ▲ Squeeze ▲ Twist

‒ Make with Mesh / Reset with Mesh : 선택한 오브젝트 또는 문자에 베지어 곡선을 추가하여 일러스트레이터에서 지원하는 15가지 스타일 외에 자유로운 변형을 할 수 있는 메뉴입니다.

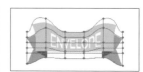

– Make with Top Object : 2개의 선택된 오브젝트 중에 맨 위에 있는 오브젝트의 패스 모양 대로 변형할 수 있는 메뉴입니다.

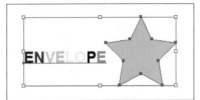 

– Release : 왜곡이 적용된 오브젝트 스타일을 해제하는 메뉴입니다.
– Expand : 왜곡이 적용된 오브젝트를 스타일대로 확장하여 개별 오브젝트로 분리하는 메뉴입니다.

⓰ Image Trace : 도큐먼트에 불러오기한 비트맵 이미지를 벡터 이미지로 변환할 수 있는 메뉴입니다.
 – Make : Image Trace 메뉴를 적용하여 이미지를 추적하는 메뉴로 이미지를 추적하는 색상의 종류 및 단계, 패스의 정밀도 등 다양한 옵션을 지정할 수 있는 메뉴입니다.
 – Make and Expand : 이미지 추적과 확장을 동시에 지정하는 메뉴입니다.
 – Release : 적용된 Image Trace 효과를 해제하여 원래의 이미지로 만드는 메뉴입니다.
 – Expand : Image Trace 메뉴로 추적한 이미지를 개별 오브젝트로 확장하는 메뉴입니다.

⓱ Clipping Mask : 선택한 2개 이상의 오브젝트 중에 맨 위에 배치된 오브젝트의 면과 겹치는 아래 오브젝트 부분만 보이고 나머지 부분은 투명하게 가려주는 메뉴입니다.
 – Make : Clipping Mask를 적용하여 맨 위 오브젝트 면과 겹치는 부분만 보이게 만드는 메뉴입니다.
 – Release : Clipping Mask가 적용된 오브젝트를 원래의 개별 오브젝트로 해제하는 메뉴입니다. 해제 후에는 맨 위에 배치된 오브젝트는 면과 선의 색상이 'None'으로 처리되어 투명해집니다.
 – Edit Mask : Clipping Mask가 적용된 오브젝트를 편집할 수 있는 메뉴입니다.

⓲ Compound Path : 선택한 2개 이상의 오브젝트에 면이 서로 겹치는 부분을 투명하게 만드는 메뉴입니다.
 – Make : Compound Path를 적용하여 투명하게 만드는 메뉴입니다.
 – Release : Compound Path가 적용된 오브젝트를 원래의 개별 오브젝트로 해제하는 메뉴입니다.

04 Type

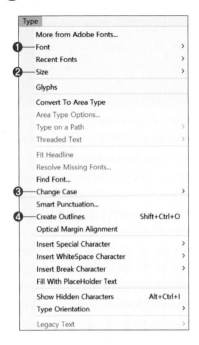

❶ Font : 글꼴을 선택하는 메뉴로 Character 패널에서도 지정할 수 있습니다.

❷ Size : 글꼴의 크기를 선택하는 메뉴로 Character 패널에서도 지정할 수 있습니다.

❸ Change Case : 입력된 문자를 선택하고 UPPERCASE, lowercase로 대/소문자를 변환합니다.

❹ Create Outlines : 문자를 편집이 가능한 패스로 변환하는 메뉴입니다. Selection Tool(▶)로 문자를 선택해야 윤곽선으로 변환이 가능하며, 문자의 윤곽선을 편집하거나 Pathfinder를 활용한 편집 및 그라디언트를 적용하기 위해서 변환합니다.

05 Select

❶ All : 작업 중인 도큐먼트에 있는 모든 오브젝트를 선택합니다. 단, Lock이 적용된 오브젝트는 선택에서 제외됩니다.

❷ Inverse : 오브젝트의 선택을 반전하는 메뉴로 선택된 오브젝트의 선택을 해제시키고 선택되지 않은 나머지 오브젝트가 선택됩니다.

❸ Same : 현재 선택한 오브젝트와 동일한 속성을 가진 오브젝트를 선택하는 메뉴로 동시에 선택하여 빠른 편집을 할 수 있는 메뉴입니다.

❹ Object : 도큐먼트에 특정 속성이 적용된 오브젝트를 선택하는 메뉴입니다.
   – Brush Strokes : Brush가 적용된 오브젝트를 선택합니다.
   – Clipping Masks : Clipping Mask가 적용된 오브젝트를 선택합니다.
   – All Text Objects : 문자 속성의 오브젝트를 모두 선택합니다.

06 Effect

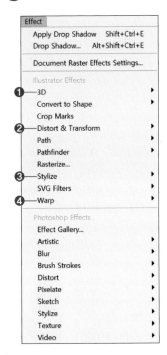

합격생의 비법

Properties 패널에서 Appearance 항목의 [fx.]를 클릭하여 적용할 수도 있습니다.

❶ 3D : 선택한 2차원의 오브젝트에 Extrude & Bevel, Revolve 등을 지정하여 돌출과 회전으로 입체적인 3차원 효과를 적용하는 메뉴입니다.

❷ Distort & Transform : 선택한 오브젝트의 실재 윤곽선을 변형하지 않고 원근감, 수축 또는 팽창, 소용돌이 모양, 톱니 모양 등 다양하게 왜곡하여 변형 효과를 적용하는 메뉴입니다.

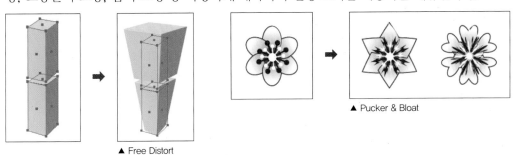

▲ Free Distort

▲ Pucker & Bloat

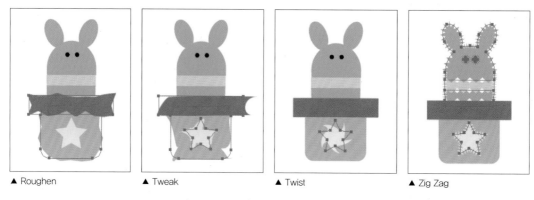

▲ Roughen   ▲ Tweak   ▲ Twist   ▲ Zig Zag

❸ Stylize : 선택한 오브젝트의 실재 윤곽선을 변형하지 않고 그림자 효과, 흐림 효과, 광선 효과, 곡선 효과 등 특정 스타일의 효과를 적용할 수 있는 메뉴입니다.

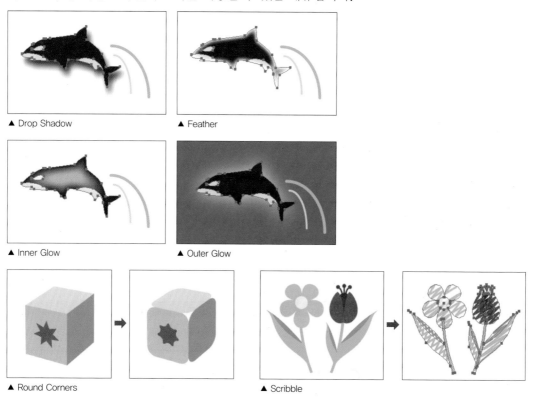

▲ Drop Shadow   ▲ Feather

▲ Inner Glow   ▲ Outer Glow

▲ Round Corners   ▲ Scribble

❹ Warp : 선택한 오브젝트의 실재 윤곽선을 변형하지 않고 Arc부터 Twist까지 15가지의 다양한 변형 효과를 적용하는 메뉴입니다.

07 View

❶ **Outline/GPU Preview** : 작업 도큐먼트의 전체 오브젝트를 윤곽선만 보이게 하거나 색상이 미리 보이는 상태로 볼 수 있는 메뉴입니다.

❷ **Zoom In** : 작업 도큐먼트의 보기 배율을 단계적으로 확대할 수 있는 메뉴입니다.

❸ **Zoom Out** : 작업 도큐먼트의 보기 배율을 단계적으로 축소할 수 있는 메뉴입니다.

❹ **Fit Artboard in Window** : 작업 도큐먼트를 현재 창에 맞춥니다.

❺ **Hide Edges** : 선택한 오브젝트를 표시하는 고정점이나 선의 색상 표시를 보거나 숨기는 메뉴입니다.

❻ **Hide Bounding Box** : Selection Tool(▶)로 오브젝트를 선택하여 크기와 회전을 할 수 있는 8개의 조절점이 표시된 사각형 박스를 보거나 숨기는 메뉴입니다.

❼ Smart Guides : 스마트 가이드를 활성화시키거나 비활성화시키는 메뉴로 정확한 작업에 유용합니다.

❽ Rulers : 작업 도큐먼트의 상단과 왼쪽에 눈금자 표시를 보거나 숨기는 메뉴입니다.

❾ Guides : 작업 도큐먼트의 상단과 왼쪽에 표시된 눈금자에서 드래그하여 안내선을 보거나 숨기기, 잠금, 삭제 등을 할 수 있는 메뉴입니다.

❿ Show Grid : 작업 도큐먼트 전체에 격자 표시를 보거나 숨기는 메뉴입니다.

08 Window

❶ Workspace : 작업 목적에 맞게 작업 환경을 전환하거나 저장할 수 있는 메뉴입니다.

- Essentials : 모든 패널이 초기 상태인 필수 환경으로 전환되는 메뉴입니다. 각종 패널을 이동하거나 닫았을 때 초기화할 수 있어 편리한 메뉴이며 메뉴 표시줄의 오른쪽 작업 영역 전환기의 'Essentials'를 클릭해도 됩니다.

CHAPTER 05 Panel

작업의 필요에 따라 패널을 이동하거나 분리, 위치를 조절하여 작업의 효율성을 높일 수 있습니다.

01 Control

현재 선택한 오브젝트의 세부 옵션을 지정할 수 있습니다.

02 Color

색상 탭을 조절하여 면 색상이나 선 색상을 만들고 오브젝트에 적용할 수 있는 패널입니다. 하단의 색상 스펙트럼에서 다양한 색상을 지정할 수 있고, None과 흰색과 검정색을 바로 클릭하여 지정할 수 있습니다. 패널 오른쪽 상단의 팝업 버튼을 눌러 색상 모드를 변환할 수 있습니다.

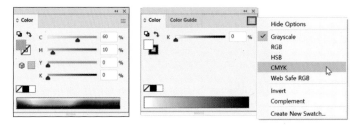

03 Swatches

사용자 정의 색상을 등록할 수 있는 팔레트로 기본적으로 단일색상, 그라디언트. 패턴이 등록되어 있고 필요하면 색상, 그라디언트, 패턴을 추가로 등록하거나 삭제할 수 있는 패널입니다. 패널 하단의 Swatch Libraries menu를 클릭하여 별도의 다양한 색상 패널을 추가할 수 있습니다.

04 Stroke

오브젝트의 선에 두께와 점선 등 다양한 형태를 지정하는 패널입니다.

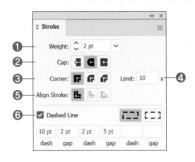

❶ Weight : 선의 두께를 지정합니다.

❷ Cap : 열린 패스의 끝점의 모양을 지정합니다.
 - Butt Cap : 열린 패스의 끝점이 직선 모양으로 지정됩니다.
 - Round Cap : 열린 패스의 끝점이 선 두께의 1/2 두께만큼 튀어나와 둥근 모양으로 지정됩니다.
 - Projecting Cap : 열린 패스의 끝점이 선 두께의 1/2 두께만큼 튀어나와 사각형 모양으로 지정됩니다.

❸ Corner : 꺾인 패스의 모서리 바깥쪽 모양을 지정합니다.
 - Miter Join : 모서리의 바깥쪽 모양이 뾰족하게 지정되며 모서리의 꺾인 정도에 따라 Limit 수치를 조절합니다.
 - Round Join : 꺾인 모서리의 바깥쪽 모양이 둥글게 지정됩니다.
 - Bevel Join : 꺾인 모서리의 바깥쪽 모양이 경사지게 지정됩니다.

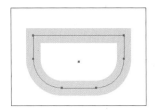  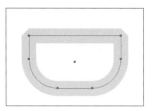

❹ Miter Limit : Miter Join의 한계값을 지정하며 값이 클수록 선 모양이 뾰족합니다.

❺ Align Stroke : 닫힌 패스의 선 두께의 위치를 중앙, 안쪽, 바깥쪽으로 지정합니다.

❻ Dashed Line : 점선의 길이와 간격을 지정하여 규칙적 또는 불규칙적인 점선을 만듭니다.

  – dash : 점선의 길이를 지정합니다.

  – gap : 점선 사이의 간격을 지정합니다.

❺ Gradient

Gradient의 색상, 유형, 방향, 적용 범위 등을 조절할 수 있으며 Gradient Tool(■)을 사용하여 적용할 수 있는 패널입니다.

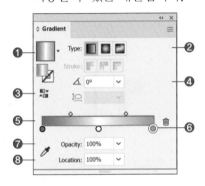

❶ Gradient Fill : 설정한 그라디언트를 미리 표시합니다.

❷ Type : 그라디언트의 유형을 Linear(선형), Radial(방사형), Freeform으로 지정합니다.

❸ Reverse Gradient : 설정한 그라디언트를 반전합니다.

❹ Angle : 그라디언트의 진행 각도를 지정합니다.

❺ Gradient Slider : 그라디언트 색상을 지정하는 바입니다.

❻ Color Stop : 더블 클릭하여 그라디언트 색상을 지정합니다. 클릭하여 추가할 수 있고 불필요한 Color Stop은 패널 아래로 드래그하면 삭제됩니다.

❼ Opacity : Color Stop의 불투명도를 지정합니다.

❽ Location : Color Stop의 위치를 지정합니다.

06 Transform

선택한 오브젝트의 X, Y 위치와 크기, 각도, 기울기를 지정할 수 있는 패널입니다. 오브젝트를 만든 후 크기 등을 다시 입력하여 설정할 수 있는 패널입니다.

07 Align

선택된 2개 이상의 오브젝트를 가로/세로상의 특정 위치에 정렬시키거나 선택된 3개 이상의 오브젝트를 일정한 간격으로 배분할 수 있는 패널입니다.

▲ 원본   ▲ Horizontal Align Left(🔳)   ▲ Horizontal Align Center(🔳)

▲ Horizontal Align Right(🔳)   ▲ Vertical Align Top(🔳)   ▲ Vertical Align Center(🔳)   ▲ Vertical Align Bottom(🔳)

08 Pathfinder

서로 겹쳐져 배치된 2개 이상의 오브젝트를 합치거나 자르거나 빼는 등 새로운 모양의 오브젝트를 만들 수 있는 패널입니다. 그룹으로 설정된 오브젝트는 그룹을 해제한 후 적용합니다.

❶ Unite(🔳) : 선택된 2개 이상의 오브젝트의 겹친 부분을 하나로 합칩니다.

❷ Minus Front(■) : 겹쳐진 2개 이상의 오브젝트 중 앞에 있는 오브젝트의 모양으로 삭제합니다.

❸ Intersect(■) : 오브젝트의 겹친 부분을 남기고 나머지는 삭제합니다.

❹ Exclude(■) : 오브젝트의 겹친 부분을 뚫어 투명하게 합니다.

❺ Divide(■) : 선택된 2개 이상의 오브젝트의 겹친 부분이 윤곽선대로 개별 오브젝트의 면으로 분리됩니다.

❻ Trim(■) : 뒤쪽에 있는 오브젝트의 겹친 부분은 삭제되며 보이는 부분만 남깁니다.

❼ Merge(■) : 뒤쪽에 있는 오브젝트의 겹친 부분은 삭제되며 동일한 색상의 겹쳐진 오브젝트는 합칩니다.

❽ Crop(■) : 겹쳐진 오브젝트 중 맨 앞에 있는 오브젝트의 윤곽선대로 잘라 줍니다.

❾ Outline(■) : 오브젝트의 겹친 부분이 윤곽선으로 분리되며 각각의 면의 색상이 선 색상으로 지정됩니다.

❿ Minus Back(■) : 겹쳐진 2개 이상의 오브젝트 중 뒤에 있는 오브젝트의 모양으로 삭제합니다.

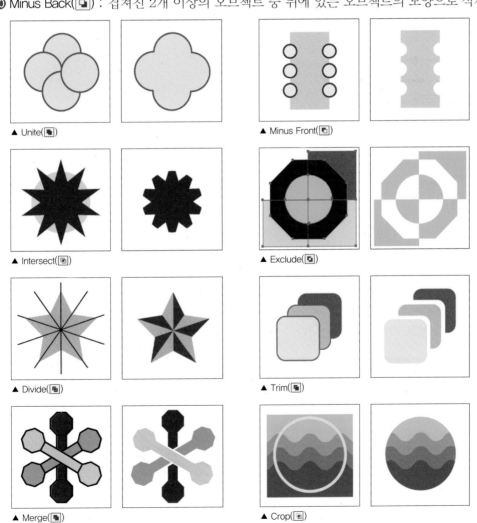

▲ Unite(■)

▲ Minus Front(■)

▲ Intersect(■)

▲ Exclude(■)

▲ Divide(■)

▲ Trim(■)

▲ Merge(■)

▲ Crop(■)

▲ Outline()　　　　　　▲ Minus Back()

09 Brushes

Paintbrush Tool(🖌)을 사용하여 선의 속성으로 그릴 수 있는 다양한 형태의 붓 모양을 지정하는 패널입니다.

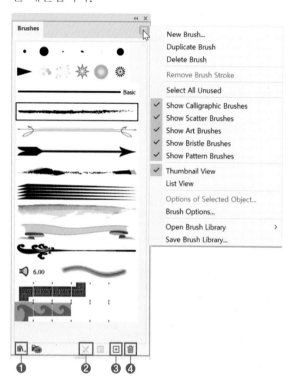

❶ **Brush Libraries Menu** : 일러스트레이터에서 기본적으로 제공하는 다양한 브러쉬 라이브러리를 지정하여 추가로 적용할 수 있습니다.

합격생의 비법

추가 브러쉬 패널의 팝업 메뉴에서 'List View'를 클릭하여 '목록 보기'를 하면 문제지에 제시된 브러쉬 이름을 빠르게 찾아 선택할 수 있습니다.

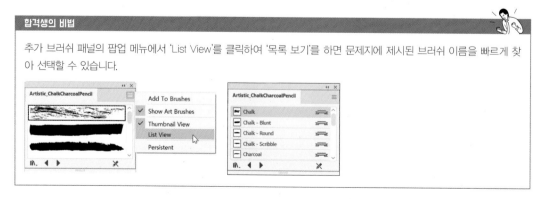

❷ Remove Brush Stroke : 오브젝트에 적용된 브러쉬를 제거합니다.

❸ New Brush : 새로운 브러쉬를 등록하거나 복사합니다. 선택한 오브젝트를 브러쉬 패널 내부에 Drag & Drop으로 새롭게 등록할 수 있습니다.

  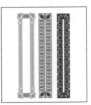

▲ Calligraphic Brush   ▲ Scatter Brush   ▲ Art Brush   ▲ Pattern Brush

❹ Delete Brush : Brushes 패널에서 선택한 브러쉬를 삭제합니다.

❿ Symbols

심볼을 새로 등록하거나 추가로 불러오고 적용하는 패널입니다.

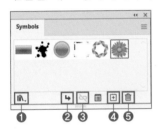

❶ Symbol Libraries Menu : 일러스트레이터에서 기본적으로 제공하는 심볼 라이브러리를 지정합니다.

❷ Place Symbol Instance : 심볼 패널에 저장되어 있는 심볼을 작업 도큐먼트에 표시합니다.

❸ Break Link to Symbol : 심볼 패널에 등록된 심볼과 작업 도큐먼트에 적용된 심볼과의 연결을 해제하여 서로 영향을 미치지 않고 편집이 가능합니다.

❹ New Symbol : 작업 도큐먼트에서 선택한 오브젝트를 새로운 심볼로 등록합니다.

❺ Delete Symbol : 심볼 패널에서 선택한 심볼을 삭제합니다.

⓫ Transparency

오브젝트에 혼합 모드를 지정하여 다양한 합성 효과를 적용하거나 불투명도를 지정할 수 있고 마스크 기능을 적용할 수 있는 패널입니다.

  – Opacity : '%'를 지정하여 불투명도를 조절합니다. 0%에 가까울수록 투명해집니다.

12 Properties

선택된 오브젝트의 변형, 면, 선/획, 불투명도 속성, 정렬, 이펙트, 패스파인더 등을 빠르게 설정할 수 있는 패널입니다.

13 Character

도큐먼트에 입력하는 문자에 대한 글꼴, 크기, 자간, 행간, 장평 등의 속성을 지정하는 패널입니다.

14 Paragraph

입력한 단락의 정렬, 좌우 여백, 들여쓰기 등의 속성을 지정하는 패널입니다.

⑮ Layers

레이어의 생성, 삭제, 순서 변경 등 레이어를 관리할 수 있는 패널입니다. 오브젝트가 많을수록 선택과 효율적인 관리를 위해 레이어를 추가하여 사용하면 편리합니다. 각각의 레이어는 보기와 숨기기, 잠금, 미리보기와 윤곽선 보기를 별도로 지정할 수 있습니다.

⑯ Navigator

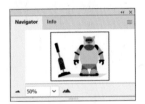

축소된 이미지 표시를 통해 빠르게 도큐먼트의 위치를 지정할 수 있으며 작업 도큐먼트의 화면 비율 조절과 이동을 쉽게 제어하는 패널입니다. 큰 아트보드 작업이나 섬세한 작업을 할 때 편리합니다.

⑰ Graphic Styles

❶ Graphic Styles Libraries Menu : 일러스트레이터에서 기본적으로 제공하는 이펙트가 복합적으로 적용된 다양한 그래픽 스타일을 지정할 수 있습니다.

❷ Break Link to Graphic Style : 그래픽 스타일이 적용된 오브젝트의 연결을 끊습니다.

❸ New Graphic Style : 현재 선택한 오브젝트에 설정된 이펙트를 새로운 스타일로 등록합니다.

❹ Delete Graphic Style : 현재 선택한 스타일을 삭제합니다.

⑱ Appearance

오브젝트에 적용된 면과 선, 불투명도, 이펙트 등의 속성을 정의하는 패널로 적용된 속성을 클릭하여 나타나는 각각의 해당 패널에서 변경하거나 제거할 수 있습니다.

03
PART

시험 문항별
기능 익히기

CHAPTER 01

기본 툴 활용

주요 기능	메뉴	단축키	출제빈도
Selection Tool	▶, ▷, ▷⁺	V, A	★★★★★
Pen Tool	✎	P	★★★★★
Gradient Tool	■	G	★★
Shape Tool	╱, ◉, ◠, □, ▢, ○, ◯, ☆	W, M, L	★★★★★
Transform Tool	↻, ▶|, ⬚, ➡	R, O, S	★★★★★
Outline Stroke	[Object]–[Path]–[Outline Stroke]		★★★
Offset Path	[Object]–[Path]–[Offset Path]		★★★★
Transform Again	[Object]–[Transform]–[Transform Again]	Ctrl + D	★★★★
Pathfinder Panel	[Window]–[Pathfinder]	Shift + Ctrl + F9	★★★★★
Color Panel	[Window]–[Color]	F6	★★★★★
Stroke Panel	[Window]–[Stroke]	Ctrl + F10	★★★★
Gradient Panel	[Window]–[Gradient]	Ctrl + F9	★★
Align Panel	[Window]–[Align]	Shift + F7	★★★★

01 선택 도구로 오브젝트 모양 변형하기

▶ 동영상 무료

▲ 완성이미지

01 원 그리고 하트 모양으로 변형하기

① [File]-[New]([Ctrl]+[N])를 선택하고 새 도큐먼트를 만듭니다. Ellipse Tool(◉)로 작업 도큐먼트를 클릭한 후 'Width : 40mm, Height : 40mm'를 입력하여 그리고 'Fill Color : M30Y20, Stroke Color : None'을 지정합니다.

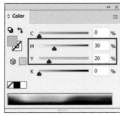
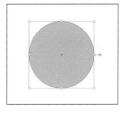

② Direct Selection Tool(▷)로 정원의 상단 고정점을 클릭하여 선택하고 아래쪽으로 이동합니다. [Alt]를 누르면서 오른쪽 핸들을 위로 드래그한 후 왼쪽 핸들도 동일한 방법으로 위로 드래그하여 조절합니다.

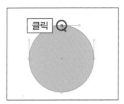
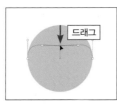

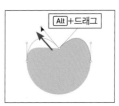

③ Direct Selection Tool(▷)로 정원 하단의 고정점을 클릭하여 선택한 후 [Alt]를 누르면서 왼쪽과 오른쪽 핸들을 각각 위쪽으로 드래그하여 조절합니다.

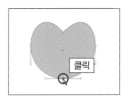

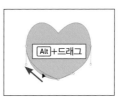

④ Ellipse Tool(◉)로 작업 도큐먼트를 클릭한 후 'Width : 5mm, Height : 12mm'를 입력하여 그리고 'Fill Color : C0M0Y0K0, Stroke Color : None'을 지정합니다.

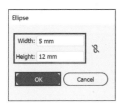
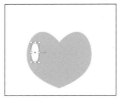

⑤ Direct Selection Tool(▷)로 타원의 오른쪽 고정점을 클릭하여 선택한 후 왼쪽으로 이동하여 오브젝트를 변형합니다.

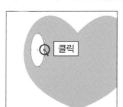
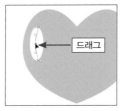

⑥ Ellipse Tool()로 하트 모양 상단에 클릭한 후 'Width : 6mm, Height : 6mm'를 입력하여 그리고 'Fill Color : M70, Stroke Color : None'을 지정합니다.

⑦ Direct Selection Tool()로 정원의 하단 고정점을 클릭하여 선택하고 왼쪽 아래로 이동한 후 Alt 를 누르면서 오른쪽 핸들을 위로 이동하여 오브젝트를 변형합니다.

02 하트 모양 복사하고 크기 조절 및 회전하여 변형하기

① Selection Tool()로 하트 모양을 선택하고 Scale Tool(⊞)을 더블 클릭하여 'Uniform : 60%'를 지정하고 [Copy]를 눌러 축소 복사한 후 'Fill Color : C60Y30, Stroke Color : None'을 지정합니다.

② Rotate Tool(↻)을 더블 클릭하여 'Angle : −20°'를 지정한 후 오른쪽 아래에 배치합니다. Selection Tool(▶)로 Alt 를 누르면서 오른쪽 아래로 드래그하여 복사하고 'Fill Color : None, Stroke Color : M70'을 지정한 후 Stroke 패널에서 'Weight : 2pt'를 적용합니다.

▲ 완성이미지

01 회전 도구와 Divide를 활용하여 오브젝트 만들기

① [File]-[New]([Ctrl]+[N])를 선택하고 새 도큐먼트를 만듭니다. [View]-[Rulers]-[Show Rulers]([Ctrl]+[R])를 선택하여 눈금자를 표시한 후 작업 도큐먼트의 왼쪽과 상단 눈금자 위에서 마우스를 드래그하여 도큐먼트의 중앙에 안내선을 표시합니다.

② Ellipse Tool([◎])로 [Alt]를 누르면서 안내선의 교차 지점을 클릭하여 'Width : 67mm, Height : 67mm'를 입력하여 그리고 'Fill Color : 임의 색상, Stroke Color : 임의 색상'을 지정합니다. Scale Tool([⊡])을 더블 클릭하여 'Uniform : 80%, Scale Strokes & Effects : 체크 해제'를 지정하고 [Copy]를 눌러 축소 복사합니다.

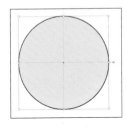
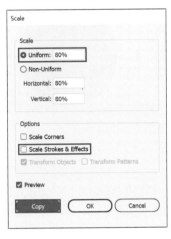
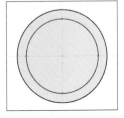

③ Line Segment Tool([✏])로 [Shift]를 누르면서 드래그하여 2개의 정원과 경계선이 겹치도록 수직선을 그리고 'Fill Color : None, Stroke Color : 임의 색상'을 지정합니다. Rotate Tool([↻])로 [Alt]를 누르면서 안내선의 교차 지점을 클릭한 후 [Rotate] 대화상자에서 'Angle : 30°'를 지정하고 [Copy]를 눌러 회전 복사한 후 [Object]-[Transform]-[Transform Again]([Ctrl]+[D])을 10번 선택하고 반복 복사합니다.

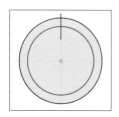

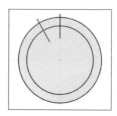
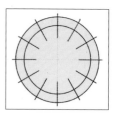

④ [Select]-[All]([Ctrl]+[A])로 모두 선택하고 Pathfinder 패널에서 'Divide(◳)'를 클릭하여 면을 분할합니다. Selection Tool(▶)로 더블 클릭하여 Isolation Mode로 전환하고 중앙의 오브젝트를 선택합니다. Pathfinder 패널에서 'Unite(◳)'를 클릭하여 합친 후 'Fill Color : C10M100Y70K20'을 지정합니다.

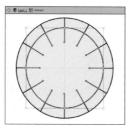

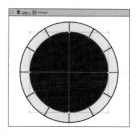

⑤ Selection Tool(▶)로 [Shift]를 누르면서 가장자리 6개의 분할된 오브젝트를 함께 선택하고 Color 패널에서 'Fill Color : C60Y50'을 지정합니다. 계속해서 나머지 6개의 오브젝트를 선택하고 'Fill Color : C10M100Y70'을 지정한 후 [Esc]를 눌러 정상 모드로 전환하고 [Ctrl]+[A]로 모두 선택하고 'Stroke Color : None'을 지정합니다.

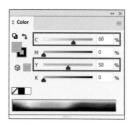
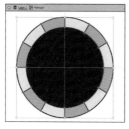
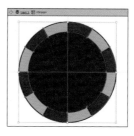
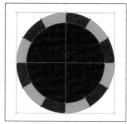

02 꽃 모양 만들기

① Ellipse Tool(◯)로 작업 도큐먼트를 클릭한 후 'Width : 13mm, Height : 13mm'를 입력하여 그리고 'Fill Color : M90Y80K10, Stroke Color : 임의 색상'을 지정합니다. Scale Tool (▣)을 더블 클릭하여 'Uniform : 60%, Scale Strokes & Effects : 체크 해제'를 지정하고 [Copy]를 눌러 축소 복사합니다. [Ctrl]+[D]를 눌러 반복 복사합니다.

② 선택된 작은 정원에 'Fill Color : C10M20, Stroke Color : None'을 지정합니다. Selection Tool(▶)로 중간 크기의 정원을 선택하고 'Fill Color : None, Stroke Color : C0M0Y0K0'을 지정한 후 Stroke 패널에서 'Weight : 2pt'를 지정합니다. 큰 정원에는 'Stroke Color : None'을 지정합니다.

③ Ellipse Tool(◉)로 작업 도큐먼트를 클릭한 후 'Width : 3mm, Height : 3mm'를 입력하여 그리고 'Fill Color : M40Y30, Stroke Color : None'을 지정합니다. Direct Selection Tool(▷)로 하단 고정점을 선택하고 아래쪽으로 이동하여 패스를 변형합니다.

④ Direct Selection Tool(▷)로 Alt 를 누르면서 양쪽의 핸들을 각각 이동하여 패스를 변형합니다. Selection Tool(▶)로 드래그하여 4개의 오브젝트를 선택하고 Align 패널에서 'Horizontal Align Center(⬓)'를 클릭하여 가로 가운데 정렬을 지정합니다.

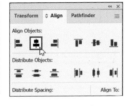

⑤ Selection Tool(▶)로 상단 오브젝트를 선택한 후 Rotate Tool(↻)로 Alt 를 누르면서 정원의 중심점을 클릭한 후 [Rotate] 대화상자에서 'Angle : 30˚'를 지정하고 [Copy]를 눌러 회전 복사합니다. Ctrl + D 를 10번 눌러 반복하여 동일한 각도로 회전 복사합니다.

   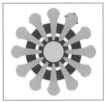

⑥ [Select]-[Same]-[Fill Color]를 선택한 후 [Object]-[Arrange]-[Send to Back]([Shift]+[Ctrl]+[[])을 선택하고 맨 뒤로 보내기를 합니다. Selection Tool([▶])로 꽃 모양을 모두 선택한 후 [Object]-[Group]([Ctrl]+[G])을 선택하고 그룹으로 설정합니다.

 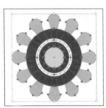

합격생의 비법

• [Select]-[Same]-[Fill Color]로 작업 도큐먼트에서 동일한 색상의 오브젝트를 빠르게 다중 선택할 수 있습니다.
• Selection Tool([▶])로 [Shift]를 누른 채 클릭하면 다중 선택이 가능합니다.

03 축소 복사하고 색상 변경하기

① Scale Tool([⊡])을 더블 클릭하여 'Uniform : 60%, Scale Strokes & Effects : 체크'를 지정하고 [Copy]를 눌러 축소 복사합니다.

합격생의 비법

'Scale Strokes & Effects'에 체크하면 테두리의 두께와 이펙트의 수치도 크기가 조절될 때 함께 조절됩니다

② Selection Tool([▶])로 왼쪽 아래로 이동하여 배치하고 더블 클릭하여 Isolation Mode로 전환합니다. 큰 정원을 선택하여 'Fill Color : C10M80, Stroke Color : None'을 지정하고 [Esc]를 눌러 정상 모드로 전환합니다.

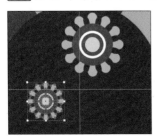 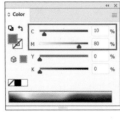 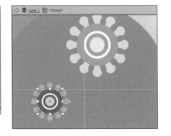

Isolation Mode로 전환하면 편집 중인 오브젝트의 색상만 선명하게 표시되고 나머지는 흐릿하게 됩니다.

04 벚꽃 모양 만들기

① Ellipse Tool(◉)로 작업 도큐먼트를 클릭한 후 'Width : 11mm, Height : 16mm'를 입력하여 그리고 'Fill Color : 임의 색상, Stroke Color : M60'을 지정하고 Stroke 패널에서 'Weight : 2pt'를 적용합니다.

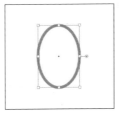

② Direct Selection Tool(▷)로 타원 하단의 고정점을 클릭한 후 Scale Tool(🔲)을 더블 클릭하고 'Uniform : 20%'를 지정하여 패스를 축소합니다.

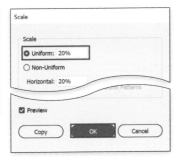
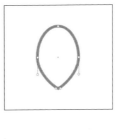

③ Gradient 패널에서 'Type : Linear Gradient, Angle : 90°'를 적용한 후 Gradient Slider의 왼쪽 'Color Stop'을 더블 클릭하여 M50Y40으로 적용하고 오른쪽 'Color Stop'을 더블 클릭하여 Y10을 적용합니다.

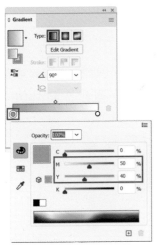
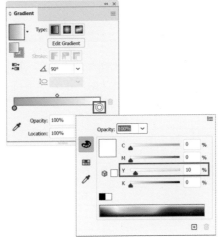

④ Selection Tool(▶)로 꽃잎 모양을 선택한 후 Rotate Tool(↻)로 Alt를 누르면서 하단의
고정점을 클릭하고 [Rotate] 대화상자에서 'Angle : 60°'로 지정하고 [Copy]를 눌러 회전 복
사한 후 Ctrl+D를 4번 눌러 반복 복사합니다.

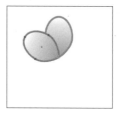
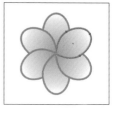

⑤ Selection Tool(▶)로 상단의 꽃잎 모양을 선택하고 [Edit]-[Copy](Ctrl+C)로 복사하고
[Edit]-[Paste in Front](Ctrl+F)로 복사한 꽃잎 모양 앞에 붙여넣기를 한 후 더블 클릭하
여 Isolation Mode로 전환합니다. Direct Selection Tool(▷)로 왼쪽 고정점을 선택하고
Delete를 눌러 삭제하고 Esc를 눌러 정상 모드로 전환한 후 [Object]-[Arrange]-[Bring to
Front](Shift+Ctrl+])로 맨 앞으로 가져오기를 합니다.

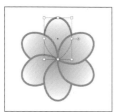

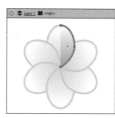
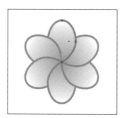

⑥ Rectangle Tool(▢)로 드래그하여 사각형을 그리고 'Fill Color : M90Y20, Stroke Color :
None'을 지정합니다. Ellipse Tool(◉)로 작업 도큐먼트를 클릭한 후 'Width : 2.5mm,
Height : 2.5mm'를 입력하여 동일한 색상의 정원을 그리고 Selection Tool(▶)로 Alt를 누
르면서 아래쪽으로 드래그하여 복사합니다.

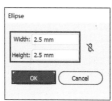
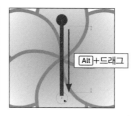

⑦ Selection Tool(▶)로 Shift를 누르면서 사각형과 2개의 정원을 함께 선택하고 Align 패널에
서 'Horizontal Align Center(▣)'를 클릭하여 가로 가운데 정렬을 지정한 후 Pathfinder
패널에서 'Unite(▣)'를 클릭하여 합칩니다.

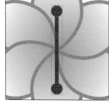

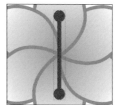

⑧ Rotate Tool(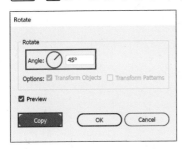)을 더블 클릭하여 'Angle : 45°'를 지정하고 [Copy]를 눌러 회전 복사한 후
  Ctrl+D를 2번 눌러 반복 복사합니다.

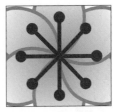

⑨ Ellipse Tool(◯)로 Shift를 누르면서 정원을 그리고 'Fill Color : M90Y20, Stroke Color :
  None'을 지정합니다. [Select]–[Same]–[Fill Color]로 동일한 색상의 오브젝트를 모두 선택
  한 후 Align 패널에서 'Horizontal Align Center(🔳)'와 'Vertical Align Center(🔳)'를 각
  각 클릭하여 가운데 정렬을 지정한 후 Pathfinder 패널에서 'Unite(🔳)'를 클릭하여 합칩니다.

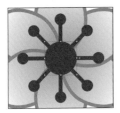

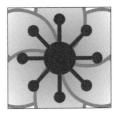

⑩ Scale Tool(🔳)을 더블 클릭하여 'Uniform : 70%'를 지정하고 [Copy]를 눌러 축소 복사합니
  다. Rotate Tool(🔳)을 더블 클릭하여 [Rotate] 대화상자에서 'Angle : 22.5°'를 지정하고 회
  전한 후 Color 패널에서 'Fill Color : C10M100Y70K20, Stroke Color : None'을 지정합
  니다.

합격생의 비법

테두리가 지정되지 않았으므로 Scale Tool(🔳) 대화상자의 Options에 'Scale Strokes & Effects'의 체크 여부는 굳이 설
정하지 않아도 됩니다.

03 반사 도구로 요리사 캐릭터 만들기

▲ 완성 이미지

01 요리사 얼굴 모양 만들기

① [File]-[New]를 선택하고 새 도큐먼트를 만듭니다. Rounded Rectangle Tool(▣)로 작업 도큐먼트를 클릭한 후 'Width : 33mm, Height : 43mm, Corner Radius : 17mm'를 입력하여 그리고 'Fill Color : M10Y20, Stroke Color : 임의 색상'을 지정합니다. Ellipse Tool(⬭)로 둥근 사각형의 하단 중앙에 드래그하여 동일한 색상의 타원을 그립니다.

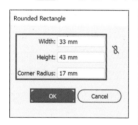
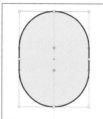
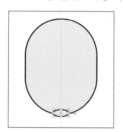

② [Select]-[All](Ctrl+A)로 모두 선택하고 Pathfinder 패널에서 'Unite(▣)'를 클릭하여 합 칩니다.

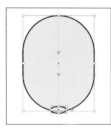

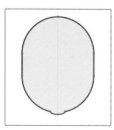

③ Rectangle Tool(▣)로 드래그하여 얼굴 모양 상단과 겹치도록 임의 색상의 사각형을 그리고 Ctrl+A로 모두 선택합니다. Pathfinder 패널에서 'Minus Front(▣)'를 클릭한 후 'Stroke Color : K100'을 지정한 후 Stroke 패널에서 'Weight : 5pt'를 적용합니다.

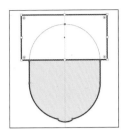   

④ Ellipse Tool(◉)로 작업 도큐먼트를 클릭한 후 'Width : 9mm, Height : 9mm'를 입력하여 그리고 'Fill Color : M10Y20, Stroke Color : K100'을 지정한 후 Stroke 패널에서 'Weight : 5pt'를 적용합니다.

  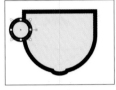

⑤ Ellipse Tool(◉)로 Shift 를 누르면서 정원을 겹치도록 그리고 'Fill Color : 임의 색상, Stroke Color : 임의 색상'을 지정합니다. Selection Tool(▶)로 Alt 를 누르면서 오른쪽 아래로 드래그합니다.

⑥ Selection Tool(▶)로 2개의 정원을 선택하고 Pathfinder 패널에서 'Minus Front(◻)'를 클릭한 후 'Fill Color : K80, Stroke Color : None'을 지정합니다. Selection Tool(▶)로 2개의 귀 모양 오브젝트를 선택하고 [Object]-[Arrange]-[Send Backward](Ctrl+[)를 선택하고 뒤로 보내기를 합니다.

   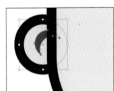

⑦ Ellipse Tool(◉)로 얼굴 모양 안쪽에 타원을 그리고 Direct Selection Tool(▷)로 하단 고정 점을 클릭한 후 위쪽으로 이동합니다. 'Fill Color : K100, Stroke Color : None'을 지정합니다.

⑧ Ellipse Tool()로 얼굴 모양 왼쪽에 타원을 그리고 'Fill Color : 임의 색상, Stroke Color : 임의 색상'을 지정합니다. Direct Selection Tool(⬧)로 왼쪽 고정점을 선택한 후 왼쪽 상단으로 이동합니다.

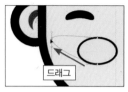

⑨ Direct Selection Tool(⬧)로 Alt 를 누르면서 양쪽 핸들을 각각 드래그한 후 하단 고정점을 아래쪽으로 이동하고 'Fill Color : K100, Stroke Color : None'을 지정합니다.

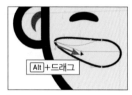

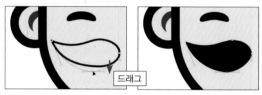

⑩ Selection Tool(▶)로 Shift 를 누르면서 눈과 귀, 수염 모양을 함께 선택하고 Reflect Tool (🔁)로 Alt 를 누르면서 세로 안내선을 클릭하여 'Axis : Vertical'을 지정하고 [Copy]를 눌러 복사합니다. Selection Tool(▶)로 오른쪽 귀 모양을 선택하고 [Object]–[Arrange]–[Send to Back](Shift + Ctrl + [)을 선택하고 맨 뒤로 보내기를 합니다.

⑪ Ellipse Tool()로 Alt 를 누르면서 수염 모양 중앙에 클릭하여 'Width : 10mm, Height : 9mm'를 입력하여 그리고 'Fill Color : M60Y50, Stroke Color : K100'을 지정하고 Stroke 패널에서 'Weight : 4pt'를 지정합니다.

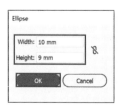

합격생의 비법

Ellipse Tool()로 원을 그릴 때 Alt 를 누르면서 클릭하면 클릭 지점이 원의 중심이 되며 [Ellipse] 대화상자에서 수치를 입력하여 그릴 수 있습니다.

⑫ Rectangle Tool()로 타원의 상단과 겹치도록 임의 색상의 사각형을 그립니다. Selection Tool(▶)로 Shift를 누르면서 클릭하여 타원과 함께 선택하고 Pathfinder 패널에서 'Minus Front(▣)'를 클릭하여 입 모양을 완성합니다.

02 요리사 모자 모양 만들기

① Ellipse Tool(⬭)로 작업 도큐먼트를 클릭한 후 'Width : 17mm, Height : 17mm'를 입력하여 그리고 'Fill Color : 임의 색상, Stroke Color : 임의 색상'을 지정합니다. 계속해서 Ellipse Tool(⬭)로 작업 도큐먼트를 클릭한 후 'Width : 22mm, Height : 22mm'를 입력하여 그리고 중앙에 배치합니다.

 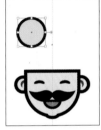  

② Selection Tool(▶)로 작은 정원을 선택하고 Reflect Tool(◁▷)로 Alt를 누르고 세로 안내선을 클릭하여 'Axis : Vertical'을 지정하고 [Copy]를 눌러 대칭적으로 복사합니다.

③ Rectangle Tool(⬛)로 작업 도큐먼트를 클릭한 후 'Width : 35mm, Height : 27mm'를 입력하여 그리고 3개의 정원의 하단과 겹치도록 배치합니다.

④ Selection Tool(▶)로 드래그하여 3개의 정원과 사각형을 함께 선택하고 Pathfinder 패널에서 'Unite(▣)'를 클릭하여 합친 후 'Fill Color : C0M0Y0K0, Stroke Color : K100'을 지정한 후 Stroke 패널에서 'Weight : 5pt'를 적용합니다.

⑤ Pen Tool(✒)로 모자 모양 상단에 오브젝트를 그리고 'Fill Color : K100, Stroke Color : None'을 지정합니다. Selection Tool(▶)로 선택한 후 Reflect Tool(◁▷)로 Alt를 누르면서 세로 안내선을 클릭하여 'Axis : Vertical'을 지정하고 [Copy]를 눌러 복사합니다.

⑥ Line Segment Tool(/)로 작업 도큐먼트에 클릭하여 'Length : 15mm, Angle : 90°'를 지정하여 그리고 'Fill Color : None, Stroke Color : K100'을 지정한 후 Stroke 패널에서 'Weight : 5pt, Cap : Round Cap'을 지정하여 끝 부분이 둥근 모양의 수직선을 그려 배치합니다.

⑦ Selection Tool(▶)로 수직선을 선택하고 Alt+Shift를 누르면서 오른쪽으로 드래그하여 복사하고 [Object]-[Transform]-[Transform Again](Ctrl+D)을 2번 선택하고 간격에 맞춰 반복 복사합니다.

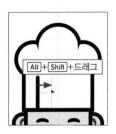   

03 조리 도구 모양 만들기

① Rounded Rectangle Tool()로 작업 도큐먼트를 클릭한 후 'Width : 16mm, Height : 23mm, Corner Radius : 4mm'를 입력하여 그리고 'Fill Color : M50Y100, Stroke Color : None'을 지정합니다. 다시 작업 도큐먼트를 클릭한 후 'Width : 8mm, Height : 21mm, Corner Radius : 4mm'를 입력하여 그리고 하단에 배치합니다.

② Rectangle Tool()로 2개의 둥근 사각형 사이에 드래그하여 동일한 색상의 사각형을 그리고 Selection Tool(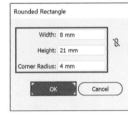)로 3개의 오브젝트를 함께 선택한 후 Align 패널에서 'Horizontal Align Center()', Pathfinder 패널에서 'Unite()'를 클릭하여 합칩니다.

   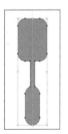

③ Rounded Rectangle Tool()로 작업 도큐먼트를 클릭한 후 'Width : 2mm, Height : 11mm, Corner Radius : 4mm'를 입력하여 그리고 'Fill Color : 임의 색상, Stroke Color : 임의 색상'을 지정합니다. Selection Tool()로 Alt + Shift 를 누르면서 오른쪽으로 드래그하여 복사하고 Ctrl + D 를 눌러 반복 복사합니다.

④ Ellipse Tool(◉)로 작업 도큐먼트를 클릭한 후 'Width : 3mm, Height : 3mm'를 입력하여 그리고 'Fill Color : 임의 색상, Stroke Color : 임의 색상'을 지정합니다. Selection Tool(▶)로 조리 도구 모양을 모두 선택하고 Pathfinder 패널에서 'Minus Front(⬛)'를 클릭합니다.

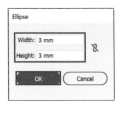

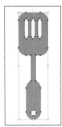

⑤ Line Segment Tool(╱)로 Shift 를 누르면서 드래그하여 수평선을 그리고 'Fill Color : None, Stroke Color : 임의 색상'을 지정합니다. Selection Tool(▶)로 Alt + Shift 를 누르면서 아래쪽으로 드래그하여 복사하고 Ctrl + D 를 2번 눌러 반복 복사합니다. Selection Tool(▶)로 4개의 수평선과 조리 도구 모양을 함께 선택하고 Pathfinder 패널에서 'Divide(⬛)'를 클릭하여 면을 분할합니다.

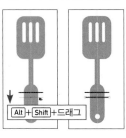

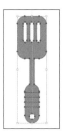

⑥ Selection Tool(▶)로 조리 도구 모양을 더블 클릭한 후 Isolation Mode로 전환하고 Shift 를 누르면서 2개의 오브젝트를 함께 선택하여 'Fill Color : C30M80Y100K40, Stroke Color : None'을 지정하고 Esc 를 눌러 정상 모드로 전환합니다. Selection Tool(▶)로 조리 도구 모양을 선택한 후 Rotate Tool(↻)을 더블 클릭하여 'Angle : −30'를 지정하여 회전합니다.

합격생의 비법

'Angle'이 음수(−)면 시계 방향으로, 양수(+)면 반시계 방향으로 회전됩니다.

▲ 완성 이미지

01 가지 모양 만들기

① [File]-[New]를 선택하고 새 도큐먼트를 만듭니다. Pen Tool(✐)로 가지 모양을 그리고 'Fill Color : C30M100Y30, Stroke Color : None'을 지정합니다.

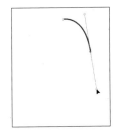
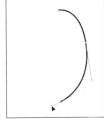
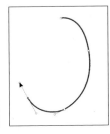

② Pen Tool(✐)로 가지 모양과 겹치도록 열린 패스를 그리고 'Fill Color : None, Stroke Color : 임의 색상'을 지정합니다. [Select]-[All](Ctrl+A)로 모두 선택하고 Pathfinder 패널에서 'Divide(▣)'를 클릭하여 면을 분할한 후 더블 클릭하여 Isolation Mode로 전환합니다. 오른쪽 오브젝트를 선택하여 'Fill Color : C40M100Y30K10, Stroke Color : None'을 지정하고 Esc를 눌러 정상 모드로 전환합니다.

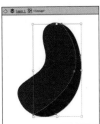

③ Pen Tool()로 닫힌 패스를 그리고 'Fill Color : C80M50Y90, Stroke Color : None'을 지정합니다.

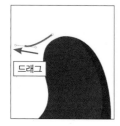

④ [Object]−[Path]−[Offset Path]를 선택한 후 'Offset : −0.7mm'를 지정하여 축소된 복사본을 만든 후 'Fill Color : C60Y100, Stroke Color : None'을 지정합니다.

⑤ Direct Selection Tool()로 패스의 모서리 부분을 선택하고 이동하여 수정합니다. 축소된 패스의 면 색상을 클릭하여 선택하고 왼쪽으로 이동하여 배치합니다.

02 모자 모양 만들기

① Rounded Rectangle Tool()로 작업 도큐먼트를 클릭한 후 'Width : 15mm, Height : 10mm, Corner Radius : 4mm'를 입력하여 그리고 'Fill Color : M20, Stroke Color : 임의 색상'을 지정합니다.

② Ellipse Tool(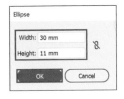)로 작업 도큐먼트를 클릭한 후 'Width : 30mm, Height : 11mm'를 입력하여 동일한 색상의 타원을 그리고 둥근 사각형의 하단에 겹치도록 배치합니다.

③ [Object]-[Transform]-[Move]를 선택하고 'Horizontal : 0mm, Vertical : -2mm'를 입력하고 [Copy]를 눌러 위쪽으로 이동하여 복사합니다. Direct Selection Tool()로 이동 복사한 타원의 하단 고정점을 선택하고 Delete 를 눌러 삭제한 후 'Fill Color : None'을 지정합니다.

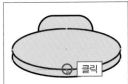
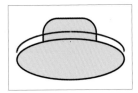

④ Selection Tool(▶)로 3개의 오브젝트를 선택하고 Pathfinder 패널에서 'Divide()'를 클릭하여 면을 분할한 후 더블 클릭하여 Isolation Mode로 전환합니다. Shift 를 누르면서 하단 2개의 오브젝트를 함께 선택하고 Pathfinder 패널에서 'Unite()'를 클릭하여 합친 후 'Fill Color : C10M40Y10, Stroke Color : None'을 지정합니다.

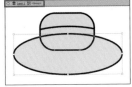

⑤ Selection Tool(▶)로 가운데 오브젝트를 선택하고 'Fill Color : C70M100, Stroke Color : None'을 지정한 후 상단 오브젝트를 선택하고 'Stroke Color : None'을 지정하고 Esc 를 눌러 정상 모드로 전환합니다.

⑥ Selection Tool(▶)로 모자 모양을 선택하고 Rotate Tool(↻)을 더블 클릭하여 'Angle : −20°'를 지정하여 회전한 후 [Object]-[Ungroup](Shift + Ctrl + G)을 선택하고 그룹을 해제합니다.

⑦ Scissors Tool(✂)로 타원의 왼쪽과 오른쪽 패스 위에 각각 클릭하여 패스를 자른 후 Selection Tool(▶)로 하단의 열린 패스를 선택하고 [Object]-[Arrange]-[Send to Back](Shift + Ctrl + [ )을 선택하고 맨 뒤로 보내기를 합니다.

⑧ Selection Tool(▶)로 상단의 열린 패스를 더블 클릭하여 Isolation Mode로 전환합니다. Pen Tool(✒)로 열린 패스의 왼쪽 고정점을 클릭하여 패스를 연결한 후 모자의 앞쪽 모양을 닫힌 패스로 완성하고 Esc 를 눌러 정상 모드로 전환합니다.

🔟 눈과 입 모양 만들기

① Pen Tool(✏️)로 눈썹 모양을 그리고 'Fill Color : K100, Stroke Color : None'을 지정합니다. Ellipse Tool(⬭)로 Shift 를 누르면서 정원을 그리고 'Fill Color : C0M0Y0K0, Stroke Color : K100'을 지정한 후 Stroke 패널에서 'Weight : 1pt'를 적용합니다. 계속해서 크기가 다른 2개의 원을 겹치도록 그리고 'Fill Color : K100, C0M0Y0K0, Stroke Color : None'을 각각 지정하여 눈동자 모양을 완성합니다.

② Selection Tool(▶)로 눈썹과 눈 모양을 함께 선택하고 Alt 를 누르면서 오른쪽 하단으로 드래그하여 복사한 후 복사된 눈썹 모양을 오른쪽으로 이동하여 배치합니다.

③ Pen Tool(✏️)로 입 모양을 그리고 'Fill Color : C0M0Y0K0, Stroke Color : None'을 지정합니다.

④ 계속해서 Pen Tool(✏️)로 곡선의 열린 패스를 그리고 'Fill Color : None, Stroke Color : K100'을 지정하고 Stroke 패널에서 'Weight : 3pt, Cap : Round Cap'을 지정하여 끝 모양이 둥근 패스를 배치합니다.

04 팔 모양 만들고 변형하기

① Pen Tool(✐)로 곡선의 열린 패스를 그리고 'Fill Color : None, Stroke Color : C60Y100'을 지정하고 Stroke 패널에서 'Weight : 6pt, Cap : Round Cap'을 지정하여 끝 모양이 둥근 패스를 배치합니다.

합격생의 비법

연속해서 열린 패스 그리기

Pen Tool(✐)로 열린 패스를 그린 후 Selection Tool(▶)을 선택 또는 [Ctrl]을 누른채 도큐먼트의 빈 곳을 클릭하여 패스의 선택을 해제한 후 새로운 패스를 그릴 수 있습니다.

② 계속해서 Pen Tool(✐)로 3개의 열린 패스를 각각 그리고 'Fill Color : None, Stroke Color : C60Y100'을 지정하고 Stroke 패널에서 'Weight : 6pt, Cap : Round Cap'을 지정합니다.

③ Pen Tool(✐)로 곡선의 열린 패스를 그리고 'Fill Color : None, Stroke Color : C60Y100'을 지정하고 Stroke 패널에서 'Weight : 8pt, Cap : Round Cap'을 지정하여 손가락 모양을 완성합니다.

④ Selection Tool(▶)로 드래그하여 5개의 열린 패스를 함께 선택하고 [Object]-[Path]-[Outline Stroke]를 선택하여 선을 면으로 확장합니다.

⑤ Ellipse Tool(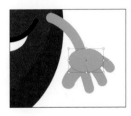)로 드래그하여 손가락 모양과 겹치도록 타원을 그리고 'Fill Color : C60Y100, Stroke Color : None'을 지정합니다. Selection Tool(▶)로 조절점 밖에 마우스 커서를 위치하여 회전합니다.

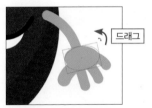

⑥ Selection Tool(▶)로 타원과 면으로 확장된 오브젝트를 모두 선택하고 Pathfinder 패널에서 'Unite(⬛)'를 클릭하여 합칩니다.

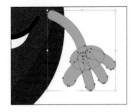

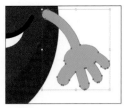

⑦ Rotate Tool(🔄)을 더블 클릭하여 'Angle : 200°'를 지정하고 [Copy]를 눌러 회전 복사한 후 왼쪽으로 이동하여 배치하고 [Object]-[Arrange]-[Send to Back](Shift+Ctrl+[)을 선택하고 맨 뒤로 보내기를 합니다.

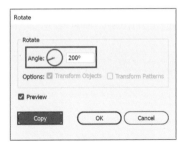

05 다리 모양 만들고 변형하기

① Pen Tool(✏️)로 곡선의 열린 패스를 그리고 'Fill Color : None, Stroke Color : C60Y100'을 지정하고 Stroke 패널에서 'Weight : 6pt'를 지정하고 [Object]-[Path]-[Outline Stroke]를 선택하여 선을 면으로 확장합니다.

② Pen Tool(✐)로 신발 모양 패스를 그리고 Selection Tool(▶)로 다리 모양과 함께 선택한 후 Pathfinder 패널에서 'Unite(▣)'를 클릭하여 합친 후 'Fill Color : C60Y100, Stroke Color : None'을 지정합니다.

③ Pen Tool(✐)로 곡선의 열린 패스를 그리고 'Fill Color : None, Stroke Color : 임의 색상'을 지정한 후 Stroke 패널에서 'Weight : 1pt'를 적용하고 [Object]-[Path]-[Outline Stroke]를 선택하여 선을 면으로 확장합니다.

 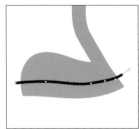 

④ Selection Tool(▶)로 2개의 오브젝트를 함께 선택하고 Pathfinder 패널에서 'Minus Front(▣)'를 클릭합니다.

 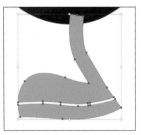

⑤ Rounded Rectangle Tool(▢)로 임의 색상의 둥근 사각형을 신발 모양 하단과 겹치도록 그리고 Selection Tool(▶)로 Alt 를 누르면서 오른쪽으로 드래그하여 복사한 후 Ctrl + D 를 2번 눌러 간격에 맞춰 반복하여 복사합니다.

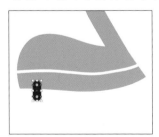 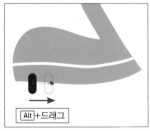 

⑥ Group Selection Tool()로 4개의 둥근 사각형과 신발의 굽 모양을 함께 선택하고 Path-finder 패널에서 'Minus Front(□)'를 클릭한 후 'Fill Color : C80M40Y80, Stroke Color : None'을 지정합니다.

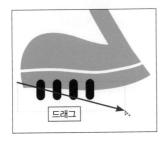

⑦ Selection Tool(▶)로 완성된 다리 모양을 선택하고 Shift + Ctrl + [를 눌러 맨 뒤로 보내기를 합니다. Rotate Tool(↻)을 더블 클릭하여 'Angle : 50°'를 지정하고 [Copy]를 눌러 복사한 후 오른쪽으로 이동하여 배치합니다.

06 풍선 모양 만들기

① Ellipse Tool(⬭)로 작업 도큐먼트에 드래그하여 타원을 그리고 'Fill Color : M30Y100, Stroke Color : None'을 지정합니다. 계속해서 Pen Tool(✑)로 동일한 색상의 삼각형 모양 패스를 타원 하단에 겹치도록 그립니다. Selection Tool(▶)로 타원과 삼각형을 함께 선택하고 Pathfinder 패널에서 'Unite(□)'를 클릭하여 합칩니다.

② Blob Brush Tool(✐)을 더블 클릭하여 [Blod Brush Tool Options] 대화상자에서 Default Brush Options의 'Size : 3pt'를 지정하고 'Fill Color : None, Stroke Color : C0M0Y0K0' 을 지정한 후 풍선 모양 위에 드래그하여 하이라이트 부분을 그립니다.

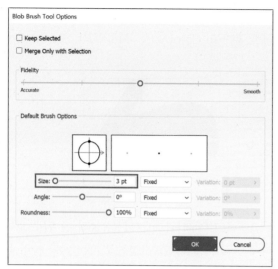

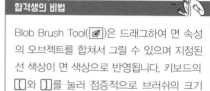
③ Pencil Tool(✏️)로 드래그하여 풍선의 줄 모양을 그리고 'Fill Color : None, Stroke Color : M20'을 지정한 후 Stroke 패널에서 'Weight : 2pt'를 지정합니다. [Object]-[Path]-[Outline Stroke]를 선택하여 선을 면으로 확장하고 Shift + Ctrl + []를 눌러 맨 뒤로 보내기를 합니다.

④ Selection Tool(▶)로 풍선 모양을 모두 선택하고 Scale Tool(📐)을 더블 클릭하여 'Uniform : 75%'를 지정하고 [Copy]를 눌러 축소 복사합니다. Rotate Tool(🔄)을 더블 클릭하여 'Angle : 45°'를 지정하여 회전한 후 왼쪽 상단으로 이동하여 배치하고 풍선 모양을 선택하고 'Fill Color : M50Y30, Stroke Color : None'을 지정합니다.

CHAPTER 02 문자와 오브젝트

주요 기능	메뉴	단축키	출제빈도
Selection Tool		V, A	★★★★★
Pen Tool		P	★★★★★
Gradient Tool		G	★★★★★
Shape Tool		W, M, L, B, C	★★★★★
Type Tool		T	★★★★★
Transform Tool		R, O, S	★★★★★
Transform Again	[Object]–[Transform]–[Transform Again]	Ctrl+D	★★★★
Arrange	[Object]–[Arrange]	Shift+Ctrl+] Ctrl+] Ctrl+[Shift+Ctrl+[	★★★
Outline Stroke	[Object]–[Path]–[Outline Stroke]		★★★★
Offset Path	[Object]–[Path]–[Offset Path]		★★★★
Expand Appearance	[Object]–[Expand Appearance]		★★
Create Outlines	[Type]–[Create Outlines]	Shift+Ctrl+O	★★★★★
Effect	[Effect]–[Illustrator Effects]–[Stylize]–[Drop Shadow]		★★★★★
Color Panel	[Window]–[Color]	F6	★★★★★
Pathfinder Panel	[Window]–[Pathfinder]	Shift+Ctrl+F9	★★★★★
Stroke Panel	[Window]–[Stroke]	Ctrl+F10	★★★★★
Character Panel	[Window]–[Type]–[Character]	Ctrl+T	★★★★★
Paragraph Panel	[Window]–[Type]–[Paragraph]	Alt+Ctrl+T	★★
Gradient Panel	[Window]–[Gradient]	Ctrl+F9	★★★★★
Align Panel	[Window]–[Align]	Shift+F7	★★★
Brushes Panel	[Window]–[Brushes]	F5	★★★★★

▲ 완성 이미지

01 브러쉬 적용하여 배경 오브젝트 만들기

① [File]-[New]를 선택하고 새 도큐먼트를 만든 후 [View]-[Rulers]-[Show Rulers]를 선택하고 도큐먼트의 가로 중앙에 안내선을 표시합니다. Rectangle Tool(■)로 작업 도큐먼트를 클릭한 후 'Width : 48mm, Height : 35mm'를 입력하여 그리고 'Fill Color : 임의 색상, Stroke Color : 임의 색상'을 지정합니다. Add Anchor Point Tool(✏)로 사각형 상단 선분 중앙에 클릭하여 고정점을 추가한 후 Direct Selection Tool(▷)로 위쪽으로 이동하여 패스를 변형합니다.

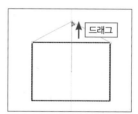

합격생의 비법

키보드의 화살표 ⬆를 눌러 고정점을 이동할 수도 있습니다.

② [Object]-[Path]-[Offset Path]를 선택한 후 'Offset : 2mm'를 지정하여 확대된 복사본을 만듭니다.

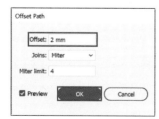
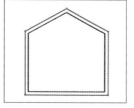

③ 계속해서 [Object]–[Path]–[Offset Path]를 선택한 후 'Offset : 3mm'를 지정하여 확대된 복사본을 만든 후 'Fill Color : C60M20, Stroke Color : None'을 지정한 후 Selection Tool(▶)로 도큐먼트의 빈 곳을 클릭하여 선택을 해제합니다.

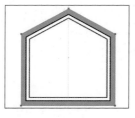

합격생의 비법
추가 브러쉬 패널을 불러오면 선택 상태의 오브젝트에 브러쉬가 적용되므로 선택을 해제합니다.

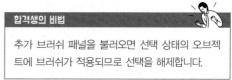

④ Brushes 패널 하단의 'Brush Libraries Menu'를 클릭하고 [Borders]–[Borders_Dashed]를 선택하여 추가 브러쉬 패널을 불러온 후 'Dashed Circles 1.1'을 선택합니다.

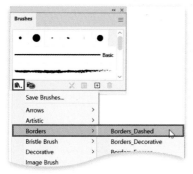
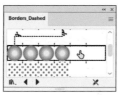

⑤ Selection Tool(▶)로 중간 크기의 오브젝트를 선택하고 브러쉬 패널에서 'Dashed Circles 1.1'을 선택한 후 Stroke 패널에서 'Weight : 0.5pt'를 적용하고 'Fill Color : None'을 지정합니다.

합격생의 비법
[Borders_Dashed] 브러쉬는 테두리 색상을 반영하지 않으며 등록된 모양대로 적용합니다.

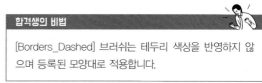

⑥ Selection Tool(▶)로 가장 작은 오브젝트를 선택하고 Gradient 패널에서 'Type : Linear Gradient, Angle : 90°'를 적용하고 Gradient Slider의 왼쪽 'Color Stop'을 더블 클릭하여 C80M70을 적용하고 오른쪽 'Color Stop'을 더블 클릭하여 K100을 적용한 후 'Stroke Color : None'을 지정합니다.

⑫ 눈사람 모양 만들고 그림자 효과 적용하기

① Ellipse Tool(◉)로 작업 도큐먼트를 클릭한 후 'Width : 19mm, Height : 19mm'를 입력하여 그리고 'Fill Color : C10, Stroke Color : None'을 지정합니다. 계속해서 작업 도큐먼트를 클릭한 후 'Width : 12mm, Height : 12mm'를 입력하여 동일한 색상의 정원을 그리고 큰 정원의 상단에 겹치도록 배치합니다.

② Ellipse Tool(◉)로 Shift 를 누르면서 드래그하여 정원을 그리고 'Fill Color : K100, Stroke Color : None'을 지정합니다. Selection Tool(▶)로 Alt 를 누르면서 오른쪽 아래로 드래그하여 복사합니다.

③ Pen Tool(✒)로 코 모양을 닫힌 패스로 그리고 'Fill Color : M100Y50, Stroke Color : None'을 지정합니다.

④ Pen Tool(✒)로 모자 모양을 닫힌 패스로 그리고 'Fill Color : M90Y50, Stroke Color : None'을 지정합니다. Ellipse Tool(◉)로 Shift 를 누르면서 드래그하여 정원을 모자의 끝 부분과 겹치도록 그리고 'Fill Color : M90Y50, Stroke Color : None'을 지정합니다.

⑤ Ellipse Tool()로 작업 도큐먼트를 클릭한 후 'Width : 11mm, Height : 6mm'를 입력하여 그리고 'Fill Color : C50Y100, Stroke Color : None'을 지정한 후 Ctrl+[를 여러 번 눌러 머리 모양의 뒤로 보내기를 합니다.

⑥ Pen Tool()로 머플러 모양을 닫힌 패스로 그리고 'Fill Color : C50Y100, Stroke Color : None'을 지정합니다.

⑦ Knife()로 머플러 모양을 완전히 통과하도록 가로로 3번 드래그하여 면을 분할합니다. Selection Tool(▶)로 Shift를 누르면서 2개의 오브젝트를 선택하고 'Fill Color : C40M80Y10, Stroke Color : None'을 지정합니다.

합격생의 비법

Knife(✐)로 면을 분할할 때는 반드시 분할할 오브젝트를 선택한 상태에서 드래그해야 다른 오브젝트에 적용되지 않습니다.

⑧ Selection Tool(▶)로 눈사람 모양을 모두 선택하고 [Object]-[Group]([Ctrl]+[G])을 선택하고 그룹을 설정한 후 [Effect]-[Illustrator Effects]-[Stylize]-[Drop Shadow]를 선택하고 'Opacity : 75%, X Offset : 2.47mm, Y Offset : 2.47mm, Blur : 1.76mm'를 지정하여 그림자 효과를 적용합니다.

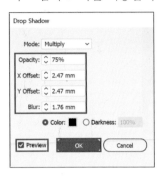

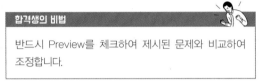

합격생의 비법

반드시 Preview를 체크하여 제시된 문제와 비교하여 조정합니다.

03 눈 결정체 모양 만들기

① Ellipse Tool(◯)로 작업 도큐먼트를 클릭한 후 'Width : 2mm, Height : 2mm'를 입력하여 그리고 'Fill Color : C0M0Y0K0, Stroke Color : None'을 지정합니다. Line Segment Tool(╱)로 [Shift]를 누르면서 드래그하여 정원의 상단에 수직선을 그리고 'Fill Color : None, Stroke Color : C0M0Y0K0'을 지정하고 Stroke 패널에서 'Weight : 2pt, Cap : Round Cap'을 지정합니다.

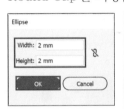

② Selection Tool(▶)로 수직선과 정원을 함께 선택하고 Align 패널에서 'Horizontal Align Center(▤)'를 클릭하여 가로 가운데 정렬을 지정합니다. Line Segment Tool(╱)로 2개의 길이가 다른 사선을 그리고 'Fill Color : None, Stroke Color : C0M0Y0K0'을 지정하고 Stroke 패널에서 'Weight : 2pt, Cap : Round Cap'을 지정합니다.

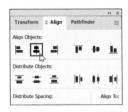
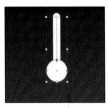

③ Selection Tool(▶)로 2개의 사선을 선택하고 Reflect Tool(◁)로 [Alt]를 누르고 정원의 중심점을 클릭하여 'Axis : Vertical'을 지정하고 [Copy]를 눌러 복사합니다. Selection Tool(▶)로 5개의 선을 함께 선택하고 [Object]-[Path]-[Outline Stroke]를 선택하여 선을 면으로 확장합니다.

④ Rotate Tool()로 [Alt]를 누르면서 정원의 중심점을 클릭하여 [Rotate] 대화상자에서 'Angle : 72°'를 지정하고 [Copy]를 눌러 회전 복사한 후 [Ctrl]+[D]를 3번 눌러 동일한 각도로 반복 복사합니다.

⑤ Selection Tool(▶)로 눈 결정 모양을 모두 선택하고 Pathfinder 패널에서 'Unite(◻)'를 클릭하여 합친 후 도큐먼트의 빈 곳을 클릭하여 선택을 해제합니다.

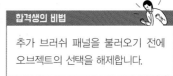

04 브러쉬 적용하여 바람 모양 만들기

① Brushes 패널 하단의 'Brush Libraries Menu'를 클릭하고 [Artistic]-[Artistic_Ink]를 선택하여 추가 브러쉬 패널을 불러온 후 'Dry Ink 2'를 선택합니다.

② Paintbrush Tool(✎)을 선택하고 'Fill Color : None, Stroke Color : C0M0Y0K0'을 지정하고 Stroke 패널에서 'Weight : 0.5pt'를 지정한 후 왼쪽에서 오른쪽으로 드래그하여 칠합니다.

05 문자 오브젝트 만들고 변형과 그림자 효과 적용하기

① Type Tool(T)로 작업 도큐먼트를 클릭한 후 Character 패널에서 'Set the font family : Arial, Set the font style : Black, Set the font size : 29pt'를 설정하고 'Fill Color : C20Y10, Stroke Color : None'을 지정한 후 SNOW MAN을 입력합니다. Selection Tool (▶)로 선택한 후 [Type]−[Create Outlines](Shift+Ctrl+O)를 선택하고 문자를 윤곽선으로 변환합니다.

② Selection Tool(▶)로 더블 클릭하여 Isolation Mode로 전환하고 S 문자 오브젝트와 M 문자 오브젝트를 각각 선택하여 Scale Tool(⬚)을 더블 클릭하고 'Uniform : 150%'를 지정하여 확대하고 각각의 위치를 조절합니다.

③ Direct Selection Tool()로 S 문자 오브젝트와 N 문자 오브젝트의 왼쪽과 오른쪽 고정점을 각각 클릭하여 선택하고 이동하여 변형한 후 [Esc]를 눌러 정상 모드로 전환합니다.

④ Selection Tool()로 문자 오브젝트를 선택하고 [Object]-[Path]-[Offset Path]를 선택한 후 'Offset : 2mm'를 지정하여 확대된 복사본을 만든 후 'Fill Color : C60M20, Stroke Color : None'을 지정합니다.

⑤ Pathfinder 패널에서 'Unite()'를 클릭하여 합친 후 [Shift]+[Ctrl]+[[ ]를 눌러 맨 뒤로 보내기를 합니다.

⑥ [Effect]-[Illustrator Effects]-[Stylize]-[Round Corners]를 선택하고 'Radius : 3mm'를 지정하고 모서리를 둥글게 만든 후 [Object]-[Expand Appearance]를 선택하여 오브젝트의 속성을 확장합니다.

⑦ Selection Tool()로 앞 쪽의 SNOW MAN 문자 오브젝트를 더블 클릭하여 Isolation Mode로 전환합니다. [Ctrl]+[A]로 SNOW MAN 문자 오브젝트를 모두 선택하고 [Effect]-[Illustrator Effects]-[Stylize]-[Drop Shadow]를 선택하고 'Opacity : 75%, X Offset : 1mm, Y Offset : 1mm, Blur : 1mm'를 지정하여 그림자 효과를 적용하고 [Esc]를 눌러 정상 모드로 전환합니다.

02 곡선을 따라 흐르는 문자 입력하기

▶동영상 무료

▲ 완성 이미지

01 기차 모양 오브젝트 만들기

① [File]-[New]로 새 도큐먼트를 만들고 Rectangle Tool(▣)로 작업 도큐먼트를 클릭한 후 'Width : 20mm, Height : 9mm'를 입력하여 그리고 'Fill Color : C30M70, Stroke Color : None'을 지정합니다. 계속해서 작업 도큐먼트를 클릭한 후 'Width : 14mm, Height : 17mm'를 입력하여 그리고 'Fill Color : C30Y100, Stroke Color : None'을 지정하고 그림과 같이 배치합니다.

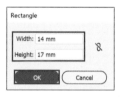
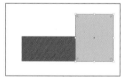

② Rectangle Tool(▣)로 드래그하여 크기가 다른 2개의 사각형을 그리고 'Fill Color : C90M10, M20Y30, Stroke Color : None'을 각각 지정합니다. Rounded Rectangle Tool (▣)로 드래그하여 2개의 둥근 사각형을 그리고 'Fill Color : M100Y60, M40Y100, Stroke Color : None'을 각각 지정합니다.

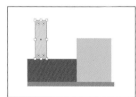

③ Selection Tool(▶)로 3개의 오브젝트를 함께 선택하고 Align 패널에서 'Horizontal Align Center(▣)'를 클릭하여 가로 가운데 정렬을 지정합니다.

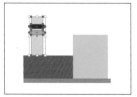

④ Rounded Rectangle Tool(🔲)로 드래그하여 크기가 다른 2개의 둥근 사각형을 그리고 'Fill Color : M90Y10, C30Y100, Stroke Color : None'을 각각 지정하여 배치합니다. 계속해서 창문 모양을 그리고 'Fill Color : C0M0Y0K0, Stroke Color : None'을 지정하고 Selection Tool(▶)로 Alt + Shift 를 누르면서 오른쪽으로 드래그하여 복사합니다.

 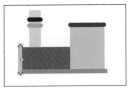  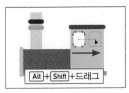

⑤ Rectangle Tool(🔲)로 드래그하여 사각형을 그리고 'Fill Color : M20Y30, Stroke Color : None'을 지정합니다. Direct Selection Tool(▷)로 왼쪽 2개의 고정점을 드래그하여 선택하고 [Object]-[Path]-[Average]를 선택하고 'Axis : Both'를 지정하여 한 점에 정렬하여 삼각형을 만듭니다.

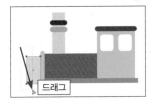  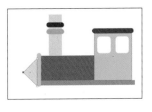

⑥ Ellipse Tool(🔵)로 작업 도큐먼트를 클릭한 후 'Width : 6.5mm, Height : 6.5mm'를 입력하여 정원을 그리고 'Fill Color : M40Y100, Stroke Color : None'을 지정합니다. 계속해서 Shift 를 누르면서 드래그하여 크기가 작은 정원을 그리고 'Fill Color : M90Y10, Stroke Color : None'을 지정합니다.

 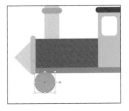 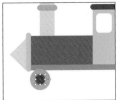

⑦ Selection Tool(▶)로 2개의 정원을 함께 선택하고 Align 패널에서 'Horizontal Align Center(🔳)'와 'Vertical Align Center(🔳)'를 클릭하여 중앙에 정렬합니다.

 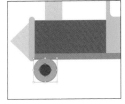

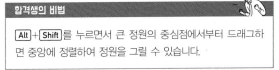

⑧ Selection Tool(▶)로 Alt + Shift 를 누르면서 오른쪽으로 드래그하여 복사하고 Ctrl + D 를 눌러 간격에 맞춰 반복하여 복사합니다.

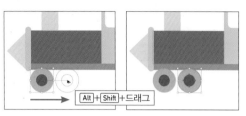

합격생의 비법

Selection Tool(▶)로 Alt 를 누르면서 드래그하여 복사를 할 때 Shift 를 동시에 누르면 드래그하는 방향으로 반듯하게 이동하여 복사할 수 있습니다.

⑨ Ellipse Tool(◉)로 작업 도큐먼트를 클릭한 후 'Width : 12mm, Height : 12mm'를 입력하여 그리고 'Fill Color : M60Y90, Stroke Color : None'을 지정합니다. 계속해서 Alt + Shift 를 누르면서 큰 정원의 중심점에서부터 드래그하여 크기가 다른 2개의 정원을 그리고 'Fill Color : M40Y100, M90Y10, Stroke Color : None'을 순서대로 각각 지정합니다.

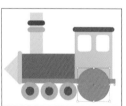

⑩ Rectangle Tool(▣)로 작업 도큐먼트를 클릭한 후 'Width : 20mm, Height : 13mm'를 입력하여 그리고 'Fill Color : C60Y80, Stroke Color : None'을 지정합니다.

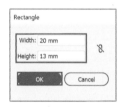
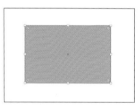

⑪ Rounded Rectangle Tool(▢)로 작업 도큐먼트를 클릭한 후 'Width : 17mm, Height : 8mm, Corner Radius : 1mm'를 입력하여 그리고 'Fill Color : 임의 색상, Stroke Color : 임의 색상'을 지정합니다. Ctrl + Y 로 윤곽선 보기를 한 후 Direct Selection Tool(▷)로 드래그하여 상단 4개의 고정점을 선택하고 ◉를 안쪽으로 드래그하여 모서리를 둥글게 조절하고 Ctrl + Y 로 미리보기로 전환합니다.

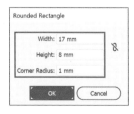
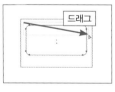
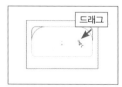
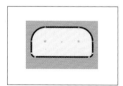

합격생의 비법

둥근 사각형 안쪽의 ◉를 안쪽으로 드래그하여 모서리의 둥근 정도를 각각 조절할 수 있습니다.

⑫ Selection Tool(▶)로 사각형과 함께 선택하고 Align 패널에서 'Horizontal Align Center(⬒)'를 클릭하여 가로 가운데 정렬을 지정한 후 Pathfinder 패널에서 'Minus Front(⬚)'를 클릭합니다.

⑬ Rectangle Tool(▣)로 드래그하여 상단에 사각형을 그리고 'Fill Color : C90M10, Stroke Color : None'을 지정합니다. Selection Tool(▶)로 Alt 를 누르면서 아래쪽으로 드래그하여 복사한 후 3개의 오브젝트를 선택하고 Align 패널에서 'Horizontal Align Center(⬒)'를 클릭하여 가로 가운데 정렬을 지정합니다.

 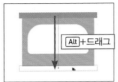  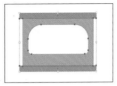

⑭ Rectangle Tool(▣)로 2개의 기차 모양 사이에 드래그하여 사각형을 그리고 'Fill Color : C80M70, Stroke Color : None'을 지정한 후 Shift + Ctrl + [를 눌러 맨 뒤로 보내기를 합니다.

 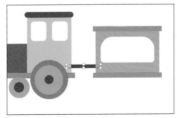

⑮ Selection Tool(▶)로 작은 바퀴 모양의 2개의 정원을 선택하고 Alt + Shift 를 누르면서 오른쪽 작은 기차 모양으로 드래그하여 복사합니다. 계속해서 같은 방법으로 복사하여 오른쪽에 배치합니다.

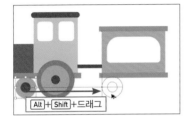 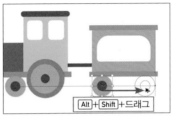

합격생의 비법

오브젝트 생성, 이동, 복사할 때는 [View]-[Smart Guides](Ctrl + U)를 클릭하면 오브젝트의 중심점, 위치, 배치 등을 지정하기 편리합니다.

02 인형 모양 만들기

① Rounded Rectangle Tool(▣)로 작업 도큐먼트를 클릭한 후 'Width : 6mm, Height : 10mm, Corner Radius : 3mm'를 입력하여 그리고 'Fill Color : C50M20, Stroke Color : None'을 지정합니다.

② 계속해서 Rounded Rectangle Tool(▣)로 둥근 사각형의 하단과 겹치도록 그리고 'Fill Color : 임의 색상, Stroke Color : 임의 색상'을 지정합니다. Selection Tool(▶)로 2개의 오브젝트를 함께 선택하고 Pathfinder 패널에서 'Minus Front(▣)'를 클릭합니다.

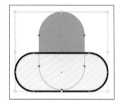  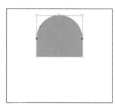

③ Line Segment Tool(／)로 Shift 를 누르면서 드래그하여 수평선을 겹치도록 그리고 'Fill Color : None, Stroke Color : 임의 색상'을 지정합니다. Selection Tool(▶)로 2개의 오브젝트를 선택하고 Pathfinder 패널에서 'Divide(▣)'를 클릭하여 면을 분할한 후 더블 클릭하여 Isolation Mode로 전환합니다. 하단 오브젝트를 선택하여 'Fill Color : C30M70, Stroke Color : None'을 지정합니다.

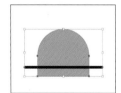  

④ Ellipse Tool(◯)로 작업 도큐먼트를 클릭한 후 'Width : 2mm, Height : 3.5mm'를 입력하여 그리고 'Fill Color : C50M20, Stroke Color : None'을 지정한 후 Rotate Tool(↻)을 더블 클릭하여 'Angle : 20°'를 지정하여 회전합니다.

 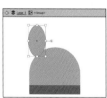  

⑤ Reflect Tool()로 Alt 를 누르고 가운데 고정점을 클릭하여 'Axis : Vertical'을 지정하고 [Copy]를 눌러 복사합니다.

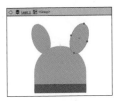

합격생의 비법

[View]–[Smart Guides](Ctrl+U)를 선택하고 마우스를 오브젝트의 윤곽선에 올리면 고정점이 작은 사각형으로 표시되어 변형 축을 지정할 때 편리합니다.

⑥ Selection Tool()로 3개의 오브젝트를 함께 선택하고 Pathfinder 패널에서 'Unite()'를 클릭하여 합칩니다.

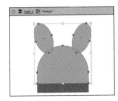

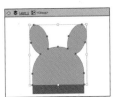

⑦ Ellipse Tool(◎)로 Shift 를 누르면서 드래그하여 정원을 그리고 'Fill Color : K100, Stroke Color : None'을 지정한 후 Selection Tool(▶)로 Alt+Shift 를 누르면서 오른쪽으로 드래그하여 복사하고 Esc 를 눌러 정상 모드로 전환합니다. Selection Tool(▶)로 인형 모양을 선택하고 작은 기차 모양 중앙에 배치한 후 Shift+Ctrl+[를 눌러 맨 뒤로 보내기를 합니다.

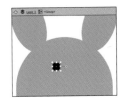

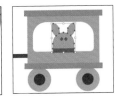
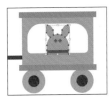

❸ 증기 모양 오브젝트 만들고 그라디언트 적용하기

① Ellipse Tool(◎)로 작업 도큐먼트에 드래그하여 크기가 다른 3개의 타원을 겹치도록 그리고 'Fill Color : 임의 색상, Stroke Color : 임의 색상'을 지정합니다. Pen Tool(✐)로 타원과 겹치도록 패스를 그리고 4개의 오브젝트를 함께 선택하고 Pathfinder 패널에서 'Unite(◙)'를 클릭하여 합칩니다.

② Gradient 패널에서 'Type : Linear Gradient, Angle : 90°'를 적용하고 Gradient Slider 의 왼쪽 'Color Stop'을 더블 클릭하여 C10M10을 적용하고 오른쪽 'Color Stop'을 더블 클릭 하여 C30M20을 적용한 후 'Stroke Color : None'을 지정합니다.

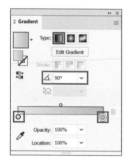 

③ Scale Tool(⬚)을 더블 클릭하여 'Uniform : 70%'를 지정하고 [Copy]를 눌러 복사합니다. Rotate Tool(↻)을 더블 클릭하여 'Angle : −30°'를 지정하여 회전한 후 'Fill Color : C20M10, Stroke Color : None'을 지정하고, Ctrl+[를 눌러 뒤로 보내기를 하고 배치합니다.

🄬 곡선 패스 그리고 문자 입력하기

① Pen Tool(✒)로 드래그하여 문자를 입력할 열린 곡선 패스를 그리고 'Fill Color : None, Stroke Color : 임의 색상'을 지정합니다.

② Type on a Path Tool()로 곡선 패스의 왼쪽 끝점을 클릭하고 Character 패널에서 'Set the font family : Times New Roman, Set the font style : Bold, Set the font size : 17pt'를 설정하고 'Fill Color : C100M100K20, Stroke Color : None'을 지정하여 International Toy Fair를 입력합니다.

③ Selection Tool()로 패스 상의 왼쪽 수직선 모양()을 클릭하여 오른쪽으로 드래그하여 패스 상의 문자의 위치를 조절한 후, 도큐먼트의 빈 곳을 클릭하여 선택을 해제합니다.

05 브러쉬 적용하기

① Brushes 패널 하단의 'Brush Libraries Menu'를 클릭하고 [Artistic]-[Artistic_Water-color]를 선택하여 추가 브러쉬 패널을 불러온 후 'Watercolor Stroke 3'을 선택합니다.

② Line Segment Tool(✏)로 Shift를 누르면서 왼쪽에서 오른쪽으로 드래그하여 바퀴 모양 하단에 수평선을 그리고 'Fill Color : None, Stroke Color : C80Y100'을 지정하고 Stroke 패널에서 'Weight : 0.75pt'를 지정합니다. [Object]-[Arrange]-[Send to Back](Shift+Ctrl+[])을 선택하고 맨 뒤로 보내기를 합니다.

▲ 완성 이미지

01 브러쉬와 그라디언트 적용하여 원형 만들기

① [File]-[New]로 새 도큐먼트를 만들고 [View]-[Rulers]-[Show Rulers]를 선택한 후 도큐먼트의 중앙에 안내선을 표시합니다. Brushes 패널 하단의 'Brush Libraries Menu'를 클릭하고 [Artistic]-[Artistic_Ink]를 선택하여 추가 브러쉬 패널을 불러온 후 'Light Ink Wash'를 선택합니다.

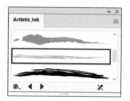

② Ellipse Tool(◉)로 Alt 를 누르면서 안내선의 교차 지점을 클릭하여 'Width : 67mm, Height : 67mm'를 입력하여 그리고 'Fill Color : C10M10Y30, Stroke Color : C40M70Y100K50'을 지정하고 Stroke 패널에서 'Weight : 1pt'를 지정합니다.

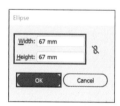  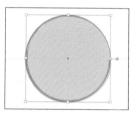

③ Scale Tool(▦)을 더블 클릭하여 'Uniform : 70%, Scale Strokes & Effects : 체크 해제'를 지정하고 [Copy]를 눌러 축소하여 복사합니다.

 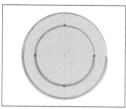

④ Gradient 패널에서 'Type : Radial Gradient'를 적용하고 Gradient Slider의 왼쪽 'Color Stop'을 더블 클릭하여 C20Y30을 적용하여 'Location : 30%'로 지정하고 오른쪽 'Color Stop'을 더블 클릭하여 C0M0Y0K0을 적용합니다.

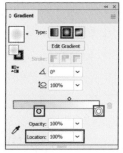
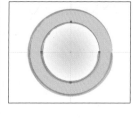

⑩2 곡선을 따라 흐르는 문자 입력하기

① Scale Tool(⊞)을 더블 클릭하여 'Uniform : 110%, Scale Strokes & Effects : 체크 해제'를 지정하고 [Copy]를 눌러 확대하여 복사한 후 'Fill Color : None, Stroke Color : 임의 색상'을 지정합니다. Direct Selection Tool(▷)로 정원 하단의 고정점을 클릭하고 Delete 를 눌러 삭제하여 열린 패스로 변형합니다.

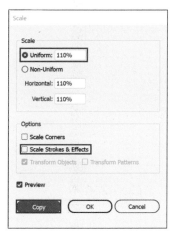

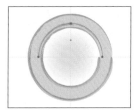

② Type on a Path Tool(⤳)로 곡선 패스의 왼쪽 끝점을 클릭하고 Character 패널에서 'Set the font family : Times New Roman, Set the font style : Bold, Set the font size : 18pt'를 설정하고 Paragraph 패널에서 'Align center(≣)'를 클릭하여 가운데 정렬을 지정합니다. Color 패널에서 'Fill Color : C40M60Y90K30, Stroke Color : None'을 지정하고 DINOSAUR PARK를 입력합니다.

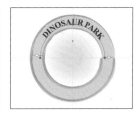
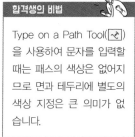

합격생의 비법

Type on a Path Tool(⤳)을 사용하여 문자를 입력할 때는 패스의 색상은 없어지므로 면과 테두리에 별도의 색상 지정은 큰 의미가 없습니다.

③ Selection Tool()로 큰 정원을 선택하고 Scale Tool(▣)을 더블 클릭하여 'Uniform : 90%, Scale Strokes & Effects : 체크 해제'를 지정하고 [Copy]를 눌러 축소하여 복사한 후 'Fill Color : None, Stroke Color : 임의 색상'을 지정합니다. Scissors Tool(✂)로 정원 하단의 왼쪽과 오른쪽 선분 위에 각각 클릭하여 패스를 자릅니다.

④ Selection Tool(▶)로 상단의 열린 패스를 선택하고 Delete 를 눌러 삭제합니다.

⑤ Type on a Path Tool(⤴)로 곡선 패스의 오른쪽 끝점을 클릭한 후 Character 패널에서 'Set the font family : Times New Roman, Set the font style : Bold, Set the font size : 12pt'를 설정하고 Paragraph 패널에서 'Align center(≡)'를 클릭하여 가운데 정렬을 지정합니다.

⑥ Color 패널에서 'Fill Color : C40M60Y90K30, Stroke Color : None'을 지정하고 Since 2012를 입력합니다. Selection Tool(▶)로 패스 상의 중앙 수직선 모양(▶)을 클릭하여 위쪽으로 드래그하고 패스 안쪽으로 이동하여 문자의 위치를 조절합니다.

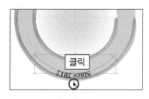 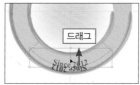 

⑦ Star Tool(⭐)로 Shift 를 누르면서 드래그하여 별 모양을 그리고 'Fill Color : C20M40Y60, Stroke Color : None'을 지정합니다. Selection Tool(▶)로 Alt + Shift 를 누르면서 오른쪽으로 드래그하여 복사하여 배치합니다.

03 공룡 모양 오브젝트 만들기

① Pen Tool(✒)로 공룡의 얼굴과 몸통 모양을 그리고 'Fill Color : C50M10Y40, Stroke Color : None'을 지정합니다. 계속해서 머리와 코의 뿔 모양을 그리고 'Fill Color : M90Y50, Stroke Color : None'을 지정합니다.

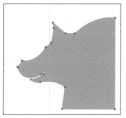  

② Pen Tool(✒)로 동일한 색상으로 머리의 뿔 모양을 그리고 Selection Tool(▶)로 Alt 를 누르면서 왼쪽으로 드래그하여 복사하고 Shift + Ctrl + [를 눌러 맨 뒤로 보내기를 합니다.

③ Ellipse Tool(⬭)로 Shift 를 누르면서 드래그하여 크기가 다른 2개의 정원을 그리고 'Fill Color : C0M0Y0K0, K100, Stroke Color : None'을 각각 지정하여 눈의 모양을 완성합니다.

④ Selection Tool(▶)로 중앙의 정원을 선택하고 Ctrl+C로 복사를 하고 Ctrl+F로 복사한 오브젝트 앞에 붙이기를 한 후 Shift+Ctrl+]로 맨 앞으로 가져오기를 합니다. Tool 패널 하단의 Default Fill and Stroke(▣)를 클릭합니다.

⑤ Selection Tool(▶)로 정원과 공룡 모양을 함께 선택하고 Pathfinder 패널에서 'Crop(▣)'을 클릭하여 맨 앞의 정원과 겹친 부분을 잘라준 후, 도큐먼트의 빈 곳을 클릭하여 선택을 해제합니다.

04 배너 브러쉬와 이펙트 적용하기

① Brushes 패널 하단의 'Brush Libraries Menu'를 클릭하고 [Decorative]-[Decorative_Banners and Seals]를 선택하여 추가 브러쉬 패널을 불러온 후 'Banner 14'를 선택합니다.

② Line Segment Tool(／)로 작업 도큐먼트에 클릭하여 'Length : 85mm, Angle : 0°'를 지정하여 수평선을 그리고 'Fill Color : None, Stroke Color : 임의 색상'을 지정한 후 'Banner 14' 브러쉬를 적용하고 Stroke 패널에서 'Weight : 1pt'를 지정합니다.

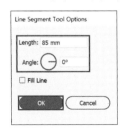 

③ [Effect]-[Illustrator Effects]-[Stylize]-[Drop Shadow]를 선택하고 'Opacity : 50%, X Offset : 2mm, Y Offset : 2mm, Blur : 1mm'를 지정하여 그림자 효과를 적용합니다.

05 문자 오브젝트 만들고 변형하기

① Type Tool(T)로 작업 도큐먼트를 클릭한 후 Character 패널에서 'Set the font family : Arial, Set the font style : Black, Set the font size : 26pt'를 설정하고 'Fill Color : C10M60Y70, Stroke Color : None'을 지정한 후 ADVENTURE를 입력합니다.

② Selection Tool(▶)로 ADVENTURE 문자를 선택하고 [Effect]-[Illustrator Effects]-[Warp]-[Arc]를 선택하고 'Horizontal : 체크, Bend : 25%'를 설정하고 문자의 모양을 변형한 후 [Object]-[Expand Appearance]를 선택하여 오브젝트의 속성을 확장합니다.

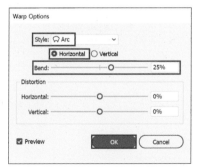

합격생의 비법

오브젝트의 속성을 확장하면 [Type]-[Create Outlines](Shift+Ctrl+O)를 하지 않아도 문자가 변형된 모양대로 윤곽선으로 변환합니다.

③ Selection Tool(▶)로 ADVENTURE 문자 오브젝트를 더블 클릭하여 Isolation Mode로 전환합니다. Pen Tool(✐)로 곡선의 열린 패스를 겹치도록 그리고 'Fill Color : None, Stroke Color : 임의 색상'을 지정합니다.

④ Ctrl + A 로 문자 오브젝트와 열린 패스를 모두 선택하고 Pathfinder 패널에서 'Divide(▣)'를 클릭하여 면을 분할합니다.

⑤ Selection Tool(▶)로 Shift 를 누르면서 클릭하여 분할된 하단 오브젝트를 모두 선택하고 'Fill Color : C70M30Y30K50, Stroke Color : None'을 지정하고 키보드의 화살표 ↓ 를 여러 번 눌러 이동한 후 Esc 를 눌러 정상 모드로 전환합니다.

주요 기능	메뉴	단축키	출제빈도
Selection Tool	▶, ▷, ▷	V, A	★★★★★
Pen Tool	✎	P	★★★★★
Gradient Tool	■	G	★★★★★
Shape Tool	/, ◉, /, □, ▢, ◯, ◯, ☆	W, M, L	★★★★★
Type Tool	T	T	★★★★★
Transform Tool	↻, ▷, ▣, ✎	R, O, S	★★★★★
Transform Again	[Object]–[Transform]–[Transform Again]	Ctrl + D	★★★★★
Arrange	[Object]–[Arrange]	Shift + Ctrl +] Ctrl +] Ctrl + [Shift + Ctrl + [	★★★
Group	[Object]–[Group]	Ctrl + G	★★★★★
Outline Stroke	[Object]–[Path]–[Outline Stroke]		★★★
Offset Path	[Object]–[Path]–[Offset Path]		★★★★
Expand Appearance	[Object]–[Expand Appearance]		★★
Pathfinder Panel	[Window]–[Pathfinder]	Shift + Ctrl + F9	★★★★★
Color Panel	[Window]–[Color]	F6	★★★★★
Stroke Panel	[Window]–[Stroke]	Ctrl + F10	★★★★★
Character Panel	[Window]–[Type]–[Character]	Ctrl + T	★★★★★
Paragraph Panel	[Window]–[Type]–[Paragraph]	Alt + Ctrl + T	★★
Gradient Panel	[Window]–[Gradient]	Ctrl + F9	★★★★★
Align Panel	[Window]–[Align]	Shift + F7	★★★★
Transparency Panel	[Window]–[Transparency]	Shift + Ctrl + F10	★★★★★

▲ 완성 이미지

01 구름 문양 만들기

① [File]-[New]로 새 도큐먼트를 만들고 Ellipse Tool(◉)로 크기가 다른 3개의 원을 겹치도록 그리고 'Fill Color : 임의 색상, Stroke Color : 임의 색상'을 지정합니다. 계속해서 Pen Tool(✐)로 하단에 겹치도록 패스를 그리고 배치합니다.

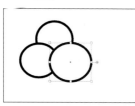

② Ctrl+A로 모두 선택하고 Pathfinder 패널에서 'Unite(◧)'를 클릭하여 합친 후 'Fill Color : C10M70Y40, Stroke Color : None'을 지정합니다.

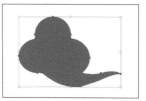

③ [Object]-[Path]-[Offset Path]를 선택한 후 'Offset : 1mm'를 지정하여 확대된 복사본을 만든 후 'Fill Color : M30Y80, Stroke Color : None'을 지정합니다. 계속해서 [Offset Path]를 선택한 후 'Offset : 1mm'를 지정하여 확대된 복사본을 만든 후 'Fill Color : None, Stroke Color : M60Y50'을 지정하고 Stroke 패널에서 'Weight : 1pt'를 지정합니다.

④ Direct Selection Tool(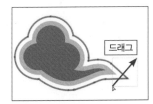)로 드래그하여 2개의 고정점을 선택하고 오른쪽으로 이동하여 패스를 변형합니다.

⑤ Selection Tool(▶)로 Shift 를 누르면서 안쪽 2개의 구름 문양을 함께 선택하고 Scale Tool (⬚)을 더블 클릭하여 'Uniform : 60%'를 지정하고 [Copy]를 눌러 복사한 후 이동하여 배치합니다. Selection Tool(▶)로 각각 선택하여 'Fill Color : C50M30Y60, C10Y50, Stroke Color : None'을 지정한 후 축소된 안쪽 구름 문양을 오른쪽 위로 이동합니다.

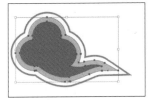
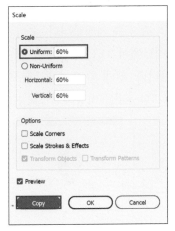

ⓜ 꽃 모양 오브젝트 만들기

① Ctrl + R 로 눈금자를 표시하고 작업 도큐먼트에 안내선을 지정합니다. Ellipse Tool(◯)로 작업 도큐먼트를 클릭한 후 'Width : 8mm, Height : 8mm'를 입력하여 그리고 'Fill Color : 임의 색상, Stroke Color : 임의 색상'을 지정합니다. [Object]-[Transform]-[Move]를 선택하고 'Horizontal : 4.2mm, Vertical : 0mm'를 지정하고 [Copy]를 눌러 오른쪽으로 반듯하게 이동하여 복사합니다.

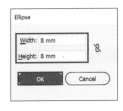

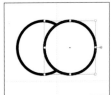

② Selection Tool(▶)로 2개의 정원을 함께 선택하고 Pathfinder 패널에서 'Intersect(◙)'를
클릭하여 겹치는 부분만을 남깁니다.

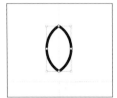

③ Line Segment Tool(╱)로 Shift 를 누르면서 드래그하여 중앙에 수직선을 그리고 'Fill
Color : None, Stroke Color : 임의 색상'을 지정합니다. Selection Tool(▶)로 2개의 오브
젝트를 함께 선택하고 Pathfinder 패널에서 'Divide(◙)'를 클릭하여 면을 분할한 후 더블 클
릭하여 Isolation Mode로 전환합니다. 2개의 오브젝트를 각각 선택하여 'Fill Color :
M40Y30, M100Y70, Stroke Color : None'을 지정하고 Esc 를 눌러 정상 모드로 전환합니다.

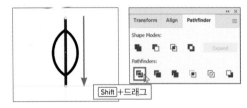

④ Selection Tool(▶)로 꽃잎 모양을 선택하고 Rotate Tool(◔)로 Alt 를 누르면서 안내선의
교차지점을 클릭합니다. [Rotate] 대화상자에서 'Angle : 90°'를 지정하고 [Copy]를 눌러 회
전 복사한 후 Ctrl + D 를 2번 눌러 반복하여 복사합니다.

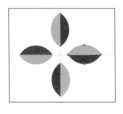

⑤ Selection Tool(▶)로 4개의 꽃잎 모양을 모두 선택하고 Rotate Tool(◔)을 더블클릭하여
[Rotate] 대화상자에서 'Angle : 45°'를 지정하고 [Copy]를 눌러 회전 복사합니다. 계속해서
Scale Tool(⬚)을 더블 클릭하여 'Uniform : 120%'를 지정하여 확대합니다.

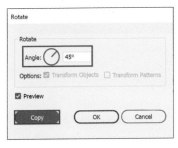

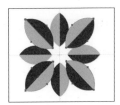

⑥ Shift + Ctrl + [로 맨 뒤로 보내기를 한 후 Group Selection Tool(▷)로 Shift 를 누르면서 4개의 오브젝트를 함께 선택하고 'Fill Color : C60Y100, Stroke Color : None'을 지정합니다. 나머지 4개의 오브젝트도 동일한 방법으로 선택한 후 'Fill Color : C10M60Y60, Stroke Color : None'을 지정합니다.

⑦ Ellipse Tool(◯)로 Alt 를 누르면서 안내선의 교차 지점을 클릭하여 'Width : 23mm, Height : 23mm'를 입력하여 그리고 'Fill Color : C10Y10, Stroke Color : C20M20Y20' 을 지정하고 Stroke 패널에서 'Weight : 1pt'를 지정한 후 Shift + Ctrl + [를 눌러 맨 뒤로 보내기를 합니다.

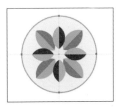

⑧ Ellipse Tool(◯)로 Alt + Shift 를 누르면서 안내선의 교차지점에서부터 드래그하여 크기가 다른 2개의 정원을 그리고 'Fill Color : C10M60Y60, M40Y30, Stroke Color : None'을 각각 지정합니다.

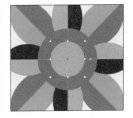

중심에서부터 정확한 수치 입력하여 원 그리기

Alt 를 누르면서 중심점에 클릭하여 [대화상자]에서 수치를 입력합니다.

중심에서부터 정원 그리기

Alt + Shift 를 누르면서 중심점에 드래그하여 그립니다. 이때 마우스 드래그 후까지 키보드를 눌러 줍니다.

03 점선과 그라디언트 적용하여 태그 모양 만들기

① Rounded Rectangle Tool(□)로 작업 도큐먼트를 클릭한 후 'Width : 49mm, Height : 27mm, Corner Radius : 3mm'를 입력하여 그리고 Gradient 패널에서 'Type : Radial Gradient'를 적용하고 Gradient Slider의 왼쪽 'Color Stop'을 더블 클릭하여 C10Y10을 적용하고 오른쪽 'Color Stop'을 더블 클릭하여 C10M30Y50을 적용한 후 'Stroke Color : None'을 지정합니다.

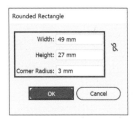

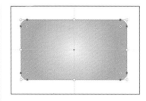

② [Object]-[Path]-[Offset Path]를 선택한 후 'Offset : -2mm'를 지정하여 축소된 복사본을 만든 후 'Fill Color : None, Stroke Color : C10Y10'을 지정하고 Stroke 패널에서 'Weight : 1pt, Dashed Line : 체크, dash : 8pt, gap : 2pt, dash : 3pt, gap : 2pt'를 입력하여 불규칙적인 점선을 그려 배치합니다.

③ Rectangle Tool(□)로 Alt 를 누르면서 안내선의 교차 지점에 클릭하여 'Width : 8mm, Height : 27mm'를 입력하여 그리고 'Fill Color : C10M30Y50, Stroke Color : None'을 지정한 후 Ctrl + [를 눌러 뒤로 보내기를 합니다.

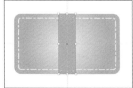

④ Selection Tool(▶)로 정원과 꽃 모양을 함께 선택하고 [Ctrl]+[C]로 복사하고 [Ctrl]+[V]로 붙여 넣기를 한 후 Scale Tool(⬚)을 더블 클릭하고 'Uniform : 60%, Scale Strokes & Effects : 체크'를 지정하여 축소한 후 중앙에 배치합니다.

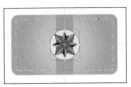

⑤ Type Tool([T])로 작업 도큐먼트를 클릭한 후 Character 패널에서 'Set the font family : 돋움, Set the font size : 9pt'를 설정하고 'Fill Color : C50M100Y100K10, Stroke Color : None'을 지정한 후 전통문화체험을 입력합니다.

04 불투명도 및 정렬과 간격이 일정한 그룹 설정하기

① Rectangle Tool(▢)로 작업 도큐먼트를 클릭한 후 'Width : 23mm, Height : 15mm'를 입력하여 그리고 'Fill Color : C10Y50, Stroke Color : None'을 지정합니다. Add Anchor Point Tool(✒)로 왼쪽 선분의 중앙에 클릭하여 고정점을 추가하고 키보드의 화살표 [←]를 여러 번 눌러 왼쪽으로 이동하여 패스를 변형합니다.

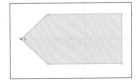

② [Effect]-[Illustrator Effects]-[Stylize]-[Round Corners]를 선택하고 'Radius : 2mm' 를 지정하고 모서리를 둥글게 만든 후 [Object]-[Expand Appearance]를 선택하여 오브젝트의 속성을 확장합니다.

 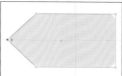 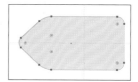

③ Transparency 패널에서 'Opacity : 60%'를 지정하여 불투명도를 조절합니다.

 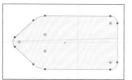

④ Selection Tool(▶)로 도큐먼트 상단의 큰 구름 문양을 선택하고 Ctrl+C로 복사하고 Ctrl +V로 붙여 넣기를 합니다. Scale Tool(⊡)을 더블 클릭하여 'Uniform : 30%, Scale Strokes & Effects : 체크'를 지정하여 축소한 후 Reflect Tool(▷◁)을 더블 클릭하여 'Axis : Vertical'을 지정하고 태그 모양 위에 배치합니다.

⑤ Selection Tool(▶)로 Alt+Shift를 누르면서 오른쪽으로 드래그하여 복사하고 Ctrl+D를 눌러 간격에 맞춰 반복하여 복사합니다. 3개의 구름 문양을 함께 선택하고 [Object]-[Group] (Ctrl+G)을 선택하고 그룹을 설정합니다.

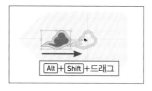  

합격생의 비법

Alt를 누르면서 드래그하여 복사할 때 Shift를 동시에 누르면 드래그 방향으로 반듯하게 이동하여 복사할 수 있습니다.

⑥ Ellipse Tool(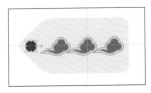)로 Shift를 누르면서 드래그하여 정원을 그리고 'Fill Color : C30M60Y80
K30, Stroke Color : None'을 지정합니다. Selection Tool(▶)로 구름 문양 그룹, 태그 모
양과 함께 선택하고 Align 패널에서 'Vertical Align Center(▯)'를 클릭하여 세로 가운데 정
렬을 지정합니다.

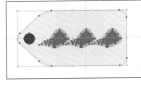

⑦ Selection Tool(▶)로 구름 그룹을 제외한 2개의 오브젝트를 선택하고 Pathfinder 패널에
서 'Minus Front(▣)'를 클릭합니다. Ctrl+[를 눌러 뒤로 보내기를 합니다.

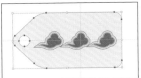

⑧ Selection Tool(▶)로 태그 오브젝트를 함께 선택하고 Rotate Tool(↻)을 더블 클릭하여
'Angle : 30°'를 지정하고 [OK]를 눌러 회전합니다.

⑨ Pen Tool(✎)로 곡선의 열린 패스를 그리고 'Fill Color : None, Stroke Color :
C30M60Y80K30'을 지정하고 Stroke 패널에서 'Weight : 3pt, Dashed Line : 체크, dash
: 3pt'를 입력하여 규칙적인 점선을 그려 배치합니다.

▲ 완성 이미지

01 이펙트를 활용한 꽃 모양 만들고 패턴 등록하기

① [File]—[New]로 새 도큐먼트를 만들고 Polygon Tool(◉)로 작업 도큐먼트를 클릭한 후 'Radius : 5mm, Sides : 6'을 입력하여 그리고 'Fill Color : C30M10, Stroke Color : None'을 지정합니다.

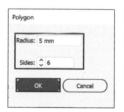
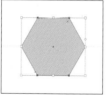

② [Effect]—[Illustrator Effects]—[Distort & Transform]—[Pucker & Bloat]를 선택하고 '70%'를 지정하여 꽃 모양을 만들고 [Object]—[Expand Appearance]를 선택하여 오브젝트의 속성을 확장합니다.

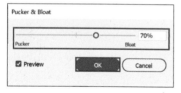
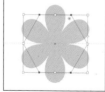
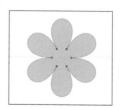

③ Scale Tool(▣)을 더블 클릭하여 'Uniform : 115%'를 지정하고 [Copy]를 눌러 확대 복사한 후 'Fill Color : C10Y40, Stroke Color : None'을 지정합니다. Selection Tool(▶)로 조절점 밖에 마우스 커서를 위치하여 시계 방향으로 회전합니다.

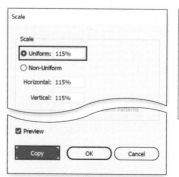

④ Rectangle Tool()로 작업 도큐먼트를 클릭한 후 'Width : 28mm, Height : 27mm'를 입력하여 2개의 꽃 모양과 완전히 겹치도록 그리고 'Fill Color : None, Stroke Color : None'을 지정합니다.

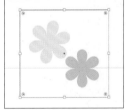

⑤ [Ctrl]+[A]로 모두 선택하고 [Object]-[Pattern]-[Make]로 'Name : 꽃'을 지정하여 패턴으로 등록한 후 [Esc]를 눌러 패턴의 편집 모드에서 정상 모드로 전환합니다. Selection Tool(▶)로 투명한 사각형을 선택하고 [Delete]를 눌러 삭제합니다.

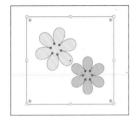

02 오리 모양 만들기

① Ellipse Tool()로 작업 도큐먼트를 클릭한 후 'Width : 9mm, Height : 9mm'를 입력하여 그리고 'Fill Color : M10Y100, Stroke Color : None'을 지정합니다.

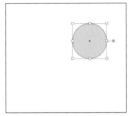

② Pen Tool()로 오리의 몸통 모양을 그리고 'Fill Color : M10Y100, Stroke Color : None'을 지정합니다. Selection Tool(▶)로 정원과 함께 선택하고 Pathfinder 패널에서 'Unite(▣)'를 클릭하여 합칩니다.

③ Pen Tool(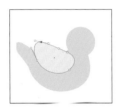)로 날개 모양을 그리고 'Fill Color : Y80, Stroke Color : None'을 지정합니다. 계속해서 부리 모양을 그리고 'Fill Color : M50Y100, Stroke Color : None'을 지정합니다. Ellipse Tool(⬭)로 Shift 를 누르면서 드래그하여 정원을 그리고 'Fill Color : K100, Stroke Color : None'을 지정하고 눈 모양을 완성합니다.

  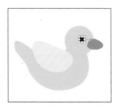

03 패스파인더 활용하여 안내 문걸이 모양 만들기

① Ctrl + R 로 눈금자를 표시하고 안내선을 지정합니다. Rounded Rectangle Tool(▢)로 작업 도큐먼트를 클릭한 후 'Width : 29mm, Height : 34mm, Corner Radius : 7mm'를 입력하여 그리고 'Fill Color : 임의 색상, Stroke Color : 임의 색상'을 지정합니다.

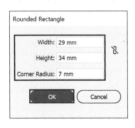 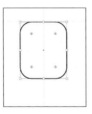

② 계속해서 작업 도큐먼트를 클릭한 후 'Width : 29mm, Height : 40mm, Corner Radius : 14mm'를 입력하여 임의 색상의 둥근 사각형을 그리고 하단에 겹치도록 배치합니다.

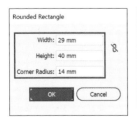 

③ Selection Tool(▶)로 2개의 둥근 사각형을 함께 선택하고 Align 패널에서 'Horizontal Align Center(≡)'를 클릭하여 가로 가운데 정렬을 지정한 후 Pathfinder 패널에서 'Unite (◧)'를 클릭하여 합칩니다.

 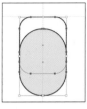  

④ Rectangle Tool(▢)로 작업 도큐먼트를 클릭한 후 'Width : 14mm, Height : 17mm'를 입력하여 그리고 'Fill Color : 임의 색상, Stroke Color : 임의 색상'을 지정하고 왼쪽 하단에 배치합니다.

 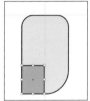

⑤ Selection Tool(▶)로 둥근 사각형과 함께 선택하고 Align 패널에서 'Horizontal Align Left(≡)'와 'Vertical Align Bottom(▤)'을 각각 클릭하여 왼쪽 하단에 정렬하고 Pathfinder 패널에서 'Unite(◧)'를 클릭하여 합칩니다.

 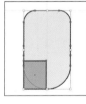  

⑥ Ellipse Tool(◉)로 작업 도큐먼트를 클릭한 후 'Width : 24mm, Height : 24mm'를 입력하여 그리고 'Fill Color : None, Stroke Color : 임의 색상'을 지정하고 Stroke 패널에서 'Weight : 15pt, Cap : Round Cap'을 지정하여 상단에 배치합니다.

  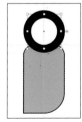

⑦ Direct Selection Tool(➤)로 드래그하여 왼쪽 하단의 선분을 선택하고 Delete 를 눌러 열린 패스를 만들고 [Object]-[Path]-[Outline Stroke]를 선택하여 선을 면으로 확장합니다.

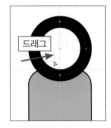
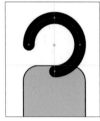

⑧ Pen Tool(✏)로 상단과 하단 오브젝트의 중간을 연결할 직각 삼각형을 오른쪽에 겹치도록 그리고 'Fill Color : 임의 색상, Stroke Color : None'을 지정합니다.

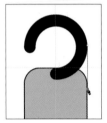

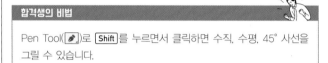

합격생의 비법

Pen Tool(✏)로 Shift 를 누르면서 클릭하면 수직, 수평, 45° 사선을 그릴 수 있습니다.

⑨ Selection Tool(▶)로 3개의 오브젝트를 선택하고 Align 패널에서 'Horizontal Align Right(▤)'를 클릭하여 오른쪽에 정렬한 후 Pathfinder 패널에서 'Unite(▤)'를 클릭하여 합칩니다.

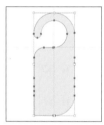

04 패턴 적용 및 크기 조절하고 불투명도 적용하기

① Selection Tool(▶)로 안내 문걸이 모양을 선택하고 Ctrl + C 로 복사하고 Ctrl + F 로 복사한 오브젝트 앞에 붙여 넣기를 한 후 Swatches 패널에서 등록된 꽃 패턴을 클릭하여 면 색상에 적용하고 'Stroke Color : None'을 지정합니다.

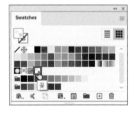
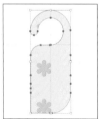

② Scale Tool()을 더블 클릭하고 'Uniform : 30%, Transform Objects : 체크 해제, Transform Patterns : 체크'를 지정하여 패턴의 크기만 축소한 후 Transparency 패널에서 'Opacity : 50%'를 지정하여 불투명도를 조절합니다. [Object]-[Lock]-[Selection](Ctrl + 2)을 선택하고 패턴이 적용된 오브젝트에 잠금을 설정합니다.

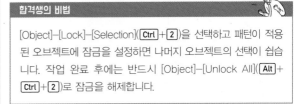

합격생의 비법

[Object]-[Lock]-[Selection](Ctrl + 2)을 선택하고 패턴이 적용된 오브젝트에 잠금을 설정하면 나머지 오브젝트의 선택이 쉽습니다. 작업 완료 후에는 반드시 [Object]-[Unlock All](Alt + Ctrl + 2)로 잠금을 해제합니다.

③ Selection Tool(▶)로 임의 색상이 적용된 안내 문걸이 모양 오브젝트를 더블 클릭하여 Isolation Mode로 전환합니다. Line Segment Tool(✓)로 Shift를 누르면서 수평선을 그리고 'Fill Color : None, Stroke Color : 임의 색상'을 지정한 후 Ctrl + A로 모두 선택하고 Pathfinder 패널에서 'Divide(⬚)'를 클릭합니다. Selection Tool(▶)로 분할된 오브젝트를 각각 선택하여 'Fill Color : C50M100, C50M10, Stroke Color : None'을 지정하고 Esc를 눌러 정상 모드로 전환합니다.

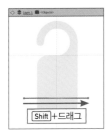

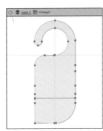

05 간격을 일정하게 지정하여 그룹 설정하기

① Selection Tool(▶)로 오리 모양 오브젝트를 모두 선택하고 Ctrl + G로 그룹을 설정한 후 Ctrl + C로 복사하고 Ctrl + V로 붙여 넣기를 합니다. Scale Tool()을 더블 클릭하고 'Uniform : 85%, Transform Objects : 체크, Transform Patterns : 체크 해제'를 지정하여 오브젝트의 크기를 축소한 후 Reflect Tool(◁)을 더블 클릭하고 'Axis : Vertical'을 지정하고 하단에 배치합니다. 축소 변형된 오리 모양 오브젝트를 다시 한 번 Ctrl + C로 복사합니다.

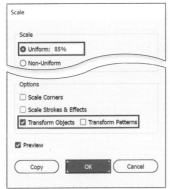

② Selection Tool(▶)로 더블 클릭하여 Isolation Mode로 전환한 후 오리의 날개와 몸통 모양을 함께 선택하고 'Fill Color : C0M0Y0K0, Stroke Color : None'을 지정하고 Esc 를 눌러 정상 모드로 전환합니다.

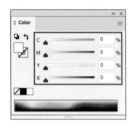 

③ Ctrl + V 로 앞서 복사한 축소 변형된 오리 모양 오브젝트를 붙여 넣기를 하고 Scale Tool (⊞)을 더블 클릭하고 'Uniform : 25%, Transform Objects : 체크, Transform Patterns : 체크 해제'를 지정하여 오브젝트의 크기를 축소한 후 왼쪽 하단에 배치합니다.

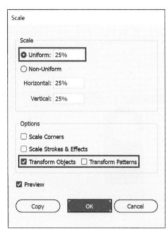 

④ Selection Tool(▶)로 Alt + Shift 를 누르면서 오른쪽으로 드래그하여 복사하고 Ctrl + D 를 2번 눌러 간격에 맞춰 반복하여 복사합니다. 축소된 4개의 오리 모양 오브젝트를 함께 선택하고 Ctrl + G 로 그룹을 설정합니다.

⑤ Selection Tool(▶)로 왼쪽 꽃 모양 오브젝트를 선택하고 Ctrl+C로 복사하고 Ctrl+V로 붙여 넣기를 합니다. Scale Tool(⊡)을 더블 클릭하고 'Uniform : 70%, Transform Objects : 체크, Transform Patterns : 체크 해제'를 지정하여 오브젝트의 크기를 축소한 후 'Fill Color : M30, Stroke Color : None'을 지정하고 Ctrl+[를 여러 번 눌러 오리 모양보다 뒤쪽으로 배치합니다.

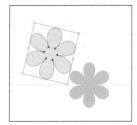
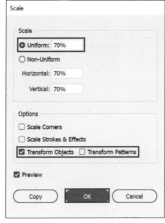

06 문자 입력하기

① Type Tool(T)로 작업 도큐먼트를 클릭한 후 Character 패널에서 'Set the font family : Times New Roman, Set the font style : Bold, Set the font size : 16pt'를 설정하고 Paragraph 패널에서 'Align right(▤)'를 클릭하여 오른쪽 정렬을 지정합니다. Color 패널에서 'Fill Color : C0M0Y0K0, Stroke Color : None'을 지정한 후 Kid Zone을 입력합니다.

▲ 완성 이미지

01 고양이 발바닥 모양 만들고 패턴 등록하기

① [File]-[New]로 새 도큐먼트를 만들고 Ellipse Tool(◯)로 크기가 다른 3개의 원을 그리고 'Fill Color : M80Y40, Stroke Color : None'을 지정합니다. 계속해서 Pen Tool(✏)로 중앙의 원과 겹치도록 닫힌 패스를 그립니다.

② Selection Tool(▶)로 중앙의 원을 제외한 3개의 오브젝트를 함께 선택하고 Reflect Tool(▷◁)로 Alt를 누르고 가운데 고정점을 클릭하여 'Axis : Vertical'을 지정하고 [Copy]를 눌러 복사합니다.

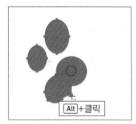

합격생의 비법

[View]-[Smart Guides](Ctrl+U)를 선택하고 패스의 윤곽에 마우스를 올리면 작은 사각형으로 연두색 표시가 되므로 클릭 지점을 찾기가 쉽습니다.

③ Selection Tool()로 하단 3개의 오브젝트를 함께 선택하고 Pathfinder 패널에서 'Unite(▣)'를 클릭하여 합칩니다.

④ Ctrl+A로 모두 선택하고 Ctrl+G로 그룹을 설정한 후 Scale Tool(▦)을 더블 클릭하여 'Uniform : 60%'를 지정하여 [Copy]를 눌러 축소 복사합니다. Rotate Tool(↻)을 더블 클릭하여 'Angle : 45°'를 지정하여 회전하고 'Fill Color : M40Y60, Stroke Color : None'을 지정하고 이동하여 배치합니다.

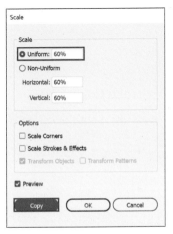

⑤ Rectangle Tool(▢)로 2개의 발바닥 모양과 충분히 겹치도록 사각형을 그리고 'Fill Color : None, Stroke Color : None'을 지정합니다. Ctrl+A로 모두 선택하고 [Object]-[Pattern]-[Make]로 'Name : 발바닥'을 지정하여 패턴으로 등록합니다. Selection Tool()로 투명한 사각형을 선택하고 Delete를 눌러 삭제합니다.

02 고양이 실루엣 만들기

① Pen Tool(✏️)로 고양이 실루엣을 그리고 'Fill Color : M50Y30, Stroke Color : None'을 지정합니다. 계속해서 목걸이 모양을 그리고 'Fill Color : C10M80Y50, Stroke Color : None'을 지정합니다. Ellipse Tool(⬭)로 동일 색상의 타원을 그리고 Selection Tool(▶)로 조절점 밖에 마우스 커서를 위치하여 회전합니다.

03 반려 동물 이동장 모양 만들기

① Pen Tool(✏️)로 오른쪽 모양을 그리고 'Fill Color : M20Y10, Stroke Color : None'을 지정합니다. 계속해서 왼쪽 모양을 그리고 'Fill Color : M50Y20, Stroke Color : None'을 지정합니다.

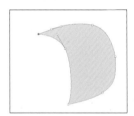 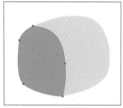

② Ellipse Tool(⬭)로 작업 도큐먼트를 클릭한 후 'Width : 18mm, Height : 18mm'를 입력하여 그리고 'Fill Color : 임의 색상, Stroke Color : 임의 색상'을 지정합니다. Rounded Rectangle Tool(⬜)로 작업 도큐먼트를 클릭한 후 'Width : 18mm, Height : 24mm, Corner Radius : 4mm'를 입력하여 정원과 겹치도록 배치합니다.

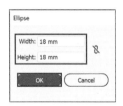  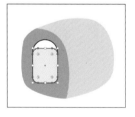

③ Selection Tool(▶)로 정원과 둥근 사각형을 함께 선택하고 Align 패널에서 'Horizontal Align Center(■)'를 클릭하여 가로 가운데 정렬을 지정한 후 Pathfinder 패널에서 'Unite(■)'를 클릭하여 합칩니다.

④ Shear Tool()을 더블 클릭하고 'Shear Angle : 18°, Axis : Vertical'을 지정하여 왼쪽 오브젝트와 기울기를 맞춰 배치하고 'Fill Color : C30M20Y10, Stroke Color : None'을 지정합니다.

⑤ [Object]-[Path]-[Offset Path]를 선택한 후 'Offset : −1.5mm'를 지정하여 축소된 복사본을 만든 후 'Fill Color : C40M70Y100K50, Stroke Color : None'을 지정합니다. Pen Tool(✏️)로 오른쪽 상단에 오브젝트를 그리고 'Fill Color : M40Y20, Stroke Color : None'을 지정한 후 Ctrl+[를 여러 번 눌러 왼쪽 오브젝트보다 뒤쪽으로 배치합니다.

⑥ Rounded Rectangle Tool(⬜)로 작업 도큐먼트를 클릭한 후 'Width : 20mm, Height : 14mm, Corner Radius : 8mm'를 입력하여 그리고 'Fill Color : None, Stroke Color : K100'을 지정한 후 Stroke 패널에서 'Weight : 10pt, Cap : Round Cap'을 지정합니다.

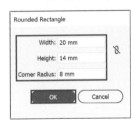  

⑦ Shear Tool()을 더블 클릭하고 'Shear Angle : −15°, Axis : Vertical'을 지정하여 오른쪽 오브젝트와 기울기를 맞춰 배치합니다.

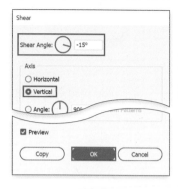

⑧ Direct Selection Tool(⊿)로 Shift 를 누르면서 2개의 하단 고정점을 선택하고 Delete 를 눌러 삭제하고 열린 패스로 변형합니다.

04 패턴 적용 및 패턴 크기 변형하기

① Selection Tool(▶)로 오른쪽 하단 오브젝트를 선택하고 Ctrl + C 로 복사하고 Ctrl + F 로 복사한 오브젝트 앞에 붙여 넣기를 한 후 Swatches 패널에서 등록된 발바닥 패턴을 클릭하여 면 색상에 적용하고 'Stroke Color : None'을 지정합니다.

 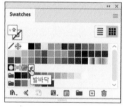 

② Scale Tool(⊞)을 더블 클릭하고 'Uniform : 40%, Transform Objects : 체크 해제, Transform Patterns : 체크'를 지정하여 패턴의 크기를 축소한 후 Transparency 패널에서 'Opacity : 50%'를 지정하여 패턴의 불투명도를 조절합니다.

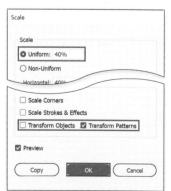 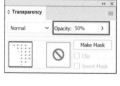 

05 둥근 점선과 규칙적인 점선 적용하기

① Selection Tool(▶)로 손잡이 모양의 열린 패스를 선택하고 Ctrl + C로 복사한 후 [Object]–[Path]–[Outline Stroke]를 선택하여 선을 면으로 확장합니다. Ctrl + F로 복사한 오브젝트 앞에 붙여 넣기를 하고 'Fill Color : None, Stroke Color : C20M20Y40'을 지정합니다. Stroke 패널에서 'Weight : 3pt, Cap : Round Cap, Dashed Line : 체크, dash : 0pt, gap : 4pt'를 입력하여 둥근 모양의 점선을 지정합니다.

  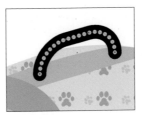

합격생의 비법

오브젝트가 겹쳐 있을 때는 Ctrl + 2로 잠금을 설정하면 나머지 오브젝트의 선택이 쉽습니다. 작업 완료 후에는 반드시 Alt + Ctrl + 2로 잠금을 해제합니다.

② Line Segment Tool(／)로 Shift를 누르면서 드래그하여 5개의 수직선을 왼쪽 오브젝트와 겹치도록 그리고 'Fill Color : None, Stroke Color : C10M90'을 지정하고 Stroke 패널에서 'Weight : 2pt, Cap : Butt Cap, Dashed Line : 체크, dash : 3pt'를 입력하여 규칙적인 점선을 배치합니다.

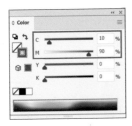  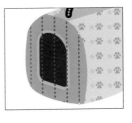

③ Selection Tool(▶)로 Shift를 누르면서 5개의 수직선을 함께 선택하고 Align 패널에서 'Horizontal Distribute Center(❙❙❙)'를 클릭하여 균등 간격으로 배치한 후 Ctrl + [를 여러 번 눌러 입구 모양보다 뒤쪽으로 배치합니다.

 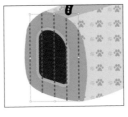 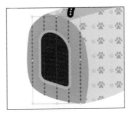

06 특정 모양으로 오브젝트 자르고 불규칙적인 점선 적용하기

① Selection Tool(▶)로 고양이 실루엣만을 선택하고 Ctrl+C로 복사하고 Ctrl+V로 붙여 넣기를 합니다. Scale Tool(⊡)을 더블 클릭하고 'Uniform : 130%, Transform Objects : 체크, Transform Patterns : 체크 해제'를 지정하여 오브젝트의 크기를 확대한 후 Reflect Tool(▷◁)을 더블 클릭하고 'Axis : Vertical'을 지정하고 'Fill Color : M20Y10, Stroke Color : None'을 지정합니다.

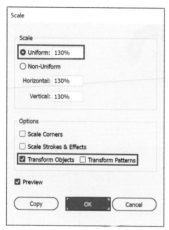  

② [Object]-[Path]-[Offset Path]를 선택한 후 'Offset : 1mm'를 지정하여 확대된 복사본을 만든 후 'Fill Color : C0M0Y0K0, Stroke Color : None'을 지정합니다. 계속해서 [Offset Path]를 선택한 후 'Offset : 1.3mm'를 지정하여 확대된 복사본을 만든 후 'Fill Color : M50Y30, Stroke Color : None'을 지정합니다.

 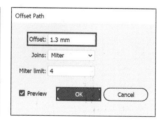 

③ Selection Tool(▶)로 패턴이 적용된 오브젝트를 선택하고 Ctrl+C로 복사하고 Ctrl+F로 복사한 오브젝트 앞에 붙여 넣기를 합니다. 계속해서 Shift+Ctrl+]를 눌러 맨 앞으로 가져오기를 하고 'Fill Color : None, Stroke Color : 임의 색상'을 지정합니다.

④ Selection Tool(▶)로 3개의 고양이 실루엣 모양과 함께 선택하고 Pathfinder 패널에서 'Crop(■)'을 클릭하여 맨 앞의 오브젝트와 겹친 부분을 잘라 줍니다.

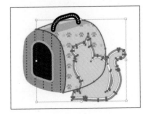  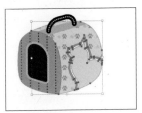

⑤ Selection Tool(▶)로 고양이 모양을 더블 클릭하여 Isolation Mode로 전환합니다. 가장 작은 고양이 모양을 선택하고 Ctrl+C로 복사하고 Ctrl+F로 복사한 오브젝트 앞에 붙여 넣기를 한 후 'Fill Color : None, Stroke Color : M80'을 지정하고 Stroke 패널에서 'Weight : 1pt, Dashed Line : 체크, dash : 8pt, gap : 3pt, dash : 2pt, gap : 3pt'를 입력하여 점선을 그려 배치합니다.

 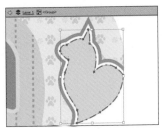

⑥ Direct Selection Tool(▷)로 오른쪽 하단의 고정점을 클릭하여 선택하고 Delete를 눌러 삭제한 후 Esc를 눌러 정상 모드로 전환합니다.

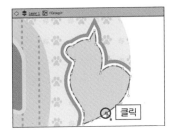 

07 문자 입력하고 기울이기

① Type Tool(T)로 작업 도큐먼트를 클릭한 후 Character 패널에서 'Set the font family : Arial, Set the font style : Bold, Set the font size : 9pt'를 설정하고 'Fill Color : M90Y20, Stroke Color : None'을 지정한 후 Pink Cat을 입력합니다. Shear Tool(📐)을 더블 클릭하고 'Shear Angle : −26°, Axis : Vertical'을 지정하여 기울기를 맞춰 오른쪽 하단에 배치합니다.

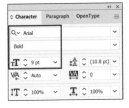 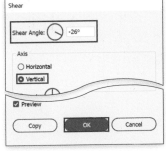 

04
PART

최신 기출 유형
따라하기

최신 기출 유형 따라하기

급수	문제유형	시험시간	수험번호	성명
2급	A	90분		

수 험 자 유 의 사 항

- 수험자는 문제지를 받는 즉시 응시하고자 하는 과목 및 급수가 맞는지 확인한 후 수험번호와 성명을 작성합니다.
- 파일명은 본인의 "수험번호–성명–문제번호"로 공백 없이 정확히 입력하고 답안폴더(내 PC₩문서₩GTQ)에 ai 파일 포맷으로 저장해야 하며, 다른 파일 형식으로 저장하였을 경우 0점 처리됩니다. 답안문서 파일명이 "수험번호–성명–문제번호"와 일치하지 않거나, 답안 파일을 전송하지 않아 미제출로 처리될 경우 불합격 처리됩니다.
- 수험자 정보와 저장한 파일명, 저장 위치가 다를 경우 전송이 되지 않으므로, 주의하시기 바랍니다.
- 답안 작성 중에도 주기적으로 '저장'과 '답안 전송'을 이용하여 감독위원 PC로 답안을 전송하셔야 합니다. (※ 작업한 내용을 저장하지 않고 전송할 경우 이전의 저장내용이 전송되오니 이점 반드시 유념하시기 바랍니다.)
- 답안문서는 지정된 경로 외의 다른 보조기억장치에 저장하는 행위, 지정된 시험 시간 외에 작성된 파일을 활용한 행위, 기타 통신수단(이메일, 메신저, 네트워크 등)을 이용하여 타인에게 전달 또는 외부 반출하는 행위는 부정으로 간주되어 자격기본법 제32조에 의거 본 시험 및 국가공인 자격시험을 2년간 응시할 수 없습니다.
- 시험 중 부주의 또는 고의로 시스템을 파손한 경우와 〈수험자 유의사항〉에 기재된 방법대로 이행하지 않아 생기는 불이익은 수험자의 책임임을 알려 드립니다.
- 시험을 완료한 수험자는 최종적으로 저장한 답안파일이 전송되었는지 확인한 후 감독위원의 지시에 따라 문제지를 제출하고 퇴실합니다.

답 안 작 성 요 령

- 온라인 답안 작성 절차
  수험자 등록 ⇒ 시험 시작 ⇒ 답안파일 저장 ⇒ 답안 전송 ⇒ 시험 종료
- 배점은 총 100점으로 이루어지며, 점수는 각 문제별로 차등 배분됩니다.
- 각 문제는 제시된 조건에 맞게 답안을 작성하셔야 하며, 조건을 지키지 못했을 경우에는 0점 또는 감점 처리됩니다.
- 조건에서 주어진 단위는 'mm(밀리미터)'입니다. 눈금자는 작성하지 않으며, 그 외는 출력형태(레이아웃, 색상, 문자, 규격 등)와 같이 작업하십시오.
- 문제 조건에 서체의 지정이 없을 경우 한글은 굴림이나 돋움, 영문은 Arial로 작업하십시오. (단, 그 외 제시되지 않은 문자 속성을 기본값으로 작성하지 않은 경우는 감점 처리됩니다.)
- 문제 조건에 크기와 색상, 두께의 지정이 없을 경우 《출력형태》를 참고하여 작업해 주시기 바랍니다.
- Image Mode(이미지 모드)는 별도의 처리조건이 없을 경우에는 CMYK로 작업하십시오.
- 조건에서 제시한 기능을 임의로 합치거나 각 기능에 대한 속성을 해지할 경우 해당 요소는 0점 처리됩니다.

한 국 생 산 성 본 부

다음의 《조건》에 따라 아래의 《출력형태》와 같이 작업하시오.

조건

파일저장규칙	AI	파일명	문서₩GTQ₩수험번호-성명-1.ai
		크기	100 × 80mm

1. 작업 방법
① 도형, 변형 툴과 Pathfinder 기능을 활용하여 오브젝트를 작성한다.
② 그 외 《출력형태》 참조

출력형태

C70M80Y10K10,
C30M40Y10,
C40M10Y10,
C10M60Y60,
Y30, K100,
C0M0Y0K0,
C20Y10,
C70M80Y10,
[Stroke] K100, 1pt

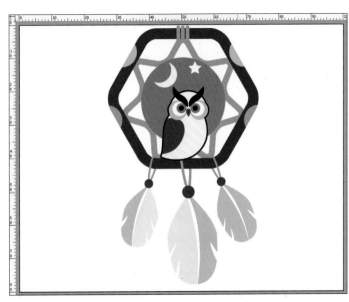

다음의 《조건》에 따라 아래의 《출력형태》와 같이 작업하시오.

조건

파일저장규칙	AI	파일명	문서₩GTQ₩수험번호-성명-2.ai
		크기	100 × 80mm

1. 작업 방법
① 'JEWELRY' 문자에 Arial (Bold) 폰트를 적용한다.
② 'Forever You' 문자에 Type on a Path Tool을 활용한다.
③ Brush는 《출력형태》를 참고하여 작성한다.
④ Effect는 《출력형태》를 참고하여 작성한다.
⑤ 그 외 《출력형태》 참조

2. 문자 효과
① Forever You (Times New Roman, Bold, 11pt, C20M40Y10)

출력형태

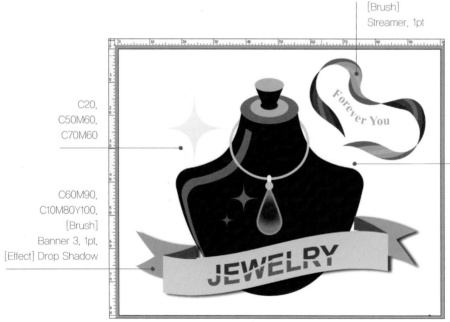

[Brush]
Streamer, 1pt

C20,
C50M60,
C70M60

C60M90,
C10M80Y100,
[Brush]
Banner 3, 1pt,
[Effect] Drop Shadow

M50Y50K90,
M10Y10K60,
M10Y40K20,
C10M50,
M20Y50,
C50M100K30 →
C20M60Y20,
C0M0Y0K0,
[Stroke] M20Y50, 2pt

다음의 《조건》에 따라 아래의 《출력형태》와 같이 작업하시오.

조건

파일저장규칙	AI	파일명	문서\GTQ\수험번호−성명−3.ai
		크기	120 × 80mm

1. 작업 방법
① 도형 툴로 오브젝트를 제작한 후 Pattern을 활용하여 작성한다. (패턴 등록 : 장식)
② 패키지에는 불규칙한 점선을, 입체 패키지에는 규칙적인 점선을 설정한다.
③ 패키지에 Pattern을 적용한다.
④ 패키지에 배치된 오브젝트는 정렬, 간격을 일정하게 한 후 Group 설정을 한다.
⑤ 그 외 《출력형태》 참조

2. 문자 효과
① Special Gift (Arial, Bold, 8pt, M20Y50)
② JEWELRY (Times New Roman, Bold, 8pt, M40Y100)

출력형태

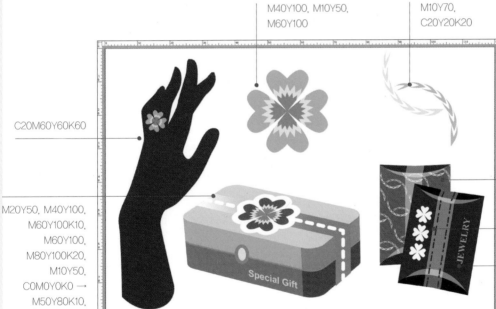

M40Y100, M10Y50, M60Y100

M10Y70, C20Y20K20

C20M60Y60K60

[Pattern]

C0M0Y0K0, [Group]

M20Y50, M40Y100, M60Y100K10, M60Y100, M80Y100K20, M10Y50, C0M0Y0K0 → M50Y80K10, M80Y100K10, C0M0Y0K0, [Stroke] K50, 1pt, C0M0Y0K0, 3pt

C20M60Y50K20, C20M60Y60K60, C0M0Y0K0, Opacity 50%, C90M80Y30K10, C90M80Y30K50, [Stroke] C20M60Y60K60, 1pt

작업과정	새 도큐먼트 만들기 및 파일 저장하기 ➡ 다각형과 별 오브젝트 만들기 ➡ 깃털 모양 오브젝트 만들고 변형하기 ➡ 부엉이 오브젝트 만들기 ➡ 저장하고 답안 전송하기
완성이미지	Part04₩수험번호-성명-1.ai

01 새 도큐먼트 만들기 및 파일 저장하기

01 [File]-[New]([Ctrl]+[N])를 선택하고 'Width : 100mm, Height : 80mm, Units : Millimeters, Color Mode : CMYK'를 설정하여 새 도큐먼트를 만들고, [View]-[Rulers]-[Show Rulers]([Ctrl]+[R])를 선택하여 눈금자를 표시합니다.

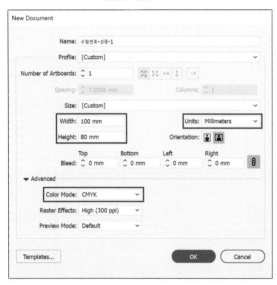
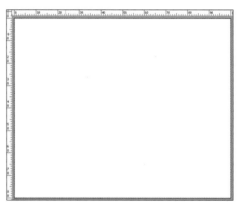

합격생의 비법

• Advanced를 클릭하여 확장하면 CMYK 컬러 모드를 확인 및 설정할 수 있습니다.

• [File]-[New]를 설정하는 화면이 아래와 같다면 [Edit]-[Preferences]-[General]의 Options에서 'Use legacy "File New" Interface'를 체크하여 설정을 바꿀 수 있습니다.

02 작품의 규격 왼쪽 상단에 원점(0,0)을 확인하고 왼쪽과 상단 눈금자 위에서 마우스로 각각 드래그하여 제시된 출력형태와 레이아웃 구성이 동일하게 안내선을 표시합니다.

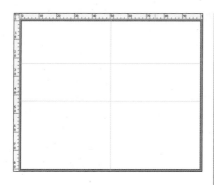

03 작업 도큐먼트를 저장하기 위해 [File]–[Save As]를 선택하고 '저장 위치 : 내 PC₩문서₩GTQ, 파일 형식 : Adobe Illustrator(*AI), 파일 이름 : 수험번호–성명–문제번호'를 입력하고 [저장]을 클릭한 후 [Illustrator Options] 대화상자에서 'Version : Illustrator 2020'으로 설정하고 [OK]를 클릭합니다.

⑩ 다각형과 별 오브젝트 만들기

01 Polygon Tool()로 작업 도큐먼트 위쪽 안내선의 교차지점을 클릭한 후 'Radius : 22.5mm, Sides : 6'을 입력하여 육각형을 그리고 'Fill Color : None, Stroke Color : C70M80Y10K10'을 지정한 후 Stroke 패널에서 'Weight : 9pt'를 지정합니다.

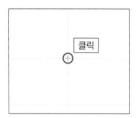

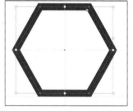

합격생의 비법

Polygon Tool(⬡)로 작업 도큐먼트에 클릭하면 클릭 지점이 다각형의 중심점이 되며 [대화 상자]에서 수치를 입력할 수 있습니다.

02 [Effect]-[Illustrator Effects]-[Stylize]-[Round Corners]를 선택하고 'Radius : 3mm'를 지정하여 모서리를 둥글게 만든 후 [Object]-[Path]-[Outline Stroke]를 선택하여 선을 면으로 확장합니다.

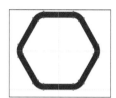

합격생의 비법

오브젝트의 모서리를 둥글게 만드는 방법

- [Effect]-[Stylize]-[Round Corners]로 'Radius'를 입력하여 적용할 수 있습니다.
- [Properties] 패널에서 [Appearance] 항목의 [fx.]를 눌러 [Illustrator Effects]-[Stylize]-[Round Corners]를 바로 적용할 수 있습니다.
- 오브젝트 모서리 안쪽의 둥근 점(◉)을 더블 클릭하여 다양한 모서리 모양과 둥근 정도를 설정할 수 있습니다.

03 Star Tool(⭐)로 작업 도큐먼트를 클릭한 후 'Radius 1 : 20mm, Radius 2 : 12mm, Points : 7'을 입력하여 그리고 'Fill Color : None, Stroke Color : C30M40Y10'을 지정하고 Stroke 패널에서 'Weight : 5pt'를 지정합니다.

04 [Effect]-[Illustrator Effects]-[Stylize]-[Round Corners]를 선택하고 'Radius : 3mm' 를 지정하여 모서리를 둥글게 만든 후 [Object]-[Path]-[Outline Stroke]를 선택하여 선을 면으로 확장합니다.

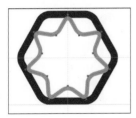 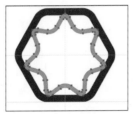

05 Ellipse Tool(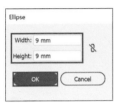)로 작업 도큐먼트를 클릭한 후 'Width : 9mm, Height : 9mm'를 입력하여 그리고 'Fill Color : C40M10Y10, Stroke Color : None'을 지정한 후 확장된 육각형의 왼쪽 상단과 겹치도록 배치합니다.

 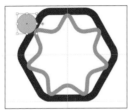

06 [Object]-[Transform]-[Move]를 선택한 후 'Horizontal : −4.5mm, Vertical : 20.5 mm'를 입력하고 [Copy]를 눌러 아래쪽으로 이동하여 복사한 후 'Fill Color : C30M40Y10, Stroke Color : None'을 지정합니다.

 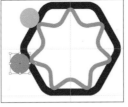

07 Selection Tool(▶)로 Shift를 누르면서 2개의 정원을 함께 선택한 후 Reflect Tool(▷◁)로 Alt를 누르고 세로 안내선을 클릭하여 'Axis : Vertical'을 지정하고 [Copy]를 눌러 복사합니다.

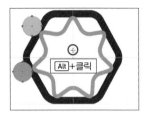

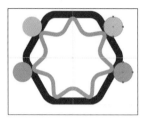

08 Selection Tool(▶)로 Shift를 누르면서 별 모양 오브젝트를 제외한 5개의 오브젝트를 함께 선택하고 Pathfinder 패널에서 'Divide(⬚)'를 클릭합니다.

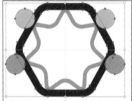

합격생의 비법

[Select]-[All](Ctrl+A)로 모두 선택한 후, Selection Tool(▶)로 Shift를 누르면서 선택에서 제외할 오브젝트를 클릭하면 선택적 해제가 가능합니다.

09 Selection Tool(▶)로 더블 클릭하여 Isolation Mode로 전환하고 Shift를 누른 채 클릭하여 불필요한 4개의 오브젝트를 선택하고 Delete를 눌러 삭제한 후 Esc를 눌러 정상 모드로 전환합니다.

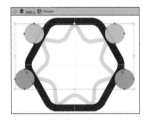

합격생의 비법

Isolation Mode란 Pathfinder 적용 후 개별 오브젝트를 편집할 때 Group 상태를 해제하지 않고 부분적으로 선택, 편집할 수 있는 격리 모드입니다. 개별 오브젝트의 편집이 끝나면 도큐먼트의 빈 곳을 더블 클릭하거나 Esc를 눌러 정상 모드로 전환합니다.

10 Line Segment Tool()로 Shift를 누르면서 드래그하여 상단에 수직선을 겹치도록 그리고 'Fill Color : None, Stroke Color : C30M40Y10'을 지정하고 Stroke 패널에서 'Weight : 3pt, Cap : Round Cap'을 지정합니다.

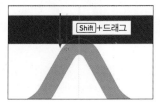
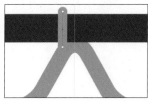

합격생의 비법

Line Segment Tool()로 Shift를 누르면서 드래그하면 수직선, 수평선, 45° 사선을 그릴 수 있습니다.

11 [Object]-[Path]-[Outline Stroke]를 선택하고 선을 면으로 확장한 후 Selection Tool ()로 Alt+Shift를 누르면서 오른쪽으로 드래그하여 복사하고 [Object]-[Transform]-[Transform Again](Ctrl+D)을 선택하고 반복하여 복사합니다.

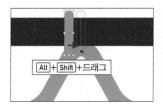

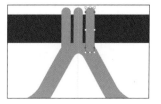

12 Ellipse Tool()로 작업 도큐먼트를 클릭한 후 'Width : 26mm, Height : 26mm'를 입력하여 그리고 'Fill Color : C10M60Y60, Stroke Color : None'을 지정하고 중앙에 배치합니다. 계속해서 Shift를 누르면서 크기가 작은 정원을 그리고 'Fill Color : 임의 색상, Stroke Color : 임의 색상'을 지정합니다. Selection Tool()로 Alt를 누르면서 왼쪽 상단으로 드래그하여 복사하고 겹치도록 배치합니다.

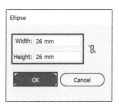
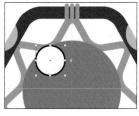
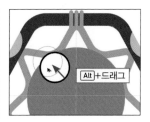

합격생의 비법

Ellipse Tool()로 Alt를 누르면서 클릭하면, 클릭 지점이 오브젝트의 중심점이 되며 대화상자에서 정확한 수치를 입력하여 그릴 수 있습니다.

13 Selection Tool()로 2개의 정원을 함께 선택하고 Pathfinder 패널에서 'Minus Front(□)'를 클릭한 후 'Fill Color : Y30, Stroke Color : None'을 지정합니다.

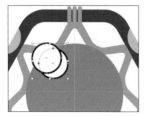  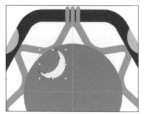

14 Star Tool(☆)로 드래그하여 그리고 'Fill Color : C0M0Y0K0, Stroke Color : None'을 지정합니다.

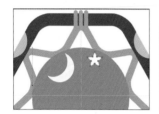

03 깃털 모양 오브젝트 만들고 변형하기

01 Pen Tool(✏)로 드래그하여 깃털 모양 오브젝트의 왼쪽 열린 패스를 그린 후 'Fill Color : None, Stroke Color : 임의 색상'을 지정합니다.

 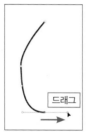

드래그

드래그

02 Direct Selection Tool(▷)로 드래그하여 2개의 고정점을 선택한 후, [Object]-[Path]-[Average]를 선택하고 'Axis : Vertical'을 지정하여 세로의 평균 지점에 반듯하게 정렬합니다.

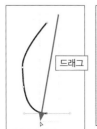 

드래그

03 Selection Tool(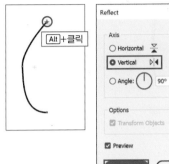)로 패스를 선택하고, Reflect Tool(▷◁)로 Alt 를 누르고 상단 고정점을 클릭하여 'Axis : Vertical'을 지정하고 [Copy]를 눌러 복사합니다. Selection Tool(▶)로 2 개의 패스를 선택하고 Pathfinder 패널에서 'Unite(◉)'를 클릭한 후 'Fill Color : C20Y10, Stroke Color : None'을 지정합니다.

04 Pen Tool(✏)로 드래그하여 깃털 모양 오브젝트의 중앙에 곡선의 열린 패스를 아래에서 위쪽으로 그리고 'Fill Color : None, Stroke Color : 임의 색상'을 지정한 후 Stroke 패널에서 'Weight : 3pt, Profile : Width Profile 5'를 지정합니다.

05 계속해서 Pen Tool()로 안쪽에서 바깥쪽으로 드래그하여 2개의 열린 패스를 그린 후 앞서 그린 패스와 동일한 설정을 지정합니다. 오른쪽에 열린 패스를 그린 후 Stroke 패널에서 'Weight : 5pt, Profile : Width Profile 5'를 지정합니다.

06 Selection Tool()로 4개의 열린 패스를 선택하고, [Object]-[Path]-[Outline Stroke]를 선택하고 선을 면으로 확장합니다. 계속해서 5개의 오브젝트를 함께 선택하고 Pathfinder 패널에서 'Minus Front()'를 클릭합니다.

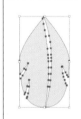

07 Selection Tool()로 더블 클릭하여 Isolation Mode로 전환하고 오른쪽 오브젝트를 선택한 후 'Fill Color : C40M10Y10, Stroke Color : None'을 지정하고 Esc 를 눌러 정상 모드로 전환합니다.

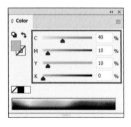

08 Ellipse Tool()로 Shift 를 누르면서 정원을 그리고 'Fill Color : C70M80Y10, Stroke Color : None'을 지정합니다. 계속해서 상단에 타원을 그리고 'Fill Color : None, Stroke Color : C30M40Y10'을 지정하고 Stroke 패널에서 'Weight : 2pt'를 지정합니다. Selection Tool()로 깃털 오브젝트와 2개의 원을 함께 선택하고 Align 패널에서 'Horizontal Align Center()'를 클릭하여 가운데 정렬을 지정합니다.

   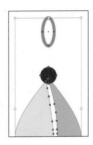

09 Direct Selection Tool(▷)로 타원 하단의 고정점을 클릭하여 선택하고 하단으로 이동하여 패스를 변형한 후, [Object]−[Arrange]−[Send Backward]([Ctrl]+[[])를 선택하고 뒤로 보내기를 합니다.

합격생의 비법

반듯하게 이동하기

- 키보드의 ↓를 눌러 이동할 수 있습니다. [Shift]를 누르면서 ↓를 눌러 10배수로 이동이 가능합니다.
- Direct Selection Tool(▷)로 고정점을 이동할 때 [Shift]를 누르면 반듯하게 이동이 가능합니다.

---

10 Selection Tool(▶)로 깃털 오브젝트를 모두 선택하고, Rotate Tool(⟳)을 더블 클릭하여 'Angle : 5°'를 지정한 후 [OK]를 눌러 회전하고 하단 중앙에 배치합니다.

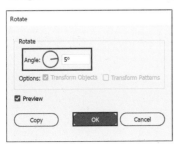 

11 Selection Tool(▶)로 고리 모양을 더블 클릭하여 Isolation Mode로 전환하고 Scissors Tool(✂)로 상단과 하단 고정점에 각각 클릭하여 패스를 자른 후 [Esc]를 눌러 정상 모드로 전환합니다.

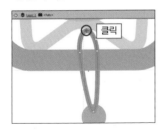 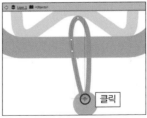

12 오른쪽 열린 패스를 선택한 후 [Object]-[Arrange]-[Send to Back](Shift + Ctrl + [ ])을 선택하고 맨 뒤로 보내기를 합니다. 2개의 패스를 선택한 후 [Object]-[Path]-[Outline Stroke]를 선택하고 선을 면으로 확장합니다.

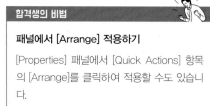

합격생의 비법

패널에서 [Arrange] 적용하기

[Properties] 패널에서 [Quick Actions] 항목의 [Arrange]를 클릭하여 적용할 수도 있습니다.

13 Selection Tool( )로 깃털 오브젝트를 모두 선택한 후, Scale Tool( )을 더블 클릭하여 'Uniform : 70%'를 지정하고 [Copy]를 눌러 축소 복사합니다. Rotate Tool( )을 더블 클릭하여 'Angle : 20°'를 지정하고 [OK]를 눌러 회전하고 오른쪽에 배치합니다.

14 Reflect Tool( )을 더블 클릭하여 'Angle : 95°'를 지정하고 [Copy]를 눌러 복사한 후 왼쪽으로 이동하여 배치합니다.

15 Selection Tool(▶)로 Shift 를 누르면서 왼쪽과 오른쪽의 고리 모양을 함께 선택하고 Shift +Ctrl+[을 눌러 맨 뒤로 보내기를 합니다. 오른쪽 깃털 오브젝트를 선택하고 더블 클릭하여 Isolation Mode로 전환한 후 왼쪽 오브젝트를 선택하고 Eyedropper Tool(✐)로 오른쪽 오브젝트에 클릭하여 동일한 색상으로 지정한 후 Esc 를 눌러 정상 모드로 전환합니다.

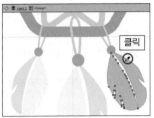
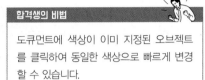

04 부엉이 오브젝트 만들기

01 Ellipse Tool(◉)로 작업 도큐먼트를 클릭한 후 'Width : 11.5mm, Height : 11mm'를 입력하여 그리고 'Fill Color : 임의 색상, Stroke Color : 임의 색상'을 지정합니다.

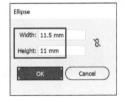
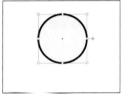

02 Pen Tool(✐)로 하단 오브젝트를 그린 후 'Fill Color : 임의 색상, Stroke Color : 임의 색상'을 지정하고, Selection Tool(▶)로 원형과 함께 선택한 후 Pathfinder 패널에서 'Unite(◼)'를 클릭합니다.

03 Pen Tool(✐)로 날개 모양의 열린 패스를 그린 후 'Fill Color : None, Stroke Color : 임의 색상'을 지정합니다. Selection Tool(▶)로 함께 선택하고 Pathfinder 패널에서 'Divide(◼)'를 클릭한 후 더블 클릭하여 Isolation Mode로 전환합니다. 각각 선택한 후 'Fill Color : Y30, C70M80Y10, Stroke Color : None'을 지정하고 Esc 를 눌러 정상 모드로 전환합니다.

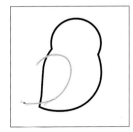

합격생의 비법

- Pathfinder 패널에서 'Divide(■)'로 면을 분리하기 위해서 열린 패스는 오브젝트와 겹치도록 충분한 길이로 그려줍니다.
- 'Divide(■)'를 지정할 열린 패스를 그리고 'Fill Color : None, Stroke Color : 임의 색상'을 지정해야 면 분할 과정에서 불필요한 오브젝트 생성을 방지할 수 있습니다.

04 Ellipse Tool(◉)로 작업 도큐먼트를 클릭한 후 'Width : 5.8mm, Height : 5.8mm'를 입력하여 그리고 'Fill Color : C40M10Y10, Stroke Color : None'을 지정합니다. 계속해서 Shift 를 누르면서 크기가 다른 3개의 정원을 겹치도록 그리고 'Fill Color : C0M0Y0K0, C10M60Y60, K100, Stroke Color : None'을 순서대로 지정합니다.

합격생의 비법

Alt 와 Shift 를 동시에 누르면 중앙에서부터 정원을 그릴 수 있습니다.

05 Ellipse Tool(◉)로 드래그하여 타원을 그리고 'Fill Color : C70M80Y10, Stroke Color : None'을 지정합니다. Direct Selection Tool(▷)로 하단 고정점을 클릭하여 선택하고 하단으로 이동한 후 Anchor Point Tool(◣)로 고정점을 클릭하여 패스를 뾰족하게 변형합니다.

06 Pen Tool(✎)로 눈썹 모양의 열린 패스를 그린 후 'Fill Color : None, Stroke Color : K100'을 지정하고 Stroke 패널에서 'Weight : 5pt, Profile : Width Profile 1'을 지정한 후 [Object]-[Path]-[Outline Stroke]를 선택하고 선을 면으로 확장합니다.

합격생의 비법

작업 중 Ctrl 을 누르고 있으면 Selection Tool (▶)로 전환되어 선택을 빠르게 할 수 있습니다.

07 Selection Tool(▶)로 눈썹과 눈 오브젝트를 함께 선택한 후, Reflect Tool(◁▷)로 Alt 를
누르고 부리 모양의 중앙 고정점을 클릭하여 'Axis : Vertical'을 지정하고 [Copy]를 눌러 복
사합니다. Selection Tool(▶)로 부리 모양 오브젝트를 선택하고 Shift + Ctrl +] 를 눌러 맨
앞으로 가져오기를 합니다.

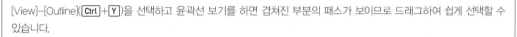

> **합격생의 비법**
>
> [View]-[Outline](Ctrl + Y)을 선택하고 윤곽선 보기를 하면 겹쳐진 부분의 패스가 보이므로 드래그하여 쉽게 선택할 수
> 있습니다.

08 Selection Tool(▶)로 부엉이 오브젝트를 모두 선택하고 [Object]-[Group](Ctrl + G)을
선택하고 그룹을 설정한 후 중앙에 배치합니다. [Edit]-[Copy](Ctrl + C)로 복사하고
[Edit]-[Paste in Front](Ctrl + F)로 복사한 오브젝트 앞에 붙여 넣기를 합니다. Path-
finder 패널에서 'Unite(▣)'를 클릭한 후 Color 패널에서 'Fill Color : None, Stroke
Color : K100'을 지정하고 Stroke 패널에서 'Weight : 1pt'를 지정합니다.

 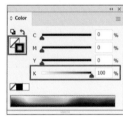 

⑤ 저장하고 답안 전송하기

01 [View]-[Guides]-[Hide Guides](Ctrl + ;)를 선택하여 안내선을 숨기고 [View]-[Fit
Artboard in Window](Ctrl + 0)를 선택하여 현재 창에 맞추기를 합니다.

> **합격생의 비법**
>
> Tool 패널의 Hand Tool() 자체를 더블 클릭하면 빠르게 현재 창에 맞추기
> 가 됩니다.

02 [File]—[Save As]를 선택하고 '저장 위치 : 내 PC₩문서₩GTQ, 파일 형식 : Adobe Illustrator(*.AI), 파일 이름 : 수험번호−성명−문제번호.ai'를 확인하고 [저장]을 클릭한 후 [Illustrator Options] 대화상자에서 'Version : Illustrator 2020'으로 설정하고 [OK]를 클릭합니다.

03 답안 저장이 완료가 되면 [File]—[Close](Ctrl + W)를 선택하여 파일을 닫고 수험 프로그램에서 [답안 전송]을 클릭하여 감독관 컴퓨터로 전송합니다.

문제 02	문자와 오브젝트
작업과정	새 도큐먼트 만들기 및 파일 저장하기 ➡ 마네킹 오브젝트 만들기 ➡ 목걸이 오브젝트 만들고 그라디언트 적용하기 ➡ 브러쉬와 이펙트 적용하기 ➡ 문자 입력하고 변형하기 ➡ 패스를 따라 흐르는 문자 입력하고 브러쉬 적용하기 ➡ 저장하기
완성이미지	Part04₩수험번호−성명−2.ai

01 새 도큐먼트 만들기 및 파일 저장하기

01 [File]-[New]를 선택하고 'Width : 100mm, Height : 80mm, Units : Millimeters, Color Mode : CMYK'를 설정하여 새 도큐먼트를 만들고 [View]-[Rulers]-[Show Rulers] (Ctrl+R)를 선택하여 눈금자를 표시합니다.

> **합격생의 비법**
>
> Advanced를 클릭하여 확장하면 CMYK 컬러 모드를 확인 및 설정할 수 있습니다.

02 작품의 규격 왼쪽 상단에 원점(0,0)을 확인하고 왼쪽과 상단 눈금자 위에서 마우스로 각각 드 래그하여 제시된 출력형태와 레이아웃 구성이 동일하게 안내선을 표시합니다.

> **합격생의 비법**
>
> 안내선의 위치는 제시된 문제의 전체적인 레이아웃에 맞게 적절하게 배치합니다.

03 작업 도큐먼트를 저장하기 위해 [File]-[Save As]를 선택하고 '저장 위치 : 내 PC₩문 서₩GTQ, 파일 형식 : Adobe Illustrator(*.AI), 파일 이름 : 수험번호-성명-문제번호'를 입력하고 [저장]을 클릭한 후 [Illustrator Options] 대화상자에서 'Version : Illustrator 2020'으로 설정하고 [OK]를 클릭합니다.

> **합격생의 비법**
>
> 작업 중에 발생할 수 있는 에러나 시스템 오류에 대비하여 Ctrl+S를 수시로 눌러 저장합니다.

02 마네킹 오브젝트 만들기

01 Pen Tool(✏️)로 드래그하여 마네킹 오브젝트의 왼쪽 모양을 닫힌 패스로 수직 안내선 왼쪽 에 그리고 'Fill Color : 임의 색상, Stroke Color : 임의 색상'을 지정합니다.

드래그 후 클릭

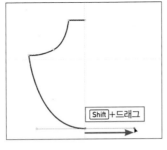
Shift+드래그

클릭

클릭

> **합격생의 비법**
>
> • Pen Tool(✏️)로 Shift를 누르면서 드래그하여 곡선을 그리면 핸들을 수평, 수직, 45° 각도를 유지하며 그릴 수 있습니다.
> • 패스를 그리는 과정 중 드래그하여 그린 곡선의 고정점에 마우스를 올리면 ✏️ 모양으로 바뀝니다. 클릭하면 한쪽 방향선이 삭제되며 직선 또는 곡선의 방향이 다른 패스를 연결하여 그릴 수 있습니다.

02 Direct Selection Tool()로 드래그하여 왼쪽 고정점을 선택하고 선택된 고정점 안쪽의 ⊙를 안쪽으로 드래그하여 둥근 정도를 조절합니다.

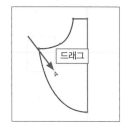 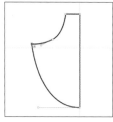 

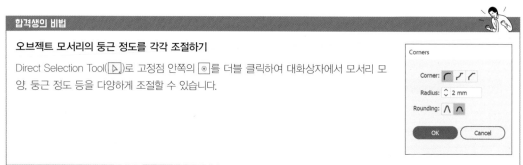
03 [Select]-[All](Ctrl+A)로 패스를 선택한 후, Reflect Tool()로 Alt 를 누르면서 세로 안내선에 클릭하여 'Axis : Vertical'을 지정하고 [Copy]를 눌러 복사합니다. Ctrl+A로 모두 선택하고 Pathfinder 패널에서 'Unite()'를 클릭한 후 Color 패널에서 'Fill Color : M50Y50K90, Stroke Color : None'을 지정합니다.

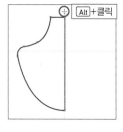  

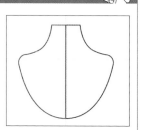

04 Ellipse Tool(◉)로 상단 수직의 안내선에 Alt 를 누른 채 클릭한 후 'Width : 18mm, Height : 9mm'를 입력하여 그리고 'Fill Color : M10Y10K60, Stroke Color : None'을 지정합니다.

05 Scale Tool(◪)을 더블 클릭하여 'Uniform : 65%'를 지정하고 [Copy]를 눌러 축소 복사한 후 키보드의 ↑를 누르고 위쪽으로 이동한 후 'Fill Color : M10Y40K20, Stroke Color : None'을 지정합니다.

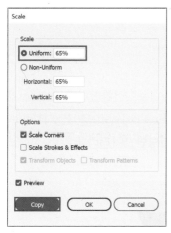
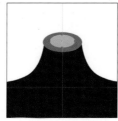

06 Scale Tool(◪)을 더블 클릭하여 'Uniform : 45%'를 지정하고 [Copy]를 눌러 축소 복사한 후 키보드의 ↑를 누르고 위쪽으로 이동한 후 Color 패널에서 'Fill Color : M50Y50K90, Stroke Color : None'을 지정합니다.

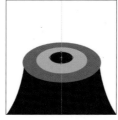

07 Ellipse Tool(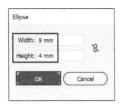)로 상단 수직의 안내선에 Alt 를 누른 채 클릭한 후 'Width : 9mm, Height : 4mm'를 입력하여 그리고 'Fill Color : M10Y40K20, Stroke Color : None'을 지정합니다. Rectangle Tool(■)로 작업 도큐먼트를 클릭한 후 'Width : 9mm, Height : 6mm'를 입력하여 그리고 'Fill Color : M50Y50K90, Stroke Color : None'을 지정합니다.

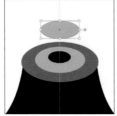
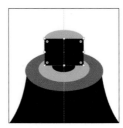

합격생의 비법

중심에서부터 오브젝트 그리기

- Alt 를 누른 채 클릭하여 대화상자에서 수치를 입력하여 그릴 수 있습니다.
- Alt 를 누른 채 드래그하여 중앙에서부터 그릴 수 있습니다.
- Alt + Shift 를 동시에 누른 채 드래그하면 중앙에서부터 정원을 그릴 수 있습니다.

08 Selection Tool(▶)로 사각형을 더블 클릭하여 Isolation Mode로 전환합니다. Direct Selection Tool(▷)로 사각형 하단 2개의 고정점을 선택하고 Scale Tool(🔲)을 더블 클릭하여 'Uniform : 45%'를 지정하고 [OK]를 눌러 패스를 축소 변형한 후 Esc 를 눌러 정상 모드로 전환합니다.

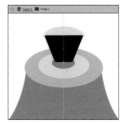

합격생의 비법

Isolation Mode로 전환하면 편집 중인 오브젝트만 선명하게 표시되고 나머지 오브젝트는 흐릿하게 보입니다. 편집 중인 현재 오브젝트만 격리한 상태로 선택 및 편집 작업하기에 편리한 기능입니다.

09 Selection Tool(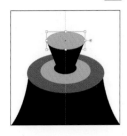)로 상단 타원형을 선택하고 Ctrl +] 를 눌러 앞으로 가져오기를 합니다.

10 Selection Tool()로 마네킹의 바디 오브젝트를 선택한 후 [Edit]-[Copy](Ctrl + C)로 복사하고 [Edit]-[Paste in Front](Ctrl + F)로 복사한 오브젝트 앞에 붙여 넣기를 한 후 더블 클릭하여 Isolation Mode로 전환합니다. [Object]-[Transform]-[Move]를 선택하고 'Horizontal : 1.7mm, Vertical : 3mm'를 지정하고 [OK]를 눌러 오른쪽 아래로 이동합니다.

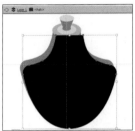

11 계속해서 [Object]-[Transform]-[Move]를 선택하고 'Horizontal : 1.7mm, Vertical : 2mm'를 지정하고 [Copy]를 눌러 오른쪽 아래로 이동하여 복사합니다. Pen Tool()로 드래그하여 열린 패스를 2개의 오브젝트와 겹치도록 그리고 'Fill Color : None, Stroke Color : 임의 색상'을 지정합니다.

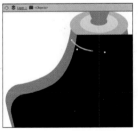

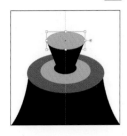

12 Ctrl+A로 모두 선택하고 Pathfinder 패널에서 'Divide(⬛)'를 클릭합니다. Selection Tool(▶)로 불필요한 오브젝트를 선택하고 Delete를 눌러 삭제한 후 왼쪽 오브젝트에 'Fill Color : M10Y10K60, Stroke Color : None'을 지정하고 Esc를 눌러 정상 모드로 전환합니다.

03 목걸이 오브젝트를 만들고 그라디언트 적용하기

01 Ellipse Tool(⬤)로 작업 도큐먼트를 클릭한 후 'Width : 8mm, Height : 8mm'를 입력하여 그리고 'Fill Color : 임의 색상, Stroke Color : None'을 지정합니다.

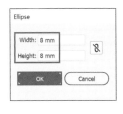 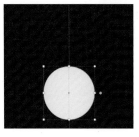

02 Direct Selection Tool(▷)로 상단 고정점을 클릭하여 선택하고 키보드의 ↑를 여러 번 눌러 위쪽으로 이동하고 Anchor Point Tool(Ｎ)로 고정점을 클릭하여 패스를 변형한 후 'Fill Color : C10M50, Stroke Color : None'을 지정합니다.

03 [Object]-[Path]-[Offset Path]를 선택하고 'Offset : -0.6mm'를 지정하고 [OK]를 눌러 안쪽으로 패스를 이동하여 만듭니다.

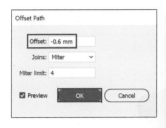
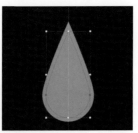

04 Gradient 패널에서 'Type : Radial Gradient'를 적용하고 Gradient Slider의 왼쪽 'Color Stop'을 더블 클릭하여 C50M100K30을, 오른쪽 'Color Stop'을 더블 클릭하여 C20M60Y20을 적용합니다.

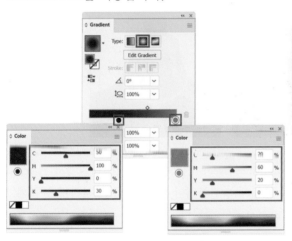
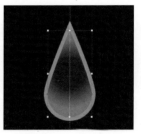

05 Rounded Rectangle Tool(▢)로 드래그하여 둥근 사각형을 그리고 'Fill Color : C0M0Y0K0, Stroke Color : None'을 지정합니다. Ellipse Tool(◯)로 Shift 를 누르면서 정원을 그리고 'Fill Color : M20Y50, Stroke Color : None'을 지정합니다.

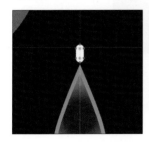
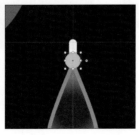

합격생의 비법

- Alt + Shift 를 누르면서 드래그하면 중앙에서부터 정원을 그릴 수 있습니다.
- 둥근 사각형을 그린 후 고정점 안쪽의 ◉를 안쪽으로 드래그하여 모서리의 둥근 정도를 조절할 수 있습니다.

06 Ellipse Tool()로 작업 도큐먼트를 클릭한 후 'Width : 24mm, Height : 21mm'를 입력하여 그리고 'Fill Color : None, Stroke Color : M20Y50'을 지정하고 Stroke 패널에서 'Weight : 2pt'를 지정합니다.

07 Scissors Tool(✂)로 왼쪽과 오른쪽 선분에 각각 클릭하여 패스를 자른 후 Selection Tool(▶)로 상단 열린 패스를 선택하고 Shift+Ctrl+[ ]를 눌러 맨 뒤로 보내기를 합니다.

08 Selection Tool(▶)로 중앙에 배치된 오브젝트를 모두 선택하고 Align 패널에서 'Horizontal Align Center(♣)'를 클릭하여 가로 중앙에 정렬합니다. 정원과 둥근 사각형을 함께 선택하고 Shift+Ctrl+[ ]를 눌러 맨 앞으로 가져오기를 합니다.

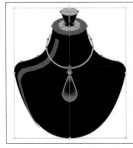

09 Rectangle Tool(▢)로 작업 도큐먼트를 클릭한 후 'Width : 9.5mm, Height : 9.5mm'를 입력하여 그리고 'Fill Color : C20, Stroke Color : None'을 지정합니다.

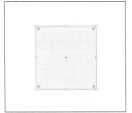

10 Rotate Tool(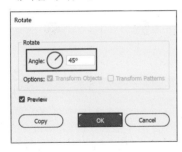)을 더블 클릭하여 'Angle : 45°'를 지정한 후 [OK]를 눌러 회전하고 왼쪽에 배치합니다.

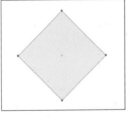

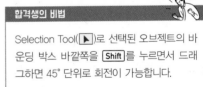

11 [Effect]-[Illustrator Effects]-[Distort & Transform]-[Pucker & Bloat]를 선택하고 -64%를 지정하여 오브젝트를 변형한 후 [Object]-[Expand Appearance]를 선택하여 오브젝트의 모양을 확장합니다.

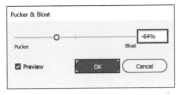

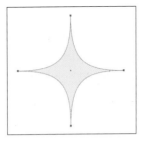

12 Scale Tool()을 더블 클릭하여 'Uniform : 40%'를 지정하고 [Copy]를 눌러 축소 복사한 후 'Fill Color : C50M60, Stroke Color : None'을 지정하고 하단으로 이동하여 배치합니다. 계속해서 더블 클릭하여 'Uniform : 50%'를 지정하고 [Copy]를 눌러 축소 복사한 후 'Fill Color : C70M60, Stroke Color : None'을 지정하고 이동하여 배치합니다.

04 브러쉬와 이펙트 적용하기

01 Line Segment Tool(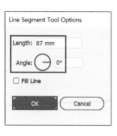)로 작업 도큐먼트 하단을 클릭하여 'Length : 87mm, Angle : 0°'를 지정하고 'Fill Color : None, Stroke Color : 임의 색상'을 지정한 후 Stroke 패널에서 'Weight : 1pt'를 지정하고 수평선을 그립니다.

합격생의 비법

- [Decorative]–[Decorative_Banners and Seals]의 브러쉬는 등록된 모양대로 출력되므로 'Fill Color : None, Stroke Color : 임의 색상'을 지정합니다.
- 제시된 브러쉬의 양 끝 형태를 보고 패스의 시작점과 끝점을 설정해야 출력 형태와 동일한 결과가 나옵니다.

02 Brushes 패널 하단의 'Brush Libraries Menu'를 클릭하고 [Decorative]–[Decorative_Banners and Seals]를 선택하여 추가 브러쉬 패널을 불러온 후 'Banner 3'을 선택하고 적용합니다.

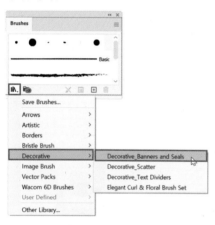

03 [Effect]–[Illustrator Effects]–[Stylize]–[Drop Shadow]를 선택하고 'Opacity : 75%, X Offset : 1mm, Y Offset : 0.4mm, Blur : 0.4mm'를 지정하여 그림자 효과를 적용합니다.

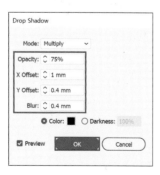

합격생의 비법

Effect의 옵션 편집 및 삭제하기

- Properties 패널에서 [Appearance] 항목의 fx를 클릭하여 새로 적용하거나 해당 이펙트를 클릭하여 편집 또는 삭제할 수 있습니다.
- Appearance 패널에서 해당 이펙트를 클릭하여 편집하거나 삭제가 가능합니다.

05 문자 입력하고 변형하기

01 Type Tool(T)로 작업 도큐먼트를 클릭한 후 Character 패널에서 'Set the font family : Arial, Set the font style : Bold, Set the font size : 24pt'를 설정하고 'Fill Color : C60M90, Stroke Color : None'을 지정한 후 JEWELRY를 입력합니다.

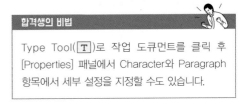

합격생의 비법

Type Tool(T)로 작업 도큐먼트를 클릭 후 [Properties] 패널에서 Character와 Paragraph 항목에서 세부 설정을 지정할 수도 있습니다.

02 [Object]-[Envelope Distort]-[Make with Warp]를 선택하고 'Style : Rise, Horizontal : 체크, Bend : 50%'를 지정하여 문자 모양을 왜곡한 후, [Object]-[Envelope Distort]-[Expand]를 선택하여 확장합니다.

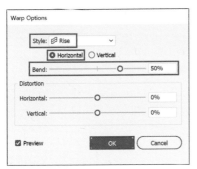

합격생의 비법

[Object]-[Envelope Distort]-[Expand]를 선택하여 확장하면 [Type]-[Create Outlines](Shift+Ctrl+O)로 문자를 윤곽 선으로 변환하지 않아도 일반 오브젝트로 변환됩니다.

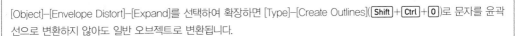

03 Pen Tool(펜)로 드래그하여 글자를 완전히 통과하는 열린 곡선의 패스를 그리고 'Fill Color : None, Stroke Color : 임의 색상'을 지정한 후 Stroke 패널에서 'Weight : 1pt'를 지정합니다. [Object]-[Path]-[Outline Stroke]를 선택하여 선을 면으로 확장합니다.

04 Selection Tool(▶)로 문자 오브젝트와 함께 선택하고 Pathfinder 패널에서 'Trim(▣)'을 클릭합니다. 분할된 오브젝트를 더블 클릭하여 Isolation Mode로 전환한 후 면으로 확장된 오브젝트를 선택하고 Delete 를 눌러 삭제합니다.

합격생의 비법

Isolation Mode로 전환하면 편집 중인 오브젝트의 색상만 선명하게 표시되고 나머지는 흐릿하게 됩니다.

합격생의 비법

작업 중 Ctrl 을 누르면 최근에 선택한 선택 도구인 Selection Tool(▶) 또는 Direct Selection Tool(▷)로 빠르게 전환이 가능합니다.

05 Selection Tool(▶)로 Shift 를 누르면서 분리된 하단의 오브젝트를 모두 선택하고 'Fill Color : C10M80Y100, Stroke Color : None'을 지정한 후 Esc 를 눌러 정상 모드로 전환합니다.

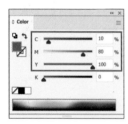 

06 패스를 따라 흐르는 문자 입력하고 브러쉬 적용하기

01 Pen Tool(✎)로 드래그하여 문자를 입력할 열린 곡선 패스를 오른쪽 상단에 그리고 'Fill Color : None, Stroke Color : 임의 색상'을 지정합니다.

02 Type on a Path Tool()로 열린 곡선 패스의 왼쪽을 클릭한 후 Character 패널에서 'Set the font family : Times New Roman, Set the font style : Bold, Set the font size : 11pt'를 설정하고 'Fill Color : C20M40Y10, Stroke Color : None'을 지정한 후 Forever You를 입력합니다. [Select]-[Deselect]([Shift]+[Ctrl]+[A])로 선택을 해제합니다.

03 Pen Tool()로 드래그하여 브러쉬를 적용할 열린 곡선 패스를 오른쪽 상단에 그리고 'Fill Color : None, Stroke Color : 임의 색상'을 지정합니다. Brushes 패널 하단의 'Brush Libraries Menu'를 클릭하고 [Borders]-[Borders_Novelty]를 선택하여 추가 브러쉬 패널을 불러온 후 'Streamer'를 선택하고 적용합니다. Stroke 패널에서 'Weight : 1pt'를 지정합니다.

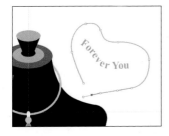

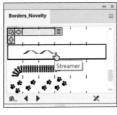

07 저장하기

01 [View]-[Guides]-[Hide Guides]([Ctrl]+[;])를 선택하여 안내선을 숨기고 [View]-[Fit Artboard in Window]([Ctrl]+[0])를 선택하여 현재 창에 맞추기를 합니다.

합격생의 비법

Tool 패널의 Hand Tool() 자체를 더블 클릭하면 빠르게 현재 창에 맞추기가 됩니다.

02 [File]-[Save As]를 선택하고 '저장 위치 : 내 PC₩문서₩GTQ, 파일 형식 : Adobe Illustrator(*AI), 파일 이름 : 수험번호-성명-문제번호.ai'를 확인하고 [저장]을 클릭한 후 [Illustrator Options] 대화상자에서 'Version : Illustrator 2020'으로 설정하고 [OK]를 클릭합니다.

합격생의 비법

작업의 시작 단계에서 저장 위치와 파일 형식, 파일 이름, 버전을 지정하여 저장하였어도 최종적인 작업 완료 후 [File]-[Save As]를 통해 다시 확인을 합니다.

03 답안 저장이 완료가 되면 [File]-[Close]([Ctrl]+[W])를 선택하여 파일을 닫고 수험 프로그램에서 [답안 전송]을 클릭하여 감독관 컴퓨터로 전송합니다.

문제 03	어플리케이션 디자인
작업과정	새 도큐먼트 만들기 및 파일 저장하기 ➡ 클로버 오브젝트 만들기 ➡ 체인 장식 모양 오브젝트 만들고 패턴 정의하기 ➡ 손 모양 오브젝트 만들기 ➡ 입체 패키지 만들기 ➡ 규칙적인 점선과 오브젝트 변형 및 문자 입력하기 ➡ 패키지 만들고 패턴과 불투명도 지정하기 ➡ 불규칙적인 점선 지정하기 ➡ 정렬과 간격 일정하게 한 후 그룹 지정하기 ➡ 문자 입력하기 ➡ 저장 및 답안 전송하기
완성이미지	Part04₩수험번호-성명-3.ai

01 새 도큐먼트 만들기 및 파일 저장하기

01 [File]-[New]를 선택하고 'Width : 120mm, Height : 80mm, Units : Millimeters, Color Mode : CMYK'를 설정하여 새 도큐먼트를 만들고 [View]-[Rulers]-[Show Rulers]([Ctrl]+[R])를 선택하여 눈금자를 표시합니다.

02 작품의 규격 왼쪽 상단에 원점(0,0)을 확인하고 왼쪽과 상단 눈금자 위에서 마우스로 각각 드래그하여 제시된 출력형태와 레이아웃 구성이 동일하게 안내선을 표시합니다.

03 작업 도큐먼트를 저장하기 위해 [File]−[Save As]를 선택하고 '저장 위치 : 내 PCW문서W GTQ, 파일 형식 : Adobe Illustrator(*AI), 파일 이름 : 수험번호−성명−문제번호'를 입력하고 [저장]을 클릭한 후 [Illustrator Options] 대화상자에서 'Version : Illustrator 2020'으로 설정하고 [OK]를 클릭합니다.

02 클로버 오브젝트 만들기

01 Pen Tool(✒️)로 드래그하여 닫힌 곡선 패스를 세로 안내선의 오른쪽에 그리고 'Fill Color : 임의 색상, Stroke Color : 임의 색상'을 지정합니다.

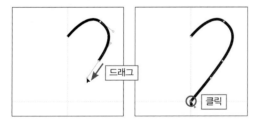

02 [Select]−[All](Ctrl + A)로 패스를 선택하고 Reflect Tool(◁)로 Alt 를 누르면서 세로 안내선에 클릭하여 'Axis : Vertical'을 지정하고 [Copy]를 눌러 복사합니다.

03 Ctrl+A로 모두 선택하고 Pathfinder 패널에서 'Unite()'를 클릭한 후 Color 패널에서 'Fill Color : M40Y100, Stroke Color : None'을 지정합니다.

04 Rotate Tool()로 Alt를 누르면서 안내선의 교차 지점을 클릭하여 'Angle : 90°'를 지정하고 [Copy]를 눌러 회전하여 복사한 후 [Object]-[Transform]-[Transform Again](Ctrl+D)을 2번 선택하고 반복하여 회전 복사합니다.

05 Star Tool()로 안내선의 교차 지점에 클릭하여 'Radius 1 : 8mm, Radius 2 : 6mm, Points : 22'를 지정하고 [OK]를 눌러 그리고 'Fill Color : 임의 색상, Stroke Color : 임의 색상'을 지정합니다.

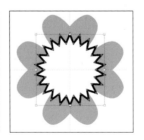

06 Scale Tool()을 더블 클릭하여 'Uniform : 70%'를 지정하고 [Copy]를 눌러 축소 복사합니다.

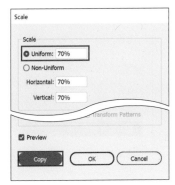

07 [Ctrl]+[A]로 모두 선택하고 Pathfinder 패널에서 'Divide(▣)'를 클릭합니다. Selection Tool([▶])로 오브젝트를 더블 클릭하여 Isolation Mode로 전환한 후, 불필요한 오브젝트를 선택하고 [Delete]를 눌러 삭제합니다.

08 Selection Tool([▶])로 [Shift]를 누르면서 중간 4개의 오브젝트를 함께 선택하고 'Fill Color : M10Y50, Stroke Color : None'을 지정합니다. 계속해서 동일한 방법으로 안쪽 4개의 오브젝트를 함께 선택하고 'Fill Color : M60Y100, Stroke Color : None'을 지정하고 [Esc]를 눌러 정상 모드로 전환합니다.

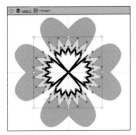

⑬ 체인 장식 모양 오브젝트 만들고 패턴 정의하기

01 Ellipse Tool(◯)로 작업 도큐먼트를 클릭한 후 'Width : 2mm, Height : 5mm'를 입력하여 그리고 'Fill Color : M10Y70, Stroke Color : None'을 지정합니다.

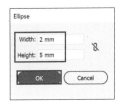

02 Direct Selection Tool()로 하단 고정점을 선택한 후 [Object]–[Transform]–[Move]를 선택하고 'Horizontal : 0mm, Vertical : 0.5mm'를 지정하고 [OK]를 눌러 아래로 이동합니다. Anchor Point Tool()로 하단 고정점에 클릭하여 뾰족하게 패스를 변형합니다.

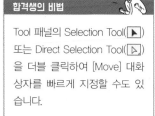

합격생의 비법

Tool 패널의 Selection Tool(▶) 또는 Direct Selection Tool(▷)을 더블 클릭하여 [Move] 대화 상자를 빠르게 지정할 수도 있습니다.

03 Selection Tool(▶)로 오브젝트를 선택하고 Scale Tool(⊞)을 더블 클릭하여 'Uniform : 80%'를 지정하고 [Copy]를 눌러 축소 복사합니다. [Object]–[Transform]–[Move]를 선택한 후 'Horizontal : 0mm, Vertical : −1.35mm'를 지정하고 [OK]를 눌러 위로 이동합니다.

04 Selection Tool(▶)로 2개의 오브젝트를 선택한 후 Pathfinder 패널에서 'Minus Front (⬚)'를 클릭합니다.

05 Scale Tool()을 더블 클릭하여 'Uniform : 80%'를 지정하고 [Copy]를 눌러 축소 복사합니다. [Object]-[Transform]-[Move]를 선택한 후 'Horizontal : 0mm, Vertical : -18.5mm'를 지정하고 [OK]를 눌러 위로 이동합니다.

06 Selection Tool(▶)로 2개의 오브젝트를 선택한 후 [Object]-[Blend]-[Make]를 적용하고 [Object]-[Blend]-[Blend Options]로 'Specified Steps : 5'를 적용합니다.

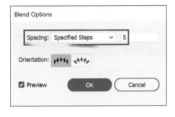
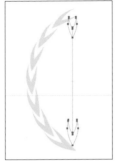

합격생의 비법

점증적으로 크기와 위치가 변하는 여러 개의 오브섹트 배치하기

2개의 오브젝트를 선택하고 [Object]-[Blend]-[Make]로 중간 단계를 지정하여 채울 수 있습니다.

07 [Effect]-[Illustrator Effects]-[Warp]-[Arc]를 선택하고 'Style : Arc, Vertical : 체크, Bend : 75%'를 지정하고 변형한 후 [Object]-[Expand Appearance]를 선택하여 오브젝트의 모양을 확장합니다.

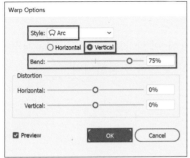
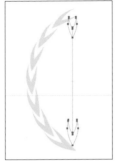
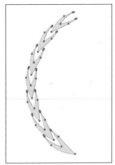

합격생의 비법

변형 도구로 오브젝트를 변형하기 전에 [Object]-[Expand Appearance]를 지정해야 출력 형태와 동일한 결과가 됩니다.

08 Reflect Tool()로 더블 클릭하여 'Axis : Vertical'을 지정하고 [Copy]를 눌러 복사한 후 하단으로 이동하여 배치하고 'Fill Color : C20Y20K20, Stroke Color : None'을 지정합니다.

09 Selection Tool(▶)로 2개의 오브젝트를 선택한 후 Rotate Tool(↻)을 더블 클릭하여 'Angle : 45°'를 지정하고 회전합니다.

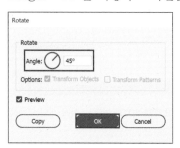

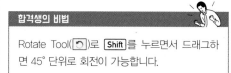

합격생의 비법

Rotate Tool(↻)로 Shift 를 누르면서 드래그하면 45° 단위로 회전이 가능합니다.

합격생의 비법

바운딩 박스를 조절하여 45° 단위로 회전하기

• Selection Tool(▶)로 오브젝트를 선택하면 오브젝트의 외곽에 여덟 개의 조절점이 표시되어 크기와 회전을 조절할 수 있습니다. Shift 를 누르면서 조절점 밖에 마우스를 놓고 ↰로 바뀌면 Shift 를 누르면서 드래그하여 45° 단위로 회전이 가능합니다.

• 조절점이 표시되지 않을 때는 [View]-[Show Bounding Box](Shift+Ctrl+B)를 선택합니다.

10 [Object]-[Pattern]-[Make]를 선택하고 Pattern Options에서 'Name : 장식'을 지정하고 패턴으로 등록하고 Esc 를 눌러 패턴의 편집 모드에서 정상 모드로 전환합니다.

04 손 모양 오브젝트 만들기

01 Pen Tool(✐)로 드래그하여 손 모양의 닫힌 패스를 그리고 'Fill Color : C20M60Y60K60, Stroke Color : None'을 지정합니다.

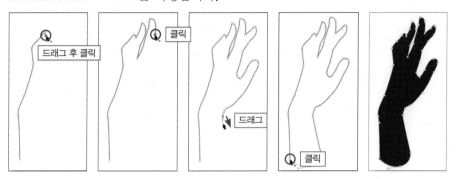

02 Selection Tool(▶)로 클로버 오브젝트를 선택하고 [Edit]-[Copy](Ctrl+C)로 복사하고 [Edit]-[Paste](Ctrl+V)로 붙여 넣기를 합니다. Scale Tool(⊞)을 더블 클릭하여 'Uniform : 25%'를 지정하고 [OK]를 눌러 축소한 후 Rotate Tool(⟳)을 더블 클릭하여 'Angle : 75°'를 지정하고 회전하여 손 모양 오브젝트 위에 배치합니다.

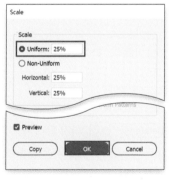
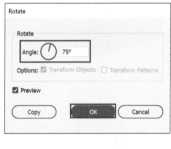

05 입체 패키지 만들기

01 Rounded Rectangle Tool(▢)로 작업 도큐먼트를 클릭한 후 'Width : 50mm, Height : 30mm, Corner Radius : 5mm'를 입력하여 그리고 'Fill Color : 임의 색상, Stroke Color : None'을 지정합니다.

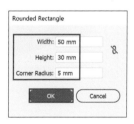

02 [Effect]-[Illustrator Effects]-[3D]-[Extrude & Bevel]을 선택하고 'Specify rotation around the X axis : 60˚, Specify rotation around the Y axis : 30˚, Specify rotation around the Z axis : -13˚, Perspective : 60˚, Extrude Depth : 45pt'를 지정합니다.

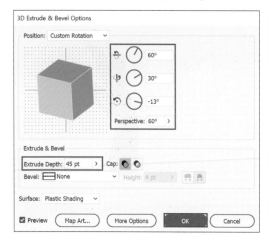

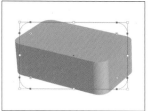

합격생의 비법

[3D]-[Extrude & Bevel]을 지정하여 입체 오브젝트를 만들 때는 반드시 'Stroke Color : None'을 지정해야 선 색상으로 가려지지 않고 면 색상의 음영으로 만들어집니다.

03 [Object]-[Expand Appearance]를 선택하여 오브젝트의 모양을 확장한 후, [Object]-[Ungroup]을 지정합니다. Selection Tool(▶)로 오브젝트를 더블 클릭하여 Isolation Mode로 전환한 후 상단 오브젝트를 선택하고 Alt 를 누르면서 아래로 드래그하여 복사하고 'Fill Color : None, Stroke Color : 임의 색상'을 지정합니다.

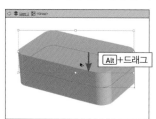

Alt +드래그

04 Selection Tool(▶)로 선을 더블 클릭하여 한번 더 Isolation Mode로 전환한 후 Direct Selection Tool(▷)로 상단의 선을 드래그하여 선택한 후 Delete 를 눌러 삭제합니다. 작업 도큐먼트 왼쪽 상단의 첫 번째 〈Group〉을 클릭한 후, Selection Tool(▶)로 바운딩 박스의 세로 중앙점을 바깥쪽으로 드래그하여 열린 패스의 너비를 확대합니다.

드래그

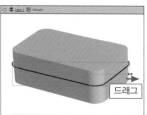

드래그

합격생의 비법

Pathfinder 패널에서 'Divide(▣)'를 클릭하여 깔끔하게 면을 분할하기 위해 열린 패스의 너비를 확대하여 충분히 겹치도록 배치합니다.

05 [Select]−[All]($\boxed{\text{Ctrl}}$+$\boxed{\text{A}}$)로 모두 선택한 후 Pathfinder 패널에서 'Divide()'를 클릭합니다.

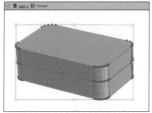

합격생의 비법

《Group》의 Isolation Mode에서 $\boxed{\text{Ctrl}}$+$\boxed{\text{A}}$로 모두 선택하면 격리 모드의 오브젝트만을 모두 선택할 수 있습니다.

06 Selection Tool(▶)로 상단 면을 선택하고 'Fill Color : M20Y50, Stroke Color : None' 을 지정합니다. 나머지 면들을 드래그하여 각각 선택하고 Pathfinder 패널에서 'Unite(■)' 를 클릭한 후 Color 패널에서 'Fill Color : M40Y100, M60Y100K10, M60Y100, M80Y100K20, Stroke Color : None'을 순서대로 각각 지정합니다.

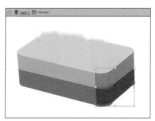

합격생의 비법

• Selection Tool(▶)로 $\boxed{\text{Shift}}$를 누르면서 클릭 또는 드래그하여 여러 개의 오브젝트를 함께 선택할 수 있습니다.
• [View]−[Outline]($\boxed{\text{Ctrl}}$+$\boxed{\text{Y}}$)을 선택하고 윤곽선 보기를 하면 드래그하여 선택할 수 있습니다.

07 Pen Tool(✎)로 드래그하여 상하 오브젝트의 경계면에 열린 패스를 그리고 'Fill Color : None, Stroke Color : K50'을 지정한 후 Stroke 패널에서 'Weight : 1pt'를 지정하고 $\boxed{\text{Esc}}$ 를 눌러 정상 모드로 전환합니다.

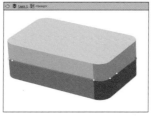

08 Ellipse Tool()로 드래그하여 타원을 그리고 'Fill Color : M60Y100, Stroke Color : None'을 지정합니다. [Object]-[Path]-[Offset Path]를 선택한 후 'Offset : -1mm'를 지정하고 [OK]를 눌러 안쪽으로 패스를 이동하여 만든 후 'Fill Color : M10Y50, Stroke Color : None'을 지정합니다.

06 규칙적인 점선과 오브젝트 변형 및 문자 입력하기

01 Pen Tool()로 클릭하여 직선의 열린 패스를 기울기에 맞춰서 그리고 'Fill Color : None, Stroke Color : 임의 색상'을 지정하고 Stroke 패널에서 'Weight : 13pt'를 지정합니다. Selection Tool(▶)로 선을 선택하고 [Edit]-[Copy]([Ctrl]+[C])로 복사한 후 [Object]-[Path]-[Outline Stroke]를 선택하고 선을 면으로 확장합니다.

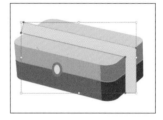

합격생의 비법

규칙적인 점선을 겹쳐서 적용하기 위해 [Edit]-[Copy]([Ctrl]+[C])로 미리 복사합니다.

02 Line Segment Tool(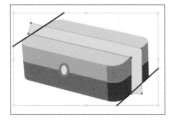)로 드래그하여 기울기에 맞춰서 2개의 사선을 겹치도록 각각 그리고 'Fill Color : None, Stroke Color : 임의 색상'을 지정합니다. Selection Tool(▶)로 확장된 선과 함께 선택하고 Pathfinder 패널에서 'Divide()'를 클릭합니다.

03 Selection Tool(▶)로 더블 클릭하여 Isolation Mode로 전환합니다. Shift 를 누르면서 클릭하여 불필요한 2개의 오브젝트를 선택하고 Delete 를 눌러 삭제한 후 Esc 를 눌러 정상 모드로 전환합니다.

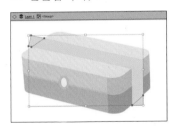 

04 Selection Tool(▶)로 선택하고 Gradient 패널에서 'Type : Linear Gradient, Angle : 0°'를 적용하고 Gradient Slider의 왼쪽 'Color Stop'을 더블 클릭하여 C0M0Y0K0을, 오른쪽 'Color Stop'을 더블 클릭하여 M50Y80K10을 적용합니다.

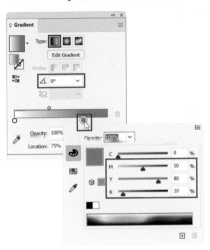 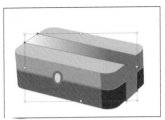

05 [Edit]-[Paste in Front](Ctrl + F)를 선택하고 앞서 Ctrl + C 로 복사한 오브젝트의 앞에 붙여 넣기를 합니다. Color 패널에서 'Fill Color : None, Stroke Color : C0M0Y0K0'을 지정하고 Stroke 패널에서 'Weight : 3pt, Cap : Round Cap, Corner : Round Join, Dashed Line : 체크, dash : 5pt'를 입력하여 규칙적인 점선을 지정합니다.

 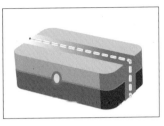

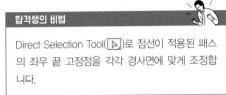

합격생의 비법

Direct Selection Tool(▷)로 점선이 적용된 패스의 좌우 끝 고정점을 각각 경사면에 맞게 조정합니다.

06 Selection Tool(▶)로 도큐먼트 왼쪽 상단의 클로버 오브젝트를 선택한 후 [Edit]-[Copy] (Ctrl+C)로 복사하고 [Edit]-[Paste](Ctrl+V)로 붙여 넣기를 합니다. Scale Tool(🔲)을 더블 클릭하여 'Uniform : 50%'를 지정하고 [OK]를 눌러 축소한 후 [Object]-[Path]-[Offset Path]를 선택하고 'Offset : 1.5mm'를 지정합니다.

07 Pathfinder 패널에서 'Unite(◼)'를 클릭한 후 Color 패널에서 'Fill Color : C0M0Y0K0, Stroke Color : None'을 지정하고 Shift+Ctrl+[를 눌러 맨 뒤로 보내기를 합니다.

 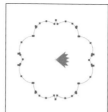 

08 Delete Anchor Point Tool(🖊)로 튀어나온 고정점에 각각 클릭하여 패스의 모양을 정리합니다.

09 Selection Tool(▶)로 축소한 클로버 오브젝트와 함께 선택하고 Rotate Tool(🔄)로 더블 클릭하여 'Angle : 45°'를 지정하고 회전합니다.

  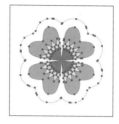

10 Selection Tool()로 입체 패키지와 겹치도록 배치하고 Shear Tool(▱)로 왼쪽 하단 고정점을 클릭한 후 오른쪽으로 드래그하여 기울이기를 조절한 후 배치합니다.

합격생의 비법

Shear Tool(▱)과 같은 변형 도구의 초기 변형 축의 위치는 오브젝트의 중심에 있습니다. 특정 지점을 클릭하면 클릭 지점이 변형의 축으로 변경됩니다.

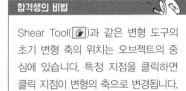

11 Selection Tool(▶)로 클로버 오브젝트를 더블 클릭하여 Isolation Mode로 전환한 후 'Fill Color : M40Y100'인 4개의 오브젝트를 함께 선택하고 'Fill Color : M80Y100K10, Stroke Color : None'을 지정하고 Esc 를 눌러 정상 모드로 전환합니다.

12 Type Tool(T)로 작업 도큐먼트를 클릭한 후 Character 패널에서 'Set the font family : Arial, Set the font style : Bold, Set the font size : 8pt'를 설정하고 'Fill Color : M20Y50, Stroke Color : None'을 지정한 후 Special Gift를 입력합니다. Shear Tool(▱)로 더블 클릭하여 'Shear Angle : 14.5°, Axis : Vertical'을 지정하고 배치합니다.

합격생의 비법

기울이기를 지정한 후 Character 패널에서 'Horizontal Scale(⬍) : 100%'를 다시 지정합니다.

07 패키지 만들고 패턴과 불투명도 지정하기

01 Rectangle Tool(🔲)로 작업 도큐먼트를 클릭한 후 'Width : 22mm, Height : 30mm'를 입력하여 그리고 'Fill Color : C20M60Y50K20, Stroke Color : 임의 색상'을 지정합니다. [Object]-[Path]-[Add Anchor Points]를 선택하고 고정점을 추가합니다.

02 Direct Selection Tool(▷)로 드래그하여 가로 중앙의 2개의 고정점을 선택한 후 Scale Tool(⬚)을 더블 클릭하여 'Uniform : 97%'를 지정하고 [OK]를 눌러 패스를 축소합니다.

03 Ellipse Tool(⬭)로 드래그하여 크기가 다른 2개의 타원을 사각형의 위와 아래에 겹치도록 그리고 'Fill Color : None, Stroke Color : 임의 색상'을 지정합니다.

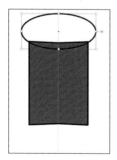 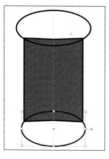

04 Selection Tool(▶)로 3개의 오브젝트를 함께 선택하고 Pathfinder 패널에서 'Divide(🔳)' 를 클릭합니다. Selection Tool(▶)로 더블 클릭하여 Isolation Mode로 전환한 후 불필요 한 오브젝트를 선택하고 Delete 를 눌러 삭제합니다. Shift 를 누르면서 2개의 오브젝트를 함께 선택한 후 'Fill Color : C20M60Y60K60'을 지정하고, Ctrl + A 로 모두 선택하고 'Stroke Color : None'을 지정한 후 Esc 를 눌러 정상 모드로 전환합니다.

05 Pen Tool(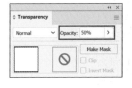)로 3개의 닫힌 패스를 그리고 'Fill Color : C0M0Y0K0, Stroke Color : None'을 지정한 후 Transparency 패널에서 'Opacity : 50%'를 각각 지정합니다.

06 Selection Tool(▶)로 패키지 오브젝트를 더블 클릭하여 Isolation Mode로 전환한 후 중앙의 오브젝트를 선택합니다. [Edit]-[Copy](Ctrl+C)로 복사하고 [Edit]-[Paste in Front](Ctrl+F)로 복사한 오브젝트 앞에 붙여 넣기를 한 후 Swatches 패널에 등록된 장식 패턴을 클릭하여 면 색상에 적용합니다.

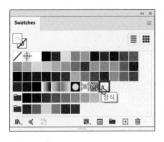 

07 Scale Tool()을 더블 클릭하고 'Uniform : 30%, Transform Objects : 체크 해제, Transform Patterns : 체크'를 지정하여 패턴의 크기만을 축소합니다.

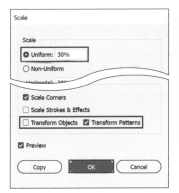 

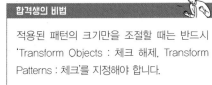

합격생의 비법

적용된 패턴의 크기만을 조절할 때는 반드시 'Transform Objects : 체크 해제, Transform Patterns : 체크'를 지정해야 합니다.

08 Rotate Tool()을 더블 클릭하여 'Angle : 15°, Transform Objects : 체크 해제, Transform Patterns : 체크'를 지정하고 패턴을 회전한 후 [Esc]를 눌러 정상 모드로 전환합니다.

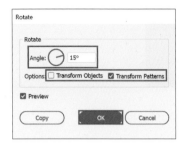
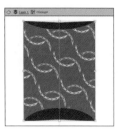

09 Selection Tool(▶)로 패키지 오브젝트를 모두 선택하고 [Edit]–[Copy]([Ctrl]+[C])로 복사하고 [Edit]–[Paste]([Ctrl]+[V])로 붙여 넣기를 한 후 이동하여 배치합니다. Selection Tool(▶)로 더블 클릭하여 Isolation Mode로 전환한 후 패턴이 적용된 오브젝트를 선택하고 [Delete]를 눌러 삭제합니다. 나머지 오브젝트를 선택한 후 'Fill Color : C90M80Y30K10, C90M80Y30K50, Stroke Color : None'을 각각 지정하고 [Esc]를 눌러 정상 모드로 전환합니다.

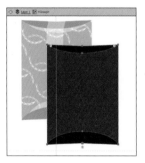

⑧ 불규칙적인 점선 지정하기

01 Selection Tool(▶)로 중앙의 오브젝트를 선택한 후 [Object]–[Path]–[Offset Path]를 선택하고 'Offset : −1mm'를 지정하고 'Fill Color : None, Stroke Color : C20M60Y60K60'을 지정합니다. Stroke 패널에서 'Weight : 1pt, Dashed Line : 체크, dash : 5pt, gap : 1pt, dash : 2pt, gap : 3pt'를 지정한 후 Transparency 패널에서 'Opacity : 100%'를 지정합니다.

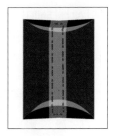

02 Selection Tool(▶)로 점선 오브젝트를 더블 클릭하여 Isolation Mode로 전환한 후 Direct Selection Tool(▷)로 상단과 하단의 선분을 선택하고 Delete 를 눌러 삭제합니다. 열린 점선 패스의 끝 고정점을 각각 선택하고 길이를 조절한 후 Esc 를 눌러 정상 모드로 전환합니다.

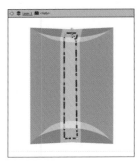
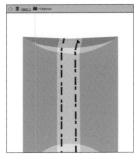
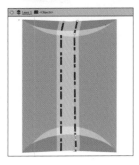

09 정렬과 간격 일정하게 한 후 그룹 지정하기

01 Selection Tool(▶)로 클로버 오브젝트를 선택하고 Ctrl + C 로 복사하고 Ctrl + V 로 붙여 넣기를 한 후 Scale Tool(⬚)을 더블 클릭하고 'Uniform : 20%, Transform Objects : 체크, Transform Patterns : 체크 해제'를 지정하여 크기를 축소합니다. Pathfinder 패널에서 'Unite(◫)'를 클릭한 후 'Fill Color : C0M0Y0K0, Stroke Color : None'을 지정합니다.

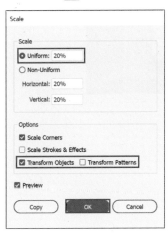

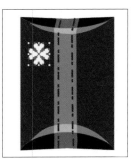

02 Selection Tool(▶)로 Alt + Shift 를 누르면서 아래로 드래그하여 복사하고 Ctrl + D 를 눌러 반복하여 복사합니다. 3개의 클로버 오브젝트를 함께 선택한 후 [Object]–[Group](Ctrl + G)을 선택하여 그룹을 지정합니다.

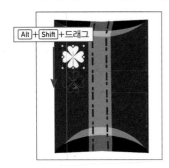
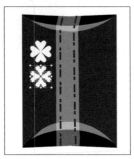

합격생의 비법

Selection Tool(▶)로 Alt 와 Shift 를 누르면서 드래그하면, 드래그하는 방향으로 오브젝트를 반듯하게 복사할 수 있습니다.

⑩ 문자 입력하기

01 Type Tool(T)로 작업 도큐먼트를 클릭한 후 Character 패널에서 'Set the font family : Times New Roman, Set the font style : Bold, Set the font size : 8pt'를 설정하고 'Fill Color : M40Y100, Stroke Color : None'을 지정한 후 JEWELRY를 입력합니다. Rotate Tool(↻)을 더블 클릭하여 'Angle : 90°'를 지정하여 회전한 후 배치합니다.

02 Selection Tool(▶)로 함께 선택하고 Rotate Tool(↻)을 더블 클릭한 후 'Angle : −10°'를 지정하여 회전 배치합니다.

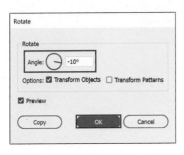

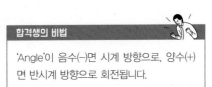

⑪ 저장 및 답안 전송하기

01 [View]−[Guides]−[Hide Guides](Ctrl+;)를 선택하여 안내선을 숨기고 [View]−[Fit Artboard in Window](Ctrl+0)를 선택하여 현재 창에 맞추기를 합니다.

02 [File]−[Save As]를 선택하고 '저장 위치 : 내 PC₩문서₩GTQ, 파일 형식 : Adobe Illustrator(*AI), 파일 이름 : 수험번호−성명−문제번호.ai'를 확인하고 [저장]을 클릭한 후 [Illustrator Options] 대화상자에서 'Version : Illustrator 2020'으로 설정하고 [OK]를 클릭합니다.

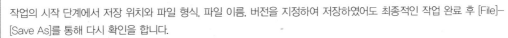

03 답안 저장이 완료가 되면 [File]−[Exit](Ctrl+Q)를 선택하여 일러스트레이터 프로그램을 종료하고 수험 프로그램에서 [답안 전송]을 클릭하여 감독관 컴퓨터로 전송합니다.

05
PART

기출 유형 문제

급수	문제유형	시험시간	수험번호	성명
2급	A	90분		

수 험 자 유 의 사 항

- 수험자는 문제지를 받는 즉시 응시하고자 하는 과목 및 급수가 맞는지 확인한 후 수험번호와 성명을 작성합니다.
- 파일명은 본인의 "수험번호–성명–문제번호"로 공백 없이 정확히 입력하고 답안폴더(내 PC₩문서₩GTQ)에 ai 파일 포맷으로 저장해야 하며, 다른 파일 형식으로 저장하였을 경우 0점 처리됩니다. 답안문서 파일명이 "수험번호–성명–문제번호"와 일치하지 않거나, 답안 파일을 전송하지 않아 미제출로 처리될 경우 불합격 처리됩니다.
- 수험자 정보와 저장한 파일명, 저장 위치가 다를 경우 전송이 되지 않으므로, 주의하시기 바랍니다.
- 답안 작성 중에도 주기적으로 '저장'과 '답안 전송'을 이용하여 감독위원 PC로 답안을 전송하셔야 합니다. (※ 작업한 내용을 저장하지 않고 전송할 경우 이전의 저장내용이 전송되오니 이점 반드시 유념하시기 바랍니다.)
- 답안문서는 지정된 경로 외의 다른 보조기억장치에 저장하는 행위, 지정된 시험 시간 외에 작성된 파일을 활용한 행위, 기타 통신수단(이메일, 메신저, 네트워크 등)을 이용하여 타인에게 전달 또는 외부 반출하는 행위는 부정으로 간주되어 자격기본법 제32조에 의거 본 시험 및 국가공인 자격시험을 2년간 응시할 수 없습니다.
- 시험 중 부주의 또는 고의로 시스템을 파손한 경우와 〈수험자 유의사항〉에 기재된 방법대로 이행하지 않아 생기는 불이익은 수험자의 책임임을 알려 드립니다.
- 시험을 완료한 수험자는 최종적으로 저장한 답안파일이 전송되었는지 확인한 후 감독위원의 지시에 따라 문제지를 제출하고 퇴실합니다.

답 안 작 성 요 령

- 온라인 답안 작성 절차
  수험자 등록 ⇒ 시험 시작 ⇒ 답안파일 저장 ⇒ 답안 전송 ⇒ 시험 종료
- 배점은 총 100점으로 이루어지며, 점수는 각 문제별로 차등 배분됩니다.
- 각 문제는 제시된 조건에 맞게 답안을 작성하셔야 하며, 조건을 지키지 못했을 경우에는 0점 또는 감점 처리됩니다.
- 조건에서 주어진 단위는 'mm(밀리미터)'입니다. 눈금자는 작성하지 않으며, 그 외는 출력형태(레이아웃, 색상, 문자, 규격 등)와 같게 작업하십시오.
- 문제 조건에 서체의 지정이 없을 경우 한글은 굴림이나 돋움, 영문은 Arial로 작업하십시오. (단, 그 외 제시되지 않은 문자 속성을 기본값으로 작성하지 않은 경우는 감점 처리됩니다.)
- 문제 조건에 크기와 색상, 두께의 지정이 없을 경우 《출력형태》를 참고하여 작업해 주시기 바랍니다.
- Image Mode(이미지 모드)는 별도의 처리조건이 없을 경우에는 CMYK로 작업하십시오.
- 조건에서 제시한 기능을 임의로 합치거나 각 기능에 대한 속성을 해지할 경우 해당 요소는 0점 처리됩니다.

한 국 생 산 성 본 부

다음의 《조건》에 따라 아래의 《출력형태》와 같이 작업하시오.

조건

파일저장규칙	AI	파일명	문서₩GTQ₩수험번호-성명-1.ai
		크기	100 × 80mm

1. 작업 방법
① 도형, 변형 툴과 Pathfinder 기능을 활용하여 오브젝트를 작성한다.
② 그 외 《출력형태》 참조

출력형태

C10K10,
C100M10,
C0M0Y0K0,
M10Y10,
M20Y10K10,
K100, K10,
C100Y50K30,
[Stroke] K100, 1pt

다음의 《조건》에 따라 아래의 《출력형태》와 같이 작업하시오.

조건

파일저장규칙	AI	파일명	문서₩GTQ₩수험번호-성명-2.ai
		크기	100 × 80mm

1. 작업 방법
① 'SCIENCE' 문자에 Times New Roman (Bold) 폰트를 적용한다.
② 'Laboratory' 문자에 Type on a Path Tool을 활용한다.
③ Brush는 《출력형태》를 참고하여 작성한다.
④ Effect는 《출력형태》를 참고하여 작성한다.
⑤ 그 외 《출력형태》 참조

2. 문자 효과
① Laboratory (Arial, Regular, 14pt, C40M100Y80K40)

출력형태

C60Y30, C60M100Y30,
[Brush]
Banner 7, 1pt

[Brush]
Starburst 4, 0.7pt

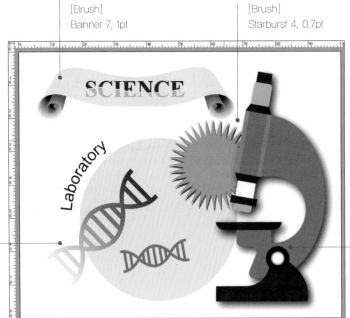

C60M20Y60K20,
C40M100Y80K40,
C30M20Y20,
C50M20Y60K10,
C0M0Y0K0, K100,
[Stroke] K40, 1pt,
[Effect] Drop Shadow

C60M20Y60K20,
Y90 → M100Y100K20,
M10Y60

다음의 《조건》에 따라 아래의 《출력형태》와 같이 작업하시오.

조건

파일저장규칙	AI	파일명	문서₩GTQ₩수험번호-성명-3.ai
		크기	120 × 80mm

1. 작업 방법

① 도형 툴로 오브젝트를 제작한 후 Pattern을 활용하여 작성한다. (패턴 등록 : 잎)

② 손 세정제에는 불규칙한 점선을, 물티슈에는 규칙적인 점선을 설정한다.

③ 물티슈에 Pattern을 적용한다.

④ 손 세정제에 배치된 오브젝트는 정렬, 간격을 일정하게 한 후 Group 설정을 한다.

⑤ 그 외 《출력형태》 참조

2. 문자 효과

① KEEP CLEAN (Times New Roman, Bold, 9pt, K100)

② Hand Sanitizer (Arial, Bold, 9pt, C50Y20)

출력형태

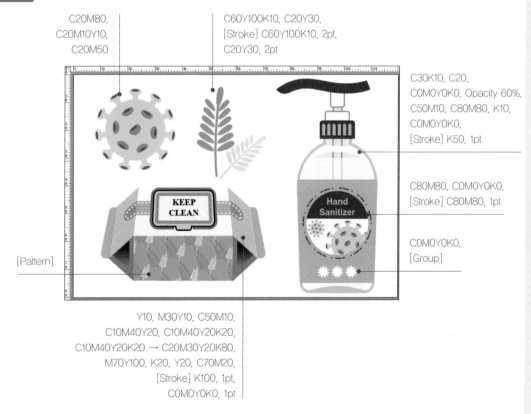

C20M80,
C20M10Y10,
C20M50

C60Y100K10, C20Y30,
[Stroke] C60Y100K10, 2pt,
C20Y30, 2pt

C30K10, C20,
C0M0Y0K0, Opacity 60%,
C50M10, C80M80, K10,
C0M0Y0K0,
[Stroke] K50, 1pt

C80M80, C0M0Y0K0,
[Stroke] C80M80, 1pt

C0M0Y0K0,
[Group]

[Pattern]

Y10, M30Y10, C50M10,
C10M40Y20, C10M40Y20K20,
C10M40Y20K20 → C20M30Y20K80,
M70Y100, K20, Y20, C70M20,
[Stroke] K100, 1pt,
C0M0Y0K0, 1pt

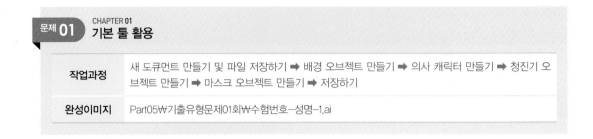
작업과정	새 도큐먼트 만들기 및 파일 저장하기 ➡ 배경 오브젝트 만들기 ➡ 의사 캐릭터 만들기 ➡ 청진기 오브젝트 만들기 ➡ 마스크 오브젝트 만들기 ➡ 저장하기
완성이미지	Part05₩기출유형문제01회₩수험번호-성명-1.ai

01 새 도큐먼트 만들기 및 파일 저장하기

01 [File]-[New](Ctrl+N)를 선택하고 'Width : 100mm, Height : 80mm, Units : Millimeters, Color Mode : CMYK'를 설정하여 새 도큐먼트를 만들고 [View]-[Rulers]-[Show Rulers](Ctrl+R)를 선택하여 눈금자를 표시합니다.

02 작품의 규격 왼쪽 상단에 원점(0,0)을 확인하고 왼쪽과 상단 눈금자 위에서 마우스로 각각 드래그하여 제시된 출력형태와 레이아웃 구성이 동일하게 안내선을 표시합니다.

03 작업 도큐먼트를 저장하기 위해 [File]-[Save As]를 선택하고 '저장 위치 : 내 PC₩문서₩GTQ, 파일 형식 : Adobe Illustrator(*AI), 파일 이름 : 수험번호-성명-문제번호'를 입력하고 [저장]을 클릭한 후 [Illustrator Options] 대화상자에서 'Version : Illustrator 2020'으로 설정하고 [OK]를 클릭합니다.

02 배경 오브젝트 만들기

01 Ellipse Tool(◉)로 작업 도큐먼트를 클릭한 후 'Width : 88mm, Height : 68mm'를 입력하여 그리고 'Fill Color : C10K10, Stroke Color : None'을 지정합니다. Rotate Tool(⟳)을 더블 클릭하여 'Angle : -25°'를 지정하고 [OK]를 눌러 회전합니다.

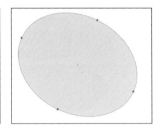

02 Scale Tool(⊞)을 더블 클릭하여 'Uniform : 95%'를 지정한 후, [Copy]를 눌러 축소 복사하고 'Fill Color : C100M10, Stroke Color : None'을 지정합니다. [Object]-[Transform]-[Move]를 선택하고 'Horizontal : 6mm, Vertical : 1mm'를 지정하고 [OK]를 눌러 오른쪽 아래로 이동합니다.

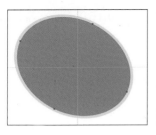 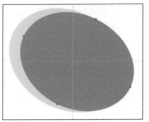

합격생의 비법

Tool 패널의 Selection Tool(▶) 또는 Direct Selection Tool(▷)을 더블 클릭하여 [Move]를 빠르게 지정할 수 있습니다.

03 Star Tool(☆)로 작업 도큐먼트를 클릭한 후 'Radius 1 : 70mm, Radius 2 : 35mm, Points : 5'를 입력하여 그리고 'Fill Color : 임의 색상, Stroke Color : 임의 색상'을 지정합니다. Rotate Tool(↻)을 더블 클릭하여 'Angle : 14°'를 지정하고 [OK]를 눌러 회전하여 작은 타원과 겹치도록 배치합니다.

04 Selection Tool(▶)로 타원과 함께 선택한 후 Pathfinder 패널에서 'Minus Front(◖)'를 클릭합니다.

 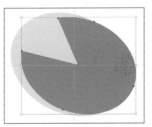

05 Rounded Rectangle Tool(▢)로 작업 도큐먼트를 클릭한 후 'Width : 3mm, Height : 9mm, Corner Radius : 2mm'를 입력하여 그리고 'Fill Color : C10K10, Stroke Color : None'을 지정합니다. Rotate Tool(↻)을 더블 클릭하여 'Angle : 90°'를 지정하고 [Copy]를 눌러 회전 복사합니다.

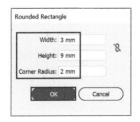 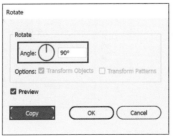 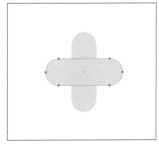

06 Selection Tool(▶)로 2개의 둥근 사각형을 함께 선택한 후 Pathfinder 패널에서 'Unite(▣)'를 클릭합니다.

07 Scale Tool(▣)을 더블 클릭하여 'Uniform : 180%'를 지정하고 [Copy]를 눌러 확대 복사합니다. Line Segment Tool(╱)로 Shift 를 누르면서 드래그하여 2개의 사선을 그리고 'Fill Color : None, Stroke Color : 임의 색상'을 지정합니다.

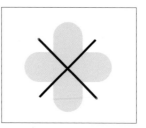

08 Selection Tool(▶)로 3개의 오브젝트를 함께 선택하고 Align 패널에서 'Horizontal Align Center(▣)'와 'Vertical Align Center(▣)'를 각각 클릭하여 가운데 정렬을 지정합니다.

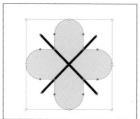

09 Pathfinder 패널에서 'Divide(▣)'를 클릭합니다. Selection Tool(▶)로 분할된 오브젝트를 더블 클릭하여 Isolation Mode로 전환합니다. Shift 를 누른 채 클릭하여 2개의 오브젝트를 함께 선택하고 'Fill Color : C0M0Y0K0, Stroke Color : None'을 지정한 후 Esc 를 눌러 정상 모드로 전환합니다.

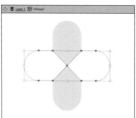

10 Selection Tool(▶)로 오브젝트를 선택하고 Scale Tool(⬚)을 더블 클릭하여 'Uniform : 70%'를 지정하고 [Copy]를 눌러 축소 복사합니다. Rotate Tool(⟳)을 더블 클릭하여 'Angle : 90°'를 지정하고 [OK]를 눌러 회전하여 배치합니다.

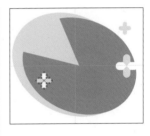

03 의사 캐릭터 만들기

01 Ellipse Tool(◯)로 작업 도큐먼트를 클릭한 후 'Width : 25mm, Height : 27mm'를 입력하여 그리고 'Fill Color : M10Y10, Stroke Color : None'을 지정합니다. 계속해서 클릭하여 'Width : 7mm, Height : 8mm'를 입력하여 그리고 배치합니다.

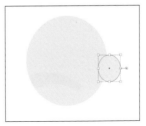

02 Ellipse Tool(◯)로 드래그하여 크기가 다른 2개의 원을 겹치도록 그리고 'Fill Color : M20Y10K10, M10Y10, Stroke Color : None'을 각각 지정하고 귀 위치에 배치합니다.

03 Ellipse Tool(◯)로 작업 도큐먼트를 클릭한 후 'Width : 3.5mm, Height : 3.5mm'를 입력하여 그리고 'Fill Color : K100, Stroke Color : None'을 지정합니다. Transform 패널에서 'Pie End Angle : 337°'를 지정하여 눈 모양을 만듭니다.

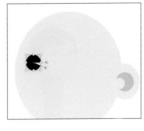
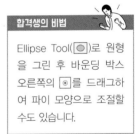

합격생의 비법

Ellipse Tool(◯)로 원형을 그린 후 바운딩 박스 오른쪽의 ◉를 드래그하여 파이 모양으로 조절할 수도 있습니다.

04 Pen Tool(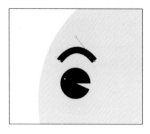)로 드래그하여 눈썹 모양의 열린 패스로 그린 후 'Fill Color : None, Stroke Color : K100'을 지정하고 Stroke 패널에서 'Weight : 2pt, Profile : Width Profile 1'을 지정한 후 [Object]-[Path]-[Outline Stroke]를 선택하고 선을 면으로 확장합니다.

05 Selection Tool(▶)로 Shift 를 누르면서 눈과 눈썹 오브젝트를 함께 선택하고 Alt 를 누른 채 오른쪽으로 드래그하여 복사합니다.

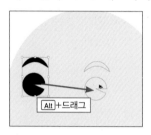 

06 Pen Tool(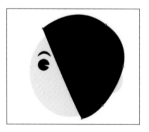)로 드래그하여 머리카락 모양의 닫힌 패스로 그린 후 'Fill Color : K100, Stroke Color : None'을 지정하고 [Object]-[Arrange]-[Send to Back](Shift + Ctrl + [ ) 을 선택하고 맨 뒤로 보내기를 합니다. 계속해서 동일한 색상으로 앞 머리카락 모양의 닫힌 패스를 그립니다.

07 Pen Tool()로 가운 모양의 닫힌 패스를 그리고 'Fill Color : C0M0Y0K0, Stroke Color : K100'을 지정하고 Stroke 패널에서 'Weight : 1pt'를 지정합니다. 계속해서 순서대로 2개의 닫힌 패스를 그린 후 'Fill Color : C100Y50K30, M20Y10K10, Stroke Color : None'을 지정합니다.

08 Selection Tool(▶)로 Shift 를 누르면서 3개의 닫힌 패스와 뒷 머리카락 모양의 오브젝트를 함께 선택하고 [Object]–[Arrange]–[Send to Back](Shift + Ctrl + [)을 선택하고 맨 뒤로 보내기를 합니다.

09 Selection Tool(▶)로 가운 모양의 닫힌 패스를 [Edit]–[Copy](Ctrl + C)로 복사하고 'Stroke Color : None'을 지정합니다. [Edit]–[Paste in Front](Ctrl + F)로 복사한 오브젝트 앞에 붙여 넣기를 한 후 더블 클릭하여 Isolation Mode로 전환하고 'Fill Color : None'을 지정합니다.

10 Direct Selection Tool(▷)로 하단의 고정점을 클릭하여 선택하고 Delete 를 눌러 삭제한 후 Esc 를 눌러 정상 모드로 전환합니다.

11 Pen Tool(✎)로 2개의 열린 패스를 그리고 'Fill Color : C0M0Y0K0, Stroke Color : K100'을 지정하고 Stroke 패널에서 'Weight : 1pt'를 지정합니다. 계속해서 손 모양의 닫힌 패스를 그린 후 'Fill Color : M20Y10K10, Stroke Color : None'을 지정하고 Ctrl + [를 눌러 뒤로 보내기를 합니다.

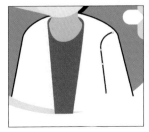  

04 청진기 오브젝트 만들기

01 Rounded Rectangle Tool(■)로 작업 도큐먼트를 클릭한 후 'Width : 16mm, Height : 28mm, Corner Radius : 6mm'를 지정하여 그리고 'Fill Color : None, Stroke Color : K100'을 지정한 후 Stroke 패널에서 'Weight : 2pt'를 지정합니다. 계속해서 클릭하여 'Width : 11mm, Height : 18mm, Corner Radius : 5mm'를 지정하여 동일한 색상의 둥근 사각형을 그립니다.

02 Ellipse Tool(●)로 작업 도큐먼트를 클릭한 후 'Width : 6mm, Height : 6mm'를 입력하여 그리고 'Fill Color : K100, Stroke Color : None'을 지정합니다.

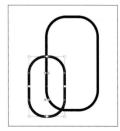
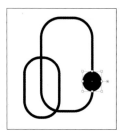

03 Selection Tool(▶)로 큰 둥근 사각형을 더블 클릭하여 Isolation Mode로 전환합니다. Scissors Tool(✄)로 둥근 사각형의 왼쪽과 오른쪽 선분에 각각 클릭하여 패스를 자른 후 [Delete]를 2번 눌러 자른 패스를 삭제하고 [Esc]를 눌러 정상 모드로 전환합니다.

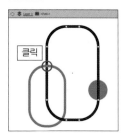
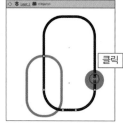
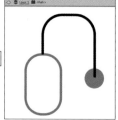

04 Rounded Rectangle Tool(■)로 드래그하여 둥근 사각형을 그리고 'Fill Color : K100, Stroke Color : None'을 지정합니다. 작은 둥근 사각형과 겹치도록 배치하고 Selection Tool(▶)로 바운딩 박스의 모서리 밖을 드래그하여 회전합니다. Reflect Tool(▶◀)로 [Alt]를 누르면서 둥근 사각형의 가로 중앙을 클릭하여 'Axis : Vertical'을 지정하고 [Copy]를 눌러 복사합니다.

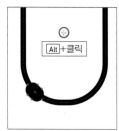

05 Selection Tool(▶)로 작은 둥근 사각형을 더블 클릭하여 Isolation Mode로 전환합니다. Scissors Tool(✂)로 둥근 사각형의 왼쪽과 오른쪽 선분에 각각 클릭하여 패스를 자른 후 Delete 를 2번 눌러 자른 패스를 삭제하고 Esc 를 눌러 정상 모드로 전환합니다.

06 Selection Tool(▶)로 2개의 열린 패스를 선택하고 [Object]-[Path]-[Outline Stroke]를 선택하여 선을 면으로 확장합니다. 5개의 오브젝트를 함께 선택하고 Pathfinder 패널에서 'Unite(■)'를 클릭합니다.

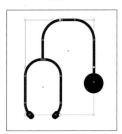  

07 Selection Tool(▶)로 바운딩 박스의 모서리 밖을 드래그하여 회전하여 배치하고 Ctrl + [를 여러 번 눌러 배치합니다.

합격생의 비법

Selection Tool(▶)로 오브젝트를 선택하면 오브젝트의 외곽에 여덟 개의 조절점이 있는 사각형이 표시됩니다. 조절점과 모서리 밖을 드래그하여 크기와 회전을 빠르게 조절할 수 있습니다. 조절점이 표시되지 않을 때는 [View]-[Show Bounding Box](Shift + Ctrl + B)를 선택합니다.

🔵 마스크 오브젝트 만들기

01 Rounded Rectangle Tool(🔲)로 작업 도큐먼트를 클릭한 후 'Width : 17mm, Height : 7mm, Corner Radius : 1mm'를 지정하여 그리고 'Fill Color : K10, Stroke Color : K100'을 지정한 후 Stroke 패널에서 'Weight : 1pt'를 지정합니다. [Object]−[Path]−[Add Anchor Points]를 선택하고 선분에 고정점을 추가합니다.

02 Direct Selection Tool(▷)로 가로 중앙의 2개의 고정점을 함께 선택하고 Scale Tool(🔲)을 더블 클릭하여 'Uniform : 180%'를 지정하고 [OK]를 눌러 패스를 변형합니다.

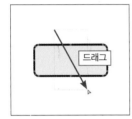 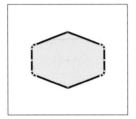

03 Direct Selection Tool(▷)로 선택된 고정점 안쪽의 ⊙를 안쪽으로 드래그하여 둥근 정도를 조절한 후 키보드의 ←를 여러 번 눌러 고정점의 위치를 왼쪽으로 이동합니다.

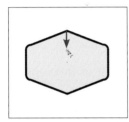 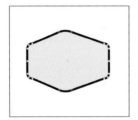

04 Selection Tool(▶)로 오브젝트를 선택하고 Scale Tool(🔲)을 더블 클릭하여 'Horizontal : 100%, Vertical : 65%'를 지정하고 [Copy]를 눌러 복사한 후 'Fill Color : C0M0Y0K0, Stroke Color : None'을 지정합니다.

05 Selection Tool(▶)로 뒤쪽 오브젝트를 선택하고 [Edit]−[Copy](Ctrl+C)로 복사하고 [Edit]−[Paste in Front](Ctrl+F)로 복사한 오브젝트 앞에 붙이기를 합니다. Shift+Ctrl+]를 눌러 맨 앞으로 가져오기를 한 후 'Fill Color : None'을 지정합니다.

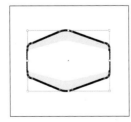 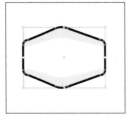

06 Selection Tool()로 마스크 오브젝트를 모두 선택하고 바운딩 박스의 모서리 밖을 시계 방향으로 드래그하여 회전합니다.

07 Line Segment Tool()로 드래그하여 2개의 선을 그리고 'Fill Color : None, Stroke Color : K100'을 지정하고 Stroke 패널에서 'Weight : 2pt'를 지정한 후 [Object]-[Path]-[Outline Stroke]를 선택하여 선을 면으로 확장합니다.

06 저장하기

01 [View]-[Guides]-[Hide Guides](Ctrl+;)를 선택하여 안내선을 숨기고 [View]-[Fit Artboard in Window](Ctrl+0)를 선택하여 현재 창에 맞추기를 합니다.

02 [File]-[Save As]를 선택하고 '저장 위치 : 내 PC\문서\GTQ, 파일 형식 : Adobe Illustrator(*AI), 파일 이름 : 수험번호-성명-문제번호.ai'를 확인하고 [저장]을 클릭한 후 [Illustrator Options] 대화상자에서 'Version : Illustrator 2020'으로 설정하고 [OK]를 클릭합니다.

03 답안 저장이 완료가 되면 [File]-[Close](Ctrl+W)를 선택하여 파일을 닫고 수험 프로그램에서 [답안 전송]을 클릭하여 감독관 컴퓨터로 전송합니다.

문자와 오브젝트

작업과정	새 도큐먼트 만들기 및 파일 저장하기 ➡ 현미경 오브젝트 만들고 이펙트 적용하기 ➡ 세포 오브젝트 만들고 그라디언트 적용하기 ➡ 브러쉬 적용하기 ➡ 문자 입력하고 변형하기 ➡ 패스를 따라 흐르는 문자 입력하기 ➡ 저장하기
완성이미지	Part05\기출유형문제01회\수험번호−성명−2.ai

01 새 도큐먼트 만들기 및 파일 저장하기

01 [File]−[New]를 선택하고 'Width : 100mm, Height : 80mm, Units : Millimeters, Color Mode : CMYK'를 설정하여 새 도큐먼트를 만들고 [View]−[Rulers]−[Show Rulers] (Ctrl + R)를 선택하여 눈금자를 표시합니다.

02 작품의 규격 왼쪽 상단에 원점(0,0)을 확인하고 왼쪽과 상단 눈금자 위에서 마우스로 각각 드래그하여 제시된 출력형태와 레이아웃 구성이 동일하게 안내선을 표시합니다.

03 작업 도큐먼트를 저장하기 위해 [File]−[Save As]를 선택하고 '저장 위치 : 내 PC\문서\GTQ, 파일 형식 : Adobe Illustrator(*AI), 파일 이름 : 수험번호−성명−문제번호'를 입력하고 [저장]을 클릭한 후 [Illustrator Options] 대화상자에서 'Version : Illustrator 2020'으로 설정하고 [OK]를 클릭합니다.

02 현미경 오브젝트 만들고 이펙트 적용하기

01 Ellipse Tool(◉)로 작업 도큐먼트를 클릭한 후 'Width : 36mm, Height : 49mm'를 입력하여 그리고 'Fill Color : 임의 색상, Stroke Color : 임의 색상'을 지정합니다. Rounded Rectangle Tool(▣)로 작업 도큐먼트를 클릭한 후 'Width : 38mm, Height : 20mm, Corner Radius : 10mm'를 입력하여 그리고 'Fill Color : 임의 색상, Stroke Color : 임의 색상'을 지정하고 겹치도록 배치합니다.

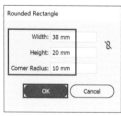
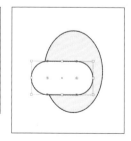

02 Rectangle Tool(■)로 드래그하여 2개의 오브젝트의 왼쪽과 겹치도록 그리고 'Fill Color : 임의 색상, Stroke Color : 임의 색상'을 지정합니다. [Select]-[All](Ctrl+A)로 모두 선택하고 Pathfinder 패널에서 'Minus Front(■)'를 클릭합니다.

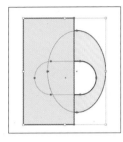

03 Direct Selection Tool(▷)로 드래그하여 왼쪽 하단 고정점을 선택하고 왼쪽으로 이동하여 패스를 변형합니다.

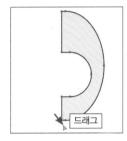
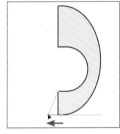

04 Rectangle Tool(■)로 드래그하여 임의 색상의 사각형을 겹치도록 그리고 배치합니다. Ctrl+A로 모두 선택하고 Pathfinder 패널에서 'Unite(■)'를 클릭합니다.

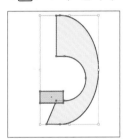

05 Direct Selection Tool(▷)로 드래그하여 하단 3개의 고정점을 선택하고 선택된 고정점 안쪽의 ◉를 바깥쪽으로 드래그하여 둥근 정도를 조절한 후 'Fill Color : C60M20Y60K20, Stroke Color : None'을 지정합니다.

06 Rounded Rectangle Tool(⬜)로 작업 도큐먼트를 클릭한 후 'Width : 20mm, Height : 5mm, Corner Radius : 7mm'를 입력하여 그리고 'Fill Color : C40M100Y80K40, Stroke Color : None'을 지정합니다. Rectangle Tool(⬜)로 드래그하여 임의 색상의 사각형을 상단에 겹치도록 배치한 후 둥근 사각형과 함께 선택하고 Pathfinder 패널에서 'Minus Front(⬛)'를 클릭합니다.

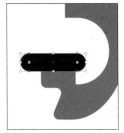  

07 Rounded Rectangle Tool(⬜)로 작업 도큐먼트를 클릭한 후 'Width : 5.5mm, Height : 39mm, Corner Radius : 1mm'를 입력하여 그리고 'Fill Color : 임의 색상, Stroke Color : 임의 색상'을 지정합니다. Rectangle Tool(⬜)로 작업 도큐먼트를 클릭한 후 'Width : 8mm, Height : 19mm'를 입력하여 임의 색상의 사각형을 겹치도록 배치합니다.

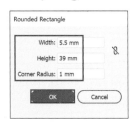  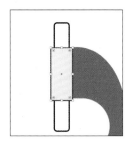

08 Selection Tool(▶)로 2개의 오브젝트를 함께 선택하고 Align 패널에서 'Horizontal Align Center(🖫)'를 클릭하여 가로 중앙에 정렬한 후 Pathfinder 패널에서 'Divide(⬛)'를 클릭합니다.

09 Selection Tool(▶)로 분할된 오브젝트를 더블 클릭하여 Isolation Mode로 전환한 후 각각 선택하고 'Fill Color : C30M20Y20, C60M20Y60K20, C50M20Y60K10, Stroke Color : None'을 지정한 후 [Esc]를 눌러 정상 모드로 전환합니다.

10 Rectangle Tool(■)로 드래그하여 사각형을 그리고 'Fill Color : C40M100M80K40, Stroke Color : None'을 지정합니다. Selection Tool(▶)로 Alt + Shift 를 누르면서 하단 으로 드래그하여 2개의 사각형을 복사하여 배치합니다. Rectangle Tool(■)로 상단에 드래 그하여 동일 색상의 사각형을 그리고 Shift + Ctrl + [를 눌러 맨 뒤로 보내기를 합니다.

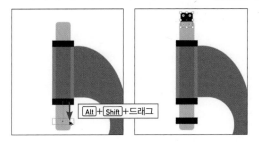

11 Direct Selection Tool(▷)로 Shift 를 누르면서 클릭하여 상단 2개의 고정점을 선택하고 Scale Tool(⬚)로 안쪽으로 드래그하여 패스를 축소합니다. 동일한 방법으로 하단 사각형의 고정점도 축소하여 패스를 변형합니다.

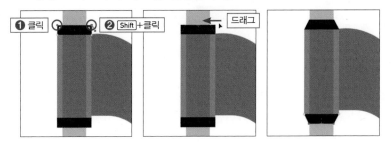

12 Rectangle Tool(■)로 드래그하여 사각형을 그리고 'Fill Color : C0M0Y0K0, Stroke Color : None'을 지정합니다. Selection Tool(▶)로 선택하고 Rotate Tool(↻)을 더블 클 릭하여 'Angle : −10°'를 지정하고 [OK]를 눌러 회전하여 배치합니다.

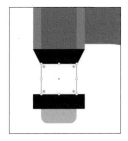
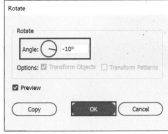
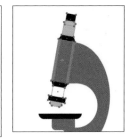

13 Ellipse Tool(◉)로 작업 도큐먼트를 클릭한 후 'Width : 36mm, Height : 27mm'를 입력 하여 그리고 'Fill Color : 임의 색상, Stroke Color : 임의 색상'을 지정합니다. Rounded Rectangle Tool(▢)로 작업 도큐먼트를 클릭한 후 'Width : 30mm, Height : 15mm, Corner Radius : 8mm'를 입력하여 그리고 'Fill Color : 임의 색상, Stroke Color : 임의 색상' 지정하고 배치합니다.

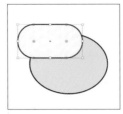

14 Selection Tool()로 타원과 함께 선택하고 Pathfinder 패널에서 'Minus Front(⬚)'를 클릭합니다.

15 Rectangle Tool(⬚)로 드래그하여 임의 색상의 사각형을 겹치도록 그리고 Selection Tool (▶)로 2개의 오브젝트를 함께 선택하고 Pathfinder 패널에서 'Intersect(⬚)'를 클릭한 후 'Fill Color : C40M100Y80K40, Stroke Color : None'을 지정하고 배치합니다.

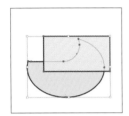

16 Ellipse Tool(⬤)로 [Shift]를 누르면서 드래그하여 정원을 그리고 'Fill Color : K100, Stroke Color : None'을 지정합니다. 계속해서 [Alt]+[Shift]를 누르면서 정원의 중앙에서부터 드래그하여 작은 정원을 그리고 'Fill Color : C0M0Y0K0, Stroke Color : K40'을 지정한 후 Stroke 패널에서 'Weight : 1pt'를 지정합니다.

17 [Ctrl]+[A]로 모두 선택한 후 [Object]-[Group]([Ctrl]+[G])을 선택하고 그룹을 설정합니다. [Effect]-[Illustrator Effects]-[Stylize]-[Drop Shadow]를 선택하고 'Opacity : 75%, X Offset : 1mm, Y Offset : 1mm, Blur : 1mm'를 지정하여 그림자 효과를 적용합니다.

> **합격생의 비법**
>
> • [Drop Shadow] 이펙트 적용 전 그룹을 설정하지 않으면 각각의 오브젝트에 이펙트가 모두 적용되어 제시된 출력형태와 다르게 표현됩니다.
> • 반드시 Preview를 체크하여 제시된 문제와 비교하여 조정합니다.
> • [Properties] 패널에서 [Appearance] 항목의 fx.를 눌러 [Illustrator Effects]-[Stylize]-[Drop Shadow]를 바로 적용할 수도 있습니다.

03 세포 오브젝트 만들고 그라디언트 적용하기

01 Ellipse Tool(◯)로 작업 도큐먼트를 클릭한 후 'Width : 10mm, Height : 6mm'를 입력하여 그리고 'Fill Color : 임의 색상, Stroke Color : 임의 색상'을 지정합니다. [Object]-[Transform]-[Move]를 선택한 후 'Horizontal : 10mm, Vertical : 0mm'를 입력하고 [Copy]를 클릭하여 이동 복사한 후 [Ctrl]+[D]를 눌러 반복하여 이동 복사합니다.

02 Direct Selection Tool(▷)로 왼쪽 2개의 타원형 접점 부분의 고정점을 드래그하여 선택하고 Scale Tool(🔲)을 더블 클릭하여 'Uniform : 10%'를 지정하고 [OK]를 지정하고 패스를 축소합니다. 동일한 방법으로 오른쪽 2개의 타원의 고정점도 패스를 축소합니다.

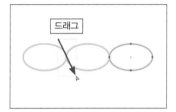 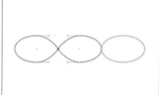 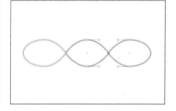

03 Direct Selection Tool(▷)로 [Shift]를 누르면서 왼쪽과 오른쪽 타원형의 2개의 고정점을 드래그하여 선택하고 [Delete]를 눌러 삭제합니다.

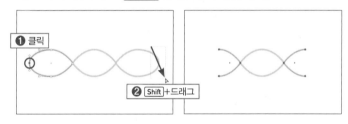

04 Selection Tool(▶)로 3개의 오브젝트를 선택하고 'Fill Color : None, Stroke Color : C60M20Y60K20'을 지정한 후 Stroke 패널에서 'Weight : 2pt, Cap : Projecting Cap'을 지정합니다. Line Segment Tool(／)로 [Shift]를 누르면서 드래그하여 길이가 다른 5개의 수직선을 그리고 'Fill Color : None, Stroke Color : C60M20Y60K20'을 지정하고 Stroke 패널에서 'Weight : 2pt'를 지정합니다.

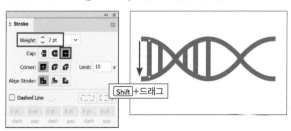

05 Selection Tool(▶)로 4개의 수직선을 선택하고 Reflect Tool(◀▶)로 Alt 를 누르면서 가운데 오브젝트 중앙 부분을 클릭하여 'Axis : Vertical'을 지정하고 [Copy]를 눌러 복사합니다.

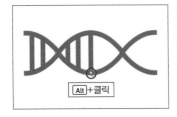

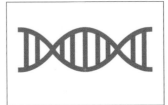

06 Selection Tool(▶)로 오브젝트를 선택한 후 [Object]-[Path]-[Outline Stroke]를 선택하고 선을 면으로 확장하고 Pathfinder 패널에서 'Unite(◼)'를 클릭합니다.

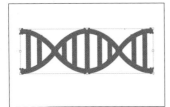

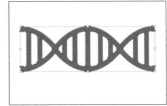

07 Rotate Tool(↻)을 더블 클릭하여 'Angle : 10°'를 지정하고 [OK]를 눌러 회전합니다.

08 Scale Tool(⊞)을 더블 클릭하여 'Uniform : 180%'를 지정하고 [Copy]를 눌러 확대 복사한 후 Rotate Tool(↻)을 더블 클릭하여 'Angle : 35°'를 지정하고 [OK]를 눌러 회전합니다.

09 Gradient 패널에서 'Type : Linear Gradient, Angle : 45°'를 적용하고 Gradient Slider의 왼쪽 'Color Stop'을 더블 클릭하여 Y90을 적용하고 오른쪽 'Color Stop'을 더블 클릭하여 M100Y100K20을 적용합니다.

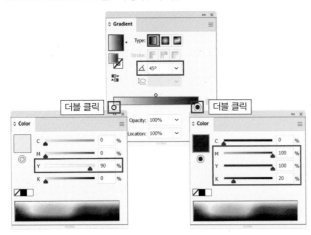
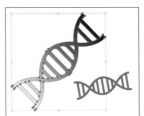

10 Ellipse Tool(⬤)로 작업 도큐먼트를 클릭한 후 'Width : 49mm, Height : 49mm'를 입력하여 그리고 'Fill Color : M10Y60, Stroke Color : None'을 지정한 후 도큐먼트의 빈 곳을 클릭하고 선택을 해제합니다.

04 브러쉬 적용하기

01 Line Segment Tool(╱)로 Shift 를 누르면서 왼쪽에서 오른쪽으로 드래그하여 수평선을 그리고 'Fill Color : None, Stroke Color : 임의 색상'을 지정합니다.

02 Brushes 패널 하단의 'Brush Libraries Menu'를 클릭하고 [Decorative]—[Decorative_Banners and Seals]를 선택하여 추가 브러쉬 패널을 불러온 후 'Starburst 4'를 선택합니다.

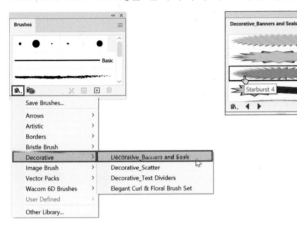

03 Stroke 패널에서 'Weight : 0.7pt'를 지정합니다. Selection Tool(▶)로 정원과 함께 선택하고 Shift + Ctrl + [를 눌러 맨 뒤로 보내기를 합니다.

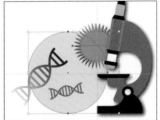

04 Line Segment Tool(╱)로 작업 도큐먼트를 클릭한 후 'Length : 64mm, Angle : 0°'를 입력하여 그리고 추가 브러쉬 패널에서 'Banner 7'을 선택합니다. 'Fill Color : None, Stroke Color : 임의 색상'을 지정하고 Stroke 패널에서 'Weight : 1pt'를 지정합니다.

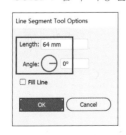

05 문자 입력하고 변형하기

01 Type Tool(T)로 작업 도큐먼트를 클릭한 후 Character 패널에서 'Set the font family : Times New Roman, Set the font style : Bold, Set the font size : 20pt'를 설정하고 'Fill Color : C60Y30, Stroke Color : None'을 지정한 후 SCIENCE를 입력합니다. [Type]-[Create Outlines](Shift+Ctrl+O)를 선택하여 문자를 윤곽선으로 변환합니다.

합격생의 비법

- Selection Tool(▶)로 문자를 선택해야 [Type]-[Create Outlines]가 활성화됩니다.
- [Properties] 패널에서 [Quick Actions] 항목의 [Create Outlines]를 클릭하여 적용할 수도 있습니다.

02 Pen Tool(✏)로 드래그하여 열린 곡선 패스를 그리고 'Fill Color : None, Stroke Color : 임의 색상'을 지정하고 Stroke 패널에서 'Weight : 1pt'를 지정한 후 [Object]-[Path]-[Outline Stroke]를 선택하고 선을 면으로 확장합니다.

03 Selection Tool(▶)로 문자 오브젝트와 함께 선택하고 Pathfinder 패널에서 'Trim(▣)'을 클릭합니다. 분할된 오브젝트를 더블 클릭하여 Isolation Mode로 전환한 후 면으로 확장된 선 오브젝트를 선택하고 Delete를 눌러 삭제합니다.

04 Selection Tool(▶)로 Shift를 누르면서 분리된 상단 오브젝트를 모두 선택하고 'Fill Color : C60M100Y30, Stroke Color : None'을 지정한 후 Esc를 눌러 정상 모드로 전환합니다.

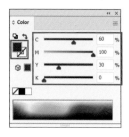

06 패스를 따라 흐르는 문자 입력하기

01 Pen Tool(✏)로 드래그하여 문자를 입력할 열린 곡선 패스를 정원의 왼쪽에 그리고 'Fill Color : None, Stroke Color : 임의 색상'을 지정합니다.

02 Type on a Path Tool(✑)로 열린 곡선 패스의 아래쪽을 클릭한 후 Character 패널에서 'Set the font family : Arial, Set the font style : Regular, Set the font size : 14pt'를 설정하고 'Fill Color : C40M100Y80K40, Stroke Color : None'을 지정한 후 Laboratory를 입력합니다.

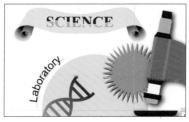

07 저장하기

01 [View]-[Guides]-[Hide Guides](Ctrl+;)를 선택하여 안내선을 숨기고 [View]-[Fit Artboard in Window](Ctrl+0)를 선택하여 현재 창에 맞추기를 합니다.

02 [File]-[Save As]를 선택하고 '저장 위치 : 내 PC₩문서₩GTQ, 파일 형식 : Adobe Illustrator(*AI), 파일 이름 : 수험번호-성명-문제번호.ai'를 확인하고 [저장]을 클릭한 후 [Illustrator Options] 대화상자에서 'Version : Illustrator 2020'으로 설정하고 [OK]를 클릭합니다.

03 답안 저장이 완료가 되면 [File]-[Close](Ctrl+W)를 선택하여 파일을 닫고 수험 프로그램에서 [답안 전송]을 클릭하여 감독관 컴퓨터로 전송합니다.

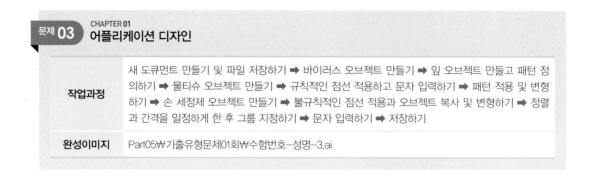

작업과정	새 도큐먼트 만들기 및 파일 저장하기 ➡ 바이러스 오브젝트 만들기 ➡ 잎 오브젝트 만들고 패턴 정의하기 ➡ 물티슈 오브젝트 만들기 ➡ 규칙적인 점선 적용하고 문자 입력하기 ➡ 패턴 적용 및 변형하기 ➡ 손 세정제 오브젝트 만들기 ➡ 불규칙적인 점선 적용과 오브젝트 복사 및 변형하기 ➡ 정렬과 간격을 일정하게 한 후 그룹 지정하기 ➡ 문자 입력하기 ➡ 저장하기
완성이미지	Part05\기출유형문제01회\수험번호-성명-3.ai

01 새 도큐먼트 만들기 및 파일 저장하기

01 [File]-[New]를 선택하고 'Width : 120mm, Height : 80mm, Units : Millimeters, Color Mode : CMYK'를 설정하여 새 도큐먼트를 만들고 [View]-[Rulers]-[Show Rulers] (Ctrl+R)를 선택하여 눈금자를 표시합니다.

02 작품의 규격 왼쪽 상단에 원점(0,0)을 확인하고 왼쪽과 상단 눈금자 위에서 마우스로 각각 드래그하여 제시된 출력형태와 레이아웃 구성이 동일하게 작업하기 위해서 안내선을 표시합니다.

03 작업 도큐먼트를 저장하기 위해 [File]-[Save As]를 선택하고 '저장 위치 : 내 PC\문서\GTQ, 파일 형식 : Adobe Illustrator(*AI), 파일 이름 : 수험번호-성명-문제번호'를 입력하고 [저장]을 클릭한 후 [Illustrator Options] 대화상자에서 'Version : Illustrator 2020'으로 설정하고 [OK]를 클릭합니다.

02 바이러스 오브젝트 만들기

01 Ellipse Tool(◉)로 작업 도큐먼트를 클릭한 후 'Width : 22mm, Height : 22mm'를 입력하여 그리고 'Fill Color : 임의 색상, Stroke Color : 임의 색상'을 지정합니다. 계속해서 상단에 클릭하여 'Width : 4.5mm, Height : 2.5mm'를 입력하여 그리고 'Fill Color : 임의 색상, Stroke Color : 임의 색상'을 지정합니다.

02 Ellipse Tool(◉)로 드래그하여 타원보다 작은 타원을 겹치도록 그리고 'Fill Color : C20M80, Stroke Color : None'을 지정합니다. Rectangle Tool(■)로 작업 도큐먼트를 클릭한 후 'Width : 2mm, Height : 3mm'를 입력하여 그리고 'Fill Color : 임의 색상, Stroke Color : None'을 지정한 후 2개의 원 사이에 겹치도록 배치합니다.

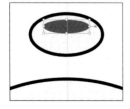
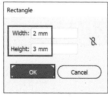
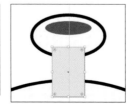

03 `Ctrl`+`A`를 눌러 모두 선택하고 Align 패널에서 'Horizontal Align Center(⬓)'를 클릭하여 가로 가운데 정렬을 지정합니다.

04 Selection Tool(▶)로 큰 타원과 사각형을 함께 선택하고 Pathfinder 패널에서 'Unite(⬛)'를 클릭합니다.

 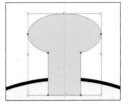

05 Direct Selection Tool(▷)로 드래그하여 2개의 고정점을 선택하고 선택된 고정점 바깥쪽의 ◉를 바깥쪽으로 드래그하여 각진 모서리를 둥글게 조절합니다.

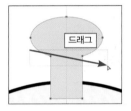 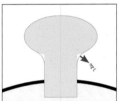 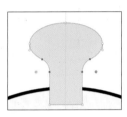

06 `Ctrl`+`[`를 눌러 뒤로 보내기를 한 후 Selection Tool(▶)로 타원과 함께 선택하고 Rotate Tool(↻)로 `Alt`를 누르면서 안내선의 교차 지점에 클릭하여 'Angle : 32.7°'를 지정하고 [Copy]를 눌러 회전 복사한 후 `Ctrl`+`D`를 9번 눌러 반복하여 회전 복사합니다.

  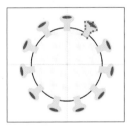

07 Selection Tool(▶)로 타원을 선택하고 [Select]-[Same]-[Fill Color]로 동일한 색상의 오브젝트를 모두 선택합니다. [Select]-[Inverse]로 선택을 반전한 후 Pathfinder 패널에서 'Unite(⬛)'를 클릭합니다.

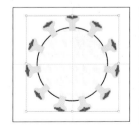 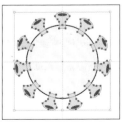 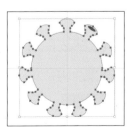

08 [Object]-[Arrange]-[Send to Back]([Shift]+[Ctrl]+[[])을 선택하고 맨 뒤로 보내기를 한 후 'Fill Color : C20M10Y10, Stroke Color : None'을 지정합니다.

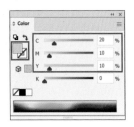
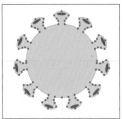

09 Ellipse Tool(◉)로 작업 도큐먼트를 클릭한 후 'Width : 4.6mm, Height : 2.8mm'를 입력하여 그리고 'Fill Color : C20M50, Stroke Color : None'을 지정합니다. Direct Selection Tool(▷)로 상단 고정점을 선택하고 키보드의 [↓]를 여러 번 눌러 변형합니다.

10 Ellipse Tool(◉)로 드래그하여 작은 타원을 겹치도록 그리고 'Fill Color : C20M80, Stroke Color : None'을 지정합니다. Selection Tool(▶)로 2개의 타원을 함께 선택하고 Rotate Tool(↻)을 더블 클릭하여 'Angle : 30°'를 지정하고 [OK]를 눌러 회전하고 배치합니다.

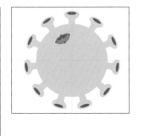

11 Rotate Tool(↻)로 [Alt]를 누르면서 안내선의 교차 지점에 클릭하여 'Angle : 60°'를 지정하고 [Copy]를 눌러 회전 복사한 후 [Ctrl]+[D]를 4번 눌러 반복하여 회전 복사합니다.

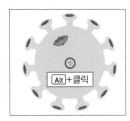

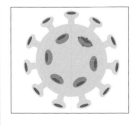

12 Rotate Tool()을 더블 클릭하여 'Angle : 70°'를 지정하고 [Copy]를 눌러 회전 복사한 후 안내선의 교차 지점에 배치합니다. Direct Selection Tool(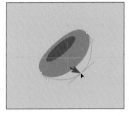)로 큰 타원의 오른쪽 하단 고정점을 선택하고 이동한 후 핸들을 조절하여 오브젝트를 변형합니다.

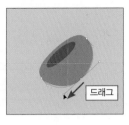

13 [Select]–[All](Ctrl + A)로 모두 선택하고 [Object]–[Group](Ctrl + G)으로 그룹으로 지정합니다.

03 잎 오브젝트 만들고 패턴 정의하기

01 Pen Tool()로 드래그하여 줄기 모양의 열린 곡선 패스를 그린 후 'Fill Color : None, Stroke Color : C60Y100K10'을 지정한 후 Stroke 패널에서 'Weight : 2pt'를 지정합니다.

02 Ellipse Tool()로 작업 도큐먼트를 클릭한 후 'Width : 2.3mm, Height : 7mm'를 입력하여 그리고 'Fill Color : C60Y100K10, Stroke Color : None'을 지정합니다. Direct Selection Tool()로 드래그하여 중앙 2개의 고정점을 선택합니다.

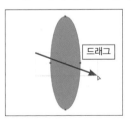

03 [Object]–[Transform]–[Move]를 선택한 후 'Horizontal : 0mm, Vertical : −1mm'를 입력하고 [OK]를 눌러 위쪽으로 이동합니다.

04 Selection Tool(▶)로 오브젝트를 선택한 후 Rotate Tool(↻)을 더블 클릭하여 'Angle : −10°'를 지정하고 [OK]를 눌러 회전하고 상단으로 이동하여 배치합니다. 계속해서 Rotate Tool(↻)을 더블 클릭하여 'Angle : 70°'를 지정하고 [Copy]를 눌러 회전 복사하고 하단으로 이동하여 배치합니다.

05 Scale Tool(▣)을 더블 클릭하여 'Uniform : 75%'를 지정하고 [Copy]를 눌러 축소 복사합니다. Rotate Tool(↻)을 더블 클릭하여 'Angle : −20°'를 지정하고 [OK]를 눌러 회전하고 상단으로 이동하여 배치합니다.

06 Selection Tool(▶)로 2개의 잎 모양 오브젝트를 선택하고 [Object]−[Blend]−[Make]를 적용하고 [Object]−[Blend]−[Blend Options]로 'Specified Steps : 4'를 적용한 후 [Object]−[Blend]−[Expand]로 블렌드 오브젝트를 확장합니다.

 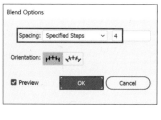  

07 Reflect Tool(◁▷)로 [Alt]를 누르면서 줄기 모양을 클릭하여 'Angle : 88°'를 지정하고 [Copy]를 눌러 복사한 후 이동하여 배치합니다. Selection Tool(▶)로 잎 모양 오브젝트를 모두 선택하고 [Ctrl]+[G]로 그룹을 지정합니다.

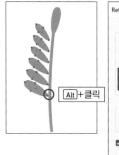  

08 Rotate Tool(⟳)을 더블 클릭하여 'Angle : −45˚'를 지정하고 [Copy]를 눌러 회전 복사한 후 Scale Tool(⬚)을 더블 클릭하여 'Uniform : 70%, Scale Strokes & Effects : 체크 해 제'를 지정하고 [OK]를 눌러 축소하고 이동하여 배치합니다.

09 Selection Tool(▶)로 더블 클릭하여 Isolation Mode로 전환합니다. 줄기 모양을 선택하고 'Fill Color : None, Stroke Color : C20Y30'을 지정합니다. [Select]−[Inverse]로 선택을 반전하고 'Fill Color : C20Y30, Stroke Color : None'을 지정하고 Esc를 눌러 정상 모드 로 전환합니다.

합격생의 비법

• Selection Tool(▶)로 Shift를 누르면서 클릭하여 여러 개의 오브젝트를 함께 선택할 수 있습니다.
• Ctrl + A 로 모두 선택한 후 Shift를 누르면서 선택에 서 제외할 오브젝트를 클릭해도 됩니다.

10 Selection Tool(▶)로 잎 모양 오브젝트를 모두 선택한 후 [Object]−[Pattern]−[Make]를 선택하고 Pattern Options에서 'Name : 잎'을 지정하여 패턴으로 등록하고 Esc를 눌러 패 턴의 편집 모드에서 정상 모드로 전환합니다.

04 물티슈 오브젝트 만들기

01 Rectangle Tool(▣)로 작업 도큐먼트를 클릭한 후 'Width : 37mm, Height : 18mm'를 지 정하여 그리고 'Fill Color : Y10, Stroke Color : 임의 색상'을 지정합니다.

02 Rectangle Tool(▣)로 작업 도큐먼트를 클릭한 후 'Width : 9mm, Height : 18mm'를 지 정하여 그리고 'Fill Color : M30Y10, Stroke Color : 임의 색상'을 지정합니다. Direct Se- lection Tool(▷)로 드래그하여 왼쪽 2개의 고정점을 선택하고 [Object]−[Transform]− [Move]를 선택한 후 'Horizontal : 0mm, Vertical : 8mm'를 입력하고 [OK]를 눌러 아래 쪽으로 이동합니다.

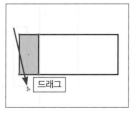

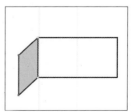

03 Rectangle Tool(▣)로 작업 도큐먼트를 클릭한 후 'Width : 3mm, Height : 18mm'를 지정하여 그리고 'Fill Color : C50M10, Stroke Color : 임의 색상'을 지정합니다. Direct Selection Tool(▷)로 드래그하여 왼쪽 2개의 고정점을 선택하고 선택된 고정점 안쪽의 ◉를 안쪽으로 드래그하여 각진 모서리를 둥글게 조절합니다.

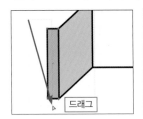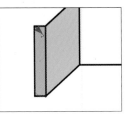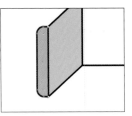

04 Rectangle Tool(▣)로 큰 직사각형의 왼쪽 하단 고정점에 클릭하여 'Width : 37mm, Height : 16mm'를 지정하여 그리고 'Fill Color : C10M40Y20, Stroke Color : 임의 색상'을 지정합니다.

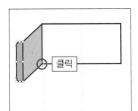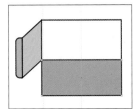

05 Rectangle Tool(▣)로 작업 도큐먼트를 클릭한 후 'Width : 9mm, Height : 16mm'를 지정하여 그리고 'Fill Color : C10M40Y20K20, Stroke Color : 임의 색상'을 지정합니다. Selection Tool(▶)로 더블 클릭하여 Isolation Mode로 전환하고 Direct Selection Tool(▷)로 드래그하여 왼쪽 2개의 고정점을 선택합니다.

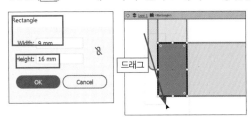

06 [Object]-[Path]-[Average]를 선택한 후 'Axis : Both'를 지정하고 [OK]를 눌러 한 점에 정렬하여 삼각형 모양으로 패스를 변형합니다. [Esc]를 눌러 정상 모드로 전환합니다.

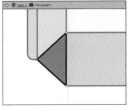

07 Selection Tool(▶)로 삼각형 오브젝트를 선택하고 Scale Tool(📐)을 더블 클릭하여 'Uniform : 65%'를 지정하고 [Copy]를 눌러 축소하고 상단으로 이동하여 배치합니다.

08 Gradient 패널에서 'Type : Linear Gradient, Angle : 90°'를 적용하고 Gradient Slider 의 왼쪽 'Color Stop'을 더블 클릭하여 C10M40Y20K20을 적용하고 오른쪽 'Color Stop'을 더블 클릭하여 C20M30Y20K80을 적용한 후, 'Stroke Color : None'을 지정합니다.

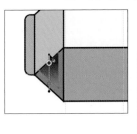

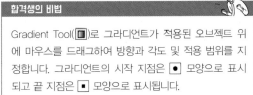

합격생의 비법

Gradient Tool(🔲)로 그라디언트가 적용된 오브젝트 위에 마우스를 드래그하여 방향과 각도 및 적용 범위를 지정합니다. 그라디언트의 시작 지점은 ◉ 모양으로 표시되고 끝 지점은 ■ 모양으로 표시됩니다.

09 Selection Tool(▶)로 대칭 복사할 4개의 오브젝트를 함께 선택하고 Reflect Tool(◁)로 [Alt]를 누르면서 사각형의 중심점을 클릭하여 'Axis : Vertical'을 지정하고 [Copy]를 눌러 복사합니다.

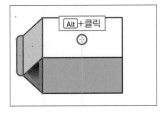

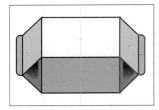

10 Direct Selection Tool(⊳)로 드래그하여 상단의 고정점들을 선택하고 Scale Tool(⊡)을 더블 클릭하여 'Uniform : 90%'를 지정하고 [OK]를 눌러 패스를 축소합니다.

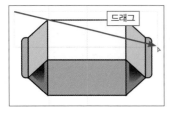

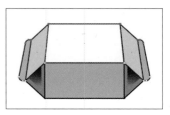

11 Selection Tool(▶)로 물티슈 오브젝트를 모두 선택하고 Color 패널에서 'Stroke Color : None'을 지정합니다.

12 Rounded Rectangle Tool(▢)로 Alt 를 누르면서 세로 안내선에 클릭한 후 'Width : 25mm, Height : 15mm, Corner Radius : 3mm'를 입력하여 그리고 'Fill Color : M70Y100, Stroke Color : None'을 지정합니다.

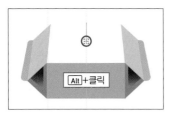
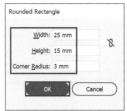
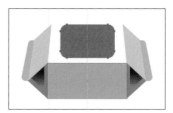

13 [Object]–[Path]–[Offset Path]를 선택하여 'Offset : −1mm'를 지정하고 [OK]를 클릭한 후 'Fill Color : K20, Stroke Color : K100'을 지정하고 Stroke 패널에서 'Weight : 1pt'를 지정합니다.

14 계속해서 [Object]–[Path]–[Offset Path]를 선택하고 'Offset : −1.5mm'를 지정하여 [OK]를 클릭한 후 'Fill Color : Y20, Stroke Color : C70M20'을 지정하고 Stroke 패널에서 'Weight : 3pt'를 지정합니다. [Object]–[Path]–[Outline Stroke]를 선택하고 선을 면으로 확장합니다.

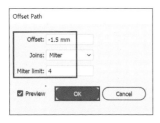

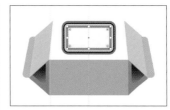

15 Rectangle Tool()로 Alt 를 누르면서 세로 안내선에 클릭한 후 'Width : 7mm, Height : 3.5mm'를 지정하여 그리고 'Fill Color : 임의 색상, Stroke Color : 임의 색상'을 지정하고 겹치도록 배치합니다. [Object]-[Path]-[Offset Path]를 선택한 후 'Offset : -0.6mm'를 지정하고 [OK]를 클릭합니다.

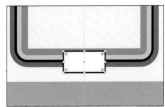
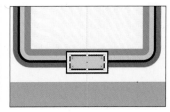

16 Selection Tool()로 가장 큰 둥근 사각형과 중앙의 큰 사각형을 함께 선택하고 Pathfinder 패널에서 'Minus Front(📇)'를 클릭합니다. Ctrl + [를 여러 번 눌러 뒤로 보내기를 합니다.

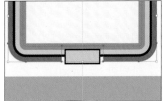

17 Selection Tool(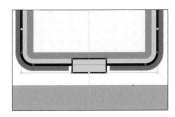)로 중간 크기의 둥근 사각형과 중앙의 작은 사각형을 함께 선택하고 Pathfinder 패널에서 'Unite(📄)'를 클릭한 후 Ctrl + [를 눌러 뒤로 보내기를 합니다.

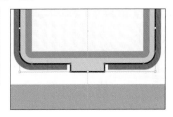

18 Selection Tool(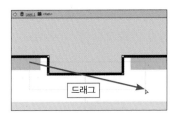)로 더블 클릭하여 Isolation Mode로 전환합니다. Direct Selection Tool(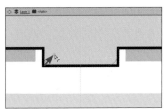)로 드래그하여 하단 중앙 2개의 고정점을 선택하고 선택된 고정점 안쪽의 ◉를 안쪽으로 드래그하여 각진 모서리를 둥글게 조절합니다.

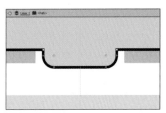

19 Color 패널에서 'Fill Color : K20, Stroke Color : K100'을 지정하고 Stroke 패널에서 'Weight : 1pt'를 지정한 후 [Esc]를 눌러 정상 모드로 전환합니다.

20 Selection Tool(▶)로 'Fill Color : Y10, Stroke Color : None'을 지정한 오브젝트를 선택하고 [Object]-[Lock]-[Selection]([Ctrl]+[2])으로 잠금을 지정합니다. Direct Selection Tool(▷)로 드래그하여 뚜껑 모양 상단의 고정점들을 선택하고 Scale Tool(◲)을 더블 클릭하여 'Uniform : 96%'를 지정하고 [OK]를 눌러 패스를 축소합니다. [Alt]+[Ctrl]+[2]로 잠금을 해제합니다.

 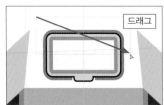 

05 규칙적인 점선 적용하고 문자 입력하기

01 Rectangle Tool(▢)로 작업 도큐먼트를 클릭한 후 'Width : 22mm, Height : 5mm'를 입력하여 그리고 'Fill Color : C50M10, Stroke Color : None'을 지정합니다. Line Segment Tool(╱)로 드래그하여 사선을 그리고 'Fill Color : None, Stroke Color : 임의 색상'을 지정합니다.

02 Selection Tool(▶)로 2개의 오브젝트를 함께 선택하고 Pathfinder 패널에서 'Divide(▣)'를 클릭합니다.

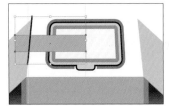 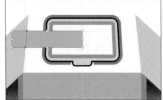

03 Selection Tool(▶)로 더블 클릭하여 Isolation Mode로 전환합니다. 왼쪽 오브젝트를 선택하고 'Fill Color : C70M20, Stroke Color : None'을 지정한 후 Direct Selection Tool (▷)로 드래그하여 왼쪽 2개의 고정점을 선택하고 선택된 고정점 안쪽의 ◉를 안쪽으로 드래그하여 모서리를 둥글게 조절합니다.

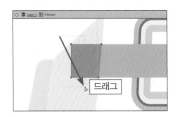  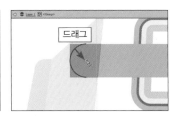

04 Selection Tool(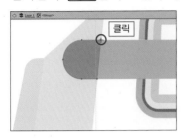)로 왼쪽 오브젝트를 선택하고 Shear Tool(🔲)로 오른쪽 상단 고정점을 클릭한 후 **Shift**를 누르면서 아래쪽으로 드래그하여 기울이기를 조절합니다.

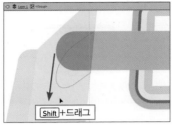

05 Direct Selection Tool(🔺)로 드래그하여 2개의 고정점을 선택하고 [Object]-[Path]-[Average]를 선택한 후 'Axis : Both'를 지정하고 [OK]를 눌러 한 점에 정렬합니다.

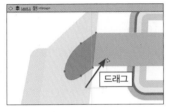

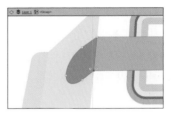

06 **Ctrl**+**A**를 눌러 모두 선택하고 Reflect Tool(🔲)로 **Alt**를 누르면서 세로 안내선에 클릭하여 'Axis : Vertical'을 지정하고 [Copy]를 눌러 복사합니다.

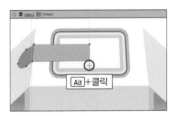

07 Direct Selection Tool(🔺)로 가운데 2개의 오브젝트를 함께 선택하고 Pathfinder 패널에서 'Unite(🔳)'를 클릭합니다.

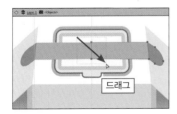
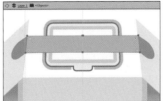

08 Ctrl+A를 눌러 모두 선택하고 Ctrl+C로 복사하고 Ctrl+F로 앞에 붙여 넣기를 한 후 Pathfinder 패널에서 'Unite(■)'를 클릭합니다.

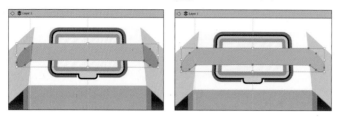

09 [Object]-[Path]-[Offset Path]를 선택한 후 'Offset : -0.7mm'를 지정하고 [OK]를 클릭합니다. 'Fill Color : None, Stroke Color : C0M0Y0K0'을 지정하고 Stroke 패널에서 'Weight : 1pt, Dashed Line : 체크, dash : 2pt'를 지정합니다.

10 Selection Tool(▶)로 붙여 넣기를 한 오브젝트를 선택한 후 Delete를 눌러 삭제한 후 Esc를 눌러 정상 모드로 전환합니다. Selection Tool(▶)로 중앙의 오브젝트를 선택하고 Ctrl+[]를 여러 번 눌러 뒤로 보내기를 합니다.

11 Type Tool(T)로 작업 도큐먼트를 클릭한 후 Character 패널에서 'Set the font family : Times New Roman, Set the font style : Bold, Set the font size : 9pt'를 설정하고 Paragraph 패널에서 'Align center(≡)'를 지정하고 'Fill Color : K100, Stroke Color : None'을 지정한 후 KEEP CLEAN을 입력합니다.

06 패턴 적용 및 변형하기

01 Selection Tool(▶)로 중앙의 오브젝트를 선택하고 Ctrl+C로 복사하고 Ctrl+F로 앞에 붙여 넣기를 한 후 Swatches 패널에 등록된 잎 패턴을 클릭하여 면 색상에 적용합니다.

02 Scale Tool(□)을 더블 클릭하고 'Uniform : 30%, Transform Objects : 체크 해제, Transform Patterns : 체크'를 지정하여 패턴의 크기만을 축소합니다. Rotate Tool(⟳)을 더블 클릭하여 'Angle : 30°, Transform Objects : 체크 해제, Transform Patterns : 체크'를 지정하여 패턴을 회전합니다.

07 손 세정제 오브젝트 만들기

01 Ellipse Tool(●)로 작업 도큐먼트를 클릭하여 'Width : 30mm, Height : 32mm'를 입력하여 그리고 'Fill Color : 임의 색상, Stroke Color : 임의 색상'을 지정합니다. Rectangle Tool(■)로 클릭하여 'Width : 30mm, Height : 39mm'를 입력하여 그리고 'Fill Color : 임의 색상, Stroke Color : 임의 색상'을 지정하고 원의 하단과 겹치도록 배치합니다.

02 Rounded Rectangle Tool(■)로 드래그하여 임의 색상의 둥근 사각형을 그리고 원의 상단과 겹치도록 배치합니다.

03 Selection Tool(▶)로 3개의 오브젝트를 선택하고 Align 패널에서 'Horizontal Align Center(♣)'를 클릭하여 가로 가운데 정렬을 지정합니다. Pathfinder 패널에서 'Unite(◧)'를 클릭하여 하나로 합칩니다.

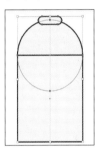
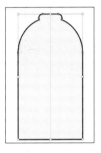

04 Direct Selection Tool(▷)로 드래그하여 하단 2개의 고정점을 선택하고 Scale Tool(⬚)을 더블 클릭하고 'Uniform : 92%, Transform Objects : 체크, Transform Patterns : 체크 해제'를 지정하여 패스를 축소하여 변형합니다.

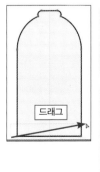
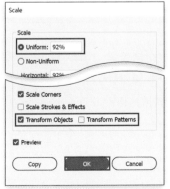
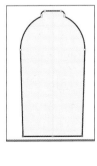

05 Direct Selection Tool(A)로 드래그하여 하단 2개의 고정점을 선택하고 선택된 고정점 안쪽의 ⊙를 안쪽으로 드래그하여 모서리를 둥글게 조절합니다.

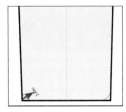 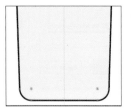

06 Color 패널에서 'Fill Color : C30K10, Stroke Color : None'을 지정하고 [Object]-[Path]-[Offset Path]를 선택하고 'Offset : −1mm'를 지정하고 [OK]를 클릭한 후 'Fill Color : C20, Stroke Color : None'을 지정합니다.

07 Direct Selection Tool(A)로 Shift 를 누르면서 클릭하여 안쪽 오브젝트의 상단 2개의 고정점을 선택하고, 선택된 고정점 바깥쪽의 ⊙를 바깥쪽으로 드래그하여 모서리를 둥글게 조절합니다.

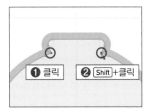  

08 Add Anchor Point Tool(✦)로 안쪽 오브젝트의 하단 중앙의 선분을 클릭하여 고정점을 추가하고 Direct Selection Tool(A)로 위쪽으로 이동한 후 Anchor Point Tool(Ν)로 고정점에 드래그하여 곡선으로 변형합니다.

 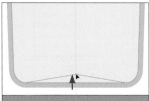 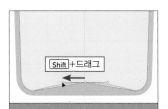

합격생의 비법

Anchor Point Tool(Ν)로 Shift 를 누르면서 고정점을 드래그하면 수평으로 핸들을 유지할 수 있습니다.

09 Selection Tool(▶)로 안쪽 오브젝트를 선택하고 Ctrl + C 로 복사하고 Ctrl + F 로 앞에 붙여 넣기를 한 후 더블 클릭하여 Isolation Mode로 전환합니다. Rectangle Tool(▢)로 드래그하여 임의 색상의 사각형을 그리고 상단과 겹치도록 배치합니다.

10 Ctrl+A로 모두 선택하고 Pathfinder 패널에서 'Minus Front(⬚)'를 클릭합니다. Color 패널에서 'Fill Color : C0M0Y0K0, Stroke Color : None'을 지정하고 Transparency 패널에서 'Opacity : 60%'를 지정한 후 Esc를 눌러 정상 모드로 전환합니다.

   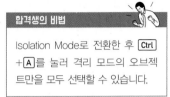

11 Selection Tool(▶)로 바깥쪽 오브젝트를 선택하고 Ctrl+C로 복사하고 Ctrl+F로 앞에 붙여 넣기를 한 후 더블 클릭하여 Isolation Mode로 전환합니다. Rectangle Tool(▭)로 드래그하여 그리고 Fill Color : C50M10, Stroke Color : None'을 지정하고 겹치도록 배치합니다.

12 Ctrl+A로 모두 선택하고 Pathfinder 패널에서 'Intersect(⬚)'를 클릭한 후 Esc를 눌러 정상 모드로 전환하고 Shift+Ctrl+]를 눌러 맨 앞으로 가져오기를 합니다.

13 Rectangle Tool(▭)로 클릭하여 'Width : 13mm, Height : 6.6mm'를 입력하여 그리고 'Fill Color : C80M80, Stroke Color : None'을 지정하고 상단에 배치합니다. Direct Selection Tool(▷)로 드래그하여 상단 2개의 고정점을 선택하고 선택된 고정점 안쪽의 ⊙를 안쪽으로 드래그하여 모서리를 둥글게 조절합니다.

14 Rectangle Tool(▭)로 드래그하여 'Fill Color : C50M10, Stroke Color : None'을 지정하고 왼쪽에 겹치도록 배치하고 Direct Selection Tool(▷)로 상단 고정점을 선택하고 동일한 방법으로 모서리를 둥글게 만듭니다. Selection Tool(▶)로 Alt를 누르면서 오른쪽으로 드래그하여 복사한 후 Ctrl+D를 4번 눌러 반복하여 이동 복사합니다.

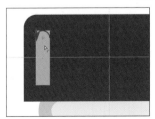 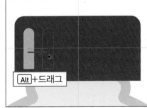 

15 Rectangle Tool(□)로 드래그하여 그리고 'Fill Color : K10, Stroke Color : K50'을 지정하고 Stroke 패널에서 'Weight : 1pt'를 지정합니다. Rounded Rectangle Tool(□)로 드래그하여 크기가 다른 2개의 둥근 사각형을 겹치도록 그리고 'Fill Color : C0M0Y0K0, Stroke Color : K50'을 지정하고 Stroke 패널에서 'Weight : 1pt'로 지정합니다. Ctrl+[를 여러 번 눌러 'Opacity : 60%'가 지정된 오브젝트의 뒤로 보내기를 합니다.

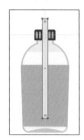 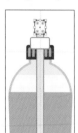 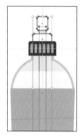

16 Pen Tool(✐)로 열린 패스를 그리고 'Fill Color : None, Stroke Color : C80M80'을 지정하고 Stroke 패널에서 'Weight : 10pt'를 지정한 후 [Object]-[Path]-[Outline Stroke]를 선택하고 선을 면으로 확장합니다.

17 Direct Selection Tool(▷)로 클릭하여 왼쪽 하단의 고정점을 선택하고 고정점 안쪽의 ◉를 안쪽으로 드래그하여 모서리를 둥글게 조절합니다. Pen Tool(✐)로 드래그하여 병 모양 상단에 닫힌 패스를 그리고 'Fill Color : C0M0Y0K0, Stroke Color : None'을 지정합니다.

08 불규칙적인 점선 적용과 오브젝트 복사 및 변형하기

01 Ellipse Tool(◯)로 작업 도큐먼트를 클릭한 후 'Width : 23mm, Height : 23mm'를 입력하여 그리고 'Fill Color : C80M80, Stroke Color : None'을 지정합니다.

02 Scale Tool()을 더블 클릭하여 'Uniform : 110%'를 지정하고 [Copy]를 눌러 확대 복사한 후 'Fill Color : None, Stroke Color : C80M80'을 지정합니다. Stroke 패널에서 'Weight : 1pt, Dashed Line : 체크, dash : 1pt, gap : 6pt, dash : 3pt'를 지정합니다.

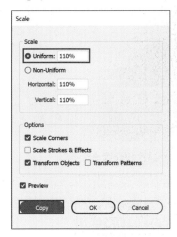
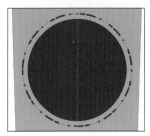

03 Line Segment Tool()로 [Shift]를 누르면서 드래그하여 작은 정원을 통과하는 수평선을 그리고 'Fill Color : None, Stroke Color : 임의 색상'을 지정합니다. Selection Tool(▶)로 2개의 오브젝트를 함께 선택하고 Pathfinder 패널에서 'Divide(◨)'를 클릭합니다. 더블 클릭하여 Isolation Mode로 전환한 후 하단 오브젝트를 선택하고 'Fill Color : C0M0Y0K0, Stroke Color : None'을 지정한 후 [Esc]를 눌러 정상 모드로 전환합니다.

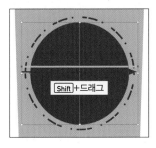
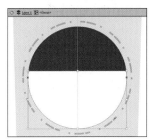

04 Selection Tool(▶)로 분할된 오브젝트를 선택하고 [Shift]+[Ctrl]+[G]로 그룹을 해제합니다. 도큐먼트 왼쪽 상단의 바이러스 오브젝트를 선택하고 [Ctrl]+[C]로 복사하고 [Ctrl]+[V]로 붙여 넣기를 하고 겹치도록 배치합니다. Scale Tool()을 더블 클릭하여 'Uniform : 55%'를 지정하고 [OK]를 눌러 축소하여 배치합니다.

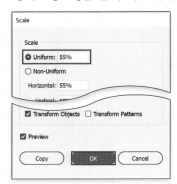
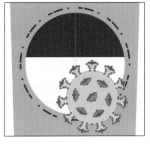

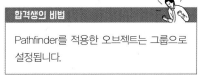

합격생의 비법

Pathfinder를 적용한 오브젝트는 그룹으로 설정됩니다.

05 Selection Tool(▶)로 분할된 하단 오브젝트를 선택하고 Ctrl+C로 복사하고 Ctrl+F로 복사한 오브젝트 앞에 붙여 넣기를 한 후 Shift+Ctrl+]를 눌러 맨 앞으로 가져오기를 합니다. Selection Tool(▶)로 바이러스 오브젝트와 함께 선택하고 Pathfinder 패널에서 'Crop(▣)'을 클릭합니다.

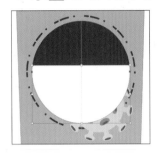  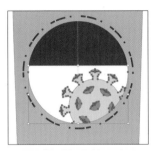

06 Selection Tool(▶)로 도큐먼트 왼쪽 상단의 바이러스 오브젝트를 선택하고 Ctrl+C로 복사하고 Ctrl+V로 붙여 넣기를 하고 겹치도록 배치합니다. Scale Tool(▣)을 더블 클릭하여 'Uniform : 20%'를 지정하고 [OK]를 눌러 축소하여 배치합니다.

⑨ 정렬과 간격을 일정하게 한 후 그룹 지정하기

01 Selection Tool(▶)로 축소한 바이러스 오브젝트를 선택한 후 Scale Tool(▣)을 더블 클릭하여 'Uniform : 70%'를 지정하고 [Copy]를 눌러 축소 복사하여 하단에 배치합니다. Pathfinder 패널에서 'Unite(▣)'를 클릭하고 'Fill Color : C0M0Y0K0, Stroke Color : None'을 지정합니다.

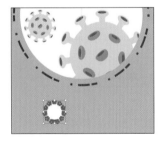

02 Selection Tool(▶)로 Alt+Shift를 누르면서 오른쪽으로 드래그하여 복사하고 Ctrl+D를 눌러 반복하여 복사합니다. 3개의 오브젝트를 함께 선택하고 Ctrl+G를 눌러 그룹을 설정합니다.

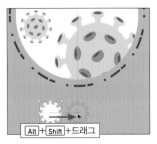 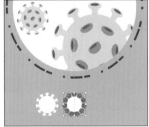 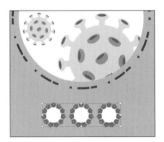

⑩ 문자 입력하기

01 Type Tool(T)로 작업 도큐먼트를 클릭한 후 Character 패널에서 'Set the font family : Arial, Set the font style : Bold, Set the font size : 9pt'를 설정합니다. Paragraph 패널에서 'Align center(≡)'를 지정하고 'Fill Color : C50Y20, Stroke Color : None'을 지정한 후 Hand Sanitizer를 입력합니다.

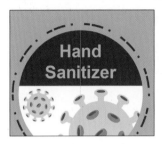

⑪ 저장하기

01 [View]-[Guides]-[Hide Guides](Ctrl+;)를 선택하여 안내선을 숨기고 [View]-[Fit Artboard in Window](Ctrl+0)를 선택하여 현재 창에 맞추기를 합니다.

02 [File]-[Save As]를 선택하고 '저장 위치 : 내 PC₩문서₩GTQ, 파일 형식 : Adobe Illustrator(*.AI), 파일 이름 : 수험번호-성명-문제번호.ai'를 확인하고 [저장]을 클릭한 후 [Illustrator Options] 대화상자에서 'Version : Illustrator 2020'으로 설정하고 [OK]를 클릭합니다.

03 답안 저장이 완료가 되면 [File]-[Exit](Ctrl+Q)를 선택하여 일러스트레이터 프로그램을 종료하고 수험 프로그램에서 [답안 전송]을 클릭하여 감독관 컴퓨터로 전송합니다.

급수	문제유형	시험시간	수험번호	성명
2급	A	90분		

수 험 자 유 의 사 항

- 수험자는 문제지를 받는 즉시 응시하고자 하는 과목 및 급수가 맞는지 확인한 후 수험번호와 성명을 작성합니다.
- 파일명은 본인의 "수험번호-성명-문제번호"로 공백 없이 정확히 입력하고 답안폴더(내 PC₩문서₩GTQ)에 ai 파일 포맷으로 저장해야 하며, 다른 파일 형식으로 저장하였을 경우 0점 처리됩니다. 답안문서 파일명이 "수험번호-성명-문제번호"와 일치하지 않거나, 답안 파일을 전송하지 않아 미제출로 처리될 경우 불합격 처리됩니다.
- 수험자 정보와 저장한 파일명, 저장 위치가 다를 경우 전송이 되지 않으므로, 주의하시기 바랍니다.
- 답안 작성 중에도 주기적으로 '저장'과 '답안 전송'을 이용하여 감독위원 PC로 답안을 전송하셔야 합니다. (※ 작업한 내용을 저장하지 않고 전송할 경우 이전의 저장내용이 전송되오니 이점 반드시 유념하시기 바랍니다.)
- 답안문서는 지정된 경로 외의 다른 보조기억장치에 저장하는 행위, 지정된 시험 시간 외에 작성된 파일을 활용한 행위, 기타 통신수단(이메일, 메신저, 네트워크 등)을 이용하여 타인에게 전달 또는 외부 반출하는 행위는 부정으로 간주되어 자격기본법 제32조에 의거 본 시험 및 국가공인 자격시험을 2년간 응시할 수 없습니다.
- 시험 중 부주의 또는 고의로 시스템을 파손한 경우와 〈수험자 유의사항〉에 기재된 방법대로 이행하지 않아 생기는 불이익은 수험자의 책임임을 알려 드립니다.
- 시험을 완료한 수험자는 최종적으로 저장한 답안파일이 전송되었는지 확인한 후 감독위원의 지시에 따라 문제지를 제출하고 퇴실합니다.

답 안 작 성 요 령

- 온라인 답안 작성 절차
  수험자 등록 ⇒ 시험 시작 ⇒ 답안파일 저장 ⇒ 답안 전송 ⇒ 시험 종료
- 배점은 총 100점으로 이루어지며, 점수는 각 문제별로 차등 배분됩니다.
- 각 문제는 제시된 조건에 맞게 답안을 작성하셔야 하며, 조건을 지키지 못했을 경우에는 0점 또는 감점 처리됩니다.
- 조건에서 주어진 단위는 'mm(밀리미터)'입니다. 눈금자는 작성하지 않으며, 그 외는 출력형태(레이아웃, 색상, 문자, 규격 등)와 같이 작업하십시오.
- 문제 조건에 서체의 지정이 없을 경우 한글은 굴림이나 돋움, 영문은 Arial로 작업하십시오. (단, 그 외 제시되지 않은 문자 속성을 기본값으로 작성하지 않은 경우는 감점 처리됩니다.)
- 문제 조건에 크기와 색상, 두께의 지정이 없을 경우 《출력형태》를 참고하여 작업해 주시기 바랍니다.
- Image Mode(이미지 모드)는 별도의 처리조건이 없을 경우에는 CMYK로 작업하십시오.
- 조건에서 제시한 기능을 임의로 합치거나 각 기능에 대한 속성을 해지할 경우 해당 요소는 0점 처리됩니다.

한 국 생 산 성 본 부

다음의 《조건》에 따라 아래의 《출력형태》와 같이 작업하시오.

조건

파일저장규칙	AI	파일명	문서₩GTQ₩수험번호―성명―1.ai
		크기	100 × 80mm

1. 작업 방법
① 도형, 변형 툴과 Pathfinder 기능을 활용하여 오브젝트를 작성한다.
② 그 외 《출력형태》 참조

출력형태

K100,
M50Y30K10,
M30Y10,
C20M30,
C0M0Y0K0,
C40M70Y60K30,
C10M80Y90, K40,
[Stroke] K100, 1pt

다음의 《조건》에 따라 아래의 《출력형태》와 같이 작업하시오.

조건

파일저장규칙	AI	파일명	문서₩GTQ₩수험번호−성명−2.ai
		크기	100 × 80mm

1. 작업 방법
① 'CAMPING' 문자에 Arial (Bold) 폰트를 적용한다.
② 'Let's enjoy nature' 문자에 Type on a Path Tool을 활용한다.
③ Brush는 《출력형태》를 참고하여 작성한다.
④ Effect는 《출력형태》를 참고하여 작성한다.
⑤ 그 외 《출력형태》 참조

2. 문자 효과
① Let's enjoy nature (Arial, Regular, 13pt, C30M60Y100)

출력형태

C20,
C20 → C50M20

[Brush]
Banner 14, 1pt,
[Effects] Drop Shadow

C50M20Y60,
C100M70Y100

[Brush]
Watercolor Stroke 3,
M40Y70K90, 1pt

C90M40Y100K40,
M50Y100

C70M40, C100M90Y10,
C60M20, C70M90Y100,
C10M20Y100, K100,
[Stroke] M30Y100, 1pt

M100Y100, M80Y100K50,
M60Y100, M80Y80K60,
K10, C10K20, Y30K70

다음의 《조건》에 따라 아래의 《출력형태》와 같이 작업하시오.

조건

파일저장규칙	AI	파일명	문서\GTQ\수험번호-성명-3.ai
		크기	120 × 80mm

1. 작업 방법
① 도형 툴로 오브젝트를 제작한 후 Pattern을 활용하여 작성한다. (패턴 등록 : 나침반)
② 모자에는 불규칙한 점선을, 배낭에는 규칙적인 점선을 설정한다.
③ 배낭에 Pattern을 적용한다.
④ 배낭에 배치된 오브젝트는 정렬, 간격을 일정하게 한 후 Group 설정을 한다.
⑤ 그 외 《출력형태》 참조

2. 문자 효과
① FOREST (Times New Roman, Bold, 6pt, C20M10Y80)
② ADVENTURE TIME (Arial, Bold, 5pt, C40M70Y90K50)

출력형태

C10M40Y80K40,
C10M40Y80

K100, K20,
C0M0Y0K0,
C30M30Y40,
C50M50Y60K20,
C20M10Y80

C90M70Y30K10,
[Group]

C80M40Y20, C80M50Y90K40,
C10M50Y90,
C10M50Y90K30, C90M70Y30K10,
K100, C40M70Y90K50, K20,
C40M70Y80K20, C20M10Y80,
C40K30, [Stroke] K50, 1pt

C60M60Y70K50,
C30M60Y80K20,
C10M80Y90K30,
C10M20Y90 →
C30M50Y100,
K100,
[Stroke] K100, 1pt

C0M0Y0K0,
Opacity 60%

[Pattern]

작업과정	새 도큐먼트 만들기 및 파일 저장하기 ➡ 롤러 스케이트화 오브젝트 만들기 ➡ 끈 모양 오브젝트 만들기 ➡ 바퀴 오브젝트 만들기 ➡ 저장하기
완성이미지	Part05₩기출유형문제02회₩수험번호-성명-1.ai

01 새 도큐먼트 만들기 및 파일 저장하기

01 [File]-[New]([Ctrl]+[N])를 선택하고 'Width : 100mm, Height : 80mm, Units : Millimeters, Color Mode : CMYK'를 설정하여 새 도큐먼트를 만들고 [View]-[Rulers]-[Show Rulers]([Ctrl]+[R])를 선택하여 눈금자를 표시합니다.

02 작품의 규격 왼쪽 상단에 원점(0,0)을 확인하고 왼쪽과 상단 눈금자 위에서 마우스로 각각 드래그하여 제시된 출력형태와 레이아웃 구성이 동일하게 안내선을 표시합니다.

03 작업 도큐먼트를 저장하기 위해 [File]-[Save As]를 선택하고 '저장 위치 : 내 PC₩문서₩GTQ, 파일 형식 : Adobe Illustrator(*AI), 파일 이름 : 수험번호-성명-문제번호'를 입력하고 [저장]을 클릭한 후 [Illustrator Options] 대화상자에서 'Version : Illustrator 2020'으로 설정하고 [OK]를 클릭합니다.

02 롤러 스케이트화 오브젝트 만들기

01 Pen Tool(✒️)로 드래그하여 스케이트화 모양의 닫힌 패스를 그린 후 'Fill Color : 임의 색상, Stroke Color : 임의 색상'을 지정합니다.

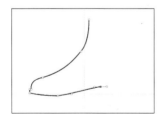
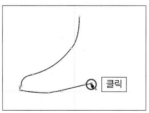
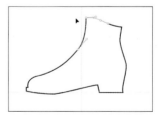

02 Direct Selection Tool(▷)로 클릭하여 왼쪽 상단 모서리의 고정점을 선택한 후 고정점 안쪽의 ◉를 안쪽으로 드래그하여 둥근 정도를 조절합니다. 같은 방법으로 오른쪽 상단 모서리의 둥근 정도를 조절합니다.

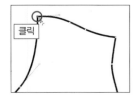
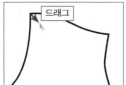
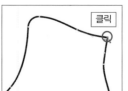
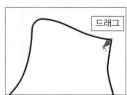

03 Pen Tool(✐)로 드래그하여 3개의 열린 패스를 그리고 'Fill Color : None, Stroke Color : 임의 색상'을 지정합니다.

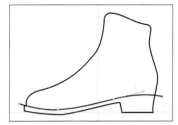  

> **합격생의 비법**
>
> Pathfinder 패널에서 'Divide(📧)'를 클릭하여 면을 분할하려면 열린 패스를 스케이트화 모양 오브젝트와 충분히 겹쳐지도록 그려야 합니다.
>
> **연속해서 열린 패스 그리기**
>
> 열린 패스란 시작점과 끝점이 만나지 않는 패스입니다. Pen Tool(✐)로 패스를 그리는 도중 [Ctrl]을 누르면서 도큐먼트의 빈 곳을 클릭하면 현재 그리는 패스의 선택을 해제할 수 있습니다. 마우스 포인터가 🖉 모양일 때 새로운 패스를 그릴 수 있습니다.

04 Ellipse Tool(⬭)로 작업 도큐먼트를 클릭한 후 'Width : 48mm, Height : 50mm'를 입력하여 그리고 'Fill Color : None, Stroke Color : 임의 색상'을 지정하고 겹치도록 배치합니다.

05 Scale Tool(🔲)을 더블 클릭하여 'Uniform : 90%'를 지정하고 [Copy]를 눌러 축소 복사하고 [Object]-[Transform]-[Transform Again]([Ctrl]+[D])을 선택하고 반복하여 축소 복사합니다.

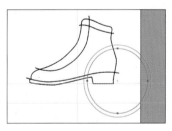 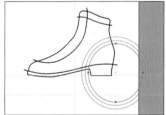

06 Ellipse Tool(⬭)로 작업 도큐먼트를 클릭한 후 'Width : 25mm, Height : 23mm'를 입력하여 그리고 'Fill Color : None, Stroke Color : 임의 색상'을 지정하고 앞 부분과 겹치도록 배치합니다. [Select]-[All]([Ctrl]+[A])로 모두 선택하고 Pathfinder 패널에서 'Divide(📧)'를 클릭합니다.

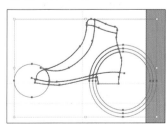 

07 Selection Tool(▶)로 분할된 오브젝트를 더블 클릭하여 Isolation Mode로 전환합니다. Shift 를 누른 채 클릭하여 불필요한 오브젝트를 함께 선택하고 Delete 를 눌러 삭제합니다.

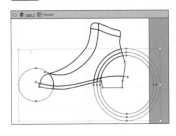

08 Selection Tool(▶)로 굽 부분의 오브젝트를 모두 선택하고 Pathfinder 패널에서 'Unite(■)'를 클릭한 후 'Fill Color : K100, Stroke Color : None'을 지정합니다. 상단 2개의 오브젝트를 선택하고 'Unite(■)'를 클릭한 후 'Fill Color : M50Y30K10, Stroke Color : None'을 지정합니다.

09 Selection Tool(▶)로 오브젝트를 순서대로 선택하고 'Fill Color : M30Y10, C20M30, C40M70Y60K30, Stroke Color : None'을 각각 지정합니다.

10 Selection Tool(▶)로 상단 오브젝트를 선택하고 Ctrl + C 로 복사하고 Ctrl + F 로 복사한 오브젝트 앞에 붙여 넣기를 합니다. Shift + Ctrl +] 로 맨 앞으로 가져오기를 하고 'Fill Color : None, Stroke Color : K100'을 지정하고 Stroke 패널에서 'Weight : 1pt'를 지정합니다.

11 Selection Tool( )로 상단 오브젝트의 테두리를 더블 클릭하여 패스의 Isolation Mode로 전환합니다. Lasso Tool( )로 드래그하여 삭제할 고정점을 선택하고 Delete를 눌러 삭제한 후 Esc를 눌러 정상 모드로 전환합니다.

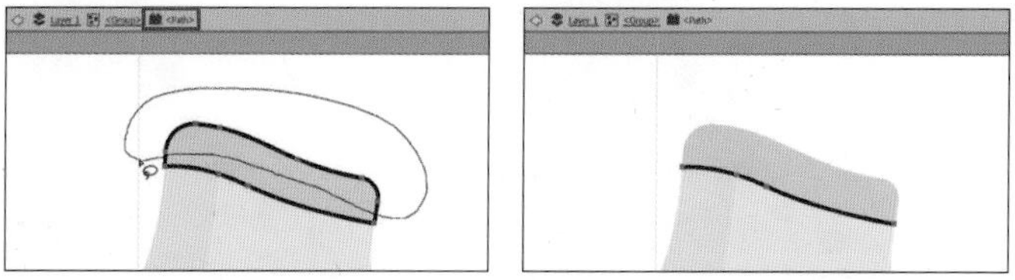

12 Star Tool( )로 작업 도큐먼트를 클릭한 후 'Radius 1 : 5mm, Radius 2 : 2.5mm, Points : 5'를 입력하여 그리고 'Fill Color : M50Y30K10, Stroke Color : None'을 지정합니다.

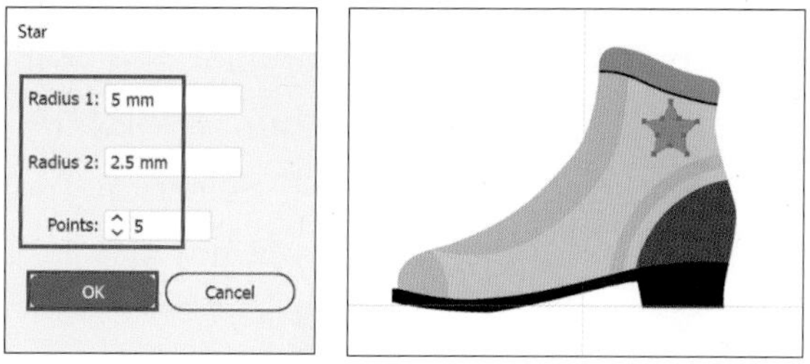

13 Scale Tool( )을 더블 클릭하여 'Uniform : 55%'를 지정하고 [Copy]를 눌러 축소 복사합니다. Rotate Tool( )을 더블 클릭하여 'Angle : 45°'를 지정하고 [OK]를 눌러 회전하여 배치한 후 'Fill Color : C40M70Y60K30, Stroke Color : None'을 지정합니다.

03 끈 모양 오브젝트 만들기

01 Ellipse Tool( )로 작업 도큐먼트를 클릭한 후 'Width : 3mm, Height : 3mm'를 입력하여 그리고 'Fill Color : K100, Stroke Color : None'을 지정합니다. Selection Tool( )로 Alt를 누르면서 드래그하여 하단에 복사하여 배치합니다.

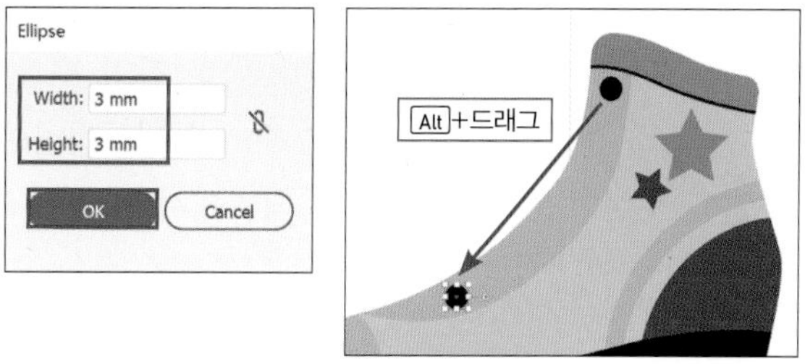

02 Selection Tool( )로 Shift를 누르면서 2개의 정원을 함께 선택하고 [Object]–[Blend]–[Make]를 적용하고 [Object]–[Blend]–[Blend Options]로 'Specified Steps : 4'를 적용합니다. Add Anchor Point Tool( )로 블렌드 오브젝트를 연결하는 패스에 2번 클릭하여 고정점을 추가합니다.

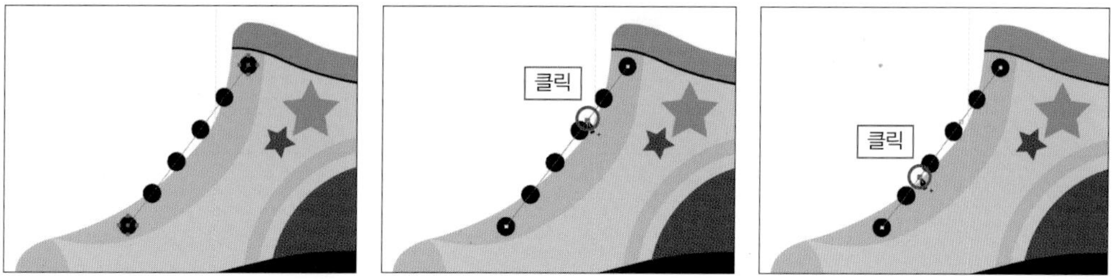

03 Direct Selection Tool(▷)로 2개의 고정점을 선택하고 스케이트화의 패스 모양에 따라 고정점을 각각 이동합니다. [Object]-[Blend]-[Expand]로 블렌드 오브젝트를 확장합니다.

04 Rounded Rectangle Tool(▣)로 작업 도큐먼트를 클릭한 후 'Width : 5.5mm, Height : 2mm, Corner Radius : 1mm'를 지정하여 그리고 'Fill Color : C10M80Y90, Stroke Color : None'을 지정합니다. Selection Tool(▶)로 Alt를 누르면서 드래그하여 둥근 사각형을 복사하고 바운딩 박스의 모서리 밖을 드래그하여 회전한 후 각각 배치합니다.

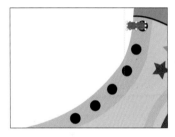 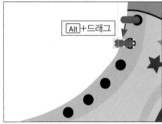 

④ 바퀴 오브젝트 만들기

01 Rounded Rectangle Tool(▣)로 작업 도큐먼트를 클릭한 후 'Width : 61mm, Height : 4.5mm, Corner Radius : 3mm'를 지정하여 그리고 'Fill Color : K40, Stroke Color : K100'을 지정한 후 Stroke 패널에서 'Weight : 1pt'를 지정합니다. Shift + Ctrl + []를 눌러 맨 뒤로 보내기를 합니다.

02 Rectangle Tool(▣)로 드래그하여 크기가 다른 2개의 사각형을 그리고 'Fill Color : 임의 색상, Stroke Color : 임의 색상'을 지정합니다. Direct Selection Tool(▷)로 드래그하여 작은 사각형의 2개의 하단 고정점을 선택하고 Scale Tool(⊞)을 더블 클릭하여 'Uniform : 80%'를 지정하고 [OK]를 눌러 패스를 변형합니다.

 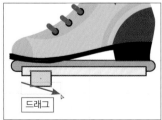 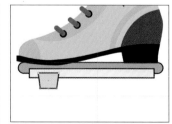

03 Selection Tool(▶)로 변형된 오브젝트를 선택하고 [Alt] + [Shift]를 누르면서 오른쪽으로 드래그하여 복사합니다. [Ctrl] + [D]를 눌러 반복하여 복사합니다.

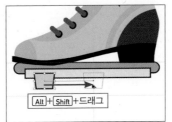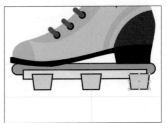

04 Selection Tool(▶)로 4개의 오브젝트를 함께 선택하고 Pathfinder 패널에서 'Unite(■)'를 클릭하여 합치고 'Fill Color : K100, Stroke Color : None'을 지정한 후 [Shift] + [Ctrl] + [[ ]를 눌러 맨 뒤로 보내기를 합니다. [Effect]-[Stylize]-[Round Corners]를 선택하고 'Radius : 2mm'를 설정하고 [Object]-[Expand Appearance]를 선택하여 오브젝트의 속성을 확장합니다.

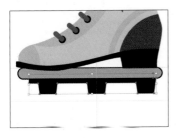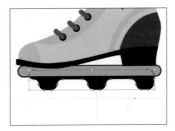

05 Ellipse Tool(◉)로 작업 도큐먼트를 클릭한 후 'Width : 15mm, Height : 15mm'를 입력하여 그리고 'Fill Color : M50Y30K10, Stroke Color : K100'을 지정하고 Stroke 패널에서 'Weight : 1pt'를 지정합니다. Scale Tool(◳)을 더블 클릭하여 'Uniform : 60%'를 지정하고 [Copy]를 눌러 축소 복사하고 'Fill Color : C40M70Y60K30, Stroke Color : None'을 지정합니다.

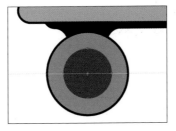

06 Polygon Tool(◉)로 작업 도큐먼트를 클릭한 후 'Radius : 2mm, Sides : 6'을 지정하여 그리고 'Fill Color : C0M0Y0K0, Stroke Color : None'을 지정합니다. Ellipse Tool(◉)로 [Shift]를 누르면서 드래그하여 정원을 그리고 'Fill Color : K100, Stroke Color : None'을 지정합니다.

07 Selection Tool(▶)로 4개의 오브젝트를 함께 선택하고 Align 패널에서 'Horizontal Align Center(▤)'와 'Vertical Align Center(▥)'를 각각 클릭하여 가운데 정렬을 지정합니다.

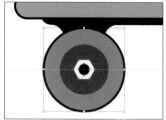

08 Selection Tool(▶)로 Alt + Shift 를 누르면서 오른쪽으로 드래그하여 복사합니다. Ctrl + D 를 눌러 반복하여 복사합니다. Ellipse Tool(◯)로 작업 도큐먼트를 클릭한 후 'Width : 75 mm, Height : 6mm'를 입력하여 그리고 'Fill Color : K40, Stroke Color : None'을 지정한 후 Shift + Ctrl + [를 눌러 맨 뒤로 보내기를 합니다.

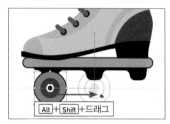

05 저장하기

01 [View]-[Guides]-[Hide Guides](Ctrl + ;)를 선택하여 안내선을 숨기고 [View]-[Fit Artboard in Window](Ctrl + 0)를 선택하여 현재 창에 맞추기를 합니다.

02 [File]-[Save As]를 선택하고 '저장 위치 : 내 PC₩문서₩GTQ, 파일 형식 : Adobe Illus-trator(*AI), 파일 이름 : 수험번호-성명-문제번호.ai'를 확인하고 [저장]을 클릭한 후 [Il-lustrator Options] 대화상자에서 'Version : Illustrator 2020'으로 설정하고 [OK]를 클릭합니다.

03 답안 저장이 완료가 되면 [File]-[Close](Ctrl + W)를 선택하여 파일을 닫고 수험 프로그램에서 [답안 전송]을 클릭하여 감독관 컴퓨터로 전송합니다.

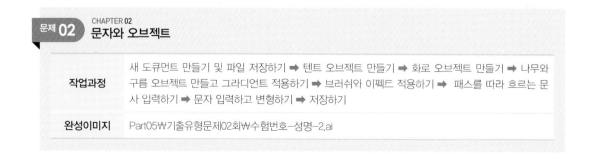

문제 02	CHAPTER 02 문자와 오브젝트
작업과정	새 도큐먼트 만들기 및 파일 저장하기 ➡ 텐트 오브젝트 만들기 ➡ 화로 오브젝트 만들기 ➡ 나무와 구름 오브젝트 만들고 그라디언트 적용하기 ➡ 브러쉬와 이펙트 적용하기 ➡ 패스를 따라 흐르는 문사 입력하기 ➡ 문자 입력하고 변형하기 ➡ 저장하기
완성이미지	Part05₩기출유형문제02회₩수험번호-성명-2.ai

01 새 도큐먼트 만들기 및 파일 저장하기

01 [File]-[New]를 선택하고 'Width : 100mm, Height : 80mm, Units : Millimeters, Color Mode : CMYK'를 설정하여 새 도큐먼트를 만들고 [View]-[Rulers]-[Show Rulers] (Ctrl+R)를 선택하여 눈금자를 표시합니다.

02 작품의 규격 왼쪽 상단에 원점(0,0)을 확인하고 왼쪽과 상단 눈금자 위에서 마우스로 각각 드래그하여 제시된 출력형태와 레이아웃 구성이 동일하게 안내선을 표시합니다.

03 작업 도큐먼트를 저장하기 위해 [File]-[Save As]를 선택하고 '저장 위치 : 내 PC₩문서₩ GTQ, 파일 형식 : Adobe Illustrator(*AI), 파일 이름 : 수험번호-성명-문제번호'를 입력하고 [저장]을 클릭한 후 [Illustrator Options] 대화상자에서 'Version : Illustrator 2020'으로 설정하고 [OK]를 클릭합니다.

02 텐트 오브젝트 만들기

01 Pen Tool(✎)로 클릭하여 텐트 모양 하단에 2개의 닫힌 패스를 그린 후 'Fill Color : C70M40, C100M90Y10, Stroke Color : None'을 각각 지정합니다.

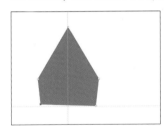 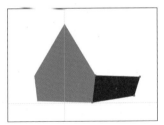

02 Pen Tool(✎)로 드래그하여 텐트 모양 오른쪽 상단에 닫힌 패스를 그리고 'Fill Color : C60M20, Stroke Color : None'을 지정합니다. 계속해서 왼쪽 상단에 닫힌 패스를 그리고 'Fill Color : C100M90Y10, Stroke Color : None'을 지정한 후 Shift+Ctrl+[를 눌러 맨 뒤로 보내기를 합니다.

합격생의 비법

Pen Tool(✎)로 앞서 드래그한 곡선 고정점에 마우스를 올리면 ▶.로 바뀝니다. 이 때 클릭하면 한 쪽 핸들이 삭제되어 다음 고정점을 직선 또는 곡선 방향이 다른 곡선 패스로 연결하여 그릴 수 있습니다.

03 Pen Tool()로 텐트 모양 중앙에 2개의 닫힌 패스를 그리고 'Fill Color : C70M90Y100, C10M20Y100, Stroke Color : None'을 각각 지정합니다.

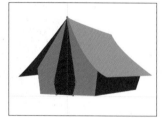 

04 Selection Tool()로 오브젝트를 선택하고 Reflect Tool()로 세로 안내선에 클릭한 후 Alt를 누르면서 왼쪽 방향으로 뒤집어 복사하여 배치합니다.

05 Direct Selection Tool()로 뒤집어 복사한 오브젝트의 왼쪽 고정점을 클릭하여 선택하고 모서리 안쪽의 를 안쪽으로 드래그하여 둥근 정도를 조절합니다.

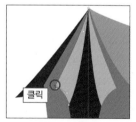 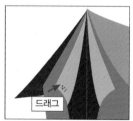 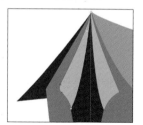

06 Pen Tool()로 3개의 열린 패스를 그리고 'Fill Color : None, Stroke Color : M30Y100' 을 지정한 후 Stroke 패널에서 'Weight : 1pt'를 지정합니다. Rounded Rectangle Tool() 로 드래그하여 둥근 사각형을 그리고 'Fill Color : K100, Stroke Color : None'을 지정한 후 Selection Tool()로 Alt를 누르면서 오른쪽으로 드래그하여 복사하여 배치합니다.

🔘 화로 오브젝트 만들기

01 Ellipse Tool(🔘)로 작업 도큐먼트를 클릭한 후 'Width : 19mm, Height : 21mm'를 입력하여 그리고 'Fill Color : 임의 색상, Stroke Color : 임의 색상'을 지정합니다.

02 Rectangle Tool(⬜)로 드래그하여 타원의 상단과 겹치도록 임의 색상의 사각형을 그립니다. Selection Tool(▶)로 타원과 함께 선택하고 Pathfinder 패널에서 'Minus Front(🔲)'를 클릭합니다.

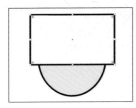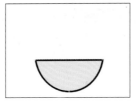

03 Selection Tool(▶)로 Alt 를 누르면서 왼쪽 상단으로 드래그하여 서로 겹치도록 복사합니다. Selection Tool(▶)로 2개의 오브젝트를 함께 선택하고 Pathfinder 패널에서 'Divide(🔲)'를 클릭합니다.

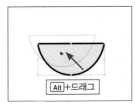

04 Selection Tool(▶)로 더블 클릭하여 Isolation Mode로 전환합니다. 왼쪽 상단의 오브젝트를 선택하고 Delete 를 눌러 삭제한 후 나머지 오브젝트를 각각 선택하고 'Fill Color : M100Y100, M80Y100K50, Stroke Color : None'을 지정한 후 Esc 를 눌러 정상 모드로 전환합니다.

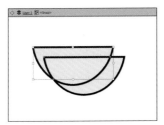

05 Rounded Rectangle Tool()로 드래그하여 상단에 둥근 사각형을 그리고 'Fill Color : M60Y100, Stroke Color : None'을 지정합니다. 계속해서 드래그하여 크기가 다른 둥근 사각형을 그리고 'Fill Color : M80Y80K60, Stroke Color : None'을 지정한 후 Shift + Ctrl + [를 눌러 맨 뒤로 보내기를 합니다. Selection Tool(▶)로 Alt 를 누르면서 오른쪽으로 드래그하여 복사한 후 [Object]-[Transform]-[Transform Again](Ctrl + D)을 선택하고 반복하여 복사합니다.

  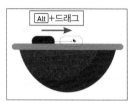 

06 Pen Tool(✏)로 열린 패스를 그리고 'Fill Color : None, Stroke Color : K10'을 지정하고 Stroke 패널에서 'Weight : 3pt, Profile : Width Profile 1'을 지정합니다. Selection Tool(▶)로 Alt 를 누르면서 오른쪽으로 드래그하여 복사한 후 [Object]-[Transform]-[Transform Again](Ctrl + D)을 선택하고 반복하여 복사합니다.

07 Selection Tool(▶)로 가운데 패스를 선택하고 바운딩 박스의 가로 중앙점을 위쪽으로 드래그하여 길이를 확대한 후 Stroke 패널에서 'Weight : 4pt'를 지정합니다.

08 Selection Tool(▶)로 3개의 패스를 선택하고 [Object]-[Expand Appearance]를 선택하여 오브젝트의 모양을 확장한 후 Ctrl + G 로 그룹을 설정합니다. 하단 3개의 둥근 사각형을 함께 선택하고 Ctrl + G 로 그룹을 설정합니다. Selection Tool(▶)로 2개의 그룹과 둥근 사각형, 분리된 하단 오브젝트를 함께 선택하고 Align 패널에서 'Horizontal Align Center(▣)'를 클릭하여 가로 가운데 정렬을 지정합니다.

09 Rounded Rectangle Tool()로 작업 도큐먼트를 클릭한 후 'Width : 1.6mm, Height : 12mm, Corner Radius : 1mm'를 입력하여 그리고 'Fill Color : C10K20, Stroke Color : None'을 지정합니다. Line Segment Tool(✏)로 Shift 를 누르면서 드래그하여 수평선을 그리고 'Fill Color : None, Stroke Color : 임의 색상'을 지정합니다.

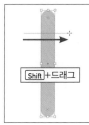

10 Selection Tool(▶)로 2개의 오브젝트를 선택하고 Pathfinder 패널에서 'Divide(⬚)'를 클릭한 후 더블 클릭하여 Isolation Mode로 전환합니다. 상단의 오브젝트를 선택하고 'Fill Color : Y30K70, Stroke Color : None'을 지정한 후 Esc 를 눌러 정상 모드로 전환합니다.

11 Selection Tool(▶)로 오브젝트를 선택하고 Rotate Tool(↻)을 디블 클릭하여 'Angle : 15°'를 지정하고 [OK]를 눌러 회전하여 배치합니다.

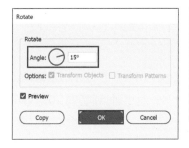

합격생의 비법

'Angle'이 음수(−)면 시계 방향으로, 양수(+)면 반시계 방향으로 회전됩니다.

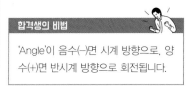

12 Reflect Tool(◁▷)로 Alt 를 누르면서 오브젝트의 가로 중앙 부분을 클릭하여 'Axis : Vertical'을 지정하고 [Copy]를 눌러 복사합니다. Rounded Rectangle Tool(▣)로 드래그하여 중앙에 그리고 'Fill Color : C10K20, Stroke Color : None'을 지정합니다.

🔵 나무와 구름 오브젝트 만들고 그라디언트 적용하기

01 Polygon Tool(⬡)로 작업 도큐먼트를 클릭한 후 'Radius : 15mm, Sides : 3'을 지정하여 삼각형을 그리고 'Fill Color : 임의 색상, Stroke Color : 임의 색상'을 지정합니다. Scale Tool(▣)을 더블 클릭하여 'Horizontal : 100%, Vertical : 70%'를 지정하고 [OK]를 지정합니다.

02 Direct Selection Tool(▷)로 드래그하여 하단 2개의 고정점을 선택하고 선택된 고정점 안쪽의 ◉를 안쪽으로 드래그하여 둥근 정도를 조절합니다.

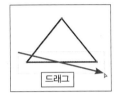 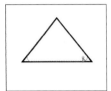 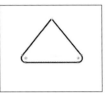

03 Selection Tool(▶)로 오브젝트를 선택한 후 Scale Tool(▣)로 작업 도큐먼트의 상단에 Alt를 누르면서 클릭하여 'Uniform : 80%'를 지정하고 [Copy]를 눌러 축소 복사합니다. Ctrl + D를 2번 눌러 클릭 지점을 향해 반복하여 축소 복사합니다.

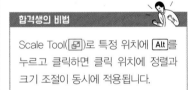

합격생의 비법

Scale Tool(▣)로 특정 위치에 Alt를 누르고 클릭하면 클릭 위치에 정렬과 크기 조절이 동시에 적용됩니다.

04 Selection Tool(▶)로 4개의 오브젝트를 함께 선택하고 Align 패널에서 'Horizontal Align Center(▣)'와 'Vertical Distribute Top(▤)'을 클릭하여 정렬과 배분을 지정합니다. Pathfinder 패널에서 'Unite(▣)'를 클릭합니다.

05 Line Segment Tool(✏)로 Shift를 누르면서 드래그하여 수직선을 그리고 'Fill Color : None, Stroke Color : 임의 색상'을 지정합니다. Selection Tool(▶)로 2개의 오브젝트를 함께 선택하고 Align 패널에서 'Horizontal Align Center(▥)'를 지정한 후 Pathfinder 패널에서 'Divide(▣)'를 클릭합니다. Selection Tool(▶)로 분할된 오브젝트를 더블 클릭하여 Isolation Mode로 전환한 후 각각 선택하고 'Fill Color : C50M20Y60, C100M70Y100, Stroke Color : None'을 지정한 후 Esc를 눌러 정상 모드로 전환합니다.

06 Ellipse Tool(⬤)로 작업 도큐먼트에 드래그하여 크기가 다른 4개의 원을 서로 겹치도록 배치합니다. Selection Tool(▶)로 4개의 오브젝트를 함께 선택하고 Pathfinder 패널에서 'Unite(▣)'를 클릭하고 'Fill Color : C20, Stroke Color : None'을 지정합니다.

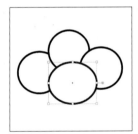  

07 Scale Tool(▦)을 더블 클릭하여 'Uniform : 150%'를 지정하고 [Copy]를 눌러 확대 복사하여 배치합니다. Gradient 패널에서 'Type : Linear Gradient, Angle : 90°'를 적용하고 Gradient Slider의 왼쪽 'Color Stop'을 더블 클릭하여 C20을, 오른쪽 'Color Stop'을 더블 클릭하여 C50M20을 적용한 후, 'Stroke Color : None'을 지정합니다.

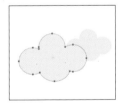 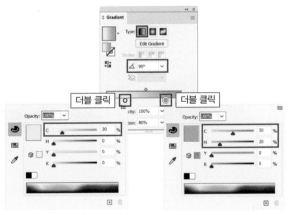 

05 브러쉬와 이펙트 적용하기

01 Line Segment Tool(✐)로 [Shift]를 누르면서 텐트 모양 하단에 왼쪽에서 오른쪽으로 드래그하여 수평선을 그리고 'Fill Color : None, Stroke Color : M40Y70K90'을 지정하고 Stroke 패널에서 'Weight : 1pt'를 지정합니다.

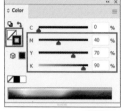

합격생의 비법

Line Segment Tool(✐)로 [Shift]를 누르고 드래그하면 수평선, 수직선, 45° 사선을 그릴 수 있습니다.

02 Brushes 패널 하단의 'Brush Libraries Menu'를 클릭하고 [Artistic]-[Artistic_Water-color]을 선택하여 추가 브러쉬 패널을 불러온 후 'Watercolor Stroke 3'을 선택하여 적용합니다.

03 Selection Tool(▶)로 [Shift]를 누르면서 나무 오브젝트와 함께 선택하고 [Shift]+[Ctrl]+[[]를 눌러 맨 뒤로 보내기를 지정합니다.

04 Line Segment Tool(✐)로 왼쪽 상단에서 오른쪽 하단으로 드래그하여 사선을 그리고 'Fill Color : None, Stroke Color : 임의 색상'을 지정하고 Stroke 패널에서 'Weight : 1pt'를 지정합니다. Brushes 패널 하단의 'Brush Libraries Menu'를 클릭하고 [Decorative]-[Decorative_Banners and Seals]를 선택하여 추가 브러쉬 패널을 불러온 후 'Banner 14'를 선택하여 적용합니다.

05 [Effect]-[Illustrator Effects]-[Stylize]-[Drop Shadow]를 선택하고 'Opacity : 75%, X Offset : 1mm, Y Offset : 1mm, Blur : 1mm'를 지정하여 그림자 효과를 적용합니다.

06 패스를 따라 흐르는 문자 입력하기

01 Pen Tool()로 드래그하여 문자를 입력할 열린 곡선 패스를 브러쉬 위쪽에 그리고 'Fill Color : None, Stroke Color : 임의 색상'을 지정합니다.

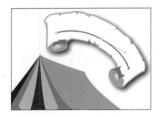

02 Type on a Path Tool()로 열린 곡선 패스의 왼쪽을 클릭한 후 Character 패널에서 'Set the font family : Arial, Set the font style : Regular, Set the font size : 13pt'를 설정하고 'Fill Color : C30M60Y100, Stroke Color : None'을 지정합니다. Paragraph 패널에서 Align center()을 설정하고 Let's enjoy nature를 입력합니다.

  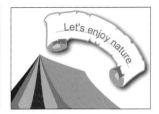

07 문자 입력하고 변형하기

01 Type Tool()로 도큐먼트를 클릭한 후 Character 패널에서 'Set the font family : Arial, Set the font style : Bold, Set the font size : 25pt'를 설정하고 'Fill Color : C90M40Y100K40, Stroke Color : None'을 지정한 후 CAMPING을 입력합니다. [Type]-[Create Outlines](Shift+Ctrl+O)를 선택하여 문자를 윤곽선으로 변환합니다.

02 Line Segment Tool()로 Shift를 누르면서 드래그하여 수평선을 그리고 'Fill Color : None, Stroke Color : 임의 색상'을 지정하고 Stroke 패널에서 'Weight : 1pt'를 지정한 후 [Object]-[Path]-[Outline Stroke]를 선택하고 선을 면으로 확장합니다. Selection Tool()로 문자 오브젝트와 함께 선택하고 Pathfinder 패널에서 'Trim()'을 클릭합니다.

03 Selection Tool(▶)로 분할된 오브젝트를 더블 클릭하여 Isolation Mode로 전환합니다. 사각형 오브젝트를 선택하고 Delete 를 눌러 삭제한 후 Shift 를 누르면서 분리된 상단 오브젝트를 모두 선택하고 'Fill Color : M50Y100, Stroke Color : None'을 지정한 후 Esc 를 눌러 정상 모드로 전환합니다.

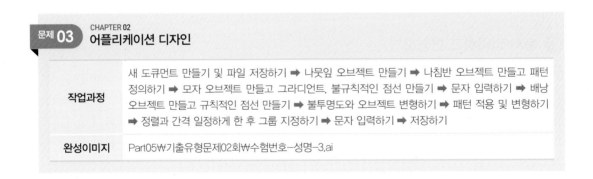

08 저장하기

01 [View]-[Guides]-[Hide Guides](Ctrl + ;)를 선택하여 안내선을 숨기고 [View]-[Fit Artboard in Window](Ctrl + 0)를 선택하여 현재 창에 맞추기를 합니다.

02 [File]-[Save As]를 선택하고 '저장 위치 : 내 PC₩문서₩GTQ, 파일 형식 : Adobe Illustrator(*AI), 파일 이름 : 수험번호-성명-문제번호.ai'를 확인하고 [저장]을 클릭한 후 [Illustrator Options] 대화상자에서 'Version : Illustrator 2020'으로 설정하고 [OK]를 클릭합니다.

03 답안 저장이 완료가 되면 [File]-[Close](Ctrl + W)를 선택하여 파일을 닫고 수험 프로그램에서 [답안 전송]을 클릭하여 감독관 컴퓨터로 전송합니다.

문제 **03**	CHAPTER 02 **어플리케이션 디자인**	
작업과정	새 도큐먼트 만들기 및 파일 저장하기 ➡ 나뭇잎 오브젝트 만들기 ➡ 나침반 오브젝트 만들고 패턴 정의하기 ➡ 모자 오브젝트 만들고 그라디언트, 불규칙적인 점선 만들기 ➡ 문자 입력하기 ➡ 배낭 오브젝트 만들고 규칙적인 점선 만들기 ➡ 불투명도와 오브젝트 변형하기 ➡ 패턴 적용 및 변형하기 ➡ 정렬과 간격 일정하게 한 후 그룹 지정하기 ➡ 문자 입력하기 ➡ 저장하기	
완성이미지	Part05₩기출유형문제02회₩수험번호-성명-3.ai	

01 새 도큐먼트 만들기 및 파일 저장하기

01 [File]-[New]를 선택하고 'Width : 120mm, Height : 80mm, Units : Millimeters, Color Mode : CMYK'를 설정하여 새 도큐먼트를 만들고 [View]-[Rulers]-[Show Rulers](Ctrl + R)를 선택하여 눈금자를 표시합니다.

02 작품의 규격 왼쪽 상단에 원점(0,0)을 확인하고 왼쪽과 상단 눈금자 위에서 마우스로 각각 드래그하여 제시된 출력형태와 레이아웃 구성이 동일하게 안내선을 표시합니다.

03 작업 도큐먼트를 저장하기 위해 [File]-[Save As]를 선택하고 '저장 위치 : 내 PC₩문서₩ GTQ, 파일 형식 : Adobe Illustrator(*AI), 파일 이름 : 수험번호-성명-문제번호'를 입력하고 [저장]을 클릭한 후 [Illustrator Options] 대화상자에서 'Version : Illustrator 2020'으로 설정하고 [OK]를 클릭합니다.

02 나뭇잎 오브젝트 만들기

01 Ellipse Tool(◉)로 작업 도큐먼트를 클릭한 후 'Width : 9.5mm, Height : 16mm'를 입력하여 그리고 'Fill Color : 임의 색상, Stroke Color : 임의 색상'을 지정합니다.

02 Direct Selection Tool(▷)로 상단 고정점을 클릭하여 선택하고 [Object]-[Transform]-[Move]를 선택하고 'Horizontal : 0mm, Vertical : −5mm'를 입력하고 [OK]를 눌러 이동한 후 Scale Tool(⬚)을 더블 클릭하여 'Uniform : 20%'를 지정하고 [OK]를 눌러 패스를 축소합니다.

03 [Effect]-[Illustrator Effects]-[Distort & Transform]-[Zig Zag]를 선택하고 'Size : 0.27mm, Absolute : 체크, Ridges per segment : 5, Points : Smooth'를 지정하고 패스를 왜곡한 후 [Object]-[Expand Appearance]를 선택하여 오브젝트의 모양을 확장합니다.

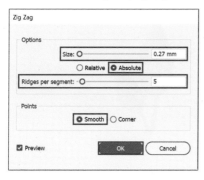 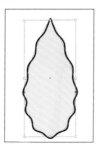 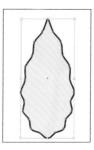

04 Line Segment Tool(✏)로 Shift를 누르면서 드래그하여 수직선을 그리고 'Fill Color : None, Stroke Color : 임의 색상'을 지정합니다. Selection Tool(▶)로 2개의 오브젝트를 함께 선택하고 Align 패널에서 'Horizontal Align Center(▦)'를 지정합니다.

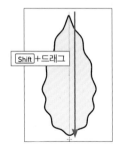  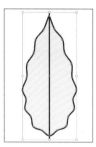

05 Pathfinder 패널에서 'Divide(▣)'를 클릭한 후 Selection Tool(▶)로 분할된 오브젝트를 더블 클릭하여 Isolation Mode로 전환한 후 각각 선택하고 'Fill Color : C10M40Y80K40, C10M40Y80, Stroke Color : None'을 지정합니다.

06 Ellipse Tool(◯)로 Shift를 누르면서 드래그하여 크기가 다른 3개의 정원을 겹치도록 그리고 'Fill Color : 임의 색상, Stroke Color : 임의 색상'을 지정합니다. Selection Tool(▶)로 왼쪽 오브젝트를 정원과 함께 선택하고 Pathfinder 패널에서 'Minus Front(▣)'를 클릭합니다. 동일한 방법으로 오른쪽 오브젝트도 완료한 후 Esc를 눌러 정상 모드로 전환합니다.

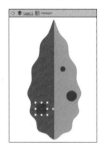  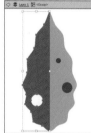 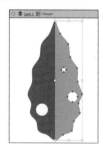

07 Pen Tool(✒)로 닫힌 패스를 그리고 'Fill Color : C10M40Y80K40, Stroke Color : None'을 지정하고 Ctrl+[를 눌러 뒤로 보내기를 합니다. Ctrl+A로 모두 선택하고 Scale Tool(▣)을 더블 클릭하여 'Uniform : 65%'를 지정하고 [Copy]를 눌러 축소 복사합니다. Rotate Tool(↻)을 더블 클릭하여 'Angle : −30°'를 지정하고 [OK]를 눌러 회전하여 배치합니다.

08 Rotate Tool(⟳)로 Alt 를 누르면서 하단 고정점에 클릭하여 'Angle : 65°'를 지정하고 [Copy]를 눌러 회전하여 복사하고 배치합니다. Ctrl + A 로 모두 선택하고 Rotate Tool(⟳) 을 더블 클릭하여 'Angle : 30°'를 지정하고 [OK]를 눌러 회전합니다.

03 나침반 오브젝트 만들고 패턴 정의하기

01 Ellipse Tool(◉)로 Alt 를 누르면서 안내선의 교차 지점에 클릭하여 'Width : 18mm, Height : 18mm'를 입력하여 그리고 'Fill Color : K100, Stroke Color : None'을 지정합니다. Scale Tool(⊡)을 더블 클릭하여 'Uniform : 90%'를 지정하고 [Copy]를 눌러 축소 복사한 후 'Fill Color : K20, Stroke Color : None'을 지정합니다.

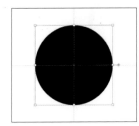 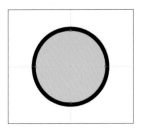

02 Scale Tool(⊡)을 더블 클릭하여 'Uniform : 20%'를 지정하고 [Copy]를 눌러 축소 복사한 후 'Fill Color : C0M0Y0K0, Stroke Color : None'을 지정합니다. 계속해서 더블 클릭하여 'Uniform : 74%'를 지정하고 [Copy]를 눌러 축소 복사한 후 'Fill Color : K100, Stroke Color : None'을 지정합니다.

03 Ellipse Tool(◉)로 Alt 를 누르면서 수직의 안내선에 클릭하여 'Width : 3mm, Height : 3mm'를 입력하여 그리고 'Fill Color : K100, Stroke Color : None'을 지정합니다.

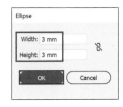 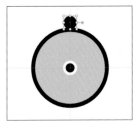

04 Rounded Rectangle Tool(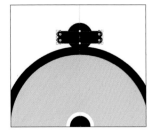)로 드래그하여 정원과 겹치도록 둥근 사각형을 그리고 'Fill Color : K100, Stroke Color : None'을 지정합니다. Selection Tool(▶)로 6개의 오브젝트를 함께 선택하고 Align 패널에서 'Horizontal Align Center(▦)'를 지정합니다.

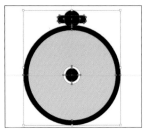

05 Line Segment Tool(╱)로 Shift를 누르면서 드래그하여 수직선을 그리고 'Fill Color : None, Stroke Color : K100'을 지정하고 Stroke 패널에서 'Weight : 1.5pt, Cap : Round Cap'을 지정합니다. [Object]-[Path]-[Outline Stroke]를 선택하고 선을 면으로 확장합니다.

06 Rotate Tool(↻)로 Alt를 누르면서 안내선의 교차 지점에 클릭하여 'Angle : 30°'를 지정하고 [Copy]를 눌러 회전 복사한 후 Ctrl+D를 10번 눌러 반복하여 회전 복사합니다.

07 Star Tool(★)로 안내선의 교차 지점에 클릭한 후 'Radius 1 : 6mm, Radius 2 : 1.5mm, Points : 4'를 입력하여 그리고 'Fill Color : C30M30Y40, Stroke Color : None'을 지정합니다. Ctrl+[를 여러 번 눌러 뒤로 보내기를 합니다.

08 Rotate Tool()을 더블 클릭하여 'Angle : 45°'를 지정하고 [Copy]를 눌러 회전 복사한 후 Scale Tool(⧉)을 더블 클릭하여 'Uniform : 65%'를 지정하고 [OK]를 눌러 축소하고 'Fill Color : C50M50Y60K20, Stroke Color : None'을 지정합니다. Ctrl + [ ]를 눌러 뒤로 보내기를 합니다.

09 Rectangle Tool(▣)로 작업 도큐먼트를 클릭한 후 'Width : 25mm, Height : 25mm'를 지정하여 그리고 'Fill Color : C20M10Y80, Stroke Color : None'을 지정합니다. Shift + Ctrl + [ ]를 눌러 맨 뒤로 보내기를 합니다.

10 Selection Tool(▶)로 사각형을 제외한 나침반 오브젝트를 모두 선택하고 Ctrl + G 로 그룹을 지정합니다. 사각형과 함께 선택하고 Align 패널에서 'Horizontal Align Center(▤)'와 'Vertical Align Center(▥)'를 클릭하여 가운데 정렬을 지정합니다.

11 [Object]-[Pattern]-[Make]를 선택하고 Pattern Options에서 'Name : 나침반'을 지정하고 패턴으로 등록합니다. Esc 를 눌러 패턴의 편집 모드에서 정상 모드로 전환합니다.

04 모자 오브젝트 만들고 그라디언트, 불규칙적인 점선 만들기

01 Rounded Rectangle Tool(▣)로 작업 도큐먼트에 클릭한 후 'Width : 21mm, Height : 25mm, Corner Radius : 7mm'를 입력하여 그리고 'Fill Color : 임의 색상, Stroke Color : 임의 색상'을 지정합니다. Ellipse Tool(◉)로 작업 도큐먼트를 클릭하여 'Width : 38mm, Height : 24mm'를 입력하여 그리고 'Fill Color : None, Stroke Color : 임의 색상'을 지정하고 겹치도록 배치합니다.

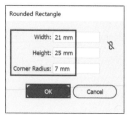  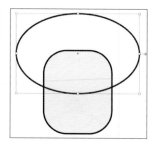

02 [Object]−[Transform]−[Move]를 선택하고 'Horizontal : 0mm, Vertical : 3mm'를 지정하고 [Copy]를 눌러 아래쪽으로 이동하여 복사합니다.

03 Selection Tool(▶)로 3개의 오브젝트를 선택하고 Pathfinder 패널에서 'Divide(▣)'를 클릭하고 분할된 오브젝트를 더블 클릭하여 Isolation Mode로 전환합니다. Shift 를 누른 채 불필요한 오브젝트를 함께 선택하고 Delete 를 눌러 삭제합니다. 하단 오브젝트를 선택하고 'Fill Color : C60M60Y70K50, Stroke Color : None'을 지정한 후 Esc 를 눌러 정상 모드로 전환합니다.

04 Ellipse Tool(◉)로 작업 도큐먼트를 클릭한 후 'Width : 51mm, Height : 22mm'를 입력하여 그리고 'Fill Color : 임의 색상, Stroke Color : 임의 색상'을 지정하고 Ctrl + [를 눌러 뒤로 보내기를 합니다. Direct Selection Tool(▷)로 고정점과 곡선의 핸들을 각각 조절하여 패스를 변형합니다.

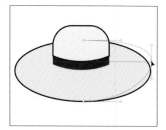  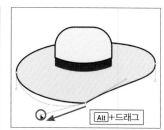

05 Selection Tool(▶)로 [Alt]를 누르면서 변형된 오브젝트를 위쪽으로 드래그하여 복사합니다. 하단 오브젝트를 선택하고 'Fill Color : C30M60Y80K20, Stroke Color : None'을 지정합니다.

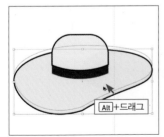 

06 Selection Tool(▶)로 상단 모자챙 오브젝트를 선택하고 Gradient 패널에서 'Type : Linear Gradient, Angle : 0°'를 적용하고 Gradient Slider의 왼쪽 'Color Stop'을 더블 클릭하여 C10M20Y90을, 오른쪽 'Color Stop'을 더블 클릭하여 C30M50Y100을 적용한 후, 'Stroke Color : None'을 지정합니다. Direct Selection Tool(▷)로 상단 오브젝트를 선택하고 동일한 그라디언트를 적용하고 Gradient 패널에서 'Angle : -90°'를 적용합니다.

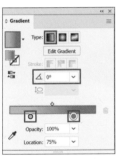  

합격생의 비법

도큐먼트의 오브젝트에 적용된 색상과 동일한 색상 빠르게 지정하기

오브젝트를 선택한 후 Eyedropper Tool(✐)로 이미 색상이 적용된 오브젝트를 클릭합니다.

07 Pen Tool(✐)로 드래그하여 모자 끈 모양의 열린 곡선 패스를 그린 후 'Fill Color : None, Stroke Color : K100'을 지정하고 Stroke 패널에서 'Weight : 4pt, Profile : Width Profile 2'를 지정합니다. [Object]-[Path]-[Outline Stroke]를 선택하고 선을 면으로 확장한 후 [Shift]+[Ctrl]+[[]를 눌러 맨 뒤로 보내기를 합니다.

08 Selection Tool(▶)로 그라디언트가 적용된 모자 챙 오브젝트를 선택하고 [Object]–[Path]–[Offset Path]를 선택하고 'Offset : −1mm'를 지정하고 [OK]를 클릭한 후 'Fill Color : None, Stroke Color : K100'을 지정합니다. Stroke 패널에서 'Weight : 1pt, Dashed Line : 체크, dash : 3pt, gap : 8pt, dash : 2pt'를 지정합니다.

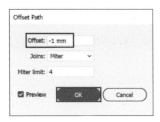  

09 Selection Tool(▶)로 도큐먼트 상단의 오른쪽 나뭇잎 오브젝트를 선택하고 Ctrl+C로 복사한 후 모자 상단 오브젝트를 더블 클릭하여 Isolation Mode로 전환한 후 Ctrl+V로 붙여넣기를 합니다. Pathfinder 패널에서 'Unite(◼)'를 클릭하고 'Fill Color : C10M80Y90K30, Stroke Color : None'을 지정합니다.

 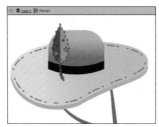 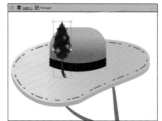

10 Rotate Tool(⟳)을 더블 클릭하여 'Angle : 10°'를 지정하고 [OK]를 눌러 회전하고 배치합니다. 하단 오브젝트를 선택하고 Ctrl+]를 눌러 앞으로 가져오기를 하고 Esc를 눌러 정상 모드로 전환합니다.

🄳 문자 입력하기

01 Type Tool(T)로 작업 도큐먼트를 클릭한 후 Character 패널에서 'Set the font family : Times New Roman, Set the font style : Bold, Set the font size : 6pt'를 설정하고 'Fill Color : C20M10Y80, Stroke Color : None'을 지정한 후 FOREST를 입력합니다.

06 배낭 오브젝트 만들고 규칙적인 점선 만들기

01 Rectangle Tool(▢)로 작업 도큐먼트를 클릭한 후 'Width : 33mm, Height : 40mm'를 지정하여 그리고 'Fill Color : C80M40Y20, Stroke Color : None'을 지정합니다. Direct Selection Tool(▷)로 드래그하여 하단 2개의 고정점을 선택하고 Scale Tool(▣)을 더블 클릭하여 'Uniform : 113%'를 지정하고 [OK]를 눌러 패스를 확대합니다.

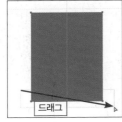

02 Rounded Rectangle Tool(▢)로 작업 도큐먼트를 클릭한 후 'Width : 39mm, Height : 12.5mm, Corner Radius : 3mm'를 지정하여 그리고 'Fill Color : C80M50Y90K40, Stroke Color : None'을 지정하고 하단에 배치합니다. [Object]-[Transform]-[Move]를 선택하고 'Horizontal : 0mm, Vertical : −4.5mm'를 입력하고 [Copy]를 클릭하고 이동하여 복사한 후 'Fill Color : 임의 색상, Stroke Color : None'을 지정합니다.

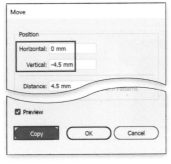

03 Rounded Rectangle Tool(▢)로 작업 도큐먼트를 클릭한 후 'Width : 47mm, Height : 9.5mm, Corner Radius : 5mm'를 지정하여 그리고 'Fill Color : C10M50Y90, Stroke Color : 임의 색상'을 지정하고 상단에 배치합니다.

04 Selection Tool(▶)로 Alt 를 누르면서 왼쪽 상단으로 드래그하여 복사하여 배치합니다. Selection Tool(▶)로 2개의 오브젝트를 함께 선택하고 Pathfinder 패널에서 'Divide(▣)'를 클릭한 후 더블 클릭하여 Isolation Mode로 전환합니다. 불필요한 오브젝트를 선택하고 Delete 를 눌러 삭제합니다. 하단 오브젝트를 선택하고 'Fill Color : C10M50Y90K30'을 지정한 후 Ctrl + A 로 모두 선택하고 'Stroke Color : None'을 지정한 후 Esc 를 눌러 정상 모드로 전환합니다.

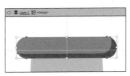

05 Rectangle Tool(▢)로 작업 도큐먼트를 클릭한 후 'Width : 28mm, Height : 20mm'를 지정하여 그리고 'Fill Color : C80M50Y90K40, Stroke Color : None'을 지정합니다.

06 Add Anchor Point Tool(✎)로 사각형 하단 중앙의 선분을 클릭하여 고정점을 추가하고 [Object]-[Transform]-[Move]를 선택하고 'Horizontal : 0mm, Vertical : 4mm'를 지 정하고 [OK]를 눌러 아래로 이동합니다. Direct Selection Tool(▷)로 Shift 를 누르면서 사 각형 하단 2개의 고정점을 선택하고 Scale Tool(⊡)을 더블 클릭하여 'Uniform : 113%'를 지정하고 [OK]를 눌러 패스를 확대합니다.

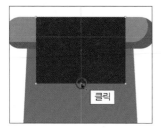
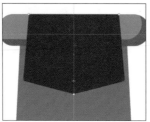

07 Direct Selection Tool(▷)로 선택된 2개의 고정점 안쪽의 ◉를 안쪽으로 드래그하여 둥근 정도를 조절합니다. Selection Tool(▶)로 오브젝트를 선택하고 Alt + Shift 를 누르면서 위 쪽으로 드래그하여 복사한 후 'Fill Color : C90M70Y30K10, Stroke Color : None'을 지 정합니다.

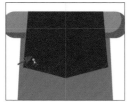
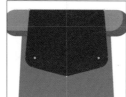
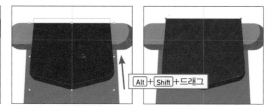

08 [Object]-[Path]-[Offset Path]를 선택하고 'Offset : -1mm'를 지정하고 [OK]를 클릭한 후 'Fill Color : None, Stroke Color : K50'을 지정하고 Stroke 패널에서 'Weight : 1pt, Dashed Line : 체크, dash : 3pt'를 지정합니다. Direct Selection Tool(▷)로 상단의 선 분을 선택하고 Delete 를 눌러 삭제한 후 열린 점선 패스의 끝 고정점을 각각 선택하고 길이를 각각 조절합니다.

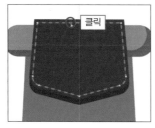

09 Rounded Rectangle Tool(▣)로 드래그하여 둥근 사각형을 그리고 'Fill Color : None, Stroke Color : K100'을 지정하고 Stroke 패널에서 'Weight : 7pt'를 지정합니다. [Object]-[Path]-[Outline Stroke]를 선택하고 선을 면으로 확장한 후 Shift+Ctrl+[를 눌러 맨 뒤로 보내기를 합니다.

 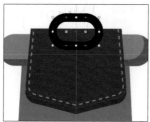 

10 Rectangle Tool(▣)로 작업 도큐먼트를 클릭한 후 'Width : 2.5mm, Height : 25mm'를 입력하여 그리고 'Fill Color : C40M70Y90K50, Stroke Color : None'을 지정합니다. Direct Selection Tool(▷)로 사각형 하단 2개의 고정점을 선택한 후, 선택된 고정점 안쪽의 ◉를 안쪽으로 드래그하여 둥근 정도를 조절하고 왼쪽 하단으로 이동하여 패스를 변형합니다.

11 Rounded Rectangle Tool(▣)로 작업 도큐먼트를 클릭한 후 'Width : 4.5mm, Height : 5.5mm, Corner Radius : 2mm'를 입력하여 둥근 사각형을 겹치도록 그리고 'Fill Color : None, Stroke Color : K20'을 지정하고 Stroke 패널에서 'Weight : 2pt'을 지정합니다. Line Segment Tool(╱)로 Shift 를 누르면서 드래그하여 수평선을 그리고 'Fill Color : None, Stroke Color : K20'을 지정하고 Stroke 패널에서 'Weight : 2pt'을 지정한 후 Shift+Ctrl+[를 눌러 맨 뒤로 보내기를 합니다.

12 Selection Tool(▶)로 2개의 오브젝트를 함께 선택하고 Align 패널에서 'Horizontal Align Center(┃┃)'와 'Vertical Align Center(┃┃)'를 클릭하여 가운데 정렬을 지정한 후 [Object]-[Path]-[Outline Stroke]를 선택하고 선을 면으로 확장합니다.

  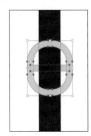

13 Selection Tool(▶)로 3개의 오브젝트를 함께 선택하고 Ctrl+G를 눌러 그룹을 지정합니다. Rotate Tool(↻)을 더블 클릭하여 'Angle : -6°'를 지정하고 [OK]를 눌러 회전하여 배치합니다.

14 Pen Tool(✎)로 드래그하여 2개의 열린 곡선 패스를 그리고 'Fill Color : None, Stroke Color : C40M70Y80K20'을 지정하고 Stroke 패널에서 'Weight : 13pt'를 지정합니다. 계속해서 열린 곡선 패스를 하단에 그리고 'Fill Color : None, Stroke Color : K100'을 지정하고 Stroke 패널에서 'Weight : 6pt'를 지정합니다. Selection Tool(▶)로 2개의 열린 패스를 함께 선택하고 [Object]-[Path]-[Outline Stroke]를 선택하고 선을 면으로 확장한 후 Shift+Ctrl+[를 눌러 맨 뒤로 보내기를 합니다.

15 Selection Tool(▶)로 그룹으로 지정된 오브젝트와 함께 선택하고 Reflect Tool(◀▶)로 Alt 를 누르면서 수직의 안내선에 클릭하여 'Axis : Vertical'을 지정하고 [Copy]를 눌러 복사한 후 배낭 끈은 Shift+Ctrl+[를 눌러 맨 뒤로 보내기를 합니다.

07 불투명도와 오브젝트 변형하기

01 Rectangle Tool(▢)로 작업 도큐먼트를 클릭한 후 'Width : 23mm, Height : 15mm'를 입력하여 그리고 'Fill Color : C0M0Y0K0, Stroke Color : None'을 지정합니다. Direct Selection Tool(▷)로 Shift 를 누르면서 사각형 하단 2개의 고정점을 선택한 후 선택된 고정점 안쪽의 ◉를 안쪽으로 드래그하여 둥근 정도를 조절합니다.

02 [Object]-[Path]-[Offset Path]를 선택하고 'Offset : -1mm'를 지정하고 [OK]를 클릭한 후 'Fill Color : None, Stroke Color : K50'을 지정하고 Stroke 패널에서 'Weight : 1pt, Dashed Line : 체크, dash : 3pt'를 지정합니다. Selection Tool(▶)로 바깥쪽 오브젝트를 선택하고 Transparency 패널에서 'Opacity : 60%'를 지정합니다.

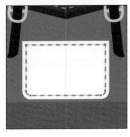 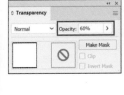 

03 Selection Tool(▶)로 3개의 나뭇잎 오브젝트를 선택하고 [Ctrl]+[C]로 복사하고 [Ctrl]+[V]로 붙여 넣기를 합니다. Reflect Tool(◄►)을 더블 클릭하여 'Axis : Vertical'을 지정하고 [OK]를 눌러 뒤집은 후 Scale Tool(▧)을 더블 클릭하여 'Uniform : 75%'를 지정하고 [OK]를 눌러 축소합니다.

04 [Object]-[Path]-[Offset Path]를 선택하고 'Offset : 1mm'를 지정하고 [OK]를 눌러 오브젝트를 확장합니다. Pathfinder 패널에서 'Unite(▣)'를 클릭하여 합치고 'Fill Color : C20M10Y80, Stroke Color : None'을 지정합니다. Selection Tool(▶)로 나뭇잎 오브젝트를 모두 선택하고 [Shift]+[Ctrl]+[G]를 2번 눌러 그룹을 해제합니다.

 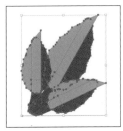  

05 Selection Tool(▶)로 'Fill Color : C20M10Y80, Stroke Color : None'을 지정한 오브젝트를 선택하고 [Shift]+[Ctrl]+[[]를 눌러 맨 뒤로 보내기를 합니다. Selection Tool(▶)로 나뭇잎 오브젝트를 모두 선택하고 [Ctrl]+[G]를 눌러 그룹을 지정하고 불투명도가 적용된 오브젝트와 겹치도록 배치한 후 [Ctrl]+[[]를 여러 번 눌러 뒤로 보내기를 하고 배치합니다.

08 패턴 적용 및 변형하기

01 Selection Tool(▶)로 하단 오브젝트를 선택하고 Swatches 패널에 등록된 나침반 패턴을 클릭하여 면 색상에 적용합니다.

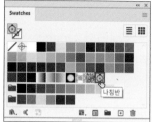 

02 Scale Tool(▣)을 더블 클릭하고 'Uniform : 20%, Transform Objects : 체크 해제, Transform Patterns : 체크'를 지정하여 패턴의 크기만을 축소합니다. Rotate Tool(↻)을 더블 클릭하여 'Angle : 45˚, Transform Objects : 체크 해제, Transform Patterns : 체크'를 지정하여 패턴을 회전합니다.

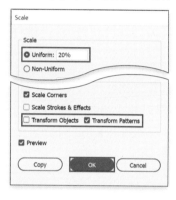 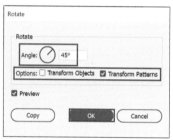 

03 Pen Tool(✐)로 드래그하여 닫힌 패스를 그리고 'Fill Color : C0M0Y0K0, Stroke Color : None'을 지정한 후 Transparency 패널에서 'Opacity : 60%'를 지정합니다.

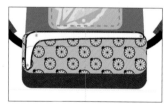 

09 정렬과 간격 일정하게 한 후 그룹 지정하기

01 Ellipse Tool(⬭)로 작업 도큐먼트를 클릭한 후 'Width : 18mm, Height : 12mm'를 입력하여 그리고 'Fill Color : C40K30, Stroke Color : None'을 지정합니다.

02 Selection Tool(▶)로 나뭇잎 모양의 왼쪽 오브젝트를 선택하고 Ctrl+C로 복사하고 Ctrl+V로 붙여 넣기를 한 후 Scale Tool(▣)을 더블 클릭하고 'Uniform : 30%, Transform Objects : 체크, Transform Patterns : 체크 해제'를 지정하여 축소합니다. Rotate Tool(↻)을 더블 클릭하여 'Angle : −30˚'를 지정하여 회전합니다.

03 Pathfinder 패널에서 'Unite(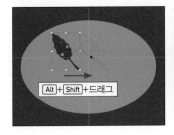)'를 클릭한 후 'Fill Color : C90M70Y30K10, Stroke Color : None'을 지정합니다. Selection Tool(▶)로 Alt + Shift 를 누르면서 오른쪽으로 드래그하여 복사하고 Ctrl + D 를 눌러 반복 복사합니다. 3개의 나뭇잎 오브젝트를 선택하고 Ctrl + G 로 그룹을 지정합니다.

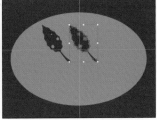
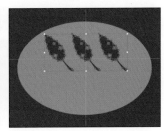

⑩ 문자 입력하기

01 Type Tool(T)로 작업 도큐먼트를 클릭한 후 Character 패널에서 'Set the font family : Arial, Set the font style : Bold, Set the font size : 5pt'를 설정하고 Paragraph 패널에서 'Align center(≡)'를 지정하고 'Fill Color : C40M70Y90K50, Stroke Color : None'을 지정한 후 ADVENTURE TIME을 입력합니다.

⑪ 저장하기

01 [View]-[Guides]-[Hide Guides](Ctrl + ;)를 선택하여 안내선을 숨기고 [View]-[Fit Artboard in Window](Ctrl + 0)를 선택하여 현재 창에 맞추기를 합니다.

02 [File]-[Save As]를 선택하고 '저장 위치 : 내 PCW문서WGTQ, 파일 형식 : Adobe Illustrator(*AI), 파일 이름 : 수험번호-성명-문제번호.ai'를 확인하고 [저장]을 클릭한 후 [Illustrator Options] 대화상자에서 'Version : Illustrator 2020'으로 설정하고 [OK]를 클릭합니다.

03 답안 저장이 완료가 되면 [File]-[Exit](Ctrl + Q)를 선택하여 일러스트레이터 프로그램을 종료하고 수험 프로그램에서 [답안 전송]을 클릭하여 감독관 컴퓨터로 전송합니다.

급수	문제유형	시험시간	수험번호	성명
2급	A	90분		

수 험 자 유 의 사 항

- 수험자는 문제지를 받는 즉시 응시하고자 하는 과목 및 급수가 맞는지 확인한 후 수험번호와 성명을 작성합니다.
- 파일명은 본인의 "수험번호–성명–문제번호"로 공백 없이 정확히 입력하고 답안폴더(내 PC₩문서₩GTQ)에 ai 파일 포맷으로 저장해야 하며, 다른 파일 형식으로 저장하였을 경우 0점 처리됩니다. 답안문서 파일명이 "수험번호–성명–문제번호"와 일치하지 않거나, 답안 파일을 전송하지 않아 미제출로 처리될 경우 불합격 처리됩니다.
- 수험자 정보와 저장한 파일명, 저장 위치가 다를 경우 전송이 되지 않으므로, 주의하시기 바랍니다.
- 답안 작성 중에도 주기적으로 '저장'과 '답안 전송'을 이용하여 감독위원 PC로 답안을 전송하셔야 합니다. (※ 작업한 내용을 저장하지 않고 전송할 경우 이전의 저장내용이 전송되오니 이점 반드시 유념하시기 바랍니다.)
- 답안문서는 지정된 경로 외의 다른 보조기억장치에 저장하는 행위, 지정된 시험 시간 외에 작성된 파일을 활용한 행위, 기타 통신수단(이메일, 메신저, 네트워크 등)을 이용하여 타인에게 전달 또는 외부 반출하는 행위는 부정으로 간주되어 자격기본법 제32조에 의거 본 시험 및 국가공인 자격시험을 2년간 응시할 수 없습니다.
- 시험 중 부주의 또는 고의로 시스템을 파손한 경우와 〈수험자 유의사항〉에 기재된 방법대로 이행하지 않아 생기는 불이익은 수험자의 책임임을 알려 드립니다.
- 시험을 완료한 수험자는 최종적으로 저장한 답안파일이 전송되었는지 확인한 후 감독위원의 지시에 따라 문제지를 제출하고 퇴실합니다.

답 안 작 성 요 령

- 온라인 답안 작성 절차
  수험자 등록 ⇒ 시험 시작 ⇒ 답안파일 저장 ⇒ 답안 전송 ⇒ 시험 종료
- 배점은 총 100점으로 이루어지며, 점수는 각 문제별로 차등 배분됩니다.
- 각 문제는 제시된 조건에 맞게 답안을 작성하셔야 하며, 조건을 지키지 못했을 경우에는 0점 또는 감점 처리됩니다.
- 조건에서 주어진 단위는 'mm(밀리미터)'입니다. 눈금자는 작성하지 않으며, 그 외는 출력형태(레이아웃, 색상, 문자, 규격 등)와 같게 작업하십시오.
- 문제 조건에 서체의 지정이 없을 경우 한글은 굴림이나 돋움, 영문은 Arial로 작업하십시오. (단, 그 외 제시되지 않은 문자 속성을 기본값으로 작성하지 않은 경우는 감점 처리됩니다.)
- 문제 조건에 크기와 색상, 두께의 지정이 없을 경우 《출력형태》를 참고하여 작업해 주시기 바랍니다.
- Image Mode(이미지 모드)는 별도의 처리조건이 없을 경우에는 CMYK로 작업하십시오.
- 조건에서 제시한 기능을 임의로 합치거나 각 기능에 대한 속성을 해지할 경우 해당 요소는 0점 처리됩니다.

한 국 생 산 성 본 부

다음의 《조건》에 따라 아래의 《출력형태》와 같이 작업하시오.

파일저장규칙	AI	파일명	문서₩GTQ₩수험번호-성명-1.ai
		크기	100 × 80mm

1. 작업 방법

① 도형, 변형 툴과 Pathfinder 기능을 활용하여 오브젝트를 작성한다.
② 그 외 《출력형태》 참조

C10M50Y70,
C60M80Y80K50,
Y20K10,
K100,
C0M0Y0K0,
C10M60Y70K10,
M20Y30K10,
C10M50Y70K30,
M40Y50K20,
[Stroke] M50Y80, 1pt,
K100, 1pt

다음의 《조건》에 따라 아래의 《출력형태》와 같이 작업하시오.

조건

파일저장규칙	AI	파일명	문서₩GTQ₩수험번호−성명−2.ai
		크기	100 × 80mm

1. 작업 방법
① 'HAPPY SAPARI' 문자에 Arial (Bold) 폰트를 적용한다.
② 'Welcome to the Jungle' 문자에 Type on a Path Tool을 활용한다.
③ Brush는 《출력형태》를 참고하여 작성한다.
④ Effect는 《출력형태》를 참고하여 작성한다.
⑤ 그 외 《출력형태》 참조

2. 문자 효과
① Welcome to the Jungle (Arial, Bold, 9pt, M70Y100)

출력형태

C10Y10 → C0M0Y0K0,
[Stroke]
C50Y10K10, 4pt, 2pt,
[Effect] Drop Shadow

C0M0Y0K0,
M10Y20,
K100,
C50M80Y30,
C10M30Y50,
M10Y100,
[Stroke] C70Y100, 1pt

C50M80Y30,
C30Y60

[Brush] Dry Ink 2,
C80Y100, 0.5pt

[Brush]
Banner 3, 1pt

C90M30Y90K30,
C10M100Y100K10

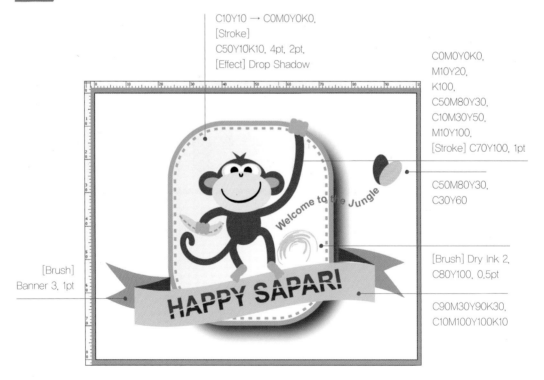

다음의 《조건》에 따라 아래의 《출력형태》와 같이 작업하시오.

조건

파일저장규칙	AI	파일명	문서₩GTQ₩수험번호-성명-3.ai
		크기	120 × 80mm

1. 작업 방법

① 도형 툴로 오브젝트를 제작한 후 Pattern을 활용하여 작성한다. (패턴 등록 : 감자튀김)
② 컵 중앙의 도형에는 규칙적인 점선을, 포장 봉투에는 불규칙한 점선을 설정한다.
③ 포장 봉투에 Pattern을 적용한다.
④ 컵 중앙에 배치된 오브젝트는 정렬, 간격을 일정하게 한 후 Group 설정한다.
⑤ 그 외 《출력형태》 참조

2. 문자 효과

① TASTY! (Arial, Black, 10pt, K100)
② HOMEMADE (Arial, Black, 15pt, C20M100Y90K20)

출력형태

C60Y40,
C20Y10,
C50Y30 → C10Y10,
C20Y20,
M50Y80,
M100Y80,
[Stroke] C70Y60K10, 2pt

C50Y30,
C60Y30K10,
C50Y30K50,
C50Y30K80,
C10Y20, Opacity 80%,
[Stroke] C60Y60K10, 3pt,
[Pattern]

M100Y100,
M20Y100,
M10Y80

M30Y60,
M80Y80K20,
Y100,
C50Y90,
C0M0Y0K0

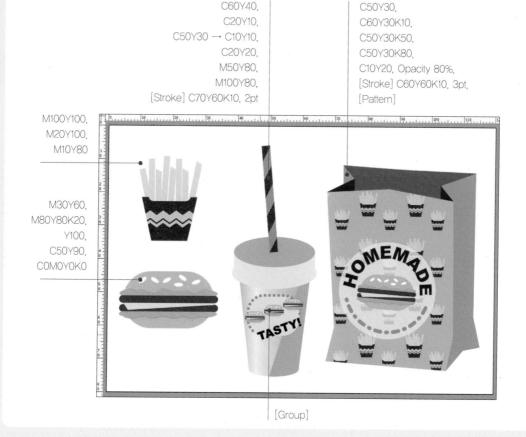

[Group]

작업과정	새 도큐먼트 만들기 및 파일 저장하기 ➡ 도형, 펜 툴로 호랑이 얼굴 모양 만들기 ➡ 변형 툴로 호랑이 얼굴 완성하기 ➡ 패스파인더 활용하여 몸통과 다리 모양 만들기 ➡ 저장하기
완성이미지	Part05₩기출유형문제03회₩수험번호−성명−1.ai

01 새 도큐먼트 만들기 및 파일 저장하기

01 [File]−[New]를 선택하고 'Width : 100mm, Height : 80mm, Units : Millimeters, Color Mode : CMYK'를 설정하여 새 도큐먼트를 만들고 [View]−[Rulers]−[Show Rulers] ([Ctrl]+[R])를 선택하여 눈금자를 표시합니다.

02 작품의 규격 왼쪽 상단에 원점(0,0)을 확인하고 왼쪽과 상단 눈금자 위에서 마우스로 각각 드래그하여 제시된 출력형태와 레이아웃 구성이 동일하게 안내선을 표시합니다.

03 작업 도큐먼트를 저장하기 위해 [File]−[Save As]를 선택하고 '저장 위치 : 내 PC₩문서₩ GTQ, 파일 형식 : Adobe Illustrator(*AI), 파일 이름 : 수험번호−성명−문제번호'를 입력하고 [저장]을 클릭한 후 [Illustrator Options] 대화상자에서 'Version : Illustrator 2020' 으로 설정하고 [OK]를 클릭합니다.

02 도형, 펜 툴로 호랑이 얼굴 모양 만들기

01 Pen Tool(✐)로 세로 안내선을 기준으로 호랑이 얼굴의 왼쪽 모양을 그리고 'Fill Color : C10M50Y70, Stroke Color : None'을 지정합니다.

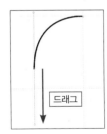
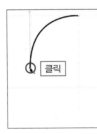
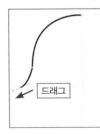

02 계속해서 Pen Tool(✐)로 열린 패스를 그리고 'Fill Color : None, Stroke Color : 임의 색상'을 지정합니다.

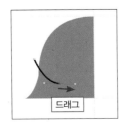
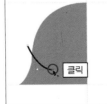
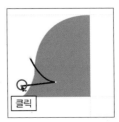

03 [Select]–[All]([Ctrl]+[A])로 모두 선택하고 Pathfinder 패널에서 'Divide( )'를 클릭하여 면을 분할합니다. Selection Tool( )로 오브젝트를 더블 클릭한 후 Isolation Mode로 전환하여 선택하고 'Fill Color : C60M80Y80K50, Stroke Color : None'을 지정한 후 [Esc]를 눌러 정상 모드로 전환합니다.

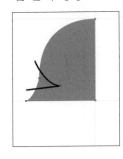  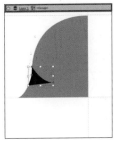

04 Pen Tool( )로 닫힌 패스를 그리고 'Fill Color : Y20K10, Stroke Color : None'을 지정합니다. 계속해서 Pen Tool( )로 눈썹 모양을 그리고 'Fill Color : K100, Stroke Color : None'을 지정합니다.

05 Ellipse Tool( )로 드래그하여 원을 그리고 'Fill Color : C0M0Y0K0, Stroke Color : K100'을 지정한 후 Stroke 패널에서 'Weight : 1pt'를 지정합니다. 계속해서 크기가 다른 3개의 원을 그리고 'Fill Color : K100, C0M0Y0K0, Stroke Color : None'을 각각 지정하여 눈 모양을 완성합니다.

06 Ellipse Tool(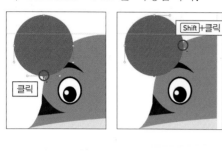)로 Shift를 누르면서 드래그하여 정원을 그리고 'Fill Color : C10M60Y70K10, Stroke Color : None'을 지정합니다. Direct Selection Tool(▷)로 Shift를 누르면서 하단과 오른쪽의 2개의 고정점을 선택한 후 Scale Tool(⊞)을 더블 클릭하여 'Uniform : 90%'를 지정합니다.

07 [Object]-[Path]-[Offset Path]를 선택한 후 'Offset : -3mm'를 지정하여 축소된 복사본을 만들고 'Fill Color : C60M80Y80K50, Stroke Color : M50Y80'을 지정합니다. Stroke 패널에서 'Weight : 1pt, Dashed Line : 체크, dash : 3pt'를 입력합니다.

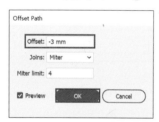  

08 Direct Selection Tool(▷)로 오른쪽 하단의 선분을 클릭하고 Delete를 눌러 삭제하여 열린 패스를 만듭니다. Selection Tool(▶)로 2개의 오브젝트를 선택하고 [Object]-[Arrange]-[Send to Back](Shift+Ctrl+[)으로 맨 뒤로 보내기를 합니다.

03 변형 툴로 호랑이 얼굴 완성하기

01 [Select]−[All]($\boxed{\text{Ctrl}}$+$\boxed{\text{A}}$)로 모두 선택하고 Reflect Tool($\boxed{\triangleright\triangleleft}$)로 $\boxed{\text{Alt}}$를 누르면서 세로 안내선을 클릭하여 'Axis : Vertical'을 지정하고 [Copy]를 눌러 복사합니다.

02 [View]−[Outline]($\boxed{\text{Ctrl}}$+$\boxed{\text{Y}}$)을 선택하고 윤곽선 보기를 하고 오른쪽 눈썹과 눈 모양 오브젝트를 드래그하여 모두 선택하고 왼쪽으로 이동하여 배치한 후 $\boxed{\text{Ctrl}}$+$\boxed{\text{Y}}$를 눌러 미리보기를 합니다.

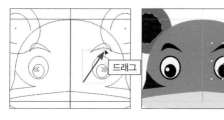

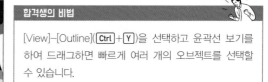

합격생의 비법

[View]−[Outline]($\boxed{\text{Ctrl}}$+$\boxed{\text{Y}}$)을 선택하고 윤곽선 보기를 하여 드래그하면 빠르게 여러 개의 오브젝트를 선택할 수 있습니다.

03 Polygon Tool($\boxed{\bigcirc}$)로 작업 도큐먼트를 클릭한 후 'Radius : 6mm, Sides : 3'을 입력하여 그리고 'Fill Color : C60M80Y80K50, Stroke Color : None'을 지정한 후, Selection Tool($\boxed{\blacktriangleright}$)로 조절점의 상단 중간을 아래로 드래그하여 높이를 줄입니다.

04 Selection Tool($\boxed{\blacktriangleright}$)로 $\boxed{\text{Alt}}$를 누르면서 아래로 드래그하여 삼각형을 복사합니다. [Object]−[Transform]−[Transform Again]($\boxed{\text{Ctrl}}$+$\boxed{\text{D}}$)을 선택하여 반복 복사합니다. Scale Tool($\boxed{\boxplus}$)을 더블 클릭하여 'Uniform : 70%'를 지정하여 3번째 삼각형을 축소합니다.

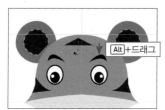

05 Ellipse Tool(⬤)로 코의 위치에 드래그하여 타원을 그리고 'Fill Color : Y20K10, Stroke Color : None'을 지정합니다. Selection Tool(▶)로 **Shift** 를 누르면서 3개의 오브젝트를 동시에 선택하고 Pathfinder 패널에서 'Unite(▣)'를 클릭하여 합칩니다.

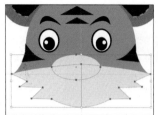  

06 Group Selection Tool(▷)로 드래그하여 2개의 오브젝트를 함께 선택한 후 Pathfinder 패널에서 'Unite(▣)'를 클릭하여 합칩니다.

07 [View]-[Outline](**Ctrl** + **Y**)으로 윤곽선 보기를 하고 왼쪽 눈썹과 눈 모양 오브젝트를 드래그하여 모두 선택하고 [Object]-[Arrange]-[Bring to Front](**Shift** + **Ctrl** + **]**)로 맨 앞으로 가져오기를 한 후 **Ctrl** + **Y** 를 눌러 미리보기를 합니다.

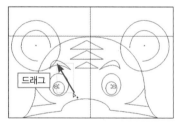 

08 Ellipse Tool(⬤)로 드래그하여 임의 색상의 크기가 다른 2개의 타원을 겹치도록 그리고 **Ctrl** 과 **Shift** 를 동시에 누르면서 클릭하여 2개의 오브젝트를 선택한 후 Pathfinder 패널에서 'Unite(▣)'를 클릭하여 합칩니다.

09 Ellipse Tool()로 드래그하여 크기가 같은 2개의 타원을 겹쳐 그린 후 Ctrl 과 Shift 를 동시에 누르면서 클릭하여 3개의 오브젝트를 선택합니다. Pathfinder 패널에서 'Minus Front()'를 클릭하여 코 모양을 완성한 후 'Fill Color : K100, Stroke Color : None'을 지정합니다.

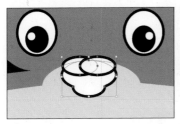  

합격생의 비법

Ellipse Tool()로 드래그하여 타원을 그린 후, 작업 도큐먼트를 클릭하면 바로 전에 그린 타원의 크기가 대화상자에 입력되어 있어 [OK]를 눌러 연속해서 같은 크기의 타원을 그릴 수 있습니다.

10 Line Segment Tool()로 Shift 를 누르면서 드래그하여 코 하단에 수직선을 그린 후 'Fill Color : None, Stroke Color : K100'을 지정하고 Stroke 패널에서 'Weight : 1pt'를 지정합니다.

11 Ellipse Tool()로 드래그하여 타원을 그리고 'Fill Color : None, Stroke Color : K100'을 지정하고 Stroke 패널에서 'Weight : 1pt'를 지정합니다. Direct Selection Tool()로 상단의 고정점을 클릭하여 선택하고 Delete 를 눌러 삭제합니다.

04 패스파인더 활용하여 몸통과 다리 모양 만들기

01 Rounded Rectangle Tool()로 키보드의 →를 누르면서 드래그하여 둥근 사각형을 그리고 'Fill Color : C10M50Y70, Stroke Color : K100'을 지정한 후 Stroke 패널에서 'Weight : 1pt'를 적용합니다. 계속해서 Pen Tool()로 드래그하여 다리 모양을 그립니다.

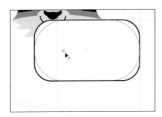 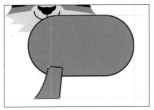 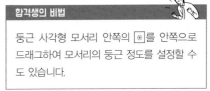

합격생의 비법

둥근 사각형 모서리 안쪽의 를 안쪽으로 드래그하여 모서리의 둥근 정도를 설정할 수도 있습니다.

02 Ellipse Tool(⬭)로 드래그하여 타원을 그리고 'Fill Color : M20Y30K10, Stroke Color : K100'을 지정한 후 Stroke 패널에서 'Weight : 1pt'를 적용합니다. Selection Tool(▶)로 Alt 를 누르면서 드래그하여 복사한 후 [Object]-[Transform]-[Transform Again](Ctrl + D)으로 간격을 일정하게 유지하며 반복 복사합니다.

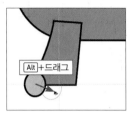 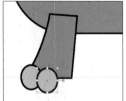 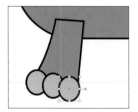

03 Selection Tool(▶)로 4개의 오브젝트를 함께 선택하고 Alt 를 누르면서 오른쪽으로 드래그하여 복사합니다. Selection Tool(▶)로 다리 모양을 모두 선택하고 Alt 를 누르면서 왼쪽 상단으로 드래그하여 복사한 후 [Object]-[Arrange]-[Send to Back](Shift + Ctrl + [ )으로 맨 뒤로 보내기를 합니다.

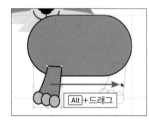  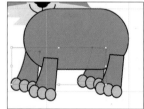

04 Selection Tool(▶)로 2개의 다리 모양을 함께 선택하고 'Fill Color : C10M50Y70K30'을 지정한 후 뒤쪽의 6개의 타원을 함께 선택하여 'Fill Color : M40Y50K20'을 지정합니다. Selection Tool(▶)로 둥근 사각형과 앞쪽 2개의 다리 모양을 함께 선택하고 Pathfinder 패널에서 'Unite(⬛)'를 클릭하여 합칩니다.

 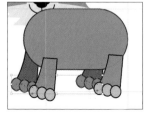 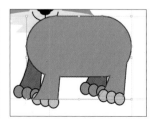

05 Pen Tool(✒)로 열린 패스를 그리고 'Fill Color : None, Stroke Color : 임의 색상'을 지정합니다. Selection Tool(▶)로 열린 패스를 선택하고 Alt 를 누르면서 오른쪽으로 드래그하여 복사한 후 Ctrl + D 를 눌러 간격을 일정하게 유지하며 반복 복사합니다.

06 Selection Tool(▶)로 가운데 열린 패스를 선택하고 조절점의 하단 중앙을 아래쪽으로 드래그하여 높이를 조절합니다.

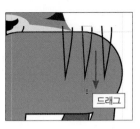 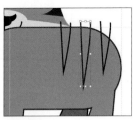

07 Selection Tool(▶)로 몸통 오브젝트와 3개의 열린 패스를 함께 선택하고 Pathfinder 패널에서 'Divide(🖻)'를 클릭하여 면을 분할합니다.

08 Selection Tool(▶)로 분리된 오브젝트를 더블 클릭하여 Isolation Mode로 전환하고 3개의 오브젝트를 선택하고 'Fill Color : C60M80Y80K50'을 지정한 후 Esc 를 눌러 정상 모드로 전환합니다.

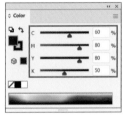  

09 Selection Tool()로 앞쪽 6개의 타원을 제외한 몸통과 다리 모양을 함께 선택하고 [Object]-[Arrange]-[Send to Back](**Shift**+**Ctrl**+**[**)으로 맨 뒤로 보내기를 합니다.

10 Pen Tool(✏)로 곡선 패스로 꼬리 모양을 그리고 Stroke 패널에서 'Weight : 10pt, Cap : Round Cap'을 설정합니다. [Object]-[Path]-[Outline Stroke]로 선을 면으로 확장한 후 'Fill Color : C10M50Y70K30, Stroke Color : K100'을 지정하고 Stroke 패널에서 'Weight : 1pt'를 적용합니다.

11 [Object]-[Arrange]-[Send to Back](**Shift**+**Ctrl**+**[**)으로 맨 뒤로 보내기를 한 후 Knife (✏)로 드래그하여 꼬리 끝 부분을 분할하고 'Fill Color : C60M80Y80K50'을 지정합니다.

05 저장하기

01 [View]-[Guides]-[Hide Guides](**Ctrl**+**;**)를 선택하여 안내선을 숨기고 [View]-[Fit Artboard in Window](**Ctrl**+**0**)를 선택하여 현재 창에 맞추기를 합니다.

02 [File]-[Save As]를 선택하고 '저장 위치 : 내 PC₩문서₩GTQ, 파일 형식 : Adobe Illustrator(*AI), 파일 이름 : 수험번호-성명-문제번호.ai'를 확인하고 [저장]을 클릭한 후 [Illustrator Options] 대화상자에서 'Version : Illustrator 2020'으로 설정하고 [OK]를 클릭합니다.

03 답안 저장이 완료가 되면 [File]-[Close](**Ctrl**+**W**)를 선택하여 파일을 닫고 수험 프로그램에서 [답안 전송]을 클릭하여 감독관 컴퓨터로 전송합니다.

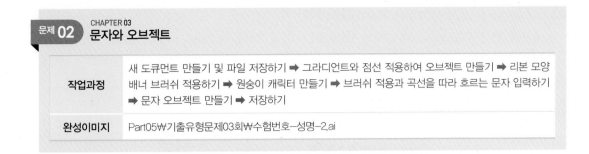
작업과정	새 도큐먼트 만들기 및 파일 저장하기 ➡ 그라디언트와 점선 적용하여 오브젝트 만들기 ➡ 리본 모양 배너 브러쉬 적용하기 ➡ 원숭이 캐릭터 만들기 ➡ 브러쉬 적용과 곡선을 따라 흐르는 문자 입력하기 ➡ 문자 오브젝트 만들기 ➡ 저장하기
완성이미지	Part05\기출유형문제03회\수험번호-성명-2.ai

01 새 도큐먼트 만들기 및 파일 저장하기

01 [File]-[New]를 선택하고 'Width : 100mm, Height : 80mm, Units : Millimeters, Color Mode : CMYK'를 설정하여 새 도큐먼트를 만들고 [View]-[Rulers]-[Show Rulers] (Ctrl + R)를 선택하여 눈금자를 표시합니다.

02 작품의 규격 왼쪽 상단에 원점(0,0)을 확인하고 왼쪽과 상단 눈금자 위에서 마우스로 각각 드래그하여 제시된 출력형태와 레이아웃 구성이 동일하게 안내선을 표시합니다.

03 작업 도큐먼트를 저장하기 위해 [File]-[Save As]를 선택하고 '저장 위치 : 내 PC\문서\GTQ, 파일 형식 : Adobe Illustrator(*AI), 파일 이름 : 수험번호-성명-문제번호'를 입력하고 [저장]을 클릭한 후 [Illustrator Options] 대화상자에서 'Version : Illustrator 2020'으로 설정하고 [OK]를 클릭합니다.

02 그라디언트와 점선 적용하여 오브젝트 만들기

01 Rounded Rectangle Tool(◻)로 작업 도큐먼트를 클릭한 후 'Width : 50mm, Height : 60mm, Corner Radius : 17mm'를 입력하여 그리고 'Fill Color : 임의 색상, Stroke Color : C50Y10K10'을 지정한 후 Stroke 패널에서 'Weight : 4pt'를 적용합니다.

02 Gradient 패널에서 Fill을 클릭하고 'Type : Linear Gradient, Angle : 0°'를 적용하고 Gradient Slider의 왼쪽 'Color Stop'을 더블 클릭하여 C10Y10을 적용하고 오른쪽 'Color Stop'을 더블 클릭하여 C0M0Y0K0을 적용합니다.

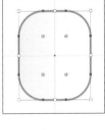

03 [Object]-[Path]-[Offset Path]를 선택한 후 'Offset : -1.5mm'를 지정하여 축소된 복사본을 만든 후 Stroke 패널에서 'Weight : 2pt, Dashed Line : 체크, dash : 3pt, gap : 4pt'를 입력하여 점선을 그려 배치합니다.

 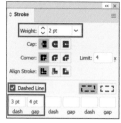 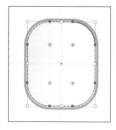

04 Selection Tool(▶)로 바깥쪽 둥근 사각형을 선택한 후 [Effect]-[Illustrator Effects]-[Stylize]-[Drop Shadow]를 선택하고 'Opacity : 75%, X Offset : 2.47mm, Y Offset : 2.47mm, Blur : 1.76mm'를 지정하여 그림자 효과를 적용한 후 도큐먼트의 빈 곳을 클릭하여 선택을 해제합니다.

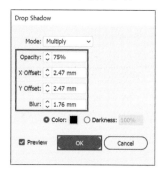 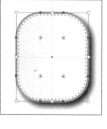

합격생의 비법

[Properties] 패널에서 [Appearance] 항목의 *fx*를 눌러 [Illustrator Effects]-[Stylize]-[Drop Shadow]를 바로 적용할 수도 있습니다.

03 리본 모양 배너 브러쉬 적용하기

01 Brushes 패널 하단의 'Brush Libraries Menu'를 클릭하고 [Decorative]-[Decorative_Banners and Seals]를 선택하여 추가 브러쉬 패널을 불러온 후 'Banner 3'을 선택합니다.

02 Line Segment Tool(/)로 작업 도큐먼트에 클릭한 후 'Length : 93mm, Angle : 0°'를 지정하여 수평선을 그리고 Brushes 패널에서 'Banner 3' 브러쉬를 클릭한 후 'Fill Color : None, Stroke Color : 임의 색상'을 지정하고 Stroke 패널에서 'Weight : 1pt'를 지정합니다.

 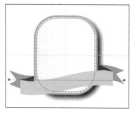

04 원숭이 캐릭터 만들기

01 Ellipse Tool(◉)로 작업 도큐먼트를 클릭한 후 'Width : 16mm, Height : 14mm'를 입력하여 그리고 'Fill Color : C50M80Y30, Stroke Color : None'을 지정합니다. 왼쪽에도 동일한 색상의 작은 타원을 그리고 배치합니다.

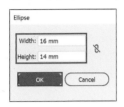  

02 계속해서 드래그하여 크기가 다른 4개의 원을 그리고 'Fill Color : C10M30Y50, M10Y20, C0M0Y0K0, K100, Stroke Color : None'을 각각 지정하여 귀와 눈 모양을 만듭니다.

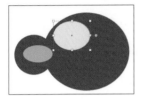 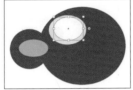 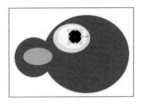

03 Ellipse Tool(◉)로 2개의 타원을 그리고 'Fill Color : M10Y20, K100, Stroke Color : None'을 각각 지정한 후 Selection Tool(▶)로 검정색 타원을 선택하고 조절점의 밖을 드래그하여 회전합니다.

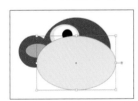 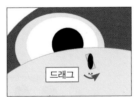

04 Selection Tool(▶)로 대칭 복사할 6개의 오브젝트를 함께 선택한 후 Reflect Tool(◁▶)로 Alt 를 누르고 큰 타원의 가로 중앙을 클릭하여 'Axis : Vertical'을 지정하고 [Copy]를 눌러 복사합니다.

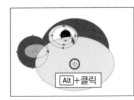  

05 Selection Tool(▶)로 Shift 를 누르면서 복사된 코 부분의 검정색 오브젝트를 클릭하여 선택을 해제하고 Ctrl + [를 2번 눌러 뒤로 보내기를 합니다. 오른쪽 눈 부분의 큰 타원을 다시 선택하고 Ctrl + [를 여러 번 눌러 뒤로 보내기를 합니다.

06 Ellipse Tool(◉)로 드래그하여 타원을 그리고 'Fill Color : None, Stroke Color : K100'을 지정한 후 Stroke 패널에서 'Weight : 1pt, Cap : Round Cap'을 지정합니다. Direct Selection Tool(▷)로 상단의 고정점을 클릭하고 Delete 를 눌러 삭제하고 열린 패스를 만듭니다.

07 [Object]–[Path]–[Outline Stroke]를 선택하여 선을 면으로 확장한 후 [View]–[Outline] (Ctrl + Y)을 선택하고 윤곽선 보기를 합니다. Direct Selection Tool(▷)로 하단 중앙의 고정점을 클릭하여 선택하고 키보드의 화살표 ↓ 를 눌러 아래쪽으로 이동하고 입 모양을 만든 후 Ctrl + Y 를 눌러 미리보기로 전환합니다.

 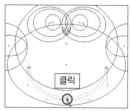 

08 Selection Tool(▶)로 입 모양을 선택하고 Rotate Tool(↻)을 더블 클릭하여 'Angle : 10°'를 지정하여 회전하고 배치합니다. Pen Tool(✎)로 머리털 모양을 그리고 'Fill Color : C50M80Y30, Stroke Color : None'을 지정합니다. Ellipse Tool(◉)로 드래그하여 동일한 색상의 타원을 그리고 Shift + Ctrl + [를 눌러 맨 뒤로 보내기를 합니다.

09 Pen Tool(🖊)로 팔과 다리 모양을 열린 패스로 각각 그리고 'Fill Color : None, Stroke Color : C50M80Y30'을 지정하고 Stroke 패널에서 'Weight : 7pt'를 지정합니다.

10 계속해서 Pen Tool(🖊)로 꼬리 모양을 동일한 색상의 열린 패스로 그리고 Stroke 패널에서 'Weight : 5pt, Cap : Round Cap'을 지정하여 패스의 끝 모양을 둥글게 지정합니다. Selection Tool(▶)로 5개의 열린 패스를 함께 선택하고 [Object]-[Path]-[Outline Stroke] 를 선택하여 선을 면으로 확장한 후 Shift + Ctrl + [를 눌러 맨 뒤로 보내기를 합니다.

11 Rounded Rectangle Tool(▢)로 작업 도큐먼트를 클릭한 후 'Width : 1.5mm, Height : 3.5mm, Corner Radius : 1mm'를 입력하여 그리고 'Fill Color : C10M30Y50, Stroke Color : None'을 지정합니다. Selection Tool(▶)로 Alt 를 누르면서 오른쪽으로 드래그하여 복사하고 Ctrl + D 를 눌러 반복하여 복사한 후 3개의 둥근 사각형을 함께 선택하고 Ctrl + G 를 눌러 그룹으로 설정합니다.

 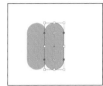 

12 Scale Tool(⬚)을 더블 클릭하여 'Uniform : 130%'를 지정하고 [Copy]를 눌러 복사한 후 Selection Tool(▶)로 조절점 밖을 드래그하여 회전하고 각각의 위치에 배치합니다.

13 Rounded Rectangle Tool(⬜)로 드래그하여 손과 동일한 색상으로 크기가 다른 2개의 둥근 사각형을 그리고 Selection Tool(▶)로 Alt 를 누르면서 아래쪽으로 드래그하여 복사한 후 Ctrl + D 를 눌러 반복하여 복사합니다. 조절점 밖을 드래그하여 회전하고 Ctrl + G 를 눌러 그룹으로 설정합니다.

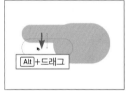
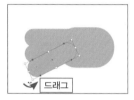
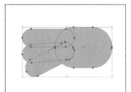

14 Selection Tool(▶)로 조절점 밖을 드래그하여 회전하여 배치하고 Reflect Tool(◀▶)을 더블 클릭하여 'Axis : Vertical'을 지정하고 [Copy]를 눌러 복사한 후 이동하여 배치합니다.

15 Pen Tool(✒️)로 바나나 모양을 그리고 'Fill Color : M10Y100, Stroke Color : None'을 지정합니다. 계속해서 열린 패스를 겹치도록 그리고 'Fill Color : None, Stroke Color : C70Y100'을 지정한 후 Stroke 패널에서 'Weight : 1pt, Dashed Line : 체크, dash : 3pt, gap : 2pt'를 입력하여 점선을 설정합니다.

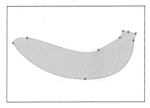  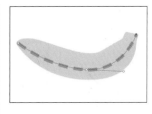

16 Selection Tool(▶)로 바나나 모양과 점선을 함께 선택하고 Ctrl + G를 눌러 그룹으로 설정한 후 조절점 밖을 드래그하여 회전합니다. 손 모양을 선택하고 Shift + Ctrl +]를 눌러 맨 앞으로 가져오기를 하고 도큐먼트의 빈 곳을 클릭하여 선택을 해제합니다.

05 브러쉬 적용과 곡선을 따라 흐르는 문자 입력하기

01 Brushes 패널 하단의 'Brush Libraries Menu'를 클릭하고 [Artistic]-[Artistic_Ink]를 선택하여 추가 브러쉬 패널을 불러온 후 'Dry Ink 2'를 선택합니다.

02 Paintbrush Tool(🖌️)로 'Fill Color : None, Stroke Color : C80Y100'을 지정하고 Stroke 패널에서 'Weight : 0.5pt'를 지정하여 왼쪽에서 오른쪽으로 드래그하여 칠합니다.

03 Pen Tool(✐)로 드래그하여 문자를 입력할 열린 곡선 패스를 그리고 'Fill Color : None, Stroke Color : 임의 색상'을 지정합니다. Type on a Path Tool(✎)로 열린 패스의 왼쪽을 클릭한 후 Character 패널에서 'Set the font family : Arial, Set the font style : Bold, Set the font size : 9pt'를 설정하고 'Fill Color : M70Y100, Stroke Color : None'을 지정한 후 Welcome to the Jungle을 입력합니다.

04 Ellipse Tool(⬯)로 작업 도큐먼트에 드래그하여 타원을 그리고 'Fill Color : C50M80Y30, Stroke Color : None'을 지정합니다. Rotate Tool(↻)로 타원 하단의 고정점을 클릭하여 회전축을 지정한 후 Alt를 누르면서 시계 방향으로 드래그하여 회전하여 복사하고 'Fill Color : C30Y60, Stroke Color : None'을 지정합니다.

 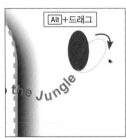 

06 문자 오브젝트 만들기

01 Type Tool(T)로 작업 도큐먼트를 클릭한 후 Character 패널에서 'Set the font family : Arial, Set the font style : Bold, Set the font size : 21pt'를 설정하고 'Fill Color : C10M100Y100K10, Stroke Color : None'을 지정하고 HAPPY SAPARI를 입력합니다. Selection Tool(▶)로 문자를 선택한 후 [Type]-[Create Outlines](Shift+Ctrl+O)를 선택하고 문자를 윤곽선으로 변환합니다.

02 Ellipse Tool(●)로 드래그하여 문자와 겹치도록 타원을 그리고 'Fill Color : None, Stroke Color : 임의 색상'을 지정한 후 Selection Tool(▶)로 문자 오브젝트와 함께 선택하고 Align 패널에서 'Horizontal Align Center(⬒)'를 클릭하여 가로 가운데 정렬을 지정합니다.

 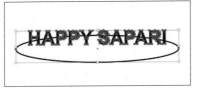

03 Direct Selection Tool(▷)로 타원 하단의 고정점을 클릭하여 Delete 를 눌러 삭제하고 열린 패스를 만듭니다. Selection Tool(▶)로 문자와 열린 패스를 함께 선택하고 Pathfinder 패널에서 'Divide(⬚)'를 클릭하여 면을 분할합니다.

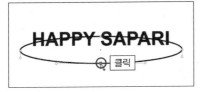 

04 Selection Tool(▶)로 문자 오브젝트를 더블 클릭하여 Isolation Mode로 전환하고 분리된 문자 오브젝트의 상단 경계선을 드래그하여 선택한 후 키보드의 화살표 ↑를 눌러 위로 이동하고 'Fill Color : C90M30Y90K30, Stroke Color : None'을 지정합니다.

05 Esc 를 눌러 정상 모드로 전환하고 Selection Tool(▶)로 문자 오브젝트를 선택하고 Rotate Tool(↻)을 더블 클릭한 후 'Angle : 10°'를 지정하여 회전하고 리본 모양 브러쉬와 겹치도록 배치합니다.

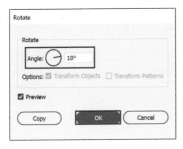 

07 저장하기

01 [View]–[Guides]–[Hide Guides](Ctrl+;)를 선택하여 안내선을 숨기고 [View]–[Fit Artboard in Window](Ctrl+0)를 선택하여 현재 창에 맞추기를 합니다.

02 [File]–[Save As]를 선택하고 '저장 위치 : 내 PC₩문서₩GTQ, 파일 형식 : Adobe Illustrator(*AI), 파일 이름 : 수험번호-성명-문제번호.ai'를 확인하고 [저장]을 클릭한 후 [Illustrator Options] 대화상자에서 'Version : Illustrator 2020'으로 설정하고 [OK]를 클릭합니다.

03 답안 저장이 완료가 되면 [File]–[Close](Ctrl+W)를 선택하여 파일을 닫고 수험 프로그램에서 [답안 전송]을 클릭하여 감독관 컴퓨터로 전송합니다.

문제 03	CHAPTER 03 어플리케이션 디자인
작업과정	새 도큐먼트 만들기 및 파일 저장하기 ➡ 감자튀김 모양 만들기 ➡ 햄버거 모양 만들기 ➡ 음료수 컵 모양 만들고 규칙적인 점선 적용하기 ➡ 정렬과 간격을 지정하여 그룹 설정하고 문자 입력하기 ➡ 포장 봉투 모양 만들고 패턴 적용하기 ➡ 원형 마크 만들고 불투명도 및 규칙적인 점선 적용하기 ➡ 호 모양으로 문자 입력하기 ➡ 저장하기
완성이미지	Part05₩기출유형문제03회₩수험번호-성명-3.ai

01 새 도큐먼트 만들기 및 파일 저장하기

01 [File]–[New]를 선택하고 'Width : 120mm, Height : 80mm, Units : Millimeters, Color Mode : CMYK'를 설정하여 새 도큐먼트를 만들고 [View]–[Rulers]–[Show Rulers](Ctrl+R)를 선택하여 눈금자를 표시합니다.

02 작품의 규격 왼쪽 상단에 원점(0,0)을 확인하고 왼쪽과 상단 눈금자 위에서 마우스로 각각 드래그하여 제시된 출력형태와 레이아웃 구성이 동일하게 안내선을 표시합니다.

03 작업 도큐먼트를 저장하기 위해 [File]–[Save As]를 선택하고 '저장 위치 : 내 PC₩문서₩GTQ, 파일 형식 : Adobe Illustrator(*AI), 파일 이름 : 수험번호-성명-문제번호'를 입력하고 [저장]을 클릭한 후 [Illustrator Options] 대화상자에서 'Version : Illustrator 2020'으로 설정하고 [OK]를 클릭합니다.

⑫ 감자튀김 모양 만들기

01 Rectangle Tool(▢)로 작업 도큐먼트를 클릭한 후 'Width : 17mm, Height : 13mm'를 입력하여 그리고 'Fill Color : M100Y100, Stroke Color : None'을 지정합니다. Rounded Rectangle Tool(▢)로 작업 도큐먼트를 클릭한 후 'Width : 13mm, Height : 3mm, Corner Radius : 2mm'를 입력하여 그리고 'Fill Color : 임의 색상, Stroke Color : 임의 색상'을 지정합니다.

02 Ctrl+A를 눌러 모두 선택하고 Align 패널에서 'Horizontal Align Center(▨)'를 클릭하여 가로 가운데 정렬을 지정한 후 Pathfinder 패널에서 'Minus Front(▣)'를 클릭합니다.

03 Direct Selection Tool(▷)로 하단 2개의 고정점을 드래그하여 선택한 후 Scale Tool(▦)을 더블 클릭하고 'Uniform : 65%'를 지정하여 축소합니다.

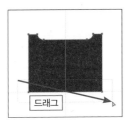
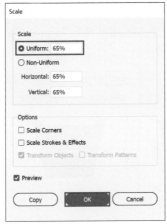

04 Line Segment Tool(╱)로 작업 도큐먼트에 클릭한 후 'Length : 20mm, Angle : 0°'를 지정하여 수평선을 그리고 'Fill Color : None, Stroke Color : M20Y100'을 지정한 후 Stroke 패널에서 'Weight : 5pt'를 지정합니다.

05 [Effect]-[Illustrator Effects]-[Distort & Transform]-[Zig Zag]를 선택하고 'Size : 0.7mm, Ridges per segment : 9, Points : Corner'를 지정합니다. Selection Tool(▶)로 Alt를 누르면서 아래로 드래그하여 복사하고 Stroke 패널에서 'Weight : 2pt'를 지정합니다.

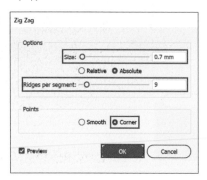  

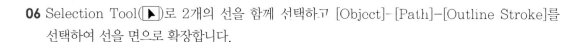

06 Selection Tool(▶)로 2개의 선을 함께 선택하고 [Object]-[Path]-[Outline Stroke]를 선택하여 선을 면으로 확장합니다.

07 Ctrl+A를 눌러 모두 선택하고 Pathfinder 패널에서 'Divide(🔲)'를 클릭하여 면을 분할합니다. Selection Tool(▶)로 더블 클릭하여 Isolation Mode로 전환하고 불필요한 4개의 오브젝트를 선택하고 Delete를 눌러 삭제한 후 Esc를 눌러 정상 모드로 전환합니다.

08 Rectangle Tool(🔲)로 드래그하여 직사각형을 그리고 'Fill Color : M10Y80, Stroke Color : None'을 지정합니다. 계속해서 작업 도큐먼트를 클릭하고 대화상자의 [OK]를 눌러 동일한 크기의 직사각형을 추가하여 그리고 Direct Selection Tool(▷)로 상단 오른쪽 고정점을 선택하고 아래로 이동하여 패스를 변형합니다.

09 Selection Tool(▶)로 2개의 오브젝트를 선택하고 Shift + Ctrl + [를 눌러 맨 뒤로 보내기를 합니다. Alt 를 누르면서 드래그하여 여러 개를 복사하고, 조절점 밖을 각각 드래그하여 회전한 후 배치합니다.

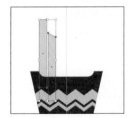  

03 햄버거 모양 만들기

01 Rounded Rectangle Tool(▢)로 작업 도큐먼트를 클릭한 후 'Width : 28mm, Height : 17mm, Corner Radius : 10mm'를 입력하여 그리고 'Fill Color : M30Y60, Stroke Color : None'을 지정합니다.

02 Rounded Rectangle Tool(▢)로 드래그하여 둥근 사각형을 그리고 'Fill Color : M80Y80K20, Stroke Color : None'을 지정합니다. Selection Tool(▶)로 Alt 를 누르면서 아래쪽으로 드래그하여 복사하여 배치합니다.

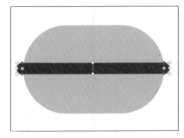 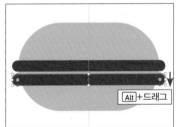

03 Pen Tool(✏)로 클릭하여 오브젝트를 그리고 'Fill Color : Y100, Stroke Color : None'을 지정합니다. Selection Tool(▶)로 상단 둥근 사각형을 선택하고 Shift + Ctrl +] 를 눌러 맨 앞으로 가져오기를 합니다.

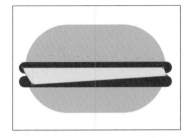 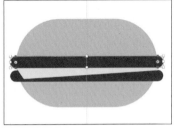

04 Pen Tool(✎)로 2개의 오브젝트를 각각 그리고 'Fill Color : C50Y90, Stroke Color : None'을 지정합니다. Ellipse Tool(◉)로 드래그하여 타원을 그리고 'Fill Color : C0M0Y0K0, Stroke Color : None'을 지정합니다. Selection Tool(▶)로 Alt 를 누르면서 드래그하여 타원을 5개 복사하여 배치하고 조절점 밖을 드래그하여 각각 회전합니다.

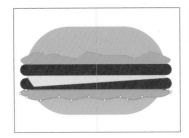 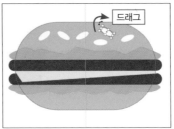

05 Selection Tool(▶)로 드래그하여 햄버거 모양을 모두 선택하고 Ctrl + G 를 눌러 그룹으로 설정합니다.

04 음료수 컵 모양 만들고 규칙적인 점선 적용하기

01 Ellipse Tool(◉)로 작업 도큐먼트를 클릭한 후 'Width : 25mm, Height : 9mm'를 입력하여 그리고 'Fill Color : C60Y40, Stroke Color : None'을 지정합니다.

02 Selection Tool(▶)로 Alt + Shift 를 누르면서 드래그하여 타원을 아래쪽으로 복사하여 배치하고 Scale Tool(⬚)을 더블 클릭하여 'Uniform : 105%'를 지정하여 확대하고 'Fill Color : C20Y10'을 지정합니다.

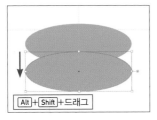 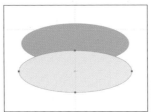

03 Rectangle Tool(▭)로 작업 도큐먼트를 클릭한 후 'Width : 25mm, Height : 7mm'를 입력하여 그리고 'Fill Color : C20Y10, Stroke Color : None'을 지정하고 배치합니다. Selection Tool(▶)로 하단 타원과 함께 선택하고 Pathfinder 패널에서 'Unite(◼)'를 클릭하여 합친 후 Ctrl + [를 눌러 뒤로 보내기를 합니다.

 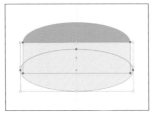 

04 Rectangle Tool(▣)로 드래그하여 그리고 'Fill Color : C60Y40, Stroke Color : None'을 지정합니다. Direct Selection Tool(▷)로 사각형 하단 2개의 고정점을 드래그하여 선택한 후 Scale Tool(⊞)을 더블 클릭하고 'Uniform : 70%'를 지정하여 크기를 축소합니다.

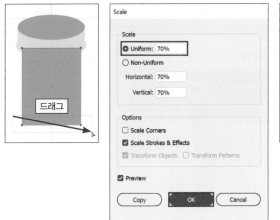

05 Ellipse Tool(◉)로 Alt 를 누르면서 컵 모양 하단 중앙에서부터 드래그하여 타원을 그리고 Selection Tool(▶)로 컵 모양 하단과 함께 선택하고 Pathfinder 패널에서 'Unite(◉)'를 클릭하여 합칩니다.

06 Line Segment Tool(/)로 드래그하여 컵 모양 하단과 겹치도록 사선을 그리고 Selection Tool(▶)로 컵 모양 하단과 함께 선택하고 Pathfinder 패널에서 'Divide(◉)'를 클릭하여 면을 분할합니다.

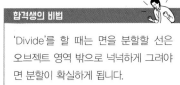

합격생의 비법

'Divide'를 할 때는 면을 분할할 선은 오브젝트 영역 밖으로 넉넉하게 그려야 면 분할이 확실하게 됩니다.

07 Selection Tool(▶)로 더블 클릭하여 Isolation Mode로 전환한 후 왼쪽 오브젝트를 선택하고 Gradient 패널에서 'Type : Linear Gradient, Angle : 0°'를 적용하고 Gradient Slider의 왼쪽 'Color Stop'을 더블 클릭하여 C50Y30을, Gradient Slider의 가운데 빈 공간을 클릭하여 'Color Stop'을 추가한 후 더블 클릭하여 C10Y10을, 오른쪽 'Color Stop'을 더블 클릭하여 C50Y30을 적용합니다. Esc 를 눌러 정상 모드로 전환한 후 컵 모양 하단을 선택하고 Shift + Ctrl + [를 눌러 맨 뒤로 보내기를 합니다.

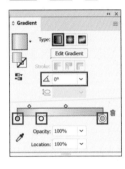  

08 Rounded Rectangle Tool(▢)로 작업 도큐먼트를 클릭한 후 'Width : 16mm, Height : 12mm, Corner Radius : 5mm'를 입력하여 그리고 'Fill Color : C20Y20, Stroke Color : None'을 지정합니다.

09 Ctrl + C 로 복사를 하고 [Object]-[Lock]-[Selection](Ctrl + 2)을 선택하여 오브젝트를 잠그고 [Edit]-[Paste in Front](Ctrl + F)로 복사한 오브젝트 앞에 붙여 넣기를 합니다. 'Fill : None, Stroke Color : C70Y60K10'을 지정하고 Stroke 패널에서 'Weight : 2pt, Dashed Line : 체크, dash : 2pt'를 입력하여 규칙적인 점선을 그려 배치합니다.

합격생의 비법

겹쳐 있는 두 개의 오브젝트 중에 앞에 놓인 오브젝트만을 잘라 열린 패스를 만들기 위해 [Object]-[Lock]-[Selection](Ctrl + 2)으로 오브젝트를 잠그고 Scissors Tool(✂)로 클릭합니다.

10 Scissors Tool(✂)로 점선이 적용된 오브젝트의 선분 위를 2번 클릭하여 자르고 Delete 를 2번 눌러 잘린 패스를 삭제합니다. [Object]-[Unlock All](Alt + Ctrl + 2)을 선택하여 오브젝트의 잠금을 해제합니다.

11 Rectangle Tool(■)로 작업 도큐먼트를 클릭한 후 'Width : 2.5mm, Height : 32mm'를 입력하여 그리고 'Fill Color : M50Y80, Stroke Color : None'을 지정합니다. Line Segment Tool(／)로 드래그하여 직사각형과 겹치도록 사선을 그리고 Selection Tool(▶)로 Alt + Shift 를 누르면서 아래쪽으로 드래그하여 복사하고 Ctrl + D 를 4번 눌러 간격을 일정하게 유지하며 반복 복사합니다.

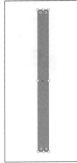

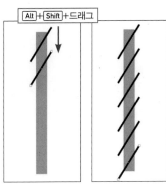

12 Selection Tool(▶)로 직사각형과 6개의 사선을 함께 선택하고 Pathfinder 패널에서 'Divide(■)'를 클릭하여 면을 분할합니다. Selection Tool(▶)로 더블 클릭한 후 Isolation Mode로 전환하고 Shift 를 누르면서 4의 오브젝트를 동시에 선택하고 'Fill Color : M100Y80, Stroke Color : None'을 지정하고 Esc 를 눌러 정상 모드로 전환합니다. Selection Tool(▶)로 완성된 빨대 모양을 선택하고 Rotate Tool(↻)을 더블 클릭하여 'Angle : 5°'를 지정하여 회전합니다.

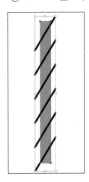

05 정렬과 간격을 지정하여 그룹 설정하고 문자 입력하기

01 Selection Tool(▶)로 햄버거 오브젝트를 선택하여 Ctrl + C 로 복사하고 Ctrl + V 로 붙여넣기를 합니다. Scale Tool(⊞)을 더블 클릭하여 'Uniform : 20%'를 지정하고 컵 모양 위에 배치합니다.

02 Selection Tool(▶)로 Alt 를 누르면서 오른쪽 상단으로 드래그하여 복사하고 Ctrl + D 를 눌러 간격을 일정하게 유지하며 반복 복사합니다. 3개의 햄버거 오브젝트를 함께 선택하고 Ctrl + G 로 그룹을 설정합니다.

03 Type Tool(T)로 작업 도큐먼트를 클릭한 후 Character 패널에서 'Set the font family : Arial, Set the font style : Black, Set the font size : 10pt'를 설정하고 'Fill Color : K100, Stroke Color : None'을 지정한 후 TASTY!를 입력합니다. Selection Tool(▶)로 조절점의 밖을 드래그하여 회전하고 배치합니다.

06 포장 봉투 모양 만들고 패턴 적용하기

01 Pen Tool(✎)로 클릭하여 포장 봉투의 앞모양을 그리고 'Fill Color : C50Y30, Stroke Color : None'을 지정한 후 뒷모양을 그리고 'Fill Color : C60Y30K10, Stroke Color : None'을 지정하고 Ctrl + [를 눌러 뒤로 보내기를 합니다.

02 Pen Tool(✎)로 포장 봉투의 상단 모양을 그리고 'Fill Color : C50Y30K50, Stroke Color : None'을 지정합니다. 계속해서 클릭하여 양쪽 2개의 접히는 모양을 그리고 'Fill Color : C50Y30K80, Stroke Color : None'을 지정합니다. Selection Tool(▶)로 앞모양을 선택하고 Shift + Ctrl +] 를 눌러 맨 앞으로 가져오기를 합니다.

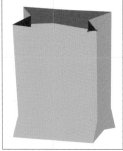

03 Selection Tool(▶)로 감자튀김 오브젝트를 선택한 후 [Ctrl]+[C]로 복사하고 [Ctrl]+[V]로 붙여 넣기를 합니다. Scale Tool(▣)을 더블 클릭하여 'Uniform : 80%'를 지정한 후 [Copy]를 클릭하여 축소 복사합니다.

04 Rectangle Tool(▢)로 작업 도큐먼트를 클릭한 후 'Width : 50mm, Height : 47mm'를 입력하여 그리고 'Fill Color : None, Stroke Color : None'을 지정한 후 2개의 감자튀김 오브젝트와 겹치도록 사각형을 배치합니다.

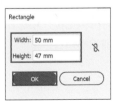

> **합격생의 비법**
> 색상이 없는 투명한 사각형을 겹치도록 그리고 패턴으로 함께 등록하면 반복되는 패턴 사이의 간격을 조정할 수 있습니다.

05 Selection Tool(▶)로 감자튀김 오브젝트와 사각형을 함께 선택하고 [Object]-[Pattern]-[Make]를 선택하고 Pattern Options에서 'Name : 감자튀김'을 지정하고 패턴으로 등록합니다. [Esc]를 눌러 패턴의 편집 모드에서 정상 모드로 전환하고 [Delete]를 눌러 삭제합니다.

06 Selection Tool(▶)로 포장 봉투의 앞모양을 선택한 후 [Ctrl]+[C]로 복사하고 [Ctrl]+[F]로 복사한 오브젝트 앞에 붙여 넣기를 합니다. Swatches 패널에서 등록된 감자튀김 패턴을 클릭하여 면 색상에 적용합니다.

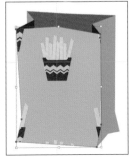

> **합격생의 비법**
> 패턴으로 등록한 오브젝트의 위치에 따라 적용된 패턴의 위치는 다를 수 있습니다. [Object]-[Transform]-[Move]를 선택하고 [Move] 대화상자에서 'Transform Objects : 체크 해제, Transform Patterns : 체크, Preview : 체크'를 지정하고 Horizontal과 Vertical을 조절하여 맞춰 줍니다.

07 Scale Tool(▣)을 더블 클릭하고 'Uniform : 30%, Transform Objects : 체크 해제, Transform Patterns : 체크'를 지정하여 패턴의 크기를 축소합니다.

> **합격생의 비법**
> 적용된 패턴의 크기만을 조절할 때는 반드시 'Transform Objects : 체크 해제, Transform Patterns : 체크'를 지정해야 합니다.

07 원형 마크 만들고 불투명도 및 규칙적인 점선 적용하기

01 Ellipse Tool(⬤)로 작업 도큐먼트를 클릭한 후 'Width : 30mm, Height : 29mm'를 입력하여 그리고 'Fill Color : C10Y20, Stroke Color : None'을 지정한 후 Transparency 패널에서 'Opacity : 80%'를 설정하여 불투명도를 조절합니다.

02 [Object]-[Path]-[Offset Path]를 선택한 후 'Offset : -2mm'를 지정하여 축소된 복사본을 만들고 'Fill Color : None, Stroke Color : C60Y60K10'을 지정합니다. Stroke 패널에서 'Weight : 3pt, Cap : Round Cap, Dashed Line : 체크, dash : 5pt, gap : 5pt, dash : 1pt, gap : 5pt'를 입력하여 끝 모양이 둥근 불규칙적인 점선을 그려 배치합니다.

03 Scissors Tool(✂)로 불규칙적인 점선이 적용된 오브젝트의 선분 위를 2번 클릭하여 패스를 자릅니다. Selection Tool(▶)로 잘린 패스의 상단을 선택한 후 Delete 를 눌러 삭제하고 열린 패스를 완성합니다. Transparency 패널에서 'Opacity : 100%'를 설정합니다.

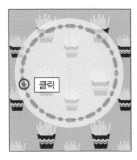 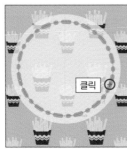  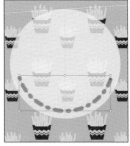

04 Selection Tool(▶)로 햄버거 오브젝트를 선택하여 Ctrl + C 로 복사하고 Ctrl + V 로 붙여 넣기를 한 후 Scale Tool(⬚)을 더블 클릭하여 'Uniform : 60%, Transform Objects : 체크, Transform Patterns : 체크 해제'를 지정하고 배치합니다.

08 호 모양으로 문자 입력하기

01 Selection Tool(▶)로 포장 봉투 중앙의 원을 선택하고 [Object]-[Path]-[Offset Path]를 선택한 후 'Offset : -5mm'를 지정하여 축소된 복사본을 만듭니다.

02 Scissors Tool(✂)로 축소 복사한 원의 선분 위를 2번 클릭하여 패스를 자르고 Delete 를 2번 눌러 잘린 패스를 삭제하고 상단 패스만을 남깁니다.

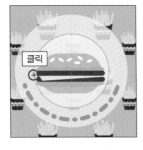  

03 Type on a Path Tool(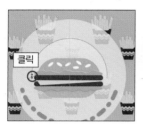)로 상단 곡선 패스의 왼쪽 끝점을 클릭하고 Character 패널에서 'Set the font family : Arial, Set the font style : Black, Set the font size : 15pt'를 설정하고 Paragraph 패널에서 'Align center(≡)'를 지정하고 'Fill Color : C20M100Y90K20, Stroke Color : None'을 지정하여 HOMEMADE를 입력합니다.

04 Selection Tool(▶)로 봉투 중앙의 4개의 오브젝트를 함께 선택하고 조절점 밖을 시계 방향으로 드래그하여 회전하고 배치합니다.

09 저장하기

01 [View]-[Guides]-[Hide Guides](Ctrl+;)를 선택하여 안내선을 숨기고 [View]-[Fit Artboard in Window](Ctrl+0)를 선택하여 현재 창에 맞추기를 합니다.

02 [File]-[Save As]를 선택하고 '저장 위치 : 내 PC₩문서₩GTQ, 파일 형식 : Adobe Illustrator(*AI), 파일 이름 : 수험번호-성명-문제번호.ai'를 확인하고 [저장]을 클릭한 후 [Illustrator Options] 대화상자에서 'Version : Illustrator 2020'으로 설정하고 [OK]를 클릭합니다.

03 답안 저장이 완료가 되면 [File]-[Exit](Ctrl+Q)를 선택하여 일러스트레이터 프로그램을 종료하고 수험 프로그램에서 [답안 전송]을 클릭하여 감독관 컴퓨터로 전송합니다.

기출 유형 문제 04회

▶동영상 무료

급수	문제유형	시험시간	수험번호	성명
2급	A	90분		

수 험 자 유 의 사 항

- 수험자는 문제지를 받는 즉시 응시하고자 하는 과목 및 급수가 맞는지 확인한 후 수험번호와 성명을 작성합니다.
- 파일명은 본인의 "수험번호-성명-문제번호"로 공백 없이 정확히 입력하고 답안폴더(내 PC₩문서₩GTQ)에 ai 파일 포맷으로 저장해야 하며, 다른 파일 형식으로 저장하였을 경우 0점 처리됩니다. 답안문서 파일명이 "수험번호-성명-문제번호"와 일치하지 않거나, 답안 파일을 전송하지 않아 미제출로 처리될 경우 불합격 처리됩니다.
- 수험자 정보와 저장한 파일명, 저장 위치가 다를 경우 전송이 되지 않으므로, 주의하시기 바랍니다.
- 답안 작성 중에도 주기적으로 '저장'과 '답안 전송'을 이용하여 감독위원 PC로 답안을 전송하셔야 합니다. (※ 작업한 내용을 저장하지 않고 전송할 경우 이전의 저장내용이 전송되오니 이점 반드시 유념하시기 바랍니다.)
- 답안문서는 지정된 경로 외의 다른 보조기억장치에 저장하는 행위, 지정된 시험 시간 외에 작성된 파일을 활용한 행위, 기타 통신수단(이메일, 메신저, 네트워크 등)을 이용하여 타인에게 전달 또는 외부 반출하는 행위는 부정으로 간주되어 자격기본법 제32조에 의거 본 시험 및 국가공인 자격시험을 2년간 응시할 수 없습니다.
- 시험 중 부주의 또는 고의로 시스템을 파손한 경우와 〈수험자 유의사항〉에 기재된 방법대로 이행하지 않아 생기는 불이익은 수험자의 책임임을 알려 드립니다.
- 시험을 완료한 수험자는 최종적으로 저장한 답안파일이 전송되었는지 확인한 후 감독위원의 지시에 따라 문제지를 제출하고 퇴실합니다.

답 안 작 성 요 령

- 온라인 답안 작성 절차
  수험자 등록 ⇒ 시험 시작 ⇒ 답안파일 저장 ⇒ 답안 전송 ⇒ 시험 종료
- 배점은 총 100점으로 이루어지며, 점수는 각 문제별로 차등 배분됩니다.
- 각 문제는 제시된 조건에 맞게 답안을 작성하셔야 하며, 조건을 지키지 못했을 경우에는 0점 또는 감점 처리됩니다.
- 조건에서 주어진 단위는 'mm(밀리미터)'입니다. 눈금자는 작성하지 않으며, 그 외는 출력형태(레이아웃, 색상, 문자, 규격 등)와 같게 작업하십시오.
- 문제 조건에 서체의 지정이 없을 경우 한글은 굴림이나 돋움, 영문은 Arial로 작업하십시오. (단, 그 외 제시되지 않은 문자 속성을 기본값으로 작성하지 않은 경우는 감점 처리됩니다.)
- 문제 조건에 크기와 색상, 두께의 지정이 없을 경우 《출력형태》를 참고하여 작업해 주시기 바랍니다.
- Image Mode(이미지 모드)는 별도의 처리조건이 없을 경우에는 CMYK로 작업하십시오.
- 조건에서 제시한 기능을 임의로 합치거나 각 기능에 대한 속성을 해지할 경우 해당 요소는 0점 처리됩니다.

한 국 생 산 성 본 부

다음의 《조건》에 따라 아래의 《출력형태》와 같이 작업하시오.

조건

파일저장규칙	AI	파일명	문서₩GTQ₩수험번호−성명−1.ai
		크기	100 × 80mm

1. 작업 방법
① 도형, 변형 툴과 Pathfinder 기능을 활용하여 오브젝트를 작성한다.
② 그 외 《출력형태》 참조

출력형태

C20M20Y10,
C10Y10K10,
C50M100K30,
M70Y60K20,
C70M70Y60K20,
M50Y90,
M30Y80,
M10Y50,
C40,
C50M30,
[Stroke] C0M0Y0K0, 1pt,
K60, 2pt

다음의 《조건》에 따라 아래의 《출력형태》와 같이 작업하시오.

조건

파일저장규칙	AI	파일명	문서₩GTQ₩수험번호−성명−2.ai
		크기	100 × 80mm

1. 작업 방법
① '15% COUPON' 문자에 Arial (Bold) 폰트를 적용한다.
② 'Flower Festival' 문자에 Type on a Path Tool을 활용한다
③ Brush는 《출력형태》를 참고하여 작성한다.
④ Effect는 《출력형태》를 참고하여 작성한다.
⑤ 그 외 《출력형태》 참조

2. 문자 효과
① Flower Festival (Times New Roman, Bold, 20pt, M70Y70)

출력형태

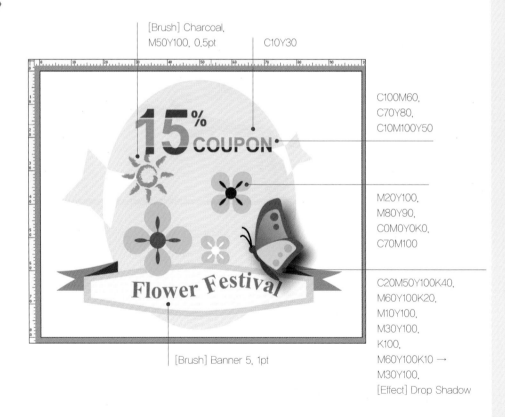

[Brush] Charcoal, M50Y100, 0.5pt

C10Y30

C100M60, C70Y80, C10M100Y50

M20Y100, M80Y90, C0M0Y0K0, C70M100

C20M50Y100K40, M60Y100K20, M10Y100, M30Y100, K100, M60Y100K10 → M30Y100, [Effect] Drop Shadow

[Brush] Banner 5, 1pt

다음의 《조건》에 따라 아래의 《출력형태》와 같이 작업하시오.

파일저장규칙	AI	파일명	문서₩GTQ₩수험번호-성명-3.ai
		크기	120 × 80mm

1. 작업 방법

① 도형 툴로 오브젝트를 제작한 후 Pattern을 활용하여 작성한다. (패턴 등록 : 튤립)

② 할인 광고 태그에는 불규칙적인 점선을, 파우더 용기에는 규칙적인 점선을 설정한다.

③ 파우더 용기에 Pattern을 적용한다.

④ 꽃 오브젝트는 정렬, 간격을 일정하게 한 후 Group 설정한다.

⑤ 그 외 《출력형태》 참조

2. 문자 효과

① BODY POWDER (Arial, Regular, 11pt, C10M90Y70)

② UP TO 30% OFF (Times New Roman, Bold, 16pt, C0M0Y0K0)

출력형태

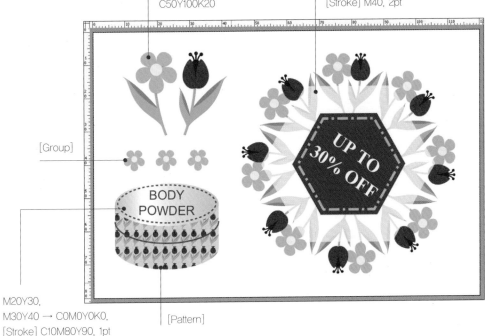

M30Y100,
Y60,
C10M90Y70K20,
M90Y70,
C50Y100,
C50Y100K20

C0M0Y0K0, Opacity 70%,
C50M80Y30,
[Stroke] M40, 2pt

[Group]

M20Y30,
M30Y40 → C0M0Y0K0,
[Stroke] C10M80Y90, 1pt

[Pattern]

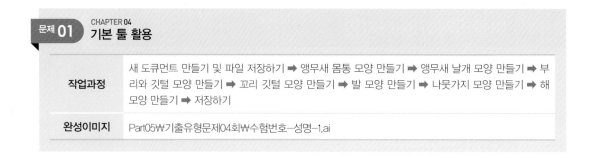

작업과정	새 도큐먼트 만들기 및 파일 저장하기 ➡ 앵무새 몸통 모양 만들기 ➡ 앵무새 날개 모양 만들기 ➡ 부리와 깃털 모양 만들기 ➡ 꼬리 깃털 모양 만들기 ➡ 발 모양 만들기 ➡ 나뭇가지 모양 만들기 ➡ 해 모양 만들기 ➡ 저장하기
완성이미지	Part05₩기출유형문제04회₩수험번호-성명-1.ai

01 새 도큐먼트 만들기 및 파일 저장하기

01 [File]-[New]를 선택하고 'Width : 100mm, Height : 80mm, Units : Millimeters, Color Mode : CMYK'를 설정하여 새 도큐먼트를 만들고 [View]-[Rulers]-[Show Rulers] (Ctrl+R)를 선택하여 눈금자를 표시합니다.

02 작품의 규격 왼쪽 상단에 원점(0,0)을 확인하고 왼쪽과 상단 눈금자 위에서 마우스로 각각 드래그하여 제시된 출력형태와 레이아웃 구성이 동일하게 안내선을 표시합니다.

03 작업 도큐먼트를 저장하기 위해 [File]-[Save As]를 선택하고 '저장 위치 : 내 PC₩문서₩ GTQ, 파일 형식 : Adobe Illustrator(*AI), 파일 이름 : 수험번호-성명-문제번호'를 입력하고 [저장]을 클릭한 후 [Illustrator Options] 대화상자에서 'Version : Illustrator 2020' 으로 설정하고 [OK]를 클릭합니다.

02 앵무새 몸통 모양 만들기

01 Ellipse Tool(◉)로 작업 도큐먼트를 클릭한 후 'Width : 38mm, Height : 38mm'를 입력하여 그리고 'Fill Color : None, Stroke Color : 임의 색상'을 지정합니다.

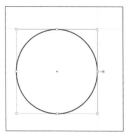

02 Tool 패널의 Selection Tool(▶)을 더블 클릭하여 [Move] 대화상자에서 'Width : 19mm, Height : 0mm'를 지정하고 [Copy]를 클릭한 후 오른쪽으로 이동하여 반지름이 겹치도록 복사합니다.

03 Rectangle Tool(⬜)로 작업 도큐먼트를 클릭한 후 'Width : 18.9mm, Height : 43mm'를 입력하여 그리고 'Fill Color : None, Stroke Color : 임의 색상'을 지정하고 서로 중앙이 겹치도록 배치합니다. [Ctrl]+[A]를 눌러 모두 선택하고 Pathfinder 패널에서 'Divide(🔳)'를 클릭하여 면을 분할합니다.

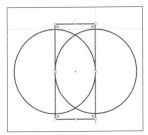  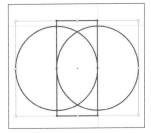

04 Selection Tool(▶)로 더블 클릭하여 Isolation Mode로 전환하고 불필요한 6개의 오브젝트를 [Shift]를 누르면서 클릭하여 선택한 후 [Delete]를 눌러 삭제합니다. [Ctrl]+[A]를 눌러 3개의 오브젝트를 모두 선택하고 Pathfinder 패널에서 'Unite(🔳)'를 클릭하여 합친 후 'Fill Color : C20M20Y10, Stroke Color : None'을 지정합니다. [Esc]를 눌러 정상 모드로 전환합니다.

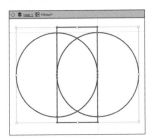 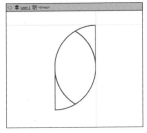 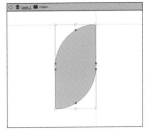

🟢③ 앵무새 날개 모양 만들기

01 Ellipse Tool(⬭)로 작업 도큐먼트를 클릭한 후 'Width : 20mm, Height : 20mm'를 입력하여 그리고 'Fill Color : C10Y10K10, Stroke Color : None'을 지정합니다. Direct Selection Tool(▷)로 하단의 고정점을 선택하고 아래로 드래그하여 패스를 변형한 후, Anchor Point Tool(⋀)로 고정점을 클릭하여 핸들을 없애고 뾰족하게 만듭니다.

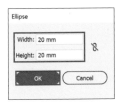 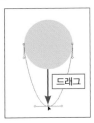  

02 Ellipse Tool()로 작업 도큐먼트를 클릭한 후 'Width : 5.5mm, Height : 5.5mm'를 입력하여 그리고 'Fill Color : 임의 색상, Stroke Color : None'을 지정합니다. Selection Tool(▶)로 **Alt**를 누르면서 오른쪽으로 드래그하여 복사하고 **Ctrl**+**D**를 2번 눌러 간격을 일정하게 유지하며 반복 복사합니다.

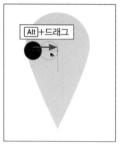

03 Selection Tool(▶)로 5개의 오브젝트를 선택하고 Pathfinder 패널에서 'Divide()'를 클릭하여 면을 분할합니다. 오브젝트를 더블 클릭하여 Isolation Mode로 전환하고 왼쪽과 오른쪽에 불필요한 오브젝트를 클릭하여 선택한 후 **Delete**를 눌러 삭제합니다.

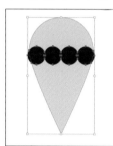

04 Selection Tool(▶)로 상단 오브젝트를 선택하고 'Unite(▣)'를 클릭하여 합친 후 'Fill Color : C50M100K30, Stroke Color : None'을 지정하고 **Esc**를 눌러 정상 모드로 전환합니다. Selection Tool(▶)로 날개 모양을 선택하고 Rotate Tool(↻)을 더블 클릭한 후 'Angle : −30°'를 지정하여 회전한 후 Selection Tool(▶)로 그림과 같이 배치합니다.

④ 부리와 깃털 모양 만들기

01 Rounded Rectangle Tool(▢)로 작업 도큐먼트를 클릭한 후 'Width : 10mm, Height : 8mm, Corner Radius : 4mm'를 입력하여 그리고 'Fill Color : None, Stroke Color : 임의 색상'을 지정합니다.

02 Rectangle Tool(▣)로 드래그하여 서로 겹치도록 사각형을 그리고 Selection Tool(▶)로 2개의 오브젝트를 선택한 후 Pathfinder 패널에서 'Intersect(▣)'를 클릭하여 겹친 부분만을 남기고 'Fill Color : M70Y60K20, Stroke Color : None'을 지정합니다.

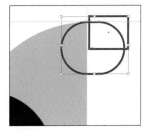  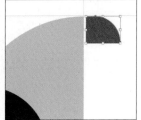

03 Reflect Tool(◀)로 Alt를 누르고 오브젝트의 하단을 클릭하여 'Axis : Horizontal'을 지정하고 [Copy]를 눌러 복사합니다. Scale Tool(▦)로 Alt를 누르고 오브젝트의 왼쪽 상단 고정점을 클릭하여 'Uniform : 70%'를 지정하여 크기를 축소합니다.

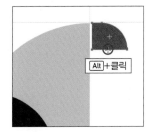 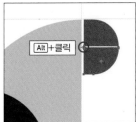 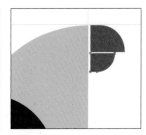

합격생의 비법

Alt를 누르고 클릭하면 클릭 지점이 변형 축으로 설정되고, [대화상자]에서 정확한 옵션을 지정할 수 있으므로 정렬과 위치 설정을 동시에 할 수 있습니다.

04 Ellipse Tool(◯)로 Shift를 누르면서 드래그하여 정원을 그리고 'Fill Color : C70M70Y60K20, Stroke Color : C0M0Y0K0'을 지정한 후 Stroke 패널에서 'Weight : 1pt'를 지정하여 눈을 그립니다.

05 Rounded Rectangle Tool(▣)로 둥근 사각형을 그리고 Ellipse Tool(◯)로 타원을 서로 겹치도록 그린 후 Selection Tool(▶)로 타원의 조절점 밖을 드래그하여 회전하여 배치합니다.

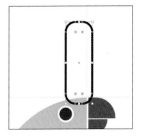 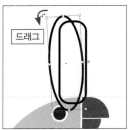

합격생의 비법

바운딩 박스로 회전하기

• Selection Tool(▶)로 오브젝트를 선택하면 오브젝트의 외곽에 여덟 개의 조절점이 표시되어 크기와 회전을 조절할 수 있습니다. 조절점 밖에 마우스를 놓고 ↱로 바뀌면 드래그하여 회전이 가능합니다.

• 조절점이 표시되지 않을 때는 [View]-[Show Bounding Box](Shift+Ctrl+B)를 선택합니다.

06 Selection Tool(▶)로 타원과 둥근 사각형을 선택하고 Pathfinder 패널에서 'Intersect(▣)
)'를 클릭하여 'Fill Color : M70Y60K20, Stroke Color : None'을 지정한 후 Shift + Ctrl
+ [를 눌러 맨 뒤로 보내기를 합니다. Rotate Tool(◐)로 Alt 를 누르면서 하단을 클릭하여
'Angle : 20°'를 지정하여 [Copy]를 클릭하고 회전 복사합니다.

07 Ctrl + D 를 4번 눌러 반복하여 복사합니다. Selection Tool(▶)로 순서대로 선택하고 'Fill
Color : M50Y90, M30Y80, M10Y50, C40, C50M30, Stroke Color : None'을 각각 지
정하여 머리 깃털을 완성합니다.

 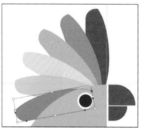

05 꼬리 깃털 모양 만들기

01 Rounded Rectangle Tool(▢)로 작업 도큐먼트를 클릭한 후 'Width : 10mm, Height :
25mm, Corner Radius : 2mm'를 입력하여 그리고 Direct Selection Tool(▷)로 상단 4
개의 고정점을 드래그하여 선택하고 Scale Tool(▣)로 안쪽으로 드래그하여 패스를 축소한
후 'Fill Color : C50M30, Stroke Color : None'을 지정합니다.

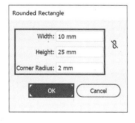  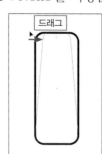 

02 Ellipse Tool()로 작업 도큐먼트에 드래그하여 타원을 그리고 'Fill Color : C50M100K30, Stroke Color : None'을 지정합니다. Direct Selection Tool(▷)로 상단의 고정점을 클릭하여 선택하고 위로 이동한 후 Anchor Point Tool(⊾)로 클릭하여 핸들을 삭제합니다.

03 Selection Tool(▶)로 Alt 를 누르면서 왼쪽으로 드래그하여 복사하고 조절점 밖을 드래그하여 회전합니다. Reflect Tool(◁▷)로 Alt 를 누르고 가운데 오브젝트의 중심점을 클릭하여 'Axis : Vertical'을 지정하고 [Copy]를 눌러 복사합니다. Selection Tool(▶)로 2개의 오브젝트를 각각 선택하고 'Fill Color : M70Y60K20, M30Y80, Stroke Color : None'을 지정합니다.

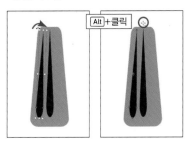

04 Selection Tool(▶)로 4개의 오브젝트를 선택하고 조절점 밖을 시계 방향으로 회전하여 배치합니다. Ctrl + [를 여러 번 눌러 날개 모양 뒤로 보내기를 합니다.

합격생의 비법

날개 모양 오브젝트를 선택하고 Shift + Ctrl +] 를 눌러 맨 앞으로 가져오기를 해도 됩니다.

06 발 모양 만들기

01 Ellipse Tool()로 드래그하여 원을 그리고 'Fill Color : None, Stroke Color : K60'을 지정한 후 Stroke 패널에서 'Weight : 2pt, Cap : Round Cap'을 설정합니다. Direct Selection Tool(△)로 하단의 고정점을 클릭하여 선택하고 Delete를 눌러 삭제합니다.

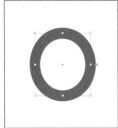

02 Line Segment Tool(✎)로 Shift를 누르면서 드래그하여 열린 패스의 중간에 수직선을 그리고 'Fill Color : None, Stroke Color : K60'을 지정한 후 Stroke 패널에서 'Weight : 2pt, Cap : Round Cap'을 지정합니다. Selection Tool(▶)로 2개의 오브젝트를 선택하고 Ctrl +G를 눌러 그룹으로 설정합니다.

> **합격생의 비법**
>
> Stroke 패널의 설정을 바꾸지 않으면 앞서 지정한 설정이 그대로 유지합니다.

03 Selection Tool(▶)로 배치한 후 Shift+Ctrl+[를 눌러 맨 뒤로 보내기를 합니다. Alt를 누르면서 드래그하여 복사하고 배치합니다.

07 나뭇가지 모양 만들기

01 Rounded Rectangle Tool(▢)로 작업 도큐먼트를 클릭한 후 'Width : 72mm, Height : 4mm, Corner Radius : 2mm'를 입력하여 그리고 'Fill Color : C70M70Y60K20, Stroke Color : None'을 지정합니다.

02 Direct Selection Tool(△)로 오른쪽 고정점들을 드래그하여 선택한 후 Scale Tool(⬚)을 더블 클릭하여 'Uniform : 70%'를 지정하여 패스의 크기를 축소합니다.

03 Rounded Rectangle Tool(▣)로 드래그하여 크기가 작은 동일한 색상의 둥근 사각형을 그리고 동일한 방법으로 오른쪽 패스를 축소하여 작은 나뭇가지 모양을 만든 후, Selection Tool(▶)로 조절점의 밖을 드래그하여 회전하여 배치합니다.

04 Selection Tool(▶)로 Alt 를 누르면서 드래그하여 복사하고 조절점의 밖을 드래그하여 회전하여 배치합니다. 계속해서 Shift 를 누르면서 조절점을 안쪽으로 드래그하여 크기를 축소합니다.

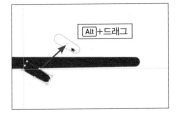

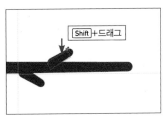

05 Selection Tool(▶)로 3개의 오브젝트를 선택하고 Pathfinder 패널에서 'Unite(◧)'를 클릭하여 합칩니다. Selection Tool(▶)로 조절점의 밖을 드래그하여 회전하고 Shift + Ctrl + [ ]를 눌러 맨 뒤로 보내기를 하고 제시된 레이아웃과 동일하게 배치합니다.

08 해 모양 만들기

01 Ellipse Tool(◉)로 작업 도큐먼트를 클릭한 후 'Width : 13mm, Height : 13mm'를 입력하여 그리고 'Fill Color : M30Y80, Stroke Color : None'을 지정합니다.

02 Rectangle Tool(▣)로 드래그하여 사각형을 그리고 'Fill Color : M30Y80, Stroke Color : None'을 지정합니다. Selection Tool(▶)로 정원과 사각형을 함께 선택하고 Align 패널에서 'Horizontal Align Center(▣)'를 클릭하여 가로 가운데 정렬을 지정합니다. Delete Anchor Point Tool(✑)로 사각형의 오른쪽 상단의 고정점에 클릭하여 고정점을 삭제하고 직각삼각형을 만듭니다.

   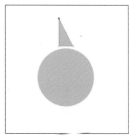

03 Selection Tool(▶)로 직각삼각형을 선택하고 Rotate Tool(↻)로 [Alt]를 누르면서 정원의 중심점을 클릭합니다. [Rotate] 대화상자에서 'Angle : 30°'를 지정하고 [Copy]를 눌러 복사를 한 후, [Ctrl]+[D]를 10번 눌러 반복 복사합니다.

09 저장하기

01 [View]-[Guides]-[Hide Guides]([Ctrl]+[;])를 선택하여 안내선을 숨기고 [View]-[Fit Artboard in Window]([Ctrl]+[0])를 선택하여 현재 창에 맞추기를 합니다.

02 [File]-[Save As]를 선택하고 '저장 위치 : 내 PC₩문서₩GTQ, 파일 형식 : Adobe Illustrator(*.AI), 파일 이름 : 수험번호-성명-문제번호.ai'를 확인하고 [저장]을 클릭한 후 [Illustrator Options] 대화상자에서 'Version : Illustrator 2020'으로 설정하고 [OK]를 클릭합니다.

03 답안 저장이 완료가 되면 [File]-[Close]([Ctrl]+[W])를 선택하여 파일을 닫고 수험 프로그램에서 [답안 전송]을 클릭하여 감독관 컴퓨터로 전송합니다.

작업과정	새 도큐먼트 만들기 및 파일 저장하기 ➡ 타원과 별 & 해 모양 만들기 ➡ 꽃 모양 만들고 변형하기 ➡ 리본 모양 브러쉬 적용하고 곡선을 따라 흐르는 문자 입력하기 ➡ 문자 오브젝트 만들기 ➡ 나비 모양 만들고 이펙트 적용하기 ➡ 저장하기
완성이미지	Part05₩기출유형문제04회₩수험번호−성명−2.ai

01 새 도큐먼트 만들기 및 파일 저장하기

01 [File]−[New]를 선택하고 'Width : 100mm, Height : 80mm, Units : Millimeters, Color Mode : CMYK'를 설정하여 새 도큐먼트를 만들고 [View]−[Rulers]−[Show Rulers] (Ctrl+R)를 선택하여 눈금자를 표시합니다.

02 작품의 규격 왼쪽 상단에 원점(0,0)을 확인하고 왼쪽과 상단 눈금자 위에서 마우스로 각각 드래그하여 제시된 출력형태와 레이아웃 구성이 동일하게 안내선을 표시합니다.

03 작업 도큐먼트를 저장하기 위해 [File]−[Save As]를 선택하고 '저장 위치 : 내 PC₩문서₩ GTQ, 파일 형식 : Adobe Illustrator(*AI), 파일 이름 : 수험번호−성명−문제번호'를 입력하고 [저장]을 클릭한 후 [Illustrator Options] 대화상자에서 'Version : Illustrator 2020'으로 설정하고 [OK]를 클릭합니다.

02 타원과 별 & 해 모양 만들기

01 Ellipse Tool(◉)로 Alt를 누르면서 안내선의 교차지점을 클릭한 후 'Width : 60mm, Height : 75mm'를 입력하여 그리고 'Fill Color : C10Y30, Stroke Color : 임의 색상'을 지정합니다.

02 Star Tool(☆)로 작업 도큐먼트에 드래그하며 키보드의 ↓를 한 번 눌러 별 모양을 그리고 'Fill Color : C10Y30, Stroke Color : 임의 색상'을 지정합니다. 계속해서 타원의 오른쪽 상단에 작은 별을 겹치도록 그리고 Ctrl+A로 모두 선택한 후 Pathfinder 패널에서 'Exclude(◘)'를 클릭하고 'Stroke Color : None'을 지정합니다. Ctrl을 누르고 도큐먼트의 빈 곳을 클릭하여 선택을 해제합니다.

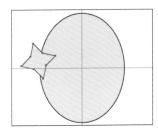 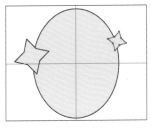 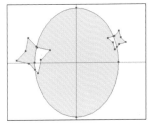

03 Brushes 패널 하단의 'Brush Libraries Menu'를 클릭하고 [Artistic]-[Artistic_ ChalkCharcoalPencil]을 선택하여 추가 브러쉬 패널을 불러온 후 'Charcoal'을 선택합니다.

04 Ellipse Tool(◉)로 Shift를 누르면서 드래그하여 정원을 그리고 'Fill Color : None, Stroke Color : M50Y100'을 지정합니다. Brushes 패널에서 'Charcoal'을 클릭하고 Stroke 패널에서 'Weight : 0.5pt'를 지정합니다. Line Segment Tool(╱)로 Shift를 누르면서 정원의 상단에 아래에서 위쪽으로 드래그하여 수직선을 그린 후 동일한 브러쉬 속성을 적용합니다.

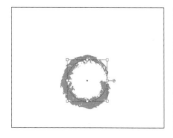 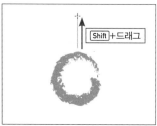 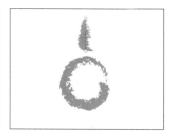

05 Rotate Tool(↻)로 Alt를 누르면서 정원의 중심점을 클릭한 후 [Rotate] 대화상자에서 'Angle : 45°'를 지정하고 [Copy]를 눌러 회전 복사합니다. Ctrl+D를 6번 눌러 반복하여 회전 복사한 후 Selection Tool(▶)로 해 모양을 모두 선택하고 Ctrl+G를 눌러 그룹 설정을 합니다.

 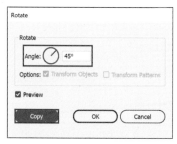 

03 꽃 모양 만들고 변형하기

01 Ellipse Tool(◉)로 Shift를 누르면서 드래그하여 정원을 그리고 'Fill Color : M20Y100, Stroke Color : None'을 지정합니다. Direct Selection Tool(▷)로 정원의 하단 고정점을 클릭하여 선택하고 키보드의 화살표 ↓를 눌러 아래로 이동한 후 Scale Tool(⊡)을 더블 클릭하고 'Uniform : 50%'를 지정하여 하단 패스를 축소합니다.

 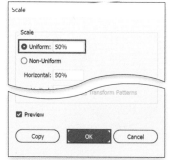 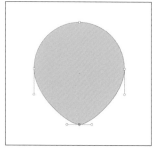

02 Direct Selection Tool(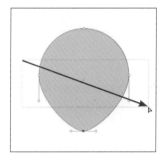)로 가운데 2개의 고정점을 드래그하여 선택하고 Scale Tool(⊞)
을 더블 클릭한 후 'Uniform : 105%'를 지정하여 패스를 확대합니다.

03 Ellipse Tool(◎)로 Shift 를 누르면서 드래그하여 정원과 타원을 그린 후 Rectangle Tool
(▣)로 직사각형을 그리고 'Fill Color : M80Y90, Stroke Color : None'을 지정합니다.
Selection Tool(▶)로 4개의 오브젝트를 동시에 선택하고 Align 패널에서 'Horizontal
Align Center(➊)'를 클릭하여 가로 가운데 정렬을 지정합니다.

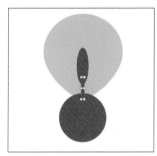
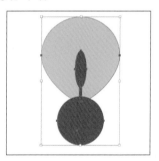

04 Selection Tool(▶)로 정원을 제외한 3개의 오브젝트를 선택하고 Rotate Tool(↻)로 정원
의 중심점을 클릭한 후 Alt 와 Shift 를 누르면서 시계 방향으로 드래그하여 90° 회전하여 복사
합니다. Ctrl + D 를 2번 눌러 반복하여 회전 복사합니다. Selection Tool(▶)로 꽃잎을 제외
한 오브젝트를 동시에 선택하고 Pathfinder 패널에서 'Unite(◪)'를 클릭하여 합칩니다.

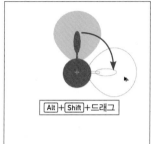
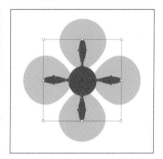

05 Direct Selection Tool(⟨▷⟩)로 위쪽 꽃잎 모양의 상단 고정점을 클릭하여 선택하고 키보드의
화살표 ⟨↑⟩를 눌러 위로 이동하여 하나의 꽃잎만을 변형합니다. Selection Tool(⟨▶⟩)로 완성
된 꽃 모양을 선택하고 ⟨Ctrl⟩+⟨G⟩를 눌러 그룹으로 설정합니다.

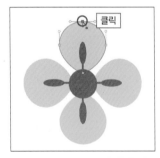 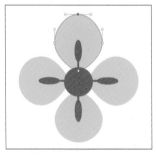 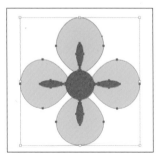

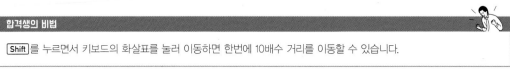

합격생의 비법

⟨Shift⟩를 누르면서 키보드의 화살표를 눌러 이동하면 한번에 10배수 거리를 이동할 수 있습니다.

06 Selection Tool(⟨▶⟩)로 완성된 꽃 모양을 선택하고 Scale Tool(⟨▣⟩)을 더블 클릭하여 'Uni-
form : 70%'를 지정하여 [Copy]를 눌러 축소 복사한 후 ⟨Ctrl⟩+⟨D⟩를 눌러 반복 복사합니다.

 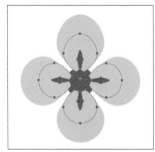 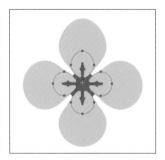

07 Selection Tool(⟨▶⟩)로 복사된 꽃 모양을 이동하여 배치하고 조절점 밖을 ⟨Shift⟩를 누르면서
시계 방향과 반시계방향으로 각각 드래그하여 45°씩 회전합니다. 축소된 꽃 모양을 각각 더블
클릭하여 가운데 오브젝트를 선택하고 'Fill Color : C0M0Y0K0, C70M100, Stroke Color
: None'을 각각 지정한 후 도큐먼트의 빈 곳을 더블 클릭하여 정상 모드로 전환합니다.

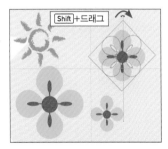 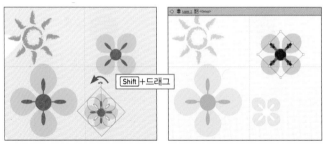

04 리본 모양 브러쉬 적용하고 곡선을 따라 흐르는 문자 입력하기

01 Brushes 패널 하단의 'Brush Libraries Menu'를 클릭하고 [Decorative]–[Decorative_ Banners and Seals]를 선택하여 추가 브러쉬 패널을 불러온 후 'Banner 5'를 선택합니다.

02 Line Segment Tool(／)로 Shift 를 누르면서 오른쪽에서 왼쪽으로 드래그하여 수평선을 그리고 'Fill Color : None, Stroke Color : 임의 색상'을 지정한 후 'Banner 5' 브러쉬를 적용하고, Stroke 패널에서 'Weight : 1pt'를 지정합니다.

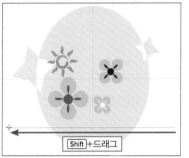
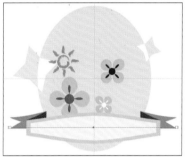

합격생의 비법

[Decorative]–[Decorative_ Banners and Seals] 브러쉬는 드래그하여 그리는 방향에 따라 모양이 다르게 출력됩니다.

03 Pen Tool(✒)로 드래그하여 문자를 입력할 열린 곡선 패스를 그리고 'Fill Color : None, Stroke Color : 임의 색상'을 지정합니다.

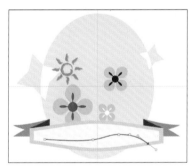

합격생의 비법

Tool 패널 하단의 Default Fill and Stroke(⬛)를 클릭하여 면과 선 속성을 초기화한 후에 패스를 그립니다.

04 Type on a Path Tool(⬩)로 열린 패스를 클릭한 후, Character 패널에서 'Set the font family : Times New Roman, Set the font style : Bold, Set the font size : 20pt'를 설정하고 Paragraph 패널에서 'Align center(☰)'를 지정하고 문장을 패스의 중앙에 배치합니다. 'Fill Color : M70Y70, Stroke Color : None'을 지정한 후 Flower Festival을 입력합니다.

05 Selection Tool(▶)로 가장 큰 꽃 모양을 선택하고 Ctrl +Shift+] 를 눌러 맨 앞으로 가져오기를 합니다.

05 문자 오브젝트 만들기

01 Type Tool(T)로 작업 도큐먼트를 클릭한 후 Character 패널에서 'Set the font family : Arial, Set the font style : Bold, Set the font size : 16pt'를 설정하고 15% COUPON을 입력합니다.

02 Type Tool(T)로 15 문자를 드래그하여 선택하고 Character 패널에서 'Set the font size : 50pt'를 설정합니다. Selection Tool(▶)로 15% COUPON 문자를 선택하고 [Type]-[Create Outlines](Shift+Ctrl+O)를 선택하고 문자를 윤곽선으로 변환한 후 'Fill Color : C100M60, Stroke Color : None'을 지정합니다.

> **합격생의 비법**
> - Selection Tool(▶)로 문자를 선택해야 [Type]-[Create Outlines]가 활성화됩니다.
> - [Properties] 패널에서 [Quick Actions] 항목의 [Create Outlines]를 클릭하여 적용할 수도 있습니다.

03 Selection Tool(▶)로 문자 오브젝트를 더블 클릭하여 Isolation Mode로 전환하고 이동하여 배치합니다.

04 Line Segment Tool(╱)로 Shift를 누르면서 드래그하여 임의 색상의 2개의 수평선을 그리고 배치합니다. Selection Tool(▶)로 문자와 2개의 수평선을 동시에 선택하고 Pathfinder 패널에서 'Divide(▣)'를 클릭하여 면을 분할합니다.

05 Selection Tool(▶)로 분리된 문자 오브젝트의 상단을 드래그하여 선택한 후 Shift를 누르면서 키보드의 화살표(↑)를 눌러 위로 이동하여 배치합니다. Selection Tool(▶)로 Shift를 누르면서 클릭하여 중앙 부분의 분리된 문자 오브젝트를 동시에 선택하고 'Fill Color : C70Y80, Stroke Color : None'을 지정합니다.

06 Selection Tool(▶)로 하단의 문자 오브젝트를 동시에 선택하고 Shift 를 누르면서 키보드의 화살표 ↓를 눌러 아래로 이동하여 배치한 후 COUPON 문자 하단을 드래그하여 선택하고 'Fill Color : C10M100Y50, Stroke Color : None'을 지정한 후 Esc 를 눌러 정상 모드로 전환합니다.

06 나비 모양 만들고 이펙트 적용하기

01 Ellipse Tool(◯)로 작업 도큐먼트에 드래그하여 하나의 정원과 크기가 다른 2개의 타원을 그리고 'Fill Color : C20M50Y100K40, Stroke Color : None'을 지정합니다. Direct Selection Tool(▷)로 타원의 왼쪽과 오른쪽의 고정점을 각각 클릭하여 선택하고 패스를 변형합니다. Selection Tool(▶)로 조절점 밖을 드래그하여 회전합니다.

 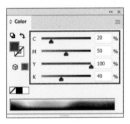  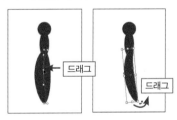

02 Pen Tool(✐)로 드래그하여 날개 모양을 그리고 'Fill Color : M60Y100K20, Stroke Color : None'을 지정합니다. 계속해서 면을 분리할 열린 곡선 패스를 그리고 'Fill Color : None, Stroke Color : 임의 색상'을 지정합니다. Selection Tool(▶)로 2개의 오브젝트를 동시에 선택하고 Pathfinder 패널에서 'Divide(▣)'를 클릭하여 면을 분할합니다.

03 Selection Tool(▶)로 더블 클릭하여 Isolation Mode로 전환하고 안쪽의 오브젝트를 선택한 후 Gradient 패널에서 'Type : Linear Gradient, Angle : 0°'를 적용하고 Gradient Slider의 왼쪽 'Color Stop'을 더블 클릭하여 M60Y100K10을 적용하고 오른쪽 'Color Stop'을 더블 클릭하여 M30Y100을 적용합니다.

04 Pen Tool(✎)로 드래그하여 하단의 날개 모양을 임의 색상으로 그리고 Scale Tool(⬚)로 Alt 를 누르면서 날개 모양 상단의 고정점을 클릭하여 'Uniform : 85%'를 지정한 후 [Copy]를 눌러 축소 복사하고 위치를 조절합니다. Selection Tool(▶)로 Fill Color : M60Y100K20, M10Y100, Stroke Color : None'을 각각 지정합니다.

 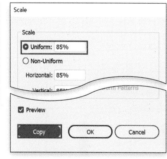 

05 Ellipse Tool(⬭)로 Shift 를 누르면서 드래그하여 5개의 크기가 다른 정원을 그리고 'Fill Color : M60Y100K20, M30Y100, Stroke Color : None'을 각각 지정하고 Esc 를 눌러 정상 모드로 전환합니다.

06 Pen Tool(✎)로 더듬이 모양의 열린 곡선 패스를 그리고 'Fill Color : None, Stroke Color : K100'을 지정한 후 Stroke 패널에서 'Weight : 1pt'를 지정하고 [Object]-[Path]-[Outline Stroke]를 선택하여 선을 면으로 확장합니다.

07 Selection Tool(▶)로 완성된 나비 모양을 모두 선택하여 Ctrl + G 를 눌러 그룹으로 설정한 후 [Effect]-[Illustrator Effects]-[Stylize]-[Drop Shadow]를 선택하고 'Opacity : 75%, X Offset : 2.42mm, Y Offset : 2.42mm, Blur : 1.74mm'를 지정하여 그림자 효과를 적용합니다. Rotate Tool(↻)을 더블 클릭하여 'Angle : 35°'를 지정하여 회전하고 제시된 레이아웃대로 배치합니다.

   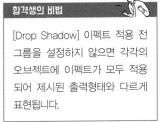

합격생의 비법

[Drop Shadow] 이펙트 적용 전 그룹을 설정하지 않으면 각각의 오브젝트에 이펙트가 모두 적용되어 제시된 출력형태와 다르게 표현됩니다.

07 저장하기

01 [View]-[Guides]-[Hide Guides](Ctrl + ;)를 선택하여 안내선을 숨기고 [View]-[Fit Artboard in Window](Ctrl + 0)를 선택하여 현재 창에 맞추기를 합니다.

02 [File]-[Save As]를 선택하고 '저장 위치 : 내 PC₩문서₩GTQ, 파일 형식 : Adobe Illustrator(*AI), 파일 이름 : 수험번호-성명-문제번호.ai'를 확인하고 [저장]을 클릭한 후 [Illustrator Options] 대화상자에서 'Version : Illustrator 2020'으로 설정하고 [OK]를 클릭합니다.

03 답안 저장이 완료가 되면 [File]-[Close](Ctrl + W)를 선택하여 파일을 닫고 수험 프로그램에서 [답안 전송]을 클릭하여 감독관 컴퓨터로 전송합니다.

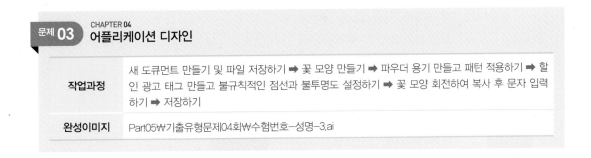

문제 03	CHAPTER 04 어플리케이션 디자인	
작업과정	새 도큐먼트 만들기 및 파일 저장하기 ➡ 꽃 모양 만들기 ➡ 파우더 용기 만들고 패턴 적용하기 ➡ 할인 광고 태그 만들고 불규칙적인 점선과 불투명도 설정하기 ➡ 꽃 모양 회전하여 복사 후 문자 입력하기 ➡ 저장하기	
완성이미지	Part05₩기출유형문제04회₩수험번호-성명-3.ai	

01 새 도큐먼트 만들기 및 파일 저장하기

01 [File]-[New]를 선택하고 'Width : 120mm, Height : 80mm, Units : Millimeters, Color Mode : CMYK'를 설정하여 새 도큐먼트를 만들고 [View]-[Rulers]-[Show Rulers] (Ctrl + R)를 선택하여 눈금자를 표시합니다.

02 작품의 규격 왼쪽 상단에 원점(0,0)을 확인하고 왼쪽과 상단 눈금자 위에서 마우스로 각각 드래그하여 제시된 출력형태와 레이아웃 구성이 동일하게 안내선을 표시합니다.

03 작업 도큐먼트를 저장하기 위해 [File]-[Save As]를 선택하고 '저장 위치 : 내 PC\문서\ GTQ, 파일 형식 : Adobe Illustrator(*AI), 파일 이름 : 수험번호-성명-문제번호'를 입력하고 [저장]을 클릭한 후 [Illustrator Options] 대화상자에서 'Version : Illustrator 2020' 으로 설정하고 [OK]를 클릭합니다.

02 꽃 모양 만들기

01 Polygon Tool(◉)로 작업 도큐먼트를 클릭한 후 'Radius : 6mm, Sides : 5'를 입력하여 그리고 'Fill Color : M30Y100, Stroke Color : None'을 지정합니다. [Effect]-[Illustrator Effects]-[Distort & Transform]-[Pucker & Bloat]를 선택하고 '70%'를 입력하여 꽃 모양을 만듭니다.

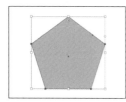 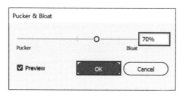 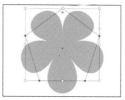

02 [Object]-[Expand Appearance]를 선택하여 오브젝트의 속성을 확장합니다. Ellipse Tool(◉)로 Shift 를 누르면서 꽃 모양 중앙에 정원을 그리고 'Fill Color : Y60, Stroke Color : None'을 지정합니다.

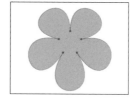 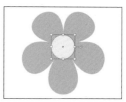

03 Ellipse Tool(◉)로 타원을 그리고 'Fill Color : C10M90Y70K20, Stroke Color : None' 을 지정합니다. 계속해서 Pen Tool(✎)로 꽃잎 모양을 그리고 'Fill Color : M90Y70, Stroke Color : None'을 지정한 후 Reflect Tool(▷◁)로 Alt 를 누르고 꽃잎 모양 하단의 고정점을 클릭하여 'Axis : Vertical'을 지정하고 [Copy]를 눌러 복사합니다.

04 Ellipse Tool(◉)로 상단에 정원을 그리고 'Fill Color : C10M90Y70K20, Stroke Color : None'을 지정합니다. Line Segment Tool(／)로 수직선을 그리고 'Fill Color : None, Stroke Color : C10M90Y70K20'을 지정하고 Stroke 패널에서 'Weight : 1pt'를 적용합니다.

05 Selection Tool(▶)로 [Alt]를 누르면서 드래그하여 정원을 복사하고 Arc Tool(⌒)로 그림과 같이 하단에서 상단으로 드래그하여 호를 그리고 배치한 후 'Fill Color : None, Stroke Color : C10M90Y70K20'을 지정하고 Stroke 패널에서 'Weight : 1pt'를 적용합니다.

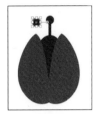 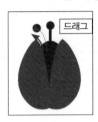 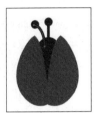

06 Selection Tool(▶)로 왼쪽의 정원과 호를 동시에 선택하고 Reflect Tool(◁)로 [Alt]를 누르면서 타원의 가로 중앙을 클릭하고 'Axis : Vertical'을 지정하고 [Copy]를 눌러 복사합니다.

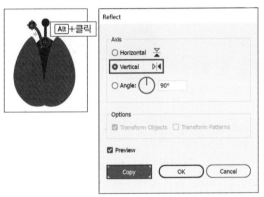 

07 Selection Tool(▶)로 수직선과 2개의 호를 동시에 선택하고 [Object]-[Path]-[Outline Stroke]를 선택하여 선을 면으로 확장한 후 색상이 동일한 7개의 오브젝트를 모두 선택하고 Pathfinder 패널에서 'Unite(◧)'를 클릭하여 합칩니다. [Shift]+[Ctrl]+[[]를 눌러 맨 뒤로 보내기를 합니다.

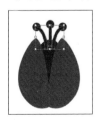  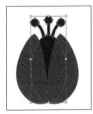

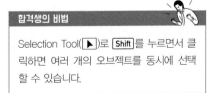

합격생의 비법

Selection Tool(▶)로 [Shift]를 누르면서 클릭하면 여러 개의 오브젝트를 동시에 선택할 수 있습니다.

08 Pen Tool(✐)로 곡선의 열린 패스를 그리고 'Fill Color : None, Stroke Color : C50Y100' 을 지정하고 Stroke 패널에서 'Weight : 2pt'를 지정한 후 [Object]-[Path]-[Outline Stroke]를 선택하여 선을 면으로 확장하여 줄기 모양을 완성합니다.

09 Pen Tool(✐)로 잎 모양을 그리고 'Fill Color : C50Y100, Stroke Color : None'을 지정 합니다. 계속해서 열린 패스를 겹치도록 그리고 'Fill Color : None, Stroke Color : 임의 색 상'을 지정합니다. Selection Tool(▶)로 2개의 오브젝트를 선택하고 Pathfinder 패널에서 'Divide(⬛)'를 클릭하여 면을 분할합니다. 더블 클릭하여 Isolation Mode로 전환하여 상단 오브젝트를 선택한 후 'Fill Color : C50Y100K20, Stroke Color : None'을 지정하고 Esc 를 눌러 정상 모드로 전환합니다.

   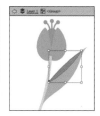

10 Selection Tool(▶)로 잎 모양을 선택하고 Reflect Tool(◁)로 줄기 부분을 클릭하여 변형 축을 지정한 후 Alt 를 누르면서 뒤집어 드래그하여 복사합니다. Selection Tool(▶)로 Shift 를 누르면서 조절점의 모서리를 안으로 드래그하여 크기를 축소하고 배치합니다.

합격생의 비법

Selection Tool(▶)로 Shift 를 누르면서 조절점의 모서리를 드래그하여 비율에 맞게 확대, 축소할 수 있습니다.

11 Selection Tool(▶)로 줄기와 큰 잎 모양을 선택하고 Shift + Ctrl + [를 눌러 맨 뒤로 보내 기를 하고 Reflect Tool(◁)로 작업 도큐먼트를 클릭한 후 변형 축을 지정하고 Alt 와 Shift 를 누르면서 뒤집어 드래그하여 복사합니다.

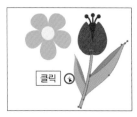  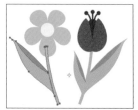

12 Selection Tool(▶)로 왼쪽의 꽃 모양을 선택하고 Scale Tool(⊞)을 더블 클릭하여 'Uniform : 50%'를 지정하고 [Copy]를 눌러 축소 복사합니다.

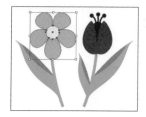 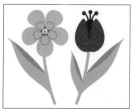

13 Selection Tool(▶)로 축소된 꽃 모양을 Alt 와 Shift 를 누르면서 오른쪽으로 드래그하여 복사합니다. Ctrl + D 를 눌러 균등한 간격으로 반복 복사한 후 3개의 꽃 모양을 모두 선택하고 Ctrl + G 를 눌러 그룹으로 설정합니다.

 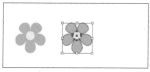 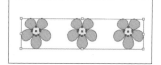

03 파우더 용기 만들고 패턴 적용하기

01 Rectangle Tool(▣)로 작업 도큐먼트를 클릭한 후 'Width : 32mm, Height : 13mm'를 입력하여 그리고 'Fill Color : M20Y30, Stroke Color : 임의 색상'을 지정합니다.

02 Ellipse Tool(◉)로 Alt 를 누르면서 안내선의 교차지점을 클릭하여 'Width : 32mm, Height : 13mm'를 입력하여 그리고 'Fill Color : M20Y30, Stroke Color : 임의 색상'을 지정합니다.

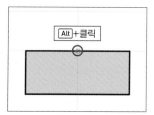  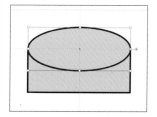

03 Tool 패널의 Selection Tool(▶)을 더블 클릭하고 [Move] 대화상자에서 'Horizontal : 0mm, Vertical : 13mm'를 입력하고 [Copy]를 눌러 아래쪽으로 이동하여 복사합니다. Selection Tool(▶)로 하단의 타원과 직사각형을 선택하고 Pathfinder 패널에서 'Unite(◼)'를 클릭하여 합친 후 Ctrl + [를 눌러 뒤로 보내기를 하고 'Stroke Color : None'을 지정합니다.

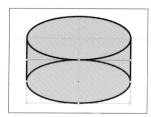  

04 Selection Tool(▶)로 타원을 선택하고 Alt 와 Shift 를 누르면서 아래쪽으로 드래그하여 복사합니다. Direct Selection Tool(▷)로 복사된 타원 상단의 고정점을 클릭하여 선택한 후 Delete 를 눌러 삭제하여 열린 패스를 만들고 'Fill Color : None, Stroke Color : C10M80Y90'을 지정하고 Stroke 패널에서 'Weight : 1pt'를 지정합니다.

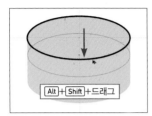 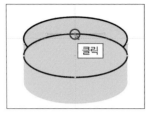 

05 Selection Tool(▶)로 상단의 타원을 선택한 후 Gradient 패널에서 'Type : Linear Gradient, Angle : 0°'를 설정하고 Gradient Slider의 왼쪽 'Color Stop'을 더블 클릭하여 M30Y40을, Gradient Slider의 가운데 빈 공간을 클릭하여 'Color Stop'을 추가한 후 더블 클릭하여 C0M0Y0K0을, 오른쪽 'Color Stop'을 더블 클릭하여 M30Y40을 적용한 후 'Stroke Color : None'을 지정합니다.

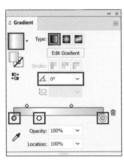 

06 [Object]-[Path]-[Offset Path]를 선택한 후 'Offset : −0.8mm'를 지정하여 축소된 복사본을 만들고 키보드의 화살표 ↑를 눌러 위쪽으로 조금 이동합니다. Color 패널에서 'Fill Color : None, Stroke Color : C10M80Y90'을 지정하고 Stroke 패널에서 'Weight : 1pt, Dashed Line : 체크, dash : 2pt'를 입력하여 규칙적인 점선을 그려 배치합니다.

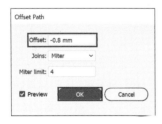  

07 Selection Tool(▶)로 튤립 모양을 선택하고 [Object]-[Pattern]-[Make]를 선택하고 Pattern Options에서 'Name : 튤립'을 지정하고 패턴으로 등록합니다. Esc 를 눌러 패턴의 편집 모드에서 정상 모드로 전환합니다.

08 Selection Tool(▶)로 파우더 용기 하단의 오브젝트를 선택한 후 Ctrl + C 로 복사를 하고 Ctrl + F 로 복사한 오브젝트 앞에 붙여 넣기를 합니다. Swatches 패널에서 등록된 튤립 패턴을 클릭하여 면 색상에 적용합니다. Scale Tool(⊡)을 더블 클릭하고 'Uniform : 20%, Transform Objects : 체크 해제, Transform Patterns : 체크'를 지정하여 패턴의 크기를 축소합니다.

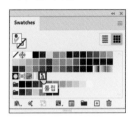 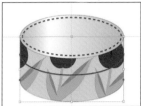 

09 Type Tool(T)로 작업 도큐먼트를 클릭한 후 Character 패널에서 'Set the font family : Arial, Set the font style : Regular, Set the font size : 11pt'를 설정하고 Paragraph 패널에서 'Align center(≡)'를 지정하고 문장을 중앙에 배치합니다. 'Fill Color : C10M90Y70, Stroke Color : None'을 지정하고 BODY POWDER를 입력합니다.

  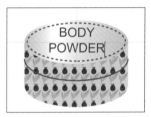

❹ 할인 광고 태그 만들고 불규칙적인 점선과 불투명도 설정하기

01 Polygon Tool(◉)로 상단의 안내선 교차 지점을 클릭하여 'Radius : 27mm, Sides : 6'을 입력하여 그리고 'Fill Color : 임의 색상, Stroke Color : 임의 색상'을 지정합니다.

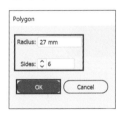 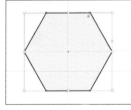 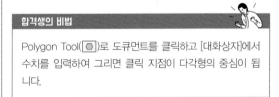

02 Scale Tool(⊡)을 더블 클릭하여 'Uniform : 65%, Transform Objects : 체크'를 지정하고 [Copy]를 눌러 복사합니다. 계속해서 더블 클릭하여 'Uniform : 90%'를 지정하고 [Copy]를 눌러 복사합니다.

03 작은 육각형에 'Fill Color : None, Stroke Color : M40'을 지정하고 Stroke 패널에서 'Weight : 2pt, Dashed Line : 체크, dash : 9pt, gap : 3pt, dash : 2pt, gap : 3pt'를 입력하여 불규칙적인 점선을 적용합니다.

 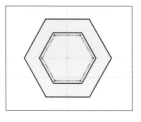

04 Selection Tool(▶)로 두 번째 육각형을 선택하고 'Fill Color : C50M80Y30, Stroke Color : None'을 지정합니다. 세 번째 육각형을 선택하고 'Fill Color : C0M0Y0K0, Stroke Color : None'을 지정한 후 Transparency 패널에서 'Opacity : 70%'를 설정하여 불투명도를 조절합니다.

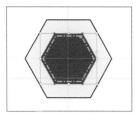 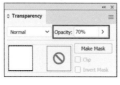 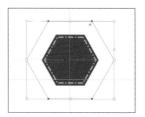

05 꽃 모양 회전하여 복사 후 문자 입력하기

01 Selection Tool(▶)로 2개의 꽃 모양을 선택한 후 Scale Tool(▣)을 더블 클릭하여 'Uniform : 75%, Transform Objects : 체크'를 지정하고 [Copy]를 눌러 축소 복사한 후 육각형의 상단 중앙에 배치합니다. 2개의 꽃 모양의 가운데 간격을 이동하여 배치합니다.

  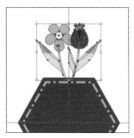

합격생의 비법

Pattern이 적용된 오브젝트가 있는 도큐먼트는 기본적으로 변형 도구의 Options에 'Transform Patterns : 체크'가 되어 있습니다. 패턴이 적용되지 않은 오브젝트에는 체크 해제를 굳이 하지 않아도 됩니다.

02 Rotate Tool()로 Alt 를 누르면서 안내선의 상단 교차 지점을 클릭하여 [Rotate] 대화상자에서 'Angle : 45°'를 지정하고 [Copy]를 눌러 회전 복사한 후 Ctrl + D 를 6번 눌러 반복하여 복사합니다.

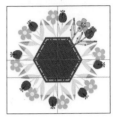

03 Type Tool(T)로 작업 도큐먼트를 클릭한 후 Character 패널에서 'Set the font family : Times New Roman, Set the font style : Bold, Set the font size : 16pt'를 설정하고 Paragraph 패널에서 'Align center(≡)'를 지정하고 문장을 중앙에 배치합니다. 'Fill Color : C0M0Y0K0, Stroke Color : None'을 지정하고 UP TO 30% OFF를 입력합니다. Rotate Tool()로 더블 클릭하여 'Angle : −35°'를 지정하여 회전한 후 배치합니다.

06 저장하기

01 [View]-[Guides]-[Hide Guides](Ctrl + ;)를 선택하여 안내선을 숨기고 [View]-[Fit Artboard in Window](Ctrl + 0)를 선택하여 현재 창에 맞추기를 합니다.

02 [File]-[Save As]를 선택하고 '저장 위치 : 내 PC₩문서₩GTQ, 파일 형식 : Adobe Illustrator(*.AI), 파일 이름 : 수험번호-성명-문제번호.ai'를 확인하고 [저장]을 클릭한 후 [Illustrator Options] 대화상자에서 'Version : Illustrator 2020'으로 설정하고 [OK]를 클릭합니다.

03 답안 저장이 완료가 되면 [File]-[Exit](Ctrl + Q)를 선택하여 일러스트레이터 프로그램을 종료하고 수험 프로그램에서 [답안 전송]을 클릭하여 감독관 컴퓨터로 전송합니다.

기출 유형 문제 05회

급수	문제유형	시험시간	수험번호	성명
2급	A	90분		

수 험 자 유 의 사 항

- 수험자는 문제지를 받는 즉시 응시하고자 하는 과목 및 급수가 맞는지 확인한 후 수험번호와 성명을 작성합니다.
- 파일명은 본인의 "수험번호–성명–문제번호"로 공백 없이 정확히 입력하고 답안폴더(내 PC₩문서₩GTQ)에 ai 파일 포맷으로 저장해야 하며, 다른 파일 형식으로 저장하였을 경우 0점 처리됩니다. 답안문서 파일명이 "수험번호–성명–문제번호"와 일치하지 않거나, 답안 파일을 전송하지 않아 미제출로 처리될 경우 불합격 처리됩니다.
- 수험자 정보와 저장한 파일명, 저장 위치가 다를 경우 전송이 되지 않으므로, 주의하시기 바랍니다.
- 답안 작성 중에도 주기적으로 '저장'과 '답안 선송'을 이용하여 감독위원 PC로 답안을 전송하셔야 합니다. (※ 작업한 내용을 저장하지 않고 전송할 경우 이전의 저장내용이 전송되오니 이점 반드시 유념하시기 바랍니다.)
- 답안문서는 지정된 경로 외의 다른 보조기억장치에 지장하는 행위, 지정된 시험 시간 외에 작성된 파일을 활용한 행위, 기타 통신수단(이메일, 메신저, 네트워크 등)을 이용하여 타인에게 전달 또는 외부 반출하는 행위는 부정으로 간주되어 자격기본법 제32조에 의거 본 시험 및 국가공인 자격시험을 2년간 응시할 수 없습니다.
- 시험 중 부주의 또는 고의로 시스템을 파손한 경우와 〈수험자 유의사항〉에 기재된 방법대로 이행하지 않아 생기는 불이익은 수험자의 책임임을 알려 드립니다.
- 시험을 완료한 수험자는 최종적으로 저장한 답안파일이 전송되었는지 확인한 후 감독위원의 지시에 따라 문제지를 제출하고 퇴실합니다.

답 안 작 성 요 령

- 온라인 답안 작성 절차
  수험자 등록 ⇒ 시험 시작 ⇒ 답안파일 저장 ⇒ 답안 전송 ⇒ 시험 종료
- 배점은 총 100점으로 이루어지며, 점수는 각 문제별로 차등 배분됩니다.
- 각 문제는 제시된 조건에 맞게 답안을 작성하셔야 하며, 조건을 지키지 못했을 경우에는 0점 또는 감점 처리됩니다.
- 조건에서 주어진 단위는 'mm(밀리미터)'입니다. 눈금자는 작성하지 않으며, 그 외는 출력형태(레이아웃, 색상, 문자, 규격 등)와 같게 작업하십시오.
- 문제 조건에 서체의 지정이 없을 경우 한글은 굴림이나 돋움, 영문은 Arial로 작업하십시오. (단, 그 외 제시되지 않은 문자 속성을 기본값으로 작성하지 않은 경우는 감점 처리됩니다.)
- 문제 조건에 크기와 색상, 두께의 지정이 없을 경우 《출력형태》를 참고하여 작업해 주시기 바랍니다.
- Image Mode(이미지 모드)는 별도의 처리조건이 없을 경우에는 CMYK로 작업하십시오.
- 조건에서 제시한 기능을 임의로 합치거나 각 기능에 대한 속성을 해지할 경우 해당 요소는 0점 처리됩니다.

한 국 생 산 성 본 부

문제 1 ⋮ 기본 툴 활용　　　　　25점

다음의 《조건》에 따라 아래의 《출력형태》와 같이 작업하시오.

조건

파일저장규칙	AI	파일명	문서₩GTQ₩수험번호-성명-1.ai
		크기	100 × 80mm

1. 작업 방법
① 도형, 변형 툴과 Pathfinder 기능을 활용하여 오브젝트를 작성한다.
② 그 외 《출력형태》 참조

출력형태

C30M80Y70K20,
C0M0Y0K0,
K100,
C30M50Y40,
M50Y80K10,
M30Y50,
C30M50Y40K20,
C40Y20,
M80Y80,
[Stroke] C0M0Y0K0, 1pt

다음의 《조건》에 따라 아래의 《출력형태》와 같이 작업하시오.

파일저장규칙	AI	파일명	문서₩GTQ₩수험번호-성명-2.ai
		크기	100 × 80mm

1. 작업 방법

① 'TRICK OR TREAT' 문자에 Arial (Black) 폰트를 적용한다.

② 'Happy Halloween Day' 문자에 Type on a Path Tool을 활용한다.

③ Brush는 《출력형태》를 참고하여 작성한다.

④ Effect는 《출력형태》를 참고하여 작성한다.

⑤ 그 외 《출력형태》 참조

2. 문자 효과

① Happy Halloween Day (Arial, Bold, 13pt, C80M100Y30K40)

[Brush] Dry Brush 6,
M40Y90, 3pt,
[Effect] Drop Shadow

M80Y50,
C80M100Y30K40

C0M0Y0K0

M30Y100,
M10Y80,
C80M30Y100K20,
K100,
C100M20Y100 → C10Y100

[Brush] Banner 6, 1.2pt

다음의 《조건》에 따라 아래의 《출력형태》와 같이 작업하시오.

조건

파일저장규칙	AI	파일명	문서₩GTQ₩수험번호-성명-3.ai
		크기	120 × 80mm

1. 작업 방법
① 도형 툴로 오브젝트를 제작한 후 Pattern을 활용하여 작성한다. (패턴 등록 : 막대 사탕)
② 태그에는 규칙적인 점선을, 셔츠에는 불규칙적인 점선을 설정한다.
③ 셔츠에 Pattern을 적용한다.
④ 태그 중간에 배치된 오브젝트는 정렬, 간격을 일정하게 한 후 Group 설정한다.
⑤ 그 외 《출력형태》 참조

2. 문자 효과
① Enjoy! (Arial, Regular, 12pt, C100M60)
② NIGHT PARTY (Arial, Bold, 10pt, K100)

출력형태

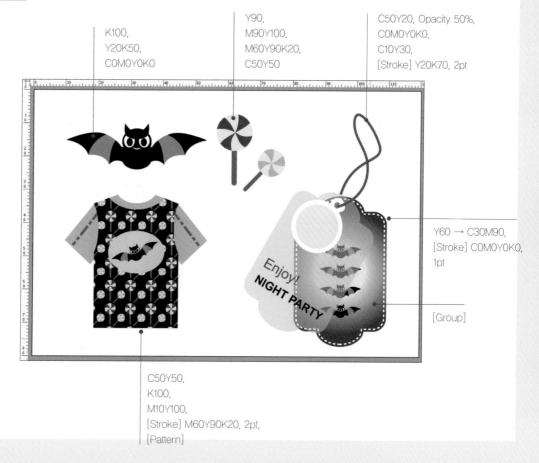

K100,
Y20K50,
C0M0Y0K0

Y90,
M90Y100,
M60Y90K20,
C50Y50

C50Y20, Opacity 50%,
C0M0Y0K0,
C10Y30,
[Stroke] Y20K70, 2pt

Y60 → C30M90,
[Stroke] C0M0Y0K0,
1pt

[Group]

C50Y50,
K100,
M10Y100,
[Stroke] M60Y90K20, 2pt,
[Pattern]

작업과정	새 도큐먼트 만들기 및 파일 저장하기 ➡ 부엉이 모양 만들기 ➡ 모자 모양 만들기 ➡ 별과 원형으로 배경 만들기 ➡ 저장하기
완성이미지	Part05₩기출유형문제05회₩수험번호-성명-1.ai

01 새 도큐먼트 만들기 및 파일 저장하기

01 [File]-[New]를 선택하고 'Width : 100mm, Height : 80mm, Units : Millimeters, Color Mode : CMYK'를 설정하여 새 도큐먼트를 만들고 [View]-[Rulers]-[Show Rulers] (Ctrl+R)를 선택하여 눈금자를 표시합니다.

02 작업의 규격 왼쪽 상단에 원점(0,0)을 확인하고 왼쪽과 상단 눈금자 위에서 마우스로 각각 드래그하여 제시된 출력형태와 레이아웃 구성이 동일하게 안내선을 표시합니다.

03 작업 도큐먼트를 저장하기 위해 [File]-[Save As]를 선택하고 '저장 위치 : 내 PC₩문서₩GTQ, 파일 형식 : Adobe Illustrator(*AI), 파일 이름 : 수험번호-성명-문제번호'를 입력하고 [저장]을 클릭한 후 [Illustrator Options] 대화상자에서 'Version : Illustrator 2020'으로 설정하고 [OK]를 클릭합니다.

02 부엉이 모양 만들기

01 Ellipse Tool(◉)로 작업 도큐먼트를 클릭한 후 'Width : 30mm, Height : 25mm'를 입력하여 그리고 'Fill Color : C30M80Y70K20, Stroke Color : None'을 지정합니다. 계속해서 클릭하여 'Width : 35mm, Height : 30mm'를 입력하여 그리고 하단에 겹치도록 배치합니다.

  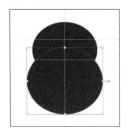

02 Ellipse Tool(◉)로 3개의 정원을 겹치도록 그리고 'Fill Color : C0M0Y0K0, K100, C0M0Y0K0, Stroke Color : 임의 색상'을 각각 지정합니다. 계속해서 타원을 3개의 정원 상단에 겹치도록 그리고 'Fill Color : 임의 색상, Stroke Color : 임의 색상'을 지정합니다. Rotate Tool(↻)을 더블 클릭하여 'Angle : −15˚'를 지정하여 타원을 회전합니다.

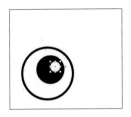 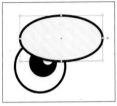  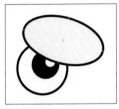

03 Selection Tool(▶)로 3개의 정원과 타원을 함께 선택하고 Pathfinder 패널에서 'Trim (⬚)'을 클릭합니다. Selection Tool(▶)로 더블 클릭하여 Isolation Mode로 전환한 후 타원을 선택하고 Delete 를 눌러 삭제합니다. Esc 를 눌러 정상모드로 전환하고 눈의 위치에 배치합니다.

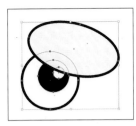  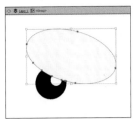 

합격생의 비법

Trim(⬚)은 선택한 오브젝트 중에 맨 앞에 있는 오브젝트와 뒤쪽에 있는 오브젝트의 겹친 부분은 합쳐지고 보이는 부분만 남기며 테두리 색상은 투명해집니다.

04 Ellipse Tool(◉)로 작업 도큐먼트를 클릭한 후 'Width : 10mm, Height : 24mm'를 입력하여 그리고 'Fill Color : C30M50Y40, Stroke Color : None'을 지정합니다. Direct Selection Tool(▷)로 타원의 오른쪽 고정점을 클릭하여 선택한 후 위로 이동합니다. 계속해서 하단 고정점의 오른쪽 핸들을 왼쪽으로 드래그하여 날개 모양을 완성합니다.

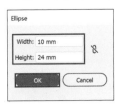 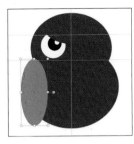 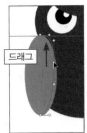 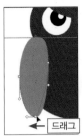

05 Arc Tool(⌒)로 날개 모양 위에 오른쪽 상단에서 왼쪽 하단으로 드래그하여 2개의 호를 그리고 'Fill Color : None, Stroke Color : C0M0Y0K0'을 지정하고 Stroke 패널에서 'Weight : 1pt'를 적용합니다.

06 Ellipse Tool()로 몸통 모양 하단에 드래그하여 타원을 그리고 'Fill Color : M50Y80K10, Stroke Color : None'을 지정합니다. Selection Tool(▶)로 Alt 를 누르면서 오른쪽으로 드래그하여 복사하고 Ctrl + D 를 눌러 반복하여 복사한 후 가운데 타원을 선택하고 조절점 하단 중앙을 아래로 드래그하여 길이를 조절합니다.

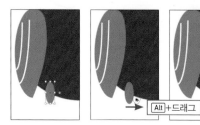

07 Selection Tool(▶)로 Shift 를 누르면서 눈 모양과 날개, 발 모양을 모두 선택하고 Reflect Tool(◀▶)로 Alt 를 누르면서 세로 안내선을 클릭하여 'Axis : Vertical'을 지정하고 [Copy]를 눌러 복사합니다.

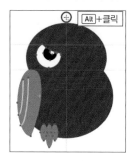

08 Polygon Tool(⬡)로 안내선의 하단 교차 지점을 클릭한 후 'Radius : 2.5mm, Sides : 3'을 입력하여 삼각형을 그리고 'Fill Color : M30Y50, Stroke Color : None'을 지정합니다. Reflect Tool(◀▶)을 더블 클릭하여 'Axis : Horizontal'을 지정하고 역삼각형으로 변형합니다.

09 Pen Tool()로 클릭하여 열린 패스를 그리고 'Fill Color : None, Stroke Color : C30M50Y40K20'을 지정한 후 Stroke 패널에서 'Weight : 4pt, Cap : Round Cap, Corner : Round Join'을 클릭하여 패스의 끝점과 모서리 바깥쪽을 둥근 모양으로 지정하고 [Object]-[Path]-[Outline Stroke]로 선을 면으로 확장합니다.

10 Selection Tool(▶)로 Alt를 누르면서 오른쪽으로 드래그하여 복사하고 Ctrl+D를 눌러 반복하여 복사합니다. Shift를 누르면서 3개의 오브젝트를 함께 선택하고 Alt를 누르면서 아래쪽으로 드래그하여 복사합니다.

03 모자 모양 만들기

01 Ellipse Tool(◉)로 작업 도큐먼트를 클릭한 후 'Width : 36mm, Height : 10mm'를 입력하여 그리고 'Fill Color : C40Y20, Stroke Color : 임의 색상'을 지정합니다.

02 Pen Tool(✏)과 Ellipse Tool(◉)로 닫힌 패스와 정원을 겹치도록 그리고 'Fill Color : C40Y20, Stroke Color : 임의 색상'을 지정합니다. Selection Tool(▶)로 3개의 오브젝트를 함께 선택하고 Pathfinder 패널에서 'Unite(◧)'를 클릭하여 합칩니다.

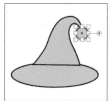

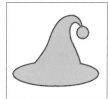

03 Pen Tool()로 6개의 열린 패스를 모자 모양과 겹치도록 그리고 'Fill Color : None, Stroke Color : 임의 색상'을 지정합니다. Selection Tool(▶)로 모자 모양과 열린 패스를 함께 선택하고 Pathfinder 패널에서 'Divide(🔲)'를 클릭하여 면을 분할합니다.

04 Selection Tool(▶)로 더블 클릭하여 Isolation Mode로 전환한 후 [Shift]를 누르면서 4개의 분할된 오브젝트를 함께 선택하고 'Fill Color : K100'을 지정합니다. [Esc]를 눌러 정상 모드로 전환한 후 모자 모양을 선택하고 'Stroke Color : None'을 지정합니다.

05 Ellipse Tool(⬤)로 드래그하여 원을 그리고 'Fill Color : M80Y80, Stroke Color : 임의 색상'을 지정합니다. Rounded Rectangle Tool(▢)로 [Alt]를 누르면서 원의 중앙에서 드래그하여 임의 색상의 둥근 사각형을 원과 겹치도록 그리고 Selection Tool(▶)로 원과 함께 선택한 후 Pathfinder 패널에서 'Minus Front(🔲)'를 클릭합니다.

06 Selection Tool(▶)로 조절점의 밖을 드래그하여 회전하고 이동하여 배치합니다.

04 별과 원형으로 배경 만들기

01 Ellipse Tool(⬤)로 [Alt]를 누르면서 안내선의 하단 교차지점을 클릭한 후 'Width : 83mm, Height : 83mm'를 입력하여 그리고 'Fill Color : M30Y50, Stroke Color : None'을 지정합니다.

02 Pen Tool()로 정원의 하단에 클릭하여 열린 패스를 그리고 'Fill Color : None, Stroke Color : 임의 색상'을 지정합니다. Selection Tool(▶)로 정원과 함께 선택하고 Pathfinder 패널에서 'Divide(▣)'를 클릭하여 면을 분할합니다.

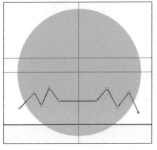  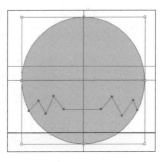

03 Selection Tool(▶)로 더블 클릭하여 Isolation Mode로 전환하고 분할된 하단의 오브젝트를 선택하고 [Delete]를 눌러 삭제합니다. [Esc]를 눌러 정상 모드로 전환한 후 [Shift]+[Ctrl]+[[] 를 눌러 맨 뒤로 보내기를 합니다.

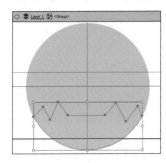 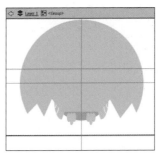 

04 Star Tool(⭐)로 작업 도큐먼트의 왼쪽 상단에 드래그하여 크기가 다른 2개의 별을 그리고 'Fill Color : M30Y50, Stroke Color : None'을 지정합니다.

🄖 저장하기

01 [View]-[Guides]-[Hide Guides]([Ctrl]+[;])를 선택하여 안내선을 숨기고 [View]-[Fit Artboard in Window]([Ctrl]+[0])를 선택하여 현재 창에 맞추기를 합니다.

02 [File]-[Save As]를 선택하고 '저장 위치 : 내 PC₩문서₩GTQ, 파일 형식 : Adobe Illustrator(*AI), 파일 이름 : 수험번호-성명-문제번호.ai'를 확인하고 [저장]을 클릭한 후 [Illustrator Options] 대화상자에서 'Version : Illustrator 2020'으로 설정하고 [OK]를 클릭합니다.

03 답안 저장이 완료가 되면 [File]-[Close]([Ctrl]+[W])를 선택하여 파일을 닫고 수험 프로그램에서 [답안 전송]을 클릭하여 감독관 컴퓨터로 전송합니다.

작업과정	새 도큐먼트 만들기 및 파일 저장하기 ➡ 둥근 모서리의 다각형 만들기 ➡ 할로윈 호박 모양 만들기 ➡ 거미 모양 만들기 ➡ 브러쉬와 이펙트 적용 및 문자 오브젝트 변형하기 ➡ 리본 모양 브러쉬와 곡선을 따라 흐르는 문자 입력하기 ➡ 저장하기
완성이미지	Part05\기출유형문제05회\수험번호-성명-2.ai

01 새 도큐먼트 만들기 및 파일 저장하기

01 [File]-[New]를 선택하고 'Width : 100mm, Height : 80mm, Units : Millimeters, Color Mode : CMYK'를 설정하여 새 도큐먼트를 만들고 [View]-[Rulers]-[Show Rulers] (Ctrl + R)를 선택하여 눈금자를 표시합니다.

02 작품의 규격 왼쪽 상단에 원점(0,0)을 확인하고 왼쪽과 상단 눈금자 위에서 마우스로 각각 드 래그하여 제시된 출력형태와 레이아웃 구성이 동일하게 안내선을 표시합니다.

03 작업 도큐먼트를 저장하기 위해 [File]-[Save As]를 선택하고 '저장 위치 : 내 PC\문서\ GTQ, 파일 형식 : Adobe Illustrator(*AI), 파일 이름 : 수험번호-성명-문제번호'를 입력 하고 [저장]을 클릭한 후 [Illustrator Options] 대화상자에서 'Version : Illustrator 2020' 으로 설정하고 [OK]를 클릭합니다.

02 둥근 모서리의 다각형 만들기

01 Polygon Tool(◉)로 안내선의 교차 지점을 클릭하여 'Radius : 33mm, Sides : 6'을 입력 하여 그리고 'Fill Color : M80Y50, Stroke Color : None'을 지정합니다.

02 [Effect]-[Illustrator Effects]-[Stylize]-[Round Corners]를 선택하고 'Radius : 5mm' 를 입력하여 각진 모서리를 둥글게 만들고 [Object]-[Expand Appearance]를 선택하여 오 브젝트의 속성을 확장합니다.

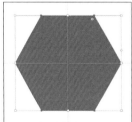
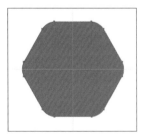

합격생의 비법

다각형 모서리 안쪽의 ◉를 안쪽으로 드래그하여 모서리의 둥근 정도를 설정할 수 있습니다.

03 [Object]-[Path]-[Offset Path]를 선택한 후 'Offset : -2mm'를 지정하여 축소된 복사본
을 만든 후 'Fill Color : C80M100Y30K40, Stroke Color : None'을 지정합니다.

03 할로윈 호박 모양 만들기

01 Rounded Rectangle Tool(▢)로 작업 도큐먼트를 클릭한 후 'Width : 35mm, Height :
24mm, Corner Radius : 15mm'를 입력하여 그리고 'Fill Color : M30Y100, Stroke
Color : None'을 지정합니다. Add Anchor Point Tool(▨)로 상단 선분 중앙에 클릭하여
고정점을 추가한 후 키보드의 화살표 ⬇를 눌러 아래로 이동하여 모양을 변형합니다.

 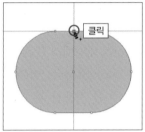 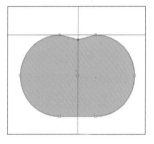

02 Pen Tool(✐)로 호박 모양 왼쪽과 겹치도록 곡선의 열린 패스를 그리고 'Fill Color : None,
Stroke Color : 임의 색상'을 지정을 지정합니다. Selection Tool(▶)로 열린 패스를 선택
한 후 Reflect Tool(◂▸)로 Alt 를 누르고 가운데 세로 안내선을 클릭하여 'Axis : Vertical'
을 지정하고 [Copy]를 눌러 복사합니다.

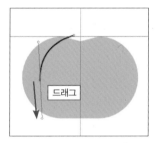 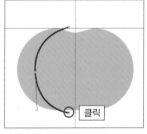 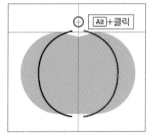

03 Selection Tool(▶)로 2개의 열린 패스를 함께 선택한 후 [Object]-[Blend]-[Make]를 적
용하고 [Object]-[Blend]-[Blend Options]로 'Specified Steps : 2'를 적용합니다.

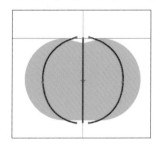  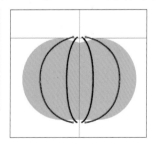

04 [Object]–[Blend]–[Expand]로 확장하고 Selection Tool(▶)로 호박 모양과 함께 선택하고 Pathfinder 패널에서 'Divide(▣)'를 클릭하여 면을 분할합니다. Selection Tool(▶)로 더블 클릭하여 Isolation Mode로 전환하고 2개의 오브젝트를 선택하고 'Fill Color : M10Y80, Stroke Color : None'을 지정한 후 [Esc]를 눌러 정상 모드로 전환합니다.

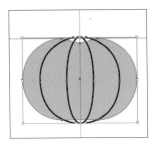 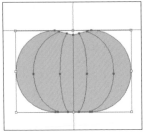 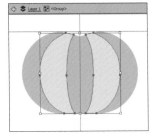

05 Pen Tool(✏)로 줄기 모양을 그리고 Gradient 패널에서 'Type : Linear Gradient, Angle : 0˚'를 적용하고 Gradient Slider의 왼쪽 'Color Stop'을 더블 클릭하여 C100M20Y100을, 오른쪽 'Color Stop'을 더블 클릭하여 C10Y100을 적용한 후, 'Stroke Color : None'을 지정합니다.

 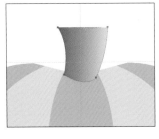

06 Ellipse Tool(◯)로 줄기 모양 상단에 드래그하여 타원을 그리고 'Fill Color : C80M30Y100K20, Stroke Color : None'을 지정하고 Direct Selection Tool(▷)로 하단의 고정점을 이동하여 패스를 변형합니다.

07 Pen Tool(✏)로 클릭하여 크기가 다른 삼각형을 그리고 'Fill Color : K100, Stroke Color : None'을 지정합니다. Selection Tool(▶)로 [Alt]를 누르면서 오른쪽으로 드래그하여 복사합니다. 계속해서 Pen Tool(✏)로 동일한 색상의 입 모양을 그립니다.

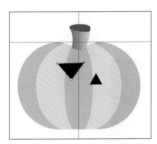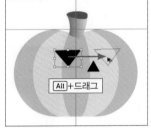

08 Selection Tool(▶)로 호박 모양을 모두 선택하고 Ctrl+G를 눌러 그룹으로 설정한 후 Rotate Tool(↻)을 더블 클릭하여 'Angle : 5°'를 지정하여 회전합니다.

04 거미 모양 만들기

01 Ellipse Tool(◉)로 작업 도큐먼트를 클릭한 후 'Width : 5mm, Height : 5mm'와 'Width : 2mm, Height : 2mm'를 각각 입력하여 그리고 'Fill Color : C0M0Y0K0, Stroke Color : None'을 지정하고 배치합니다.

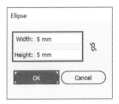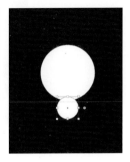

02 Rectangle Tool(▣)로 큰 정원의 상단에 드래그하여 동일한 색상의 직사각형을 그립니다. Selection Tool(▶)로 3개의 오브젝트를 함께 선택하고 Align 패널에서 'Horizontal Align Center(➡)'를 클릭하여 가로 가운데 정렬을 지정합니다.

03 Pen Tool(✎)로 클릭하여 거미의 다리 모양을 열린 패스로 그리고 'Fill Color : None, Stroke Color : C0M0Y0K0'을 지정하고 Stroke 패널에서 'Weight : 0.75pt'를 적용한 후 [Object]-[Path]-[Outline Stroke]를 선택하여 선을 면으로 확장합니다. Rotate Tool(↻)로 Alt를 누르면서 다리 모양 오른쪽 하단의 고정점을 클릭하고 [대화상자]에서 'Angle : 30°'를 지정하고 [Copy]를 클릭한 후 Ctrl+D를 눌러 반복 복사합니다.

04 Selection Tool(▶)로 3개의 다리 모양 오브젝트를 함께 선택하고 Reflect Tool(⬿)로 Alt 를 누르고 정원의 중심점을 클릭하여 'Axis : Vertical'을 지정하고 [Copy]를 눌러 복사합니다.

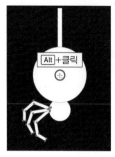  

05 Selection Tool(▶)로 거미 모양을 모두 선택하고 Pathfinder 패널에서 'Unite(⬛)'를 클릭하여 하나의 오브젝트로 합친 후 도큐먼트의 빈 곳을 클릭하여 선택을 해제합니다.

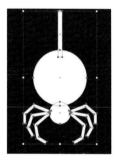  

⑤ 브러쉬와 이펙트 적용 및 문자 오브젝트 변형하기

01 Brushes 패널 하단의 'Brush Libraries Menu'를 클릭하고 [Artistic]–[Artistic_Paint-brush]를 선택하여 추가 브러쉬 패널을 불러온 후 'Dry Brush 6'을 선택합니다.

02 Line Segment Tool(／)로 작업 도큐먼트에 클릭하여 'Length : 86mm, Angle : 8˚'를 지정하여 그리고 'Fill Color : None, Stroke Color : M40Y90'을 지정하고 'Dry Brush 6' 브러쉬를 적용한 후 Stroke 패널에서 'Weight : 3pt'를 지정합니다.

03 [Effect]−[Illustrator Effects]−[Stylize]−[Drop Shadow]를 선택하고 'Opacity : 75%, X Offset : 2.47mm, Y Offset : 2.47mm, Blur : 1.76mm'를 지정하여 그림자 효과를 적용합니다.

04 Type Tool(T)로 작업 도큐먼트를 클릭한 후 Character 패널에서 'Set the font family : Arial, Set the font style : Black, Set the font size : 15pt'를 설정하고 'Fill Color : C0M0Y0K0, Stroke Color : None'을 지정한 후 TRICK OR TREAT을 입력합니다.

05 Selection Tool(▶)로 문자를 클릭하여 선택하고 [Type]−[Create Outlines]([Shift]+[Ctrl]+[O])를 선택하여 문자를 윤곽선으로 변환한 후 더블 클릭하여 Isolation Mode로 전환합니다.

06 Direct Selection Tool(▷)로 T 문자 오브젝트의 상단 6개의 고정점을 드래그하여 선택하고 키보드의 화살표 ↑를 눌러 위쪽으로 이동하고 변형합니다. 계속해서 K 문자 오브젝트의 왼쪽 상단과 T 문자 오브젝트의 하단 고정점을 각각 드래그하여 선택하고 키보드의 화살표를 눌러 모양을 변형합니다.

07 Selection Tool(▶)로 2개의 T 문자 오브젝트를 각각 선택하고 키보드의 화살표를 눌러 안쪽으로 이동하여 문자 오브젝트의 간격을 조절하여 배치하고 도큐멘트의 빈 곳을 더블 클릭하여 정상 모드로 전환합니다.

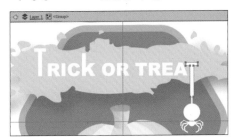 

06 리본 모양 브러쉬와 곡선을 따라 흐르는 문자 입력하기

01 Brushes 패널 하단의 'Brush Libraries Menu'를 클릭하고 [Decorative]-[Decorative_Banners and Seals]를 선택하여 추가 브러쉬 패널을 불러온 후 'Banner 6'을 선택합니다.

02 Line Segment Tool(☐)로 **Shift**를 누르면서 할로윈 호박 모양 하단에 오른쪽에서 왼쪽으로 드래그하여 수평선을 그리고 'Fill Color : None, Stroke Color : 임의 색상'을 지정한 후 Stroke 패널에서 'Weight : 1.2pt'를 지정합니다.

03 Pen Tool(☐)로 드래그하여 문자를 입력할 열린 곡선 패스를 그리고 'Fill Color : None, Stroke Color : 임의 색상'을 지정합니다. Type on a Path Tool(☐)로 열린 패스의 왼쪽을 클릭한 후 Character 패널에서 'Set the font family : Arial, Set the font style : Bold, Set the font size : 13pt'를 설정하고 'Fill Color : C80M100Y30K40, Stroke Color : None'을 지정한 후 Happy Halloween Day를 입력합니다.

07 저장하기

01 [View]-[Guides]-[Hide Guides]((**Ctrl**)+(**;**))를 선택하여 안내선을 숨기고 [View]-[Fit Artboard in Window]((**Ctrl**)+(**0**))를 선택하여 현재 창에 맞추기를 합니다.

02 [File]-[Save As]를 선택하고 '저장 위치 : 내 PCW문서WGTQ, 파일 형식 : Adobe Illustrator(*AI), 파일 이름 : 수험번호-성명-문제번호.ai'를 확인하고 [저장]을 클릭한 후 [Illustrator Options] 대화상자에서 'Version : Illustrator 2020'으로 설정하고 [OK]를 클릭합니다.

03 답안 저장이 완료가 되면 [File]-[Close]((**Ctrl**)+(**W**))를 선택하여 파일을 닫고 수험 프로그램에서 [답안 전송]을 클릭하여 감독관 컴퓨터로 전송합니다.

작업과정	새 도큐먼트 만들기 및 파일 저장하기 ➡ 박쥐 모양 만들기 ➡ 사탕 모양 만들기 ➡ 티셔츠 모양 만들고 패턴 적용하기 ➡ 태그 모양 만들기 ➡ 정렬과 간격 조정하여 그룹 설정하기 ➡ 저장하기
완성이미지	Part05₩기출유형문제05회₩수험번호-성명-3.ai

01 새 도큐먼트 만들기 및 파일 저장하기

01 [File]-[New]를 선택하고 'Width : 120mm, Height : 80mm, Units : Millimeters, Color Mode : CMYK'를 설정하여 새 도큐먼트를 만들고 [View]-[Rulers]-[Show Rulers] (Ctrl+R)를 선택하여 눈금자를 표시합니다.

02 작품의 규격 왼쪽 상단에 원점(0,0)을 확인하고 왼쪽과 상단 눈금자 위에서 마우스로 각각 드래그하여 제시된 출력형태와 레이아웃 구성이 동일하게 안내선을 표시합니다.

03 작업 도큐먼트를 저장하기 위해 [File]-[Save As]를 선택하고 '저장 위치 : 내 PC₩문서₩GTQ, 파일 형식 : Adobe Illustrator(*AI), 파일 이름 : 수험번호-성명-문제번호'를 입력하고 [저장]을 클릭한 후 [Illustrator Options] 대화상자에서 'Version : Illustrator 2020'으로 설정하고 [OK]를 클릭합니다.

02 박쥐 모양 만들기

01 Ellipse Tool(◉)로 Alt를 누르면서 세로 안내선에 클릭하여 'Width : 9mm, Height : 8mm'와 'Width : 9mm, Height : 6mm'를 각각 입력하여 그리고 'Fill Color : K100, Stroke Color : None'을 지정합니다.

02 Pen Tool(✎)로 왼쪽 귀 모양과 날개 모양을 그리고 'Fill Color : K100, Stroke Color : None'을 지정합니다.

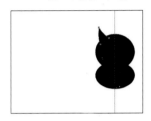 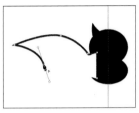 

03 Arc Tool(⌒)로 왼쪽 하단에서 오른쪽 상단으로 드래그하여 2개의 호를 그리고 'Fill Color : None, Stroke Color : 임의 색상'을 지정합니다.

04 Selection Tool(▶)로 날개 모양과 2개의 호를 함께 선택하고 Pathfinder 패널에서 'Divide(⬚)'를 클릭하여 면을 분할한 후 더블 클릭하여 Isolation Mode로 전환합니다. 가운데 오브젝트를 선택하고 'Fill Color : Y20K50, Stroke Color : None'을 지정한 후 Esc 를 눌러 정상 모드로 전환합니다.

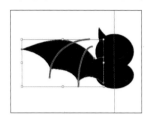  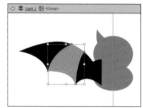

05 Ellipse Tool(◯)로 드래그하여 타원을 그리고 'Fill Color : C0M0Y0K0, Stroke Color : None'을 지정한 후 임의 색상의 타원을 상단과 겹치도록 그립니다. Selection Tool(▶)로 2개의 원을 함께 선택한 후 Pathfinder 패널에서 'Minus Front(⬚)'를 클릭하여 눈 모양을 만들고 Ellipse Tool(◯)로 타원을 그리고 'Fill Color : K100, Stroke Color : None'을 지정합니다.

06 Selection Tool(▶)로 대칭 복사할 오브젝트를 모두 선택하고 Reflect Tool(◁)로 Alt 를 누르고 안내선을 클릭하여 'Axis : Vertical'을 지정하고 [Copy]를 눌러 복사합니다.

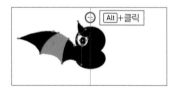 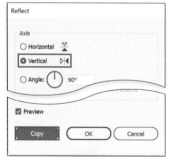 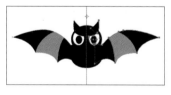

07 Ellipse Tool(◯)로 드래그하여 2개의 타원을 겹치도록 그리고 Selection Tool(▶)로 2개의 타원을 함께 선택한 후 Pathfinder 패널에서 'Minus Front(⬚)'를 클릭하여 입 모양을 만들고 'Fill Color : C0M0Y0K0, Stroke Color : None'을 지정합니다.

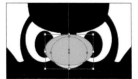  

08 [Ctrl]+[A]를 눌러 박쥐 모양을 모두 선택하고 [Ctrl]+[G]를 눌러 그룹을 설정합니다.

03 사탕 모양 만들기

01 Ellipse Tool(◯)로 작업 도큐먼트를 클릭한 후 'Width : 11mm, Height : 11mm'를 입력하여 그리고 'Fill Color : Y90, Stroke Color : None'을 지정합니다.

02 Line Segment Tool(╱)로 작업 도큐먼트에 클릭하여 'Length : 16mm, Angle : 90°'를 지정하여 수직선을 그리고 'Fill Color : None, Stroke Color : 임의 색상'을 지정합니다. Rotate Tool(↻)을 더블 클릭하여 'Angle : 45°'를 지정하고 [Copy]를 눌러 복사하고 [Ctrl]+[D]를 2번 눌러 반복하여 복사합니다.

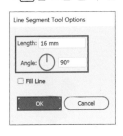
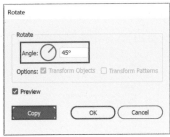
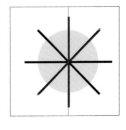

03 Selection Tool(▶)로 4개의 선을 함께 선택한 후 [Effect]-[Illustrator Effects]-[Distort & Transform]-[Twist]를 선택하고 'Angle : 30°'를 지정하여 변형한 후 [Object]-[Expand Appearance]를 선택하여 오브젝트의 속성을 확장합니다.

04 Selection Tool(▶)로 정원과 함께 선택하고 Align 패널에서 'Horizontal Align Center(▤)'와 'Vertical Align Center(▥)'를 각각 클릭하여 가운데 정렬을 지정합니다.

05 Pathfinder 패널에서 'Divide()'를 클릭하여 면을 분할하고 Selection Tool(▶)로 더블 클릭하여 Isolation Mode로 전환하고 4개의 오브젝트를 선택한 후 'Fill Color : M90Y100, Stroke Color : None'을 지정하고 Esc 를 눌러 정상 모드로 전환합니다.

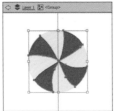

06 Rounded Rectangle Tool(▢)로 드래그하여 둥근 사각형을 그리고 'Fill Color : M60Y90K20, Stroke Color : None'을 지정하고 Ctrl + [를 눌러 뒤로 보내기를 합니다. Selection Tool(▶)로 막대 사탕 모양을 모두 선택한 후 Scale Tool(▣)을 더블 클릭하여 'Uniform : 75%'를 지정하고 [Copy]를 눌러 축소하여 복사합니다.

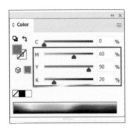

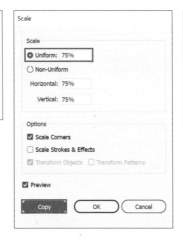

07 Rotate Tool(↻)을 더블 클릭한 후 'Angle : −45°'를 지정하여 회전하고 배치합니다. Selection Tool(▶)로 더블 클릭하여 Isolation Mode로 전환하고 4개의 오브젝트를 선택한 후 'Fill Color : C50Y50, Stroke Color : None'을 지정하고 Esc 를 눌러 정상 모드로 전환합니다.

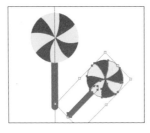
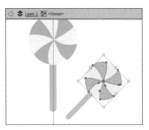

04 티셔츠 모양 만들고 패턴 적용하기

01 Rectangle Tool(▣)로 작업 도큐먼트를 클릭한 후 'Width : 26mm, Height : 40mm'를 입력하여 임의 색상의 사각형을 그리고, Ellipse Tool(⬭)로 'Width : 13mm, Height : 9mm'를 입력하여 그리고 'Fill Color : None, Stroke Color : 임의 색상'을 지정합니다.

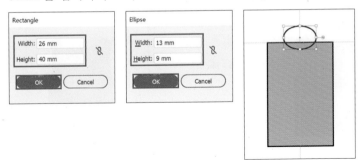

02 Scale Tool(⊞)을 더블 클릭하여 'Uniform : 145%'를 지정하고 [Copy]를 눌러 확대 복사합니다.

03 Selection Tool(▶)로 사각형과 작은 타원을 함께 선택하고 Pathfinder 패널에서 'Minus Front(▣)'를 클릭합니다. Direct Selection Tool(▷)로 [Shift]를 누르면서 사각형의 상단 왼쪽과 오른쪽 고정점을 선택한 후 키보드의 화살표 [↓]를 눌러 아래로 이동하고 어깨선을 만듭니다.

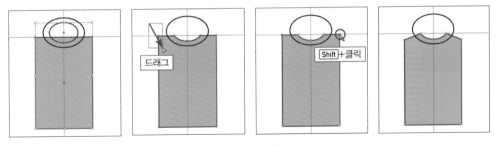

04 Selection Tool(▶)로 2개의 오브젝트를 함께 선택하고 Pathfinder 패널에서 'Divide(▣)'로 면을 분할한 후 더블 클릭하여 Isolation Mode로 전환합니다. 분할된 상단 오브젝트를 선택하고 [Delete]를 눌러 삭제한 후 2개의 오브젝트를 각각 선택하여 'Fill Color : C50Y50, K100, Stroke Color : None'을 지정합니다.

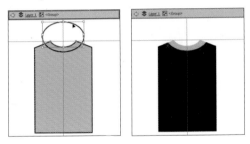

05 Ellipse Tool(●)로 드래그하여 임의 색상의 타원을 그리고 Reflect Tool(▷◁)로 Alt 를 누르고 세로 안내선을 클릭하여 'Axis : Vertical'을 지정하고 [Copy]를 눌러 복사합니다. Selection Tool(▶)로 몸통 부분과 2개의 타원을 함께 선택하고 Pathfinder 패널에서 'Minus Front(◻)'를 클릭하고 셔츠의 앞모양을 만들고 Esc 를 눌러 정상 모드로 전환합니다.

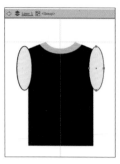

06 Pen Tool(✏)로 클릭하여 소매 모양을 그리고 'Fill Color : C50Y50, Stroke Color : None'을 지정합니다. Line Segment Tool(/)로 소매 모양과 겹치도록 드래그하여 'Fill Color : None, Stroke Color : M60Y90K20'을 지정하고 Stroke 패널에서 'Weight : 2pt, Dashed Line : 체크, dash : 10pt, gap : 2pt, dash : 3pt, gap : 2pt'를 입력하여 불규칙적인 점선을 그려 배치합니다.

07 Selection Tool(▶)로 점선과 소매 모양을 함께 선택한 후 Ctrl + [를 눌러 뒤로 보내기를 하고 Reflect Tool(▷◁)로 Alt 를 누르고 세로 안내선을 클릭하여 'Axis : Vertical'을 지정하고 [Copy]를 눌러 복사합니다.

08 Ellipse Tool(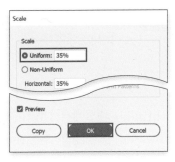)로 셔츠 중앙에 드래그하여 타원을 그리고 'Fill Color : M10Y100, Stroke Color : None'을 지정합니다. Selection Tool(▶)로 박쥐 모양을 선택한 후 Ctrl + C로 복사하고 Ctrl + V로 붙여 넣기를 합니다. Scale Tool(☒)을 더블 클릭한 후 'Uniform : 35%'를 지정하여 축소하고 Rotate Tool(↻)을 더블 클릭한 후 'Angle : 20°'를 지정하여 회전하고 타원 중앙에 배치합니다.

09 Selection Tool(▶)로 막대 사탕을 선택하고 [Object]-[Pattern]-[Make]를 선택하고 Pattern Options에서 'Name : 막대 사탕'을 지정하고 패턴으로 등록합니다. Esc를 눌러 패턴의 편집 모드에서 정상 모드로 전환합니다.

10 Selection Tool(▶)로 셔츠 모양을 더블 클릭하여 Isolation Mode로 전환한 후 셔츠의 앞모양을 선택합니다. Ctrl + C로 복사를 하고 Ctrl + F로 복사한 오브젝트 앞에 붙여 넣기한 후 Swatches 패널에서 등록된 막대 사탕 패턴을 클릭하여 면 색상에 적용합니다.

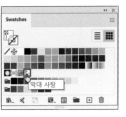

11 Scale Tool(☒)을 더블 클릭하고 'Uniform : 30%, Transform Objects : 체크 해제, Transform Patterns : 체크'를 지정하여 패턴의 크기를 축소합니다.

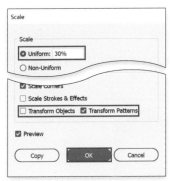

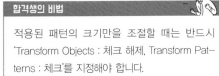

합격생의 비법

적용된 패턴의 크기만을 조절할 때는 반드시 'Transform Objects : 체크 해제, Transform Patterns : 체크'를 지정해야 합니다.

05 태그 모양 만들기

01 Rounded Rectangle Tool(▢)로 작업 도큐먼트를 클릭한 후 'Width : 29mm, Height : 36mm, Corner Radius : 4mm'를 입력하여 그리고 임의 색상을 지정합니다.

02 Ellipse Tool(◉)로 작업 도큐먼트를 클릭한 후 'Width : 15mm, Height : 10mm'를 입력하여 그리고 임의 색상을 지정합니다. Selection Tool(▶)로 Alt + Shift 를 누르면서 아래로 드래그하여 타원을 복사합니다.

  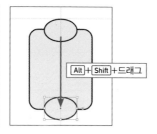

03 Selection Tool(▶)로 3개의 오브젝트를 함께 선택한 후 Pathfinder 패널에서 'Unite(◧)'를 클릭하여 합칩니다. Gradient 패널에서 'Type : Radial Gradient'를 적용한 후 Gradient Slider의 왼쪽 'Color Stop'을 더블 클릭하여 Y60을 지정하고 'Location : 40%'를, 오른쪽 'Color Stop'을 더블 클릭하여 C30M90을 적용한 후 'Stroke Color : None'을 지정합니다.

 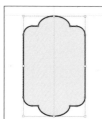  

04 [Object]-[Path]-[Offset Path]를 선택한 후 'Offset : −0.7mm'를 지정하여 축소된 복사본을 만든 후 'Fill Color : None, Stroke Color : C0M0Y0K0'을 지정합니다. Stroke 패널에서 'Weight : 1pt, Dashed Line : 체크, Dash : 2pt'를 입력하여 규칙적인 점선을 그려 배치합니다.

05 Ellipse Tool(◉)로 Shift 를 누르면서 드래그하여 상단 중앙에 정원을 그리고 그라디언트가 적용된 오브젝트와 함께 선택하고 Pathfinder 패널에서 'Minus Front(◧)'를 클릭한 후 Shift + Ctrl + [를 눌러 맨 뒤로 보내기를 합니다.

06 Selection Tool(▶)로 그라디언트가 적용된 오브젝트를 선택하고 Rotate Tool(↻)로 **Alt** 를 누르면서 상단 중앙의 고정점을 클릭한 후 [Rotate] 대화상자에서 'Angle : −30°, Transform Objects : 체크'를 지정하고 [Copy]를 눌러 회전 복사합니다. 'Fill Color : C50Y20, Stroke Color : None'을 지정하고 Transparency 패널에서 'Opacity : 50%'를 지정하여 불투명도를 조절합니다.

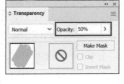

07 Ellipse Tool(◯)로 작업 도큐먼트를 클릭한 후 'Width : 16mm, Height : 16mm'를 입력 하여 그리고 'Fill Color : 임의 색상, Stroke Color : 임의 색상'을 지정합니다. 계속해서 **Shift**를 누르면서 크기가 다른 3개의 정원을 겹치도록 그리고 배치합니다.

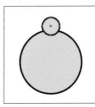

합격생의 비법

4개의 정원을 모두 선택하고 Align 패널에서 'Horizontal Align Center(▤)'를 클릭하여 가로 가운데 정렬을 지정합니다.

08 Selection Tool(▶)로 뒤쪽의 크기가 다른 2개의 정원을 선택하고 Pathfinder 패널에서 'Unite(◼)'를 클릭하여 합칩니다. Selection Tool(▶)로 합쳐진 오브젝트와 상단의 작은 정 원을 선택하고 Pathfinder 패널에서 'Minus Front(◻)'를 클릭합니다. **Ctrl**+**[**를 눌러 뒤 로 보내기를 하고 각각 'Fill Color : C0M0Y0K0, C10Y30, Stroke Color : None'을 지정 하고 **Ctrl**+**G**로 그룹을 설정합니다.

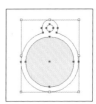

09 Rotate Tool(↻)을 더블 클릭하여 'Angle : −45°, Transform Objects : 체크'를 지정하여 회전하고 태그 상단에 배치합니다.

10 Pen Tool(✏️)로 드래그하여 태그의 줄 모양을 열린 패스로 그리고 'Fill Color : None, Stroke Color : Y20K70'을 지정하고 Stroke 패널에서 'Weight : 2pt'를 지정합니다.

06 정렬과 간격 조정하여 그룹 설정하기

01 Selection Tool(▶)로 박쥐 모양을 선택하여 Ctrl+C로 복사하고 Ctrl+V로 태그 중앙에 붙여 넣기를 한 후 Scale Tool(⬚)을 더블 클릭하고 'Uniform : 30%'를 지정하여 축소합니다.

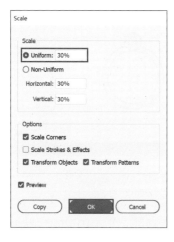 

> **합격생의 비법**
>
> 박쥐 모양에는 선이나 이펙트가 적용된 오브젝트가 없으므로 Options의 'Scale Strokes & Effects'는 체크 유무를 굳이 지정하지 않아도 됩니다.

02 Selection Tool(▶)로 Alt+Shift를 누르면서 아래쪽으로 드래그하여 복사하고 Ctrl+D를 2번 눌러 반복 복사합니다. Selection Tool(▶)로 4개의 박쥐 모양을 Shift를 누르면서 함께 선택하고 Ctrl+G를 눌러 그룹으로 설정한 후 Ctrl+[를 여러 번 눌러 반투명한 태그 모양 뒤로 보내기를 하여 배치합니다.

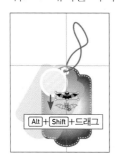   

03 Type Tool(T)로 도큐먼트를 클릭한 후 Character 패널에서 'Set the font family : Arial, Set the font style : Regular, Set the font size : 12pt'를 설정하고 'Fill Color : C100M60, Stroke Color : None'을 지정한 후 Enjoy!를 입력합니다. Ctrl 을 누르면서 도큐먼트 빈 곳을 클릭합니다.

04 계속해서 Type Tool(T)로 도큐먼트를 클릭한 후 Character 패널에서 'Set the font family : Arial, Set the font style : Bold, Set the font size : 10pt'를 설정하고 'Fill Color : K100, Stroke Color : None'을 지정한 후 NIGHT PARTY를 입력합니다.

05 Selection Tool(▶)로 2개의 문자를 함께 선택하고 Align 패널에서 'Horizontal Align Left(▤)'를 클릭하여 왼쪽 정렬을 지정합니다. Rotate Tool(↻)을 더블 클릭한 후 'Angle : −30°'를 지정하여 회전하고 태그 위에 배치합니다.

 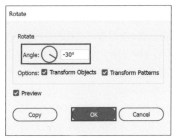 

07 저장하기

01 [View]-[Guides]-[Hide Guides](Ctrl+;)를 선택하여 안내선을 숨기고 [View]-[Fit Artboard in Window](Ctrl+0)를 선택하여 현재 창에 맞추기를 합니다.

02 [File]-[Save As]를 선택하고 '저장 위치 : 내 PC₩문서₩GTQ, 파일 형식 : Adobe Illustrator(*AI), 파일 이름 : 수험번호-성명-문제번호.ai'를 확인하고 [저장]을 클릭한 후 [Illustrator Options] 대화상자에서 'Version : Illustrator 2020'으로 설정하고 [OK]를 클릭합니다.

03 답안 저장이 완료가 되면 [File]-[Exit](Ctrl+Q)를 선택하여 일러스트레이터 프로그램을 종료하고 수험 프로그램에서 [답안 전송]을 클릭하여 감독관 컴퓨터로 전송합니다.

급수	문제유형	시험시간	수험번호	성명
2급	A	90분		

수 험 자 유 의 사 항

- 수험자는 문제지를 받는 즉시 응시하고자 하는 과목 및 급수가 맞는지 확인한 후 수험번호와 성명을 작성합니다.
- 파일명은 본인의 "수험번호–성명–문제번호"로 공백 없이 정확히 입력하고 답안폴더(내 PC₩문서₩GTQ)에 ai 파일 포맷으로 저장해야 하며, 다른 파일 형식으로 저장하였을 경우 0점 처리됩니다. 답안문서 파일명이 "수험번호–성명–문제번호"와 일치하지 않거나, 답안 파일을 전송하지 않아 미제출로 처리될 경우 불합격 처리됩니다.
- 수험자 정보와 저장한 파일명, 저장 위치가 다를 경우 전송이 되지 않으므로, 주의하시기 바랍니다.
- 답안 작성 중에도 주기적으로 '저장'과 '답안 전송'을 이용하여 감독위원 PC로 답안을 전송하셔야 합니다. (※ 작업한 내용을 저장하지 않고 전송할 경우 이전의 저장내용이 전송되오니 이점 반드시 유념하시기 바랍니다.)
- 답안문서는 지정된 경로 외의 다른 보조기억장치에 저장하는 행위, 지정된 시험 시간 외에 작성된 파일을 활용한 행위, 기타 통신수단(이메일, 메신저, 네트워크 등)을 이용하여 타인에게 전달 또는 외부 반출하는 행위는 부정으로 간주되어 자격기본법 제32조에 의거 본 시험 및 국가공인 자격시험을 2년간 응시할 수 없습니다.
- 시험 중 부주의 또는 고의로 시스템을 파손한 경우와 〈수험자 유의사항〉에 기재된 방법대로 이행하지 않아 생기는 불이익은 수험자의 책임임을 알려 드립니다.
- 시험을 완료한 수험자는 최종적으로 저장한 답안파일이 전송되었는지 확인한 후 감독위원의 지시에 따라 문제지를 제출하고 퇴실합니다.

답 안 작 성 요 령

- 온라인 답안 작성 절차
  수험자 등록 ⇒ 시험 시작 ⇒ 답안파일 저장 ⇒ 답안 전송 ⇒ 시험 종료
- 배점은 총 100점으로 이루어지며, 점수는 각 문제별로 차등 배분됩니다.
- 각 문제는 제시된 조건에 맞게 답안을 작성하셔야 하며, 조건을 지키지 못했을 경우에는 0점 또는 감점 처리됩니다.
- 조건에서 주어진 단위는 'mm(밀리미터)'입니다. 눈금자는 작성하지 않으며, 그 외는 출력형태(레이아웃, 색상, 문자, 규격 등)와 같게 작업하십시오.
- 문제 조건에 서체의 지정이 없을 경우 한글은 굴림이나 돋움, 영문은 Arial로 작업하십시오. (단, 그 외 제시되지 않은 문자 속성을 기본값으로 작성하지 않은 경우는 감점 처리됩니다.)
- 문제 조건에 크기와 색상, 두께의 지정이 없을 경우 《출력형태》를 참고하여 작업해 주시기 바랍니다.
- Image Mode(이미지 모드)는 별도의 처리조건이 없을 경우에는 CMYK로 작업하십시오.
- 조건에서 제시한 기능을 임의로 합치거나 각 기능에 대한 속성을 해지할 경우 해당 요소는 0점 처리됩니다.

한 국 생 산 성 본 부

문제 1 ┊ 기본 툴 활용   25점

다음의 《조건》에 따라 아래의 《출력형태》와 같이 작업하시오.

조건

파일저장규칙	AI	파일명	문서\GTQ\수험번호-성명-1.ai
		크기	100 × 80mm

1. 작업 방법

① 도형, 변형 툴과 Pathfinder 기능을 활용하여 오브젝트를 작성한다.
② 그 외 《출력형태》 참조

출력형태

K100,
C20M40Y80K10,
C10M80Y100K50,
C30,
C20M10Y20,
C60M50Y50K20,
C50M30Y40K10,
C10Y10K30,
C10M40Y100,
M20Y90,
[Stroke] C0M0Y0K0, 1pt

다음의 《조건》에 따라 아래의 《출력형태》와 같이 작업하시오.

조건

파일저장규칙	AI	파일명	문서₩GTQ₩수험번호-성명-2.ai
		크기	100 × 80mm

1. 작업 방법

① 'GOTHIC CASTLE' 문자에 Times New Roman (Bold) 폰트를 적용한다.

② 'Cultural Assets' 문자에 Type on a Path Tool을 활용한다.

③ Brush는 《출력형태》를 참고하여 작성한다.

④ Effect는 《출력형태》를 참고하여 작성한다.

⑤ 그 외 《출력형태》 참조

2. 문자 효과

① Cultural Assets (Times New Roman, Regular, 13pt, C100M90))

출력형태

C20K30, K100, C10M100Y90K10,
C10K10, C20K70,
C20K50 → C0M0Y0K0

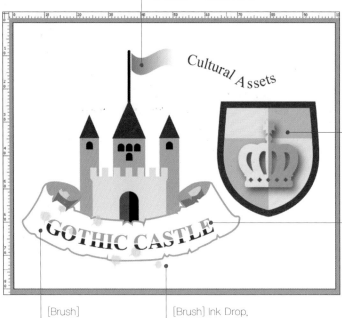

M100Y90K10,
Y20K10, C20M10Y20K10,
Y100, M30Y90K10,
[Effect] Drop Shadow

C10M40Y70,
C20M100Y90K10

[Brush]
Banner 14, 1pt

[Brush] Ink Drop,
C20M20Y60, 0.5pt

다음의 《조건》에 따라 아래의 《출력형태》와 같이 작업하시오.

조건

파일저장규칙	AI	파일명	문서₩GTQ₩수험번호-성명-3.ai
		크기	120 × 80mm

1. 작업 방법

① 도형 툴로 오브젝트를 제작한 후 Pattern을 활용하여 작성한다. (패턴 등록 : 행성)
② 가방 손잡이에는 규칙적인 점선을, 가방에는 불규칙인 점선을 설정한다.
③ 태그에 Pattern을 적용한다.
④ 태그에 배치된 오브젝트는 정렬, 간격을 일정하게 한 후 Group 설정한다.
⑤ 그 외 《출력형태》 참조

2. 문자 효과

① Cotton goods (Times New Roman, Regular, 8pt, K100)
② EXPLORE SPACE (Arial, Regular, 10pt, C0M0Y0K0)

출력형태

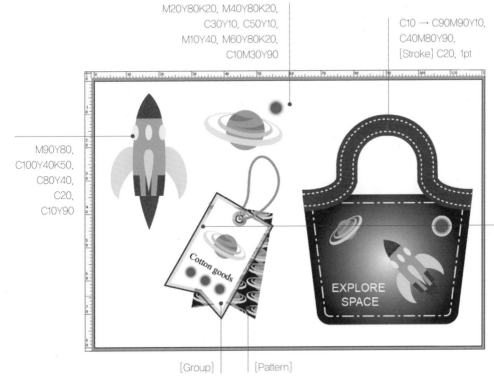

M20Y80K20, M40Y80K20,
C30Y10, C50Y10,
M10Y40, M60Y80K20,
C10M30Y90

C10 → C90M90Y10,
C40M80Y90,
[Stroke] C20, 1pt

M90Y80,
C100Y40K50,
C80Y40,
C20,
C10Y90

C90M90Y10,
C0M0Y0K0,
C20M20, Opacity 70%,
[Stroke] K100, 1pt,
C10M50Y30, 2pt

[Group] [Pattern]

문제 **01**

CHAPTER 06
기본 툴 활용

작업과정	새 도큐먼트 만들기 및 파일 저장하기 ➡ 청소기 모양 만들기 ➡ 로봇 모양 만들기 ➡ 저장하기
완성이미지	Part05₩기출유형문제06회₩수험번호-성명-1.ai

01 새 도큐먼트 만들기 및 파일 저장하기

01 [File]-[New]를 선택하고 'Width : 100mm, Height : 80mm, Units : Millimeters, Color Mode : CMYK'를 설정하여 새 도큐먼트를 만들고 [View]-[Show Rulers](Ctrl+R)를 선택하여 눈금자를 표시합니다.

02 작품의 규격 왼쪽 상단에 원점(0,0)을 확인하고 왼쪽과 상단 눈금자 위에서 마우스로 각각 드래그하여 제시된 출력형태와 레이아웃 구성이 동일하게 안내선을 표시합니다.

03 작업 도큐먼트를 저장하기 위해 [File]-[Save As]를 선택하고 '저장 위치 : 내 PC₩문서₩ GTQ, 파일 형식 : Adobe Illustrator(*AI), 파일 이름 : 수험번호-성명-문제번호'를 입력하고 [저장]을 클릭한 후 [Illustrator Options] 대화상자에서 'Version : Illustrator 2020'으로 설정하고 [OK]를 클릭합니다.

02 청소기 모양 만들기

01 Rectangle Tool(▨)로 작업 도큐먼트를 클릭한 후 'Width : 4mm, Height : 15mm'를 입력하여 그리고 'Fill Color : K100, Stroke Color : None'을 지정합니다. 계속해서 사각형의 아래쪽에 클릭하여 'Width : 2mm, Height : 38mm'를 입력하여 그리고 'Fill Color : C20M40Y80K10, Stroke Color : None'을 지정합니다.

02 Rounded Rectangle Tool(▣)로 상단 사각형 위에 클릭한 후 'Width : 5mm, Height : 2mm, Corner Radius : 2mm'를 입력하여 그리고 'Fill Color : K100, Stroke Color : None'을 지정합니다. Selection Tool(▶)로 Alt를 누르면서 아래쪽으로 드래그하여 복사하고 Ctrl+D를 2번 눌러 반복 복사합니다.

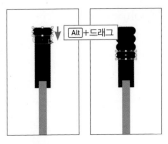

03 Selection Tool(▶)로 5개의 오브젝트를 함께 선택하고 Align 패널에서 'Horizontal Align Center(중)'를 클릭하여 가로 가운데 정렬을 지정한 후 Pathfinder 패널에서 'Unite(▣)'를 클릭하여 합칩니다.

04 Rounded Rectangle Tool(▣)로 드래그하여 둥근 사각형을 그리고 'Fill Color : C10M80 Y100K50, Stroke Color : None'을 지정합니다. Rectangle Tool(▣)로 작업 도큐먼트를 클릭한 후 'Width : 8mm, Height : 17mm'를 입력하여 동일한 색상의 사각형을 그리고 하단에 배치합니다.

05 Selection Tool(▶)로 2개의 오브젝트를 함께 선택하고 Align 패널에서 'Horizontal Align Center(중)'를 클릭하여 가로 가운데 정렬을 지정한 후 Pathfinder 패널에서 'Unite(▣)'를 클릭하여 합칩니다.

06 Rounded Rectangle Tool(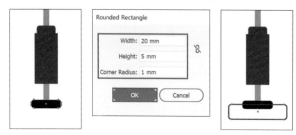)로 드래그하여 둥근 사각형을 그리고 'Fill Color : K100, Stroke Color : None'을 지정합니다. 계속해서 Rounded Rectangle Tool(■)로 작업 도큐먼트를 클릭한 후 'Width : 20mm, Height : 5mm, Corner Radius : 1mm'를 입력하여 겹치도록 그리고 'Fill Color : None, Stroke Color : 임의 색상'을 지정합니다.

07 Direct Selection Tool(▷)로 하단 2개의 고정점을 드래그하여 선택하고 Delete 를 눌러 삭제합니다. 열린 패스의 하단 2개의 고정점을 드래그하여 선택한 후 Scale Tool(⊡)을 더블 클릭한 후 'Uniform : 110%'를 지정하여 패스를 변형합니다.

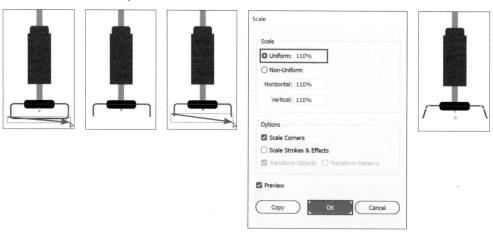

08 Selection Tool(▶)로 하단 2개의 오브젝트를 함께 선택하고 Align 패널에서 'Horizontal Align Center(♣)'를 클릭하여 가로 가운데 정렬을 지정한 후 Pathfinder 패널에서 'Unite(◧)'를 클릭하여 합치고 'Fill Color : K100, Stroke Color : None'을 지정합니다.

09 Ellipse Tool(◯)로 작업 도큐먼트를 클릭한 후 'Width : 4mm, Height : 4mm'를 입력하여 그리고 'Fill Color : K100, Stroke Color : C0M0Y0K0'을 지정한 후 Stroke 패널에서 'Weight : 1pt'를 적용하여 상단에 배치합니다.

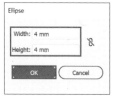

10 Ctrl + A 로 모두 선택하고 Align 패널에서 'Horizontal Align Center(⊞)'를 클릭하여 가로 가운데 정렬을 지정한 후 Ctrl + G 로 그룹을 설정합니다. Rotate Tool(⟳)을 더블 클릭하여 'Angle : 15°'를 지정하고 회전합니다. Pen Tool(✎)로 클릭하여 오브젝트를 그리고 'Fill Color : C30, Stroke Color : None'을 지정합니다.

03 로봇 모양 만들기

01 Rounded Rectangle Tool(▢)로 작업 도큐먼트를 클릭한 후 'Width : 19mm, Height : 23mm, Corner Radius : 9mm'를 입력하여 그리고 'Fill Color : 임의 색상, Stroke Color : 임의 색상'을 지정합니다.

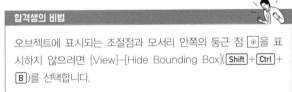

합격생의 비법

오브젝트에 표시되는 조절점과 모서리 안쪽의 둥근 점 ⊙을 표시하지 않으려면 [View]-[Hide Bounding Box](Shift + Ctrl + B)를 선택합니다.

02 Ellipse Tool(◯)로 작업 도큐먼트를 클릭한 후 'Width : 33mm, Height : 40mm'를 입력하여 그리고 'Fill Color : 임의 색상, Stroke Color : 임의 색상'을 지정합니다. Rounded Rectangle Tool(▢)로 작업 도큐먼트를 클릭한 후 'Width : 24mm, Height : 9mm, Corner Radius : 2mm'를 입력하여 임의 색상으로 그리고 하단에 겹치도록 배치합니다.

  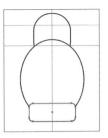

03 Selection Tool(▶)로 3개의 오브젝트를 함께 선택하고 Align 패널에서 'Horizontal Align Center(⊞)'를 클릭하여 가로 가운데 정렬을 지정한 후 Pathfinder 패널에서 'Divide(▣)'를 클릭하여 면을 분할합니다.

04 Selection Tool(▶)로 더블 클릭하여 Isolation Mode로 전환하고 하단의 불필요한 오브젝트를 선택하고 Delete 를 눌러 삭제합니다. Shift 를 누르면서 2개의 오브젝트를 선택하고 'Fill Color : C20M10Y20, Stroke Color : None'을 지정합니다. 계속해서 나머지 2개의 오브젝트를 각각 선택하고 'Fill Color : C60M50Y50K20, C50M30Y40K10, Stroke Color : None'을 지정한 후 Esc 를 눌러 정상 모드로 전환합니다.

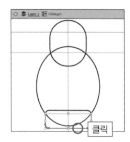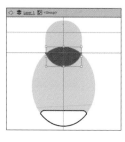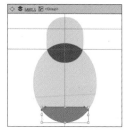

05 Polygon Tool(◎)로 작업 도큐먼트를 클릭한 후 'Radius : 4.5mm, Sides : 3'을 입력하여 그리고 'Fill Color : C10Y10K30, Stroke Color : None'을 지정합니다. Rotate Tool(↻)을 더블 클릭하여 'Angle : 45°'를 지정하여 회전하고 Ctrl + [를 눌러 뒤로 보내기를 합니다.

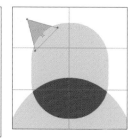

06 [Effect]-[Illustrator Effects]-[Stylize]-[Round Corners]를 선택하고 'Radius : 1.5mm'를 입력하여 삼각형 모양의 모서리를 둥글게 만든 후 [Object]-[Expand Appearance]를 선택하여 오브젝트의 속성을 확장합니다.

07 Ellipse Tool(◎)로 작업 도큐먼트를 클릭한 후 'Width : 15mm, Height : 9mm'를 입력하여 그리고 'Fill Color : C50M30Y40K10, Stroke Color : None'을 지정합니다. Direct Selection Tool(▷)로 타원의 하단 고정점을 아래로 이동하여 패스를 변형합니다.

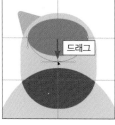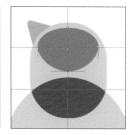

08 Rounded Rectangle Tool()로 작업 도큐먼트를 클릭한 후 'Width : 13mm, Height : 6mm, Corner Radius : 3mm'를 입력하여 그리고 'Fill Color : C10M40Y100, Stroke Color : None'을 지정합니다.

09 [Object]-[Path]-[Offset Path]를 선택한 후 'Offset : −1mm'를 지정하여 축소된 복사본을 만든 후 'Fill Color : C10M80Y100K50, Stroke Color : None'을 지정합니다. Rounded Rectangle Tool()로 드래그하여 둥근 사각형을 그리고 'Fill Color : K100, Stroke Color : None'을 지정합니다.

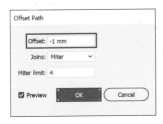
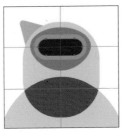
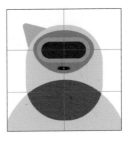

10 Ellipse Tool()로 Shift를 누르면서 정원을 그리고 'Fill Color : M20Y90, Stroke Color : None'을 지정한 후 Scale Tool()을 더블 클릭하여 'Uniform : 80%'를 지정하고 [Copy]를 눌러 축소 복사한 후 'Fill Color : K100'을 지정합니다.

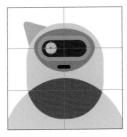

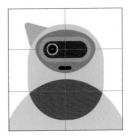

11 Arc Tool()로 왼쪽 하단에서 오른쪽 상단으로 드래그하여 호를 그리고 'Fill Color : None, Stroke Color : C10Y10K30'을 지정한 후 Stroke 패널에서 'Weight : 20pt'를 적용합니다. [Object]-[Path]-[Outline Stroke]를 선택하여 선을 면으로 확장합니다.

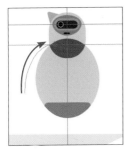

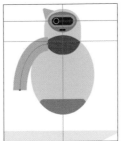
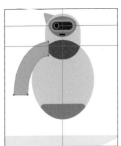

12 Ellipse Tool(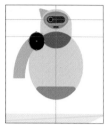)로 로봇의 어깨 위치에 드래그하여 타원을 그리고 'Fill Color : K100, Stroke Color : None'을 지정합니다. Rounded Rectangle Tool(□)로 드래그하여 둥근 사각형을 그리고 'Fill Color : K100, Stroke Color : None'을 지정합니다. Rotate Tool(↺)을 더블 클릭하여 'Angle : -30°'를 지정하고 [Copy]를 눌러 회전 복사한 후 배치합니다.

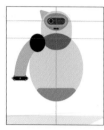
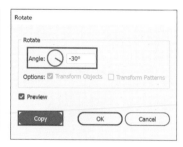
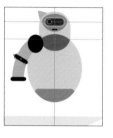

13 Ellipse Tool()로 Shift 를 누르면서 정원을 그리고 'Fill Color : None, Stroke Color : K100'을 지정하고 Stroke 패널에서 'Weight : 6pt'를 적용한 후 [Object]-[Path]-[Outline Stroke]를 선택하여 선을 면으로 확장합니다. Pen Tool(✎)로 임의 색상의 삼각형을 겹치도록 그려서 배치합니다.

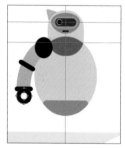
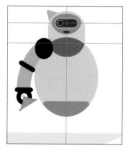

14 Selection Tool(▶)로 2개의 오브젝트를 함께 선택하고 Pathfinder 패널에서 'Minus Front(⬚)'를 클릭하여 로봇의 손 모양을 완성합니다. 팔 모양을 모두 선택하고 Shift + Ctrl + [] 를 눌러 맨 뒤로 보내기를 합니다.

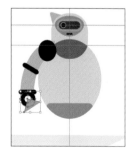

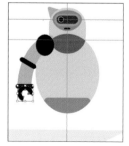
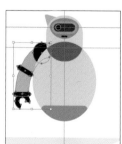

15 Line Segment Tool()로 드래그하여 사선을 그리고 'Fill Color : None, Stroke Color : C60M50Y50K20'을 지정하고 Stroke 패널에서 'Weight : 28pt'를 지정합니다. [Object]-[Path]-[Outline Stroke]를 선택하여 선을 면으로 확장한 후 Shift + Ctrl + [를 눌러 맨 뒤로 보내기를 합니다.

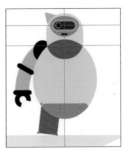

16 Ellipse Tool(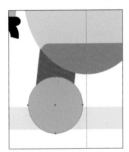)로 Shift 를 누르면서 다리 모양 하단에 드래그하여 정원을 그리고 'Fill Color : C10Y10K30, Stroke Color : None'을 지정합니다. 계속해서 Rectangle Tool()로 임의 색상의 사각형을 정원의 하단과 겹치도록 그리고 Selection Tool()로 정원과 함께 선택한 후 Pathfinder 패널에서 'Minus Front()'를 클릭하여 발 모양을 만듭니다.

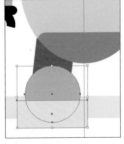

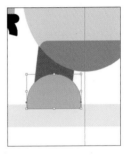

17 Rounded Rectangle Tool(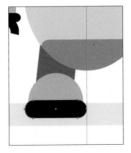)로 드래그하여 발 모양 하단에 겹치도록 그리고 'Fill Color : K100, Stroke Color : None'을 지정합니다. 계속해서 둥근 사각형과 겹치도록 그리고 'Fill Color : C20M40Y80K10, Stroke Color : None'을 지정합니다. Selection Tool()로 2개의 오브젝트를 함께 선택한 후 Pathfinder 패널에서 'Divide()'를 클릭하여 면을 분할하고 더블 클릭하여 Isolation Mode로 전환합니다. 불필요한 모양을 선택하여 Delete 를 눌러 삭제하고 Esc 를 눌러 정상 모드로 전환합니다.

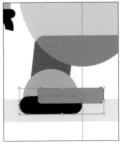

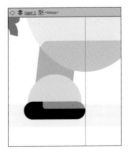

18 Selection Tool(▶)로 Shift를 누르면서 귀 모양과 눈, 팔과 다리 모양을 함께 선택한 후 Reflect Tool(◁|)로 Alt를 누르고 세로 안내선을 클릭하여 'Axis : Vertical'을 지정하고 [Copy]를 눌러 복사합니다. Selection Tool(▶)로 Shift를 누르면서 귀 모양과 팔, 다리 모양 오브젝트를 함께 선택하고 Shift+Ctrl+[를 눌러 맨 뒤로 보내기를 합니다.

 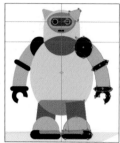 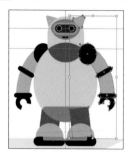 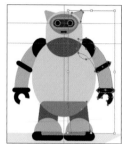

04 저장하기

01 [View]-[Guides]-[Hide Guides](Ctrl+;)를 선택하여 안내선을 숨기고 [View]-[Fit Artboard in Window](Ctrl+0)를 선택하여 현재 창에 맞추기를 합니다.

02 [File]-[Save As]를 선택하고 '저장 위치 : 내 PC₩문서₩GTQ, 파일 형식 : Adobe Illustrator(*AI), 파일 이름 : 수험번호-성명-문제번호.ai'를 확인하고 [저장]을 클릭한 후 [Illustrator Options] 대화상자에서 'Version : Illustrator 2020'으로 설정하고 [OK]를 클릭합니다.

03 답안 저장이 완료가 되면 [File]-[Close](Ctrl+W)를 선택하여 파일을 닫고 수험 프로그램에서 [답안 전송]을 클릭하여 감독관 컴퓨터로 전송합니다.

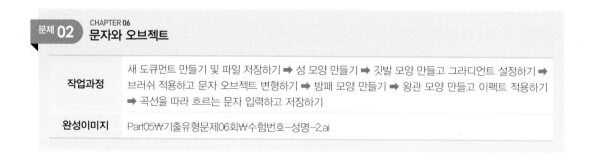

문제 02	CHAPTER 06 문자와 오브젝트	
작업과정	새 도큐먼트 만들기 및 파일 저장하기 ➡ 성 모양 만들기 ➡ 깃발 모양 만들고 그라디언트 설정하기 ➡ 브러쉬 적용하고 문자 오브젝트 변형하기 ➡ 방패 모양 만들기 ➡ 왕관 모양 만들고 이펙트 적용하기 ➡ 곡선을 따라 흐르는 문자 입력하고 저장하기	
완성이미지	Part05₩기출유형문제06회₩수험번호-성명-2.ai	

01 새 도큐먼트 만들기 및 파일 저장하기

01 [File]-[New]를 선택하고 'Width : 100mm, Height : 80mm, Units : Millimeters, Color Mode : CMYK'를 설정하여 새 도큐먼트를 만들고 [View]-[Rulers]-[Show Rulers] (Ctrl+R)를 선택하여 눈금자를 표시합니다.

02 작품의 규격 왼쪽 상단에 원점(0,0)을 확인하고 왼쪽과 상단 눈금자 위에서 마우스로 각각 드래그하여 제시된 출력형태와 레이아웃 구성이 동일하게 안내선을 표시합니다.

03 작업 도큐먼트를 저장하기 위해 [File]-[Save As]를 선택하고 '저장 위치 : 내 PC\문서\GTQ, 파일 형식 : Adobe Illustrator(*AI), 파일 이름 : 수험번호-성명-문제번호'를 입력하고 [저장]을 클릭한 후 [Illustrator Options] 대화상자에서 'Version : Illustrator 2020'으로 설정하고 [OK]를 클릭합니다.

② 성 모양 만들기

01 Rectangle Tool(▣)로 작업 도큐먼트를 클릭한 후 'Width : 10mm, Height : 14mm'를 입력하여 그리고 'Fill Color : C20K30, Stroke Color : None'을 지정합니다.

02 Rounded Rectangle Tool(▣)로 작업 도큐먼트를 클릭한 후 'Width : 2mm, Height : 4mm, Corner Radius : 1mm'를 입력하여 그리고 'Fill Color : K100, Stroke Color : None'을 지정합니다.

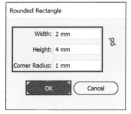
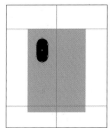

03 Rectangle Tool(▣)로 둥근 사각형의 하단과 겹치도록 임의 색상의 사각형을 그리고 Selection Tool(▶)로 둥근 사각형과 함께 선택한 후 Pathfinder 패널에서 'Minus Front(▣)'를 클릭하여 창 모양을 완성합니다.

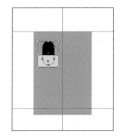

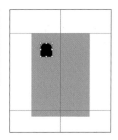

04 Selection Tool(▶)로 Alt+Shift를 누르면서 오른쪽으로 드래그하여 복사하고 Ctrl+D를 눌러 반복 복사합니다. 계속해서 가운데 창 모양을 선택하고 Alt+Shift를 누르면서 아래쪽으로 드래그하여 복사합니다.

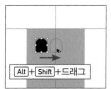
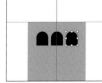
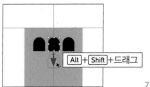

05 Polygon Tool()로 작업 도큐먼트를 클릭한 후 'Radius : 6mm, Sides : 3'을 입력하여 삼각형을 그리고 'Fill Color : C10M100Y90K10, Stroke Color : None'을 지정합니다. Direct Selection Tool(▷)로 상단 고정점을 위쪽으로 이동하여 패스를 변형합니다.

06 Selection Tool(▶)로 3개의 오브젝트를 선택하고 Alt 를 누르면서 왼쪽으로 드래그하여 복사합니다. 창 모양을 제외한 2개의 오브젝트를 선택하고 Scale Tool(🔲)을 더블 클릭하여 'Uniform : 60%'를 지정하여 축소합니다.

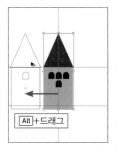

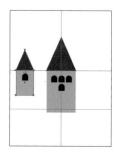

07 Selection Tool(▶)로 사각형의 조절점 하단 중앙을 아래쪽으로 드래그하여 길이를 조절합니다. 왼쪽 성 모양을 모두 선택하여 [Object]-[Transform]-[Move]를 선택하고 'Horizontal : 25mm, Vertical : 0mm'를 입력한 후 [Copy]를 눌러 오른쪽으로 이동하여 복사합니다.

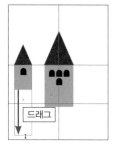

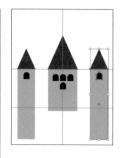

08 Rectangle Tool(■)로 작업 도큐먼트를 클릭한 후 'Width : 23mm, Height : 16mm'를 입력하여 그리고 'Fill Color : C10K10, Stroke Color : None'을 지정합니다.

09 Rectangle Tool(■)로 사각형 왼쪽 상단에 드래그하여 그리고 'Fill Color : C10K10, Stroke Color : None'을 지정합니다. Reflect Tool(▷◁)로 세로 안내선을 클릭한 후 Alt 를 누르면서 오른쪽으로 뒤집어 대칭 복사합니다.

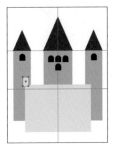 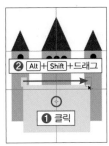

10 Selection Tool(▶)로 2개의 사각형을 함께 선택하고 [Object]−[Blend]−[Make]를 적용하고 [Object]−[Blend]−[Blend Options]로 'Specified Steps : 5'를 적용한 후 [Object]−[Blend]−[Expand]로 확장합니다.

11 Selection Too(▶)로 Shift 를 누르면서 사각형과 함께 선택하고 Pathfinder 패널에서 'Unite(■)'를 클릭하여 합칩니다.

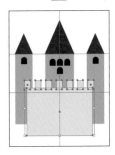  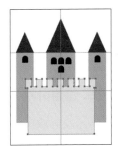

12 Direct Selection Tool(▷)로 Shift 를 누르면서 클릭하여 2개의 고정점을 함께 선택한 후 아래쪽으로 이동하여 성곽 모양을 완성합니다.

  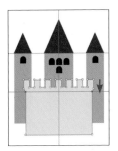

13 Rounded Rectangle Tool(■)로 Alt 를 누르면서 세로 안내선 하단을 클릭하여 'Width : 6mm, Height : 15mm, Corner Radius : 3mm'를 입력하여 그리고 'Fill Color : 임의 색상, Stroke Color : 임의 색상'을 지정합니다. Selection Tool(▶)로 성곽 모양과 함께 선택하고 Pathfinder 패널에서 'Minus Front(🔲)'를 클릭하여 문 모양을 완성합니다.

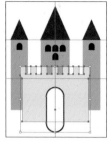

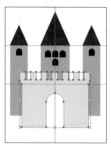

14 Rectangle Tool(■)로 드래그하여 성곽 문 모양과 완전히 겹치도록 2개의 사각형을 그리고 'Fill Color : C20K70, K100, Stroke Color : None'을 지정합니다. Selection Tool(▶)로 Shift 를 누르면서 2개의 사각형을 함께 선택하고 Ctrl + [를 눌러 뒤로 보내기를 합니다.

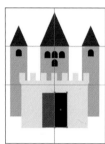

03 깃발 모양 만들고 그라디언트 설정하기

01 Line Segment Tool(/)로 작업 도큐먼트에 클릭하여 'Length : 16mm, Angle : 90°'를 지정하여 수직선을 그리고 'Fill Color : None, Stroke Color : K100'을 지정하고 Stroke 패널에서 'Weight : 2pt, Cap : Round Cap'을 지정합니다. [Object]-[Path]-[Outline Stroke]를 선택하여 선을 면으로 확장한 후 Shift + Ctrl + [를 눌러 맨 뒤로 보내기를 합니다.

02 Rectangle Tool(▣)로 드래그하여 임의 색상의 사각형을 그리고 [Effect]-[Illustrator Effects]-[Warp]-[Flag]를 선택하고 'Horizontal : 체크, Bend : 50%'를 입력하여 깃발 모양을 만든 후 [Object]-[Expand Appearance]를 선택하여 오브젝트의 속성을 확장합니다.

03 Gradient 패널에서 'Type : Linear Gradient, Angle : 0°'를 적용한 후 Gradient Slider의 왼쪽 'Color Stop'을 더블 클릭하여 C20K50을 적용하고 오른쪽 'Color Stop'을 더블 클릭하여 C0M0Y0K0을 적용하고 'Stroke Color : None'을 지정합니다. Ctrl을 누르고 도큐먼트의 빈 곳을 클릭하여 선택을 해제합니다.

04 브러쉬 적용하고 문자 오브젝트 변형하기

01 Brushes 패널 하단의 'Brush Libraries Menu'를 클릭하고 [Decorative]-[Decorative_Banners and Seals]를 선택하여 추가 브러쉬 패널을 불러온 후 'Banner 14'를 선택합니다.

02 Line Segment Tool(╱)로 작업 도큐먼트에 클릭하여 'Length : 68mm, Angle : 180°'를 지정하여 수평선을 그리고 'Fill Color : None, Stroke Color : 임의 색상'을 지정하고 'Banner 14' 브러쉬를 적용합니다. Stroke 패널에서 'Weight : 1pt'를 지정한 후 Ctrl을 누르면서 도큐먼트의 빈 곳을 클릭하여 패스의 선택을 해제합니다.

03 Brushes 패널 하단의 'Brush Libraries Menu'를 클릭하고 [Artistic]-[Artistic_Ink]를 선택하여 추가 브러쉬 패널을 불러온 후 'Ink Drop'을 선택합니다.

04 Line Segment Tool()로 작업 도큐먼트 하단에 왼쪽에서 오른쪽으로 드래그하여 사선을 그리고 'Fill Color : None, Stroke Color : C20M20Y60'을 지정하고 'Ink Drop' 브러쉬를 적용하고 Stroke 패널에서 'Weight : 0.5pt'를 지정합니다.

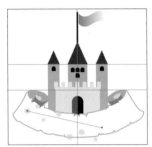

05 Type Tool(T)로 작업 도큐먼트를 클릭한 후 Character 패널에서 'Set the font family : Times New Roman, Set the font style : Bold, Set the font size : 18pt'를 설정하고 'Fill Color : C10M40Y70, Stroke Color : None'을 지정한 후 GOTHIC CASTLE을 입력합니다.

06 Selection Tool(▶)로 문자를 선택하고 [Effect]-[Illustrator Effects]-[Warp]-[Arc]를 선택하고 'Horizontal : 체크, Bend : −27%'를 지정한 후 [Object]-[Expand Appearance]를 선택하여 오브젝트의 속성을 확장합니다.

07 Pen Tool(✎)로 곡선의 열린 패스를 그리고 'Fill Color : None, Stroke Color : 임의 색상'을 지정합니다. Selection Tool(▶)로 문자 오브젝트와 함께 선택하고 Pathfinder 패널에서 'Divide(▣)'를 클릭하여 면을 분할합니다.

08 Selection Tool(▶)로 더블 클릭하여 Isolation Mode로 전환하고 분할된 하단 문자 오브젝트를 모두 선택하여 'Fill Color : C20M100Y90K10, Stroke Color : None'을 지정하고 아래쪽으로 이동하고 Esc를 눌러 정상 모드로 전환합니다.

05 방패 모양 만들기

01 Ellipse Tool(⬤)로 작업 도큐먼트를 클릭한 후 'Width : 26mm, Height : 50mm'를 입력하여 그리고 'Fill Color : 임의 색상, Stroke Color : 임의 색상'을 지정합니다. Rectangle Tool(▢)로 임의 색상의 사각형을 타원의 상단과 겹치도록 그립니다. Selection Tool(▶)로 2개의 오브젝트를 함께 선택하고 Pathfinder 패널에서 'Minus Front(◱)'를 클릭합니다.

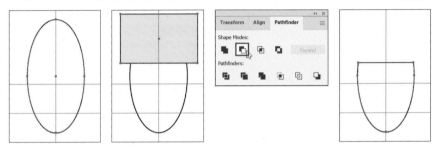

02 Anchor Point Tool(⅄)로 하단 고정점을 클릭하여 핸들을 삭제하고 Direct Selection Tool(▷)로 드래그하여 중간 2개의 고정점을 선택한 후 아래쪽으로 이동하여 패스를 변형합니다. Scale Tool(▦)을 더블 클릭하여 'Uniform : 105%, Scale Strokes & Effects : 체크 해제'를 지정하여 패스를 확대합니다.

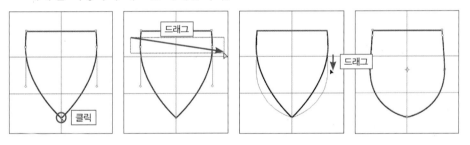

03 [Object]-[Path]-[Offset Path]를 선택하고 'Offset : 2mm'를 지정하여 확대된 복사본을 만든 후 'Fill Color : M100Y90K10, Stroke Color : None'을 지정합니다.

04 Selection Tool(▶)로 가운데 오브젝트를 더블 클릭하여 Isolation Mode로 전환한 후 Line Segment Tool(∕)로 **Shift**를 누르면서 드래그하여 수평선과 수직선을 각각 그리고 'Fill Color : None, Stroke Color : 임의 색상'을 지정합니다. **Ctrl**+**A**로 3개의 오브젝트를 선택하고 Pathfinder 패널에서 'Divide(▣)'를 클릭하여 면을 분할합니다.

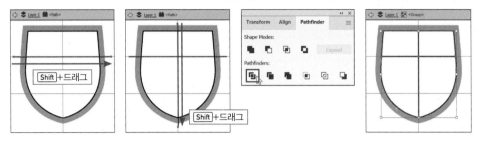

05 Selection Tool(▶)로 **Shift**를 누르면서 2개의 오브젝트를 각각 선택하고 'Fill Color : Y20K10, C20M10Y20K10, Stroke Color : None'을 순서대로 지정한 후 **Esc**를 눌러 정상 모드로 전환합니다.

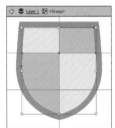

06 왕관 모양 만들고 이펙트 적용하기

01 Ellipse Tool(◉)로 작업 도큐먼트를 클릭한 후 'Width : 2mm, Height : 2mm'를 입력하여 그리고 'Fill Color : 임의 색상, Stroke Color : 임의 색상'을 지정합니다. 계속해서 정원의 아래쪽에 클릭하여 'Width : 2mm, Height : 12mm'를 입력하여 임의 색상의 타원을 그리고 배치합니다.

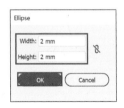
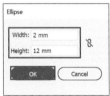
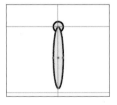

02 Rectangle Tool(▢)로 드래그하여 하단에 임의 색상의 사각형을 그리고 Rounded Rectangle Tool(▢)로 크기가 다른 2개의 둥근 사각형을 그리고 배치합니다.

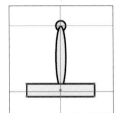
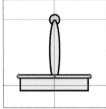
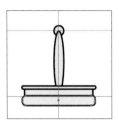

03 Pen Tool(로 2개의 열린 패스를 그리고 'Fill Color : None, Stroke Color : 임의 색상'
을 지정하고 Stroke 패널에서 'Weight : 7pt'를 지정합니다. Selection Tool(▶)로 2개의
열린 패스를 선택하고 [Object]-[Path]-[Outline Stroke]를 선택하여 선을 면으로 확장합
니다.

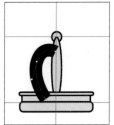
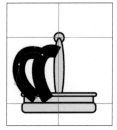

04 Selection Tool(▶)로 면으로 확장된 2개의 오브젝트를 선택하고 Reflect Tool(◁▷)로 Alt
를 누르면서 세로 안내선을 클릭하여 'Axis : Vertical'을 지정하고 [Copy]를 눌러 복사합니
다.

05 Rectangle Tool(▢)로 왕관 모양 상단에 크기가 다른 2개의 사각형을 그리고 'Fill Color :
임의 색상, Stroke Color : 임의 색상'을 지정합니다. 큰 사각형에 [Effect]-[Illustrator
Effects]-[Distort & Transform]-[Pucker & Bloat]를 선택하고 '-17%'를 지정한 후
[Object]-[Expand Appearance]를 선택하여 오브젝트의 속성을 확장합니다.

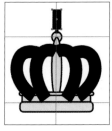
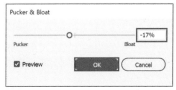

06 Rotate Tool(↻)을 더블 클릭하여 'Angle : 90°'를 지정하고 [Copy]를 눌러 회전 복사합니
다. Selection Tool(▶)로 세로 안내선 상의 8개의 오브젝트를 선택하고 Align 패널에서
'Horizontal Align Center(❖)'를 클릭하여 가로 가운데 정렬을 지정합니다.

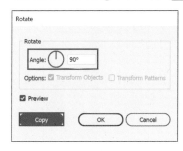

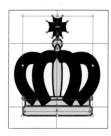

07 Selection Tool(▶)로 왕관 모양을 모두 선택하고 Pathfinder 패널에서 'Unite(▣)'를 클
릭하여 합친 후 'Fill Color : Y100, Stroke Color : None'을 지정합니다.

08 Rectangle Tool(□)로 [Shift]를 누르면서 드래그하여 정사각형을 그리고 'Fill Color : 임의 색상, Stroke Color : 임의 색상'을 지정합니다. Rotate Tool(↻)을 더블 클릭하여 'Angle : 45°'를 지정하여 회전합니다.

 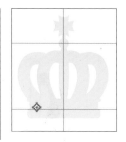

09 Reflect Tool(◪)로 세로 안내선을 클릭한 후 [Alt]와 [Shift]를 누르면서 오른쪽으로 드래그하여 복사하여 배치합니다. Selection Tool(▶)로 2개의 마름모 모양을 선택하고 [Object]-[Blend]-[Make]를 적용하고 [Object]-[Blend]-[Blend Options]로 'Specified Steps : 3'을 적용한 후 [Object]-[Blend]-[Expand]로 확장합니다.

10 Selection Tool(▶)로 왕관 모양과 함께 선택하고 Pathfinder 패널에서 'Minus Front(◻)'를 클릭합니다.

11 Line Segment Tool(／)로 [Shift]를 누르면서 세로 안내선에 드래그하여 수직선을 그리고 'Fill Color : None, Stroke Color : 임의 색상'을 지정합니다. Selection Tool(▶)로 왕관과 함께 선택하고 Pathfinder 패널에서 'Divide(◻)'를 클릭하여 면을 분할하고 더블 클릭하여 Isolation Mode로 전환합니다. 오른쪽 모양을 선택하여 'Fill Color : M30Y90K10, Stroke Color : None'을 지정합니다.

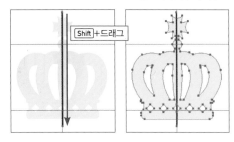  

12 Esc 를 눌러 정상 모드로 전환한 후 Selection Tool(▶)로 왕관 모양을 선택하고 [Effect]–
[Illustrator Effects]–[Stylize]–[Drop Shadow]를 선택하고 'Opacity : 75%, X Offset :
1mm, Y Offset : 1mm, Blur : 1mm'를 지정하여 그림자 효과를 적용합니다.

07 곡선을 따라 흐르는 문자 입력하고 저장하기

01 Pen Tool(✒)로 드래그하여 문자를 입력할 열린 곡선 패스를 그리고 'Fill Color : None,
Stroke Color : 임의 색상'을 지정합니다. Type on a Path Tool(꼭)로 곡선 패스의 왼쪽
끝점을 클릭하고 Character 패널에서 'Set the font family : Times New Roman, Set
the font style : Regular, Set the font size : 13pt'를 설정하고 'Fill Color : C100M90,
Stroke Color : None'을 지정하고 Cultural Assets를 입력합니다.

  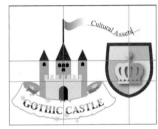

02 [View]–[Guides]–[Hide Guides](Ctrl + ;)를 선택하여 안내선을 숨기고 [View]–[Fit
Artboard in Window](Ctrl + 0)를 선택하여 현재 창에 맞추기를 합니다.

03 [File]–[Save As]를 선택하고 '저장 위치 : 내 PC₩문서₩GTQ, 파일 형식 : Adobe
Illustrator(*AI), 파일 이름 : 수험번호–성명–문제번호.ai'를 확인하고 [저장]을 클릭한 후
[Illustrator Options] 대화상자에서 'Version : Illustrator 2020'으로 설정하고 [OK]를 클
릭합니다.

04 답안 저장이 완료가 되면 [File]–[Close](Ctrl + W)를 선택하여 파일을 닫고 수험 프로그램에
서 [답안 전송]을 클릭하여 감독관 컴퓨터로 전송합니다.

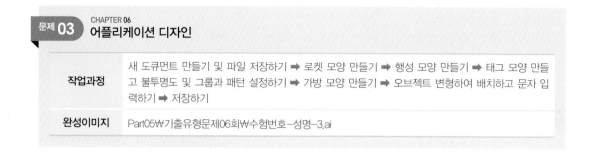
작업과정	새 도큐먼트 만들기 및 파일 저장하기 ➡ 로켓 모양 만들기 ➡ 행성 모양 만들기 ➡ 태그 모양 만들고 불투명도 및 그룹과 패턴 설정하기 ➡ 가방 모양 만들기 ➡ 오브젝트 변형하여 배치하고 문자 입력하기 ➡ 저장하기
완성이미지	Part05₩기출유형문제06회₩수험번호-성명-3.ai

01 새 도큐먼트 만들기 및 파일 저장하기

01 [File]-[New]를 선택하고 'Width : 120mm, Height : 80mm, Units : Millimeters, Color Mode : CMYK'를 설정하여 새 도큐먼트를 만들고 [View]-[Rulers]-[Show Rulers] (Ctrl+R)를 선택하여 눈금자를 표시합니다.

02 작품의 규격 왼쪽 상단에 원점(0,0)을 확인하고 왼쪽과 상단 눈금자 위에서 마우스로 각각 드래그하여 제시된 출력형태와 레이아웃 구성이 동일하게 안내선을 표시합니다.

03 작업 도큐먼트를 저장하기 위해 [File]-[Save As]를 선택하고 '저장 위치 : 내 PC₩문서₩GTQ, 파일 형식 : Adobe Illustrator(*AI), 파일 이름 : 수험번호-성명-문제번호'를 입력하고 [저장]을 클릭한 후 [Illustrator Options] 대화상자에서 'Version : Illustrator 2020'으로 설정하고 [OK]를 클릭합니다.

02 로켓 모양 만들기

01 Ellipse Tool(◉)로 작업 도큐먼트를 클릭한 후 'Width : 10mm, Height : 41mm'를 입력하여 그리고 'Fill Color : 임의 색상, Stroke Color : 임의 색상'을 지정합니다. Line Segment Tool(／)로 Shift를 누르면서 드래그하여 4개의 수평선을 그리고 'Fill Color : None, Stroke Color : 임의 색상'을 지정합니다.

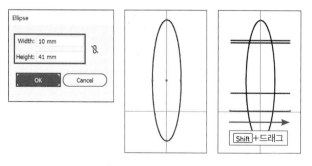

02 Ctrl+A로 모두 선택하고 Pathfinder 패널에서 'Divide(◨)'를 클릭하여 면을 분할합니다. Anchor Point Tool(⚲)로 상단과 하단의 고정점에 각각 클릭하여 핸들을 삭제합니다.

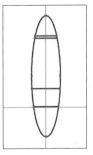
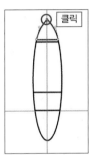
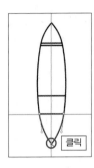

03 Selection Tool(▶)로 분할된 하단 오브젝트를 연속해서 2번 더블 클릭하여 단일 패스의 Isolation Mode로 전환합니다. Direct Selection Tool(▷)로 상단 2개의 고정점을 선택하여 Scale Tool(▣)을 더블 클릭하여 'Uniform : 70%'를 지정하여 패스를 축소한 후 'Fill Color : M90Y80, Stroke Color : None'을 지정합니다.

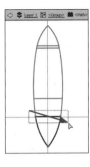
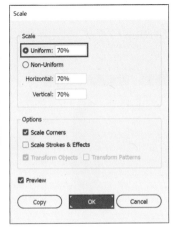
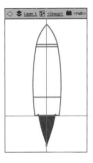

04 Selection Tool(▶)로 하단에서 2번째 오브젝트를 2번 더블 클릭하여 단일 패스의 Isolation Mode로 전환합니다. Line Segment Tool(╱)로 드래그하여 사선을 그리고 'Fill Color : None, Stroke Color : 임의 색상'을 지정합니다. Reflect Tool(◄)로 세로 안내선을 클릭하고 Alt 와 Shift 를 누르면서 오른쪽으로 드래그하여 대칭적으로 복사합니다.

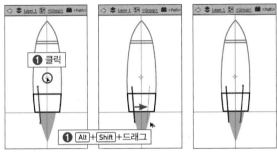
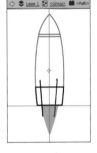

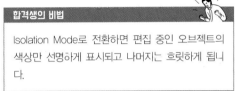

합격생의 비법

Isolation Mode로 전환하면 편집 중인 오브젝트의 색상만 선명하게 표시되고 나머지는 흐릿하게 됩니다.

05 Selection Tool(▶)로 2개의 사선을 선택하고 [Object]-[Blend]-[Make]를 적용하고 [Object]-[Blend]-[Blend Options]로 'Specified Steps : 2'를 적용한 후 [Object]-[Blend]-[Expand]로 중간 단계의 선을 확장합니다.

06 Selection Tool(▶)로 확장된 선과 오브젝트를 함께 선택하고 Pathfinder 패널에서 'Di-
vide(▣)'를 클릭하여 면을 분할합니다. 3개의 오브젝트를 함께 선택하고 그리고 'Fill Color
: C100Y40K50, Stroke Color : None'을 지정합니다. 나머지 2개의 오브젝트에는 'Fill
Color : C80Y40, Stroke Color : None'을 지정합니다.

 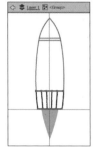 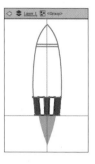 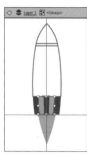

07 Selection Tool(▶)로 분할된 오브젝트를 순서대로 선택하고 'Fill Color : C80Y40,
C100Y40K50, M90Y80, Stroke Color : None'을 각각 지정하고 Esc 를 눌러 정상 모드로
전환합니다.

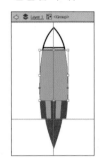  

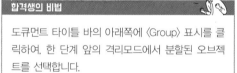

합격생의 비법

도큐먼트 타이틀 바의 아래쪽에 〈Group〉 표시를 클
릭하여, 한 단계 앞의 격리모드에서 분할된 오브젝
트를 선택합니다.

08 Ellipse Tool(◉)로 로켓 모양 상단에 드래그하여 타원을 그리고 'Fill Color : C20, Stroke
Color : None'을 지정합니다. Selection Tool(▶)로 Alt + Shift 를 누르면서 오른쪽으로 드
래그하여 복사하고 Ctrl + D 를 눌러 간격에 맞춰 반복 복사합니다.

09 Pen Tool(✒)로 로켓의 날개 모양을 그리고 'Fill Color : C10Y90, Stroke Color : None'
을 지정한 후 Shift + Ctrl + [를 눌러 맨 뒤로 보내기를 합니다. Reflect Tool(◤)로 Alt 를
누르면서 세로 안내선을 클릭하여 'Axis : Vertical'을 지정하고 [Copy]를 눌러 복사합니다.

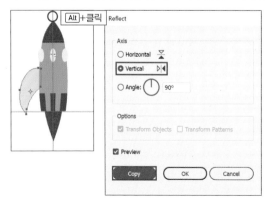 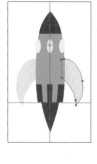

10 Ellipse Tool(◉)로 세로 안내선 중앙에 드래그하여 타원을 그리고 'Fill Color : C10Y90, Stroke Color : None'을 지정합니다. Anchor Point Tool(∧)로 하단 고정점을 클릭하고 핸들을 삭제한 후 Direct Selection Tool(▷)로 하단과 상단의 고정점을 각각 아래쪽으로 이동하여 패스를 변형합니다. Ctrl+A로 모두 선택하고 Ctrl+G로 그룹을 설정합니다.

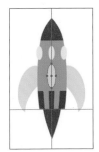  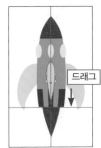 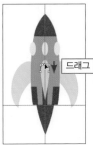 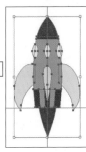

03 행성 모양 만들기

01 Ellipse Tool(◉)로 작업 도큐먼트를 클릭한 후 'Width : 12mm, Height : 12mm'를 입력하여 그리고 'Fill Color : M20Y80K20, Stroke Color : None'을 지정합니다.

02 Ellipse Tool(◉)로 정원 위에 드래그하여 타원을 그리고 'Fill Color : None Stroke Color : C30Y10'을 지정한 후 Stroke 패널에서 'Weight : 3pt'를 적용합니다. [Object]-[Path]-[Outline Stroke]를 선택하여 선을 면으로 확장한 후 Selection Tool(▶)로 더블 클릭하여 Isolation Mode로 전환하고 안쪽 타원을 위쪽으로 이동하고 Esc를 눌러 정상 모드로 전환합니다.

  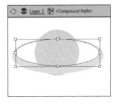

03 Selection Tool(▶)로 행성의 띠 모양을 선택하고 Scale Tool(⬚)을 더블 클릭하여 'Uniform : 70%'를 지정하고 [Copy]를 눌러 축소 복사한 후 'Fill Color : C50Y10, Stroke Color : None'을 지정합니다.

04 Selection Tool(▶)로 2개의 띠 모양을 함께 선택하고 Rotate Tool(↻)을 더블 클릭하여 'Angle : −10°'를 지정하여 회전한 후 작은 띠 모양의 위치를 조정합니다.

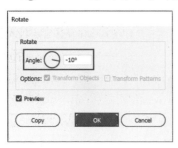 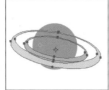 

05 Selection Tool(▶)로 3개의 오브젝트를 함께 선택하고 Pathfinder 패널에서 'Divide(▣)'를 클릭하여 면을 분할한 후 더블 클릭하여 Isolation Mode로 전환합니다. 상단 오브젝트를 드래그하여 선택하고 Pathfinder 패널에서 'Unite(◼)'를 클릭하여 합치고 'Fill Color : M20Y80K20'을 설정합니다.

06 Knife(✎)로 2번 드래그하여 면을 분할한 후 2개의 오브젝트를 선택하고 'Fill Color : M40Y80K20, Stroke Color : None'을 지정하고 [Esc]를 눌러 정상 모드로 전환합니다.

07 Ellipse Tool(◯)로 [Shift]를 누르면서 정원을 그리고 'Fill Color : M10Y40, Stroke Color : 임의 색상'을 지정합니다. Scale Tool(🔲)을 더블 클릭하여 'Uniform : 80%, Scale Strokes & Effects : 체크 해제'를 지정하고 [Copy]를 눌러 축소 복사한 후 [Ctrl]+[D]를 눌러 반복 복사합니다. Selection Tool(▶)로 순서대로 'Fill Color : M60Y80K20, C10M30Y90'을 각각 지정하고 3개의 원 모두에 'Stroke Color : None'을 지정합니다.

 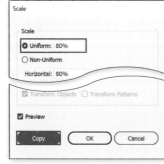 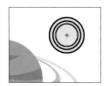 

04 태그 모양 만들고 불투명도 및 그룹과 패턴 설정하기

01 Rectangle Tool(▣)로 작업 도큐먼트를 클릭한 후 'Width : 20mm, Height : 32mm'를 입력하여 그리고 'Fill Color : C90M90Y10, Stroke Color : None'을 지정합니다. Add Anchor Point Tool(✎)로 사각형 하단의 선분 중앙에 클릭하여 고정점을 추가한 후 위쪽으로 이동하여 패스를 변형합니다.

02 Ellipse Tool(◯)로 [Shift]를 누르면서 상단에 정원을 그리고 'Fill Color : 임의 색상, Stroke Color : 임의 색상'을 지정합니다. Selection Tool(▶)로 2개의 오브젝트를 함께 선택하고 Align 패널에서 'Horizontal Align Center(┻)'를 클릭하여 가로 가운데 정렬을 지정한 후 Pathfinder 패널에서 'Minus Front(◙)'를 클릭합니다.

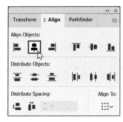

03 [Object]-[Path]-[Offset Path]를 선택한 후 'Offset : −1.2mm'를 지정하여 축소된 복사본을 만든 후 'Fill Color : C0M0Y0K0, Stroke Color : None'을 지정합니다.

04 Selection Tool(▶)로 행성 모양을 선택한 후 [Ctrl]+[C]로 복사하고 [Ctrl]+[V]로 붙여 넣기를 합니다. Scale Tool(▣)을 더블 클릭하여 'Uniform : 60%'를 지정하여 축소한 후 Rotate Tool(↻)을 더블 클릭하여 'Angle : 10'를 지정하여 회전하고 태그 모양 상단에 배치합니다.

05 Selection Tool(▶)로 3개의 원을 선택하고 [Ctrl]+[G]로 그룹을 설정한 후 [Ctrl]+[C]로 복사하고 [Ctrl]+[V]로 붙여 넣기를 합니다. Scale Tool(▣)을 더블 클릭하여 'Uniform : 80%'를 지정하여 축소합니다.

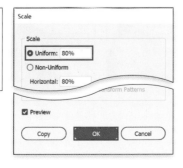

06 Selection Tool(▶)로 Alt+Shift를 누르면서 오른쪽으로 드래그하여 복사하고 Ctrl+D를 눌러 간격에 맞춰 반복 복사합니다. 3개의 오브젝트 그룹을 선택하고 Ctrl+G로 그룹 설정을 합니다.

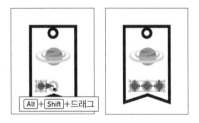

07 Type Tool(T)로 작업 도큐먼트를 클릭한 후 Character 패널에서 'Set the font family : Times New Roman, Set the font style : Regular, Set the font size : 8pt'를 설정하고 'Fill Color : K100, Stroke Color : None'을 지정한 후 Cotton goods를 입력합니다.

08 Selection Tool(▶)로 뒤쪽 태그 모양을 선택하고 Rotate Tool(↻)을 더블 클릭하여 'Angle : 20°'를 지정하고 [Copy]를 눌러 회전 복사하고 Shift+Ctrl+[를 눌러 맨 뒤로 보내기를 합니다. Selection Tool(▶)로 앞쪽 태그 모양을 선택하고 'Fill Color : C20M20, Stroke Color : K100'을 지정한 후 Stroke 패널에서 'Weight : 1pt'를 적용합니다. Transparency 패널에서 'Opacity : 70%'를 설정하여 불투명도를 조절합니다.

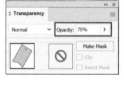

09 Pen Tool(✒)로 태그의 고리 모양을 닫힌 패스로 그리고 'Fill Color : None, Stroke Color : C10M50Y30'을 지정한 후 Stroke 패널에서 'Weight : 2pt'를 지정합니다. Scissors Tool(✂)로 고리 모양 패스에 2번 클릭하여 패스를 자르고 Selection Tool(▶)로 왼쪽 열린 패스를 선택하고 Shift+Ctrl+[를 눌러 맨 뒤로 보내기를 합니다.

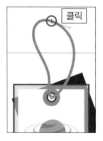

10 Selection Tool(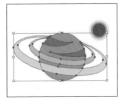)로 행성 모양을 선택하고 [Object]-[Pattern]-[Make]를 선택하고 Pattern Options에서 'Name : 행성'을 지정하고 패턴으로 등록합니다. Esc 를 눌러 패턴의 편집 모드에서 정상모드로 전환합니다.

11 Selection Tool(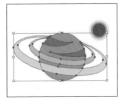)로 뒤쪽 태그 모양을 선택하고 Ctrl + C 로 복사를 하고 Ctrl + F 로 복사한 오브젝트 앞에 붙여 넣기를 한 후 Swatches 패널에서 등록된 행성 패턴을 클릭하여 면 색상에 적용합니다.

12 Scale Tool()을 더블 클릭하고 'Uniform : 35%, Transform Objects : 체크 해제, Transform Patterns : 체크'를 지정하여 패턴의 크기만을 축소합니다. Selection Tool(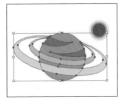)로 태그 모양을 모두 선택하고 Rotate Tool(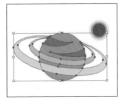)을 더블 클릭하여 'Angle : −30°, Transform Objects : 체크, Transform Patterns : 체크 해제'를 지정하여 오브젝트를 회전합니다.

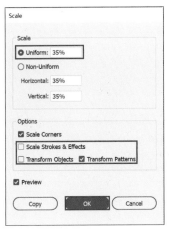

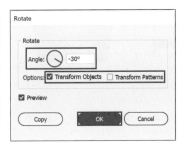

05 가방 모양 만들기

01 Rounded Rectangle Tool(▣)로 작업 도큐먼트를 클릭한 후 'Width : 44mm, Height : 43mm, Corner Radius : 4mm'를 입력하여 그리고 'Fill Color : 임의 색상, Stroke Color : 임의 색상'을 지정합니다. Direct Selection Tool(▷)로 상단 2개의 고정점을 선택하고 Delete 를 눌러 삭제합니다.

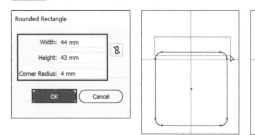

02 Direct Selection Tool(▷)로 상단 2개의 고정점을 선택하고 Scale Tool(⊞)을 더블 클릭하여 'Uniform : 120%, Transform Objects : 체크, Transform Patterns : 체크 해제'를 지정하여 확대한 후 [Object]-[Path]-[Join](Ctrl + J)을 선택하고 닫힌 패스를 만듭니다.

03 Gradient 패널에서 'Type : Radial Gradient'를 적용한 후 Gradient Slider의 왼쪽 'Color Stop'을 더블 클릭하여 C10을 적용하고 오른쪽 'Color Stop'을 더블 클릭하여 C90M90Y10을 적용하고 면 색상에 지정합니다.

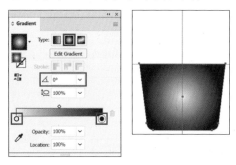

04 Pen Tool(✎)로 손잡이 모양의 절반을 열린 패스로 그리고 'Fill Color : None, Stroke Color : 임의 색상'을 지정합니다. Selection Tool(▶)로 선택한 후 Reflect Tool(◁)로 Alt 를 누르고 세로 안내선을 클릭하여 'Axis : Vertical'을 지정하고 [Copy]를 눌러 복사합니다.

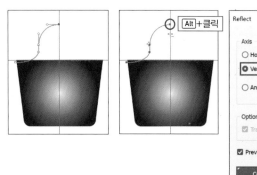

05 Direct Selection Tool(⟨▷⟩)로 가운데 2개의 열린 패스의 고정점을 선택한 후 [Object]–[Path]–[Join](Ctrl+J)을 선택하고 패스를 연결합니다.

06 Stroke 패널에서 'Weight : 18pt'를 입력하고 [Object]–[Path]–[Outline Stroke]를 선택하여 선을 면으로 확장합니다.

07 Line Segment Tool(⟨／⟩)로 드래그하여 손잡이 모양의 튀어나온 부분과 겹치도록 2개의 사선을 그리고 'Fill Color : None, Stroke Color : 임의 색상'을 지정합니다. Selection Tool(⟨▶⟩)로 3개의 오브젝트를 선택하고 Pathfinder 패널에서 'Divide(⟨▣⟩)'를 클릭하여 면을 분할한 후 더블 클릭하여 Isolation Mode로 전환합니다. 불필요한 오브젝트를 삭제한 후 'Fill Color : C40M80Y90, Stroke Color : None'을 지정하고 Esc를 눌러 정상 모드로 전환합니다.

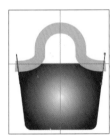

08 손잡이 모양에 [Object]–[Path]–[Offset Path]를 선택한 후 'Offset : −1.3mm'를 지정하여 축소된 복사본을 만든 후 'Fill Color : None, Stroke Color : C20'을 지정하고 Stroke 패널에서 'Weight : 1pt, Dashed Line : 체크, dash : 2pt'를 입력하여 규칙적인 점선을 그려 배치합니다.

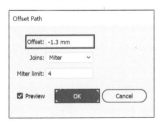

09 Direct Selection Tool(▶)로 점선이 적용된 오브젝트의 왼쪽과 오른쪽 선분을 각각 선택하고 Delete 를 눌러 삭제한 후 패스의 끝점을 이동하여 길이를 조절합니다.

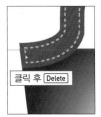 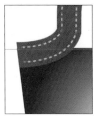 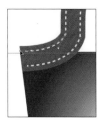 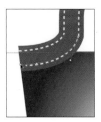 

클릭 후 Delete

10 Selection Tool(▶)로 가방의 하단 오브젝트를 선택하고 [Object]-[Path]-[Offset Path]를 선택한 후 'Offset : -2.5mm'를 지정하여 축소된 복사본을 만듭니다. 'Fill Color : None, Stroke Color : C20'을 지정하고 Stroke 패널에서 'Weight : 1pt, Dashed Line : 체크, dash : 10pt, gap : 3pt, dash : 2pt, gap : 3pt'를 입력하여 불규칙적인 점선을 적용합니다.

06 오브젝트 변형하여 배치하고 문자 입력하기

01 Selection Tool(▶)로 로켓 모양을 선택하여 Ctrl+C 로 복사하고 Ctrl+V 로 붙여넣기를 하고 Scale Tool(▣)을 더블 클릭하여 'Uniform : 65%, Transform Objects : 체크, Transform Patterns : 체크 해제'를 지정하여 축소한 후 Rotate Tool(↻)을 더블 클릭하여 'Angle : 45°'를 지정하여 회전하고 가방의 오른쪽 하단에 배치합니다.

02 Selection Tool(▶)로 행성 모양을 Ctrl+C 로 복사하고 Ctrl+V 로 붙여 넣기를 하고 Scale Tool(▣)을 더블 클릭하여 'Uniform : 50%, Transform Objects : 체크, Transform Patterns : 체크 해제'를 지정하여 축소한 후 Rotate Tool(↻)을 더블 클릭하여 'Angle : 50°'를 지정하여 회전하고 가방의 왼쪽 싱단에 배치합니다.

03 Selection Tool(▶)로 3개의 정원 모양을 Ctrl+C 로 복사하고 Ctrl+V 로 붙여 넣기를 하고 Scale Tool(▣)을 더블 클릭하여 'Uniform : 120%, Transform Objects : 체크, Transform Patterns : 체크 해제'를 지정하여 확대하고 가방의 오른쪽 상단에 배치합니다.

04 Type Tool()로 작업 도큐먼트를 클릭한 후 Character 패널에서 'Set the font family : Arial, Set the font style : Regular, Set the font size : 10pt'를 설정하고 Paragraph 패널에서 'Align center(≡)'를 클릭하여 가운데 정렬을 지정합니다. 'Fill Color : C0M0Y0K0, Stroke Color : None'을 지정한 후 EXPLORE SPACE를 입력합니다.

07 저장하기

01 [View]-[Guides]-[Hide Guides](Ctrl+;)를 선택하여 안내선을 숨기고 [View]-[Fit Artboard in Window](Ctrl+0)를 선택하여 현재 창에 맞추기를 합니다.

02 [File]-[Save As]를 선택하고 '저장 위치 : 내 PC₩문서₩GTQ, 파일 형식 : Adobe Illustrator(*AI), 파일 이름 : 수험번호-성명-문제번호.ai'를 확인하고 [저장]을 클릭한 후 [Illustrator Options] 대화상자에서 'Version : Illustrator 2020'으로 설정하고 [OK]를 클릭합니다.

03 답안 저장이 완료가 되면 [File]-[Exit](Ctrl+Q)를 선택하여 일러스트레이터 프로그램을 종료하고 수험 프로그램에서 [답안 전송]을 클릭하여 감독관 컴퓨터로 전송합니다.

기출 유형 문제 07회

급수	문제유형	시험시간	수험번호	성명
2급	A	90분		

수 험 자 유 의 사 항

- 수험자는 문제지를 받는 즉시 응시하고자 하는 과목 및 급수가 맞는지 확인한 후 수험번호와 성명을 작성합니다.
- 파일명은 본인의 "수험번호─성명─문제번호"로 공백 없이 정확히 입력하고 답안폴더(내 PC₩문서₩GTQ)에 ai 파일 포맷으로 저장해야 하며, 다른 파일 형식으로 저장하였을 경우 0점 처리됩니다. 답안문서 파일명이 "수험번호─성명─문제번호"와 일치하지 않거나, 답안 파일을 전송하지 않아 미제출로 처리될 경우 불합격 처리됩니다.
- 수험자 정보와 저장한 파일명, 저장 위치가 다를 경우 전송이 되지 않으므로, 주의하시기 바랍니다.
- 답안 작성 중에도 주기적으로 '저장'과 '답안 전송'을 이용하여 감독위원 PC로 답안을 전송하셔야 합니다. (※ 작업한 내용을 저장하지 않고 전송할 경우 이전의 저장내용이 전송되오니 이점 반드시 유념하시기 바랍니다.)
- 답안문서는 지정된 경로 외의 다른 보조기억장치에 저장하는 행위, 지정된 시험 시간 외에 작성된 파일을 활용한 행위, 기타 통신수단(이메일, 메신저, 네트워크 등)을 이용하여 타인에게 전달 또는 외부 반출하는 행위는 부정으로 간주되어 자격기본법 제32조에 의거 본 시험 및 국가공인 자격시험을 2년간 응시할 수 없습니다.
- 시험 중 부주의 또는 고의로 시스템을 파손한 경우와 〈수험자 유의사항〉에 기재된 방법대로 이행하지 않아 생기는 불이익은 수험자의 책임임을 알려 드립니다.
- 시험을 완료한 수험자는 최종적으로 저장한 답안파일이 전송되었는지 확인한 후 감독위원의 지시에 따라 문제지를 제출하고 퇴실합니다.

답 안 작 성 요 령

- 온라인 답안 작성 절차
  수험자 등록 ⇒ 시험 시작 ⇒ 답안파일 저장 ⇒ 답안 전송 ⇒ 시험 종료
- 배점은 총 100점으로 이루어지며, 점수는 각 문제별로 차등 배분됩니다.
- 각 문제는 제시된 조건에 맞게 답안을 작성하셔야 하며, 조건을 지키지 못했을 경우에는 0점 또는 감점 처리됩니다.
- 조건에서 주어진 단위는 'mm(밀리미터)'입니다. 눈금자는 작성하지 않으며, 그 외는 출력형태(레이아웃, 색상, 문자, 규격 등)와 같이 작업하십시오.
- 문제 조건에 서체의 지정이 없을 경우 한글은 굴림이나 돋움, 영문은 Arial로 작업하십시오. (단, 그 외 제시되지 않은 문자 속성을 기본값으로 작성하지 않은 경우는 감점 처리됩니다.)
- 문제 조건에 크기와 색상, 두께의 지정이 없을 경우 《출력형태》를 참고하여 작업해 주시기 바랍니다.
- Image Mode(이미지 모드)는 별도의 처리조건이 없을 경우에는 CMYK로 작업하십시오.
- 조건에서 제시한 기능을 임의로 합치거나 각 기능에 대한 속성을 해지할 경우 해당 요소는 0점 처리됩니다.

한 국 생 산 성 본 부

다음의 《조건》에 따라 아래의 《출력형태》와 같이 작업하시오.

조건

파일저장규칙	AI	파일명	문서₩GTQ₩수험번호-성명-1.ai
		크기	100 × 80mm

1. 작업 방법
① 도형, 변형 툴과 Pathfinder 기능을 활용하여 오브젝트를 작성한다.
② 그 외 《출력형태》 참조

출력형태

M50Y70,
C50M60Y70K20,
Y30,
C0M0Y0K0,
K100,
C20M20Y40,
M10Y70,
C60M80,
C40M10,
[Stroke] C0M0Y0K0, 1pt,
K100, 1pt

다음의 《조건》에 따라 아래의 《출력형태》와 같이 작업하시오.

조건

파일저장규칙	AI	파일명	문서₩GTQ₩수험번호-성명-2.ai
		크기	100 × 80mm

1. 작업 방법
① 'TOYWORLD' 문자에 Times New Roman (Bold) 폰트를 적용한다.
② 'Welcome to the Playland ~' 문자에 Type on a Path Tool을 활용한다.
③ Brush는 《출력형태》를 참고하여 작성한다.
④ Effect는 《출력형태》를 참고하여 작성한다.
⑤ 그 외 《출력형태》 참조

2. 문자 효과
① Welcome to the Playland ~ (Arial, Bold, 11pt, C80M10Y20)

출력형태

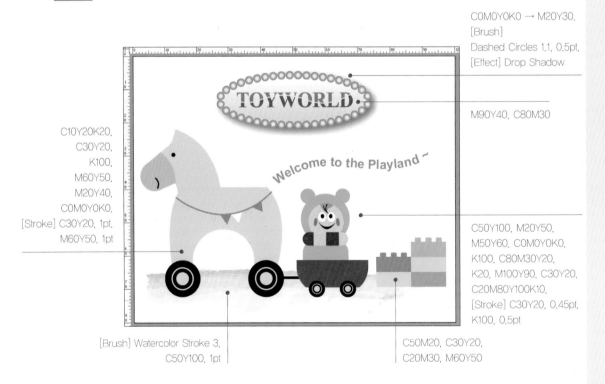

C0M0Y0K0 → M20Y30,
[Brush]
Dashed Circles 1.1, 0.5pt,
[Effect] Drop Shadow

M90Y40, C80M30

C10Y20K20,
C30Y20,
K100,
M60Y50,
M20Y40,
C0M0Y0K0,
[Stroke] C30Y20, 1pt,
M60Y50, 1pt

C50Y100, M20Y50,
M50Y60, C0M0Y0K0,
K100, C80M30Y20,
K20, M100Y90, C30Y20,
C20M80Y100K10,
[Stroke] C30Y20, 0.45pt,
K100, 0.5pt

[Brush] Watercolor Stroke 3,
C50Y100, 1pt

C50M20, C30Y20,
C20M30, M60Y50

다음의 《조건》에 따라 아래의 《출력형태》와 같이 작업하시오.

조건

파일저장규칙	AI	파일명	문서₩GTQ₩수험번호-성명-3.ai
		크기	120 × 80mm

1. 작업 방법
① 도형 툴로 오브젝트를 제작한 후 Pattern을 활용하여 작성한다. (패턴 등록 : 라임)
② 아이스크림 콘에는 규칙적인 점선을, 카드에는 불규칙적인 점선을 설정한다.
③ 화장품 튜브에 Pattern을 적용한다.
④ 카드에 배치된 오브젝트는 정렬, 간격을 일정하게 한 후 Group 설정한다.
⑤ 그 외 《출력형태》 참조

2. 문자 효과
① Lime Company (Arial, Regular, 10pt, C50Y70)
② Hand Cream (Times New Roman, Regular, 11pt, C80M50)

출력형태

M20Y60, Y30, M50Y30,
C40M70Y100K50, M90Y60,
M100Y100K40, M100Y100,
C0M0Y0K0,
[Stroke] M70Y90K60, 1pt

C10Y80,
C30Y90,
C40Y90,
C60Y90

[Pattern] Opacity 50%

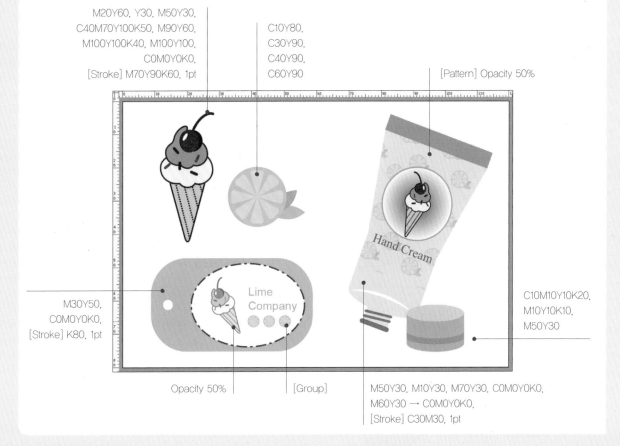

M30Y50,
C0M0Y0K0,
[Stroke] K80, 1pt

C10M10Y10K20,
M10Y10K10,
M50Y30

Opacity 50%   [Group]

M50Y30, M10Y30, M70Y30, C0M0Y0K0,
M60Y30 → C0M0Y0K0,
[Stroke] C30M30, 1pt

작업과정	새 도큐먼트 만들기 및 파일 저장하기 ➡ 너구리 얼굴 모양 만들기 ➡ 몸통과 꼬리 모양 만들기 ➡ 장난감 모양 만들기 ➡ 저장하기
완성이미지	Part05₩기출유형문제07회₩수험번호-성명-1.ai

01 새 도큐먼트 만들기 및 파일 저장하기

01 [File]-[New]를 선택하고 'Width : 100mm, Height : 80mm, Units : Millimeters, Color Mode : CMYK'를 설정하여 새 도큐먼트를 만들고 [View]-[Rulers]-[Show Rulers] (Ctrl+R)를 선택하여 눈금자를 표시합니다.

02 작품의 규격 왼쪽 상단에 원점(0,0)을 확인하고 왼쪽과 상단 눈금자 위에서 마우스로 각각 드래그하여 제시된 출력형태와 레이아웃 구성이 동일하게 안내선을 표시합니다.

03 작업 도큐먼트를 저장하기 위해 [File]-[Save As]를 선택하고 '저장 위치 : 내 PC₩문서₩ GTQ, 파일 형식 : Adobe Illustrator(*AI), 파일 이름 : 수험번호-성명-문제번호'를 입력하고 [저장]을 클릭한 후 [Illustrator Options] 대화상자에서 'Version : Illustrator 2020' 으로 설정하고 [OK]를 클릭합니다.

02 너구리 얼굴 모양 만들기

01 Pen Tool(✏)로 왼쪽 얼굴 모양을 그리고 'Fill Color : M50Y70, Stroke Color : K100'을 지정하고 Stroke 패널에서 'Weight : 1pt'를 지정합니다. 계속해서 안쪽 귀 모양을 그리고 'Fill Color : C50M60Y70K20, Stroke Color : None'을 지정합니다.

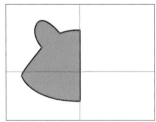
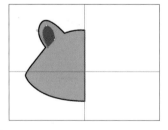

02 Ellipse Tool(◉)로 작업 도큐먼트를 클릭한 후 'Width : 18mm, Height : 9mm'를 입력하여 그리고 'Fill Color : Y30, Stroke Color : None'을 지정합니다.

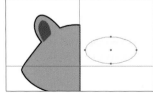

03 Scale Tool(⊞)로 [Alt]를 누르면서 타원의 오른쪽 고정점을 클릭한 후 'Uniform : 80%'를 입력하고 [Copy]를 클릭하여 축소 복사한 후 'Fill Color : C50M60Y70K20, Stroke Color : None'을 지정합니다.

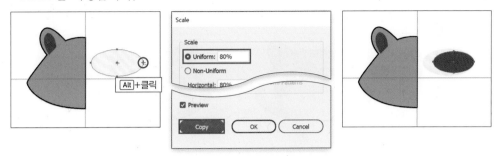

04 Selection Tool(▶)로 2개의 타원을 함께 선택하고 Rotate Tool(↻)을 더블 클릭하여 'Angle : 35˚'를 지정하고 회전합니다. Selection Tool(▶)로 작은 타원을 선택하고 아래로 이동하여 배치합니다.

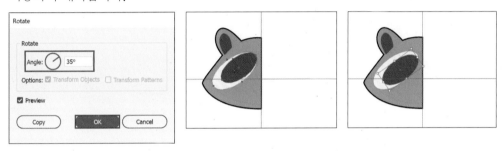

05 Ellipse Tool(◯)로 드래그하여 크기가 다른 2개의 타원을 그리고 'Fill Color : C0M0Y0K0, K100, Stroke Color : None'을 각각 지정합니다. [Ctrl]+[A]로 모두 선택한 후 Reflect Tool(▷|◁)로 [Alt]를 누르고 세로 안내선을 클릭하여 'Axis : Vertical'을 지정하고 [Copy]를 눌러 복사합니다.

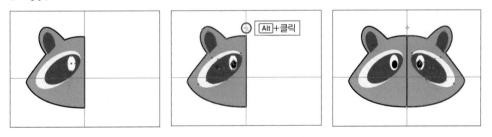

06 Selection Tool(▶)로 맨 뒤에 있는 2개의 오브젝트를 함께 선택하고 Pathfinder 패널에서 'Unite(◧)'를 클릭하여 합친 후 [Shift]+[Ctrl]+[[]를 눌러 맨 뒤로 보내기를 합니다.

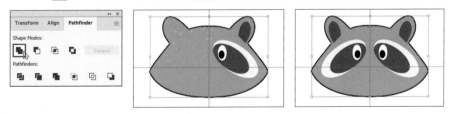

07 Ellipse Tool(⬭)로 Alt 를 누르면서 세로 안내선을 클릭하여 'Width : 22mm, Height : 14mm'를 입력하여 그리고 'Fill Color : Y30, Stroke Color : None'을 지정합니다. Scale Tool(⬚)을 더블 클릭하여 'Horizontal : 50%, Vertical : 100%'를 지정하고 [Copy]를 눌러 너비가 축소된 타원에 'Fill Color : C20M20Y40, Stroke Color : None'을 지정합니다.

 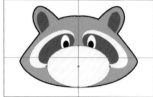 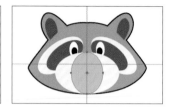

08 Ellipse Tool(⬭)로 Alt 를 누르면서 세로 안내선에서부터 드래그하여 타원을 그리고 'Fill Color : K100, Stroke Color : None'을 지정합니다. 계속해서 동일한 방법으로 타원을 그리고 'Fill Color : None, Stroke Color : K100'을 지정한 후 Stroke 패널에서 'Weight : 1pt'를 적용합니다.

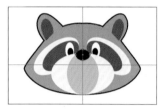 

09 Scissors Tool(✂)로 타원의 왼쪽과 오른쪽 선분에 각각 클릭하여 패스를 자릅니다. Selection Tool(▶)로 상단 패스를 선택한 후 Delete 를 눌러 삭제하고 입 모양을 완성합니다.

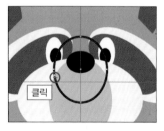  

10 Pen Tool(✒)로 클릭하여 귀 모양 사이에 열린 패스를 그리고 'Fill Color : None, Stroke Color : M10Y70'을 지정하고 Stroke 패널에서 'Weight : 12 pt, Cap : Round Cap, Corner : Round Join'을 클릭하여 패스의 끝점과 모서리 바깥쪽을 둥근 모양으로 지정합니다.

11 [Object]-[Path]-[Outline Stroke]를 선택하여 선을 면으로 확장한 후 Direct Selection Tool(▷)로 상단 중앙의 고정점을 클릭하여 선택하고 키보드의 화살표 ⬆를 눌러 위쪽으로 이동하여 모양을 완성합니다.

03 몸통과 꼬리 모양 만들기

01 Ellipse Tool(◯)로 작업 도큐먼트를 클릭한 후 'Width : 9mm, Height : 9mm'를 입력하여 그리고 'Fill Color : 임의 색상, Stroke Color : 임의 색상'을 지정합니다. Ctrl + C 를 눌러 복사를 합니다.

02 Pen Tool(✐)로 팔 모양을 겹치도록 그리고 Selection Tool(▶)로 2개의 오브젝트를 함께 선택합니다. Pathfinder 패널에서 'Unite(◻)'를 클릭하여 합친 후 'Fill Color : M50Y70, Stroke Color : K100'을 지정하고 Stroke 패널에서 'Weight : 1pt'를 적용합니다.

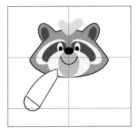  

03 Ctrl + F 로 앞서 복사한 오브젝트 앞에 붙여 넣기를 하고 Direct Selection Tool(▷)로 하단의 고정점을 클릭하고 Delete 를 눌러 열린 패스를 만듭니다. 'Fill Color : None, Stroke Color : K100'을 지정하고 Stroke 패널에서 'Weight : 1pt, Dashed Line : 체크, dash : 2pt'를 입력하여 점선을 그려 배치합니다.

 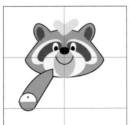  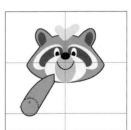

04 Ellipse Tool(⬭)로 Alt 를 누르면서 세로 안내선에 클릭한 후 'Width : 30mm, Height : 29mm'를 입력하여 그리고 'Fill Color : M50Y70, Stroke Color : K100'을 지정하고 Stroke 패널에서 'Weight : 1pt'를 적용합니다.

05 Direct Selection Tool(▷)로 상단의 고정점을 클릭하고 키보드의 화살표 ⬆를 여러 번 눌러 위치를 이동한 후 Scale Tool(⊡)을 더블 클릭하고 'Uniform : 30%'를 지정하여 위쪽 패스를 축소합니다.

  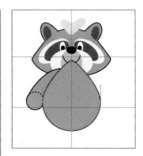

06 Ellipse Tool(⬭)로 작업 도큐먼트를 클릭하고 'Width : 15mm, Height : 19mm'를 입력하여 그리고 'Fill Color : C50M60Y70K20, Stroke Color : None'을 지정합니다. Scale Tool(⊡)를 Alt 를 누르면서 타원의 하단 고정점에 클릭한 후 'Uniform : 75%'를 지정하고 [Copy]를 눌러 축소된 타원을 그리고 'Fill Color : Y30, Stroke Color : None'을 지정합니다.

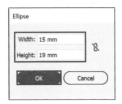  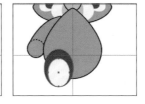

07 Selection Tool(▶)로 2개의 타원을 함께 선택하고 Rotate Tool(↻)을 더블 클릭하여 'Angle : 35'를 지정한 후 축소된 타원을 선택하고 왼쪽으로 조금 이동하여 배치합니다. Selection Tool(▶)로 팔과 발 모양을 함께 선택하고 Reflect Tool(◁▷)로 Alt 를 누르면서 세로 안내선을 클릭하여 'Axis : Vertical'을 지정하고 [Copy]를 눌러 복사합니다.

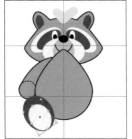  

08 Selection Tool(▶)로 오른쪽 팔 모양을 모두 선택하고 [Shift]+[Ctrl]+[[]를 눌러 맨 뒤로 보내기를 한 후, 계속해서 하단 오브젝트를 모두 선택하고 [Shift]+[Ctrl]+[[]를 눌러 맨 뒤로 보내기를 합니다.

 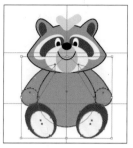

09 Ellipse Tool(⬭)로 드래그하여 2개의 크기가 다른 원을 그리고 'Fill Color : M10Y70, Stroke Color : None'을 지정합니다. Selection Tool(▶)로 [Shift]를 누르면서 2개의 원을 함께 선택하고 Align 패널에서 'Horizontal Align Center(⬛)'를 클릭하여 가로 가운데 정렬을 지정한 후 Pathfinder 패널에서 'Unite(⬛)'를 클릭하여 합칩니다.

 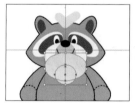  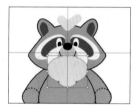

10 [Object]-[Path]-[Offset Path]를 선택한 후 'Offset : −1.3mm'를 지정하여 축소된 복사본을 만든 후 'Fill Color : None, Stroke Color : C0M0Y0K0'을 지정하고 Stroke 패널에서 'Weight : 1pt, Dashed Line : 체크, dash : 3pt'를 입력하여 점선을 배치합니다. Selection Tool(▶)로 [Shift]를 누르면서 2개의 오브젝트를 함께 선택하고 [Ctrl]+[[]를 여러 번 눌러 머리 모양 뒤로 보내기를 합니다.

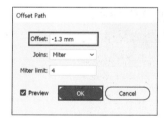   

11 Ellipse Tool(⬭)로 작업 도큐먼트를 클릭한 후 'Width : 27mm, Height : 12mm'를 입력하여 그리고 'Fill Color : M50Y70, Stroke Color : K100'을 지정한 후 Stroke 패널에서 'Weight : 1pt'를 지정합니다.

12 Ellipse Tool(●)로 드래그하여 타원과 겹치도록 원을 그리고 'Fill Color : None, Stroke Color : 임의 색상'을 지정합니다. Direct Selection Tool(▷)로 왼쪽 고정점을 클릭하고 **Delete**를 눌러 삭제하고 열린 패스를 만듭니다. Selection Tool(▶)로 열린 패스를 선택하고 **Alt**+**Shift**를 누르면서 왼쪽으로 드래그하여 복사하고 **Ctrl**+**D**를 눌러 반복 복사합니다.

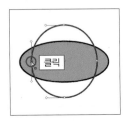 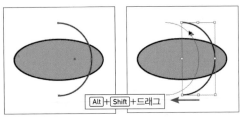 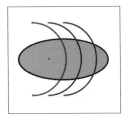

13 Selection Tool(▶)로 타원과 3개의 열린 패스를 선택하고 Pathfinder 패널에서 'Divide(▣)'를 클릭하여 면을 분할한 후 더블 클릭하여 Isolation Mode로 전환하고 **Shift**를 누르면서 2개의 오브젝트를 선택하고 'Fill Color : C50M60Y70K20'을 지정하고 **Esc**를 눌러 정상 모드로 전환합니다.

 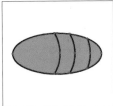 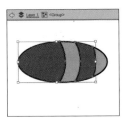

14 Selection Tool(▶)로 꼬리 모양을 선택하고 Rotate Tool(↻)을 더블 클릭하여 'Angle : 40°'를 지정하여 회전한 후 **Shift**+**Ctrl**+**[**를 눌러 맨 뒤로 보내기를 합니다.

🄴 장난감 모양 만들기

01 Ellipse Tool(●)로 작업 도큐먼트를 클릭한 후 'Width : 10mm, Height : 10mm'를 입력하여 그리고 'Fill Color : M10Y70, Stroke Color : K100'을 지정한 후 Stroke 패널에서 'Weight : 1pt'를 적용합니다.

02 Scale Tool(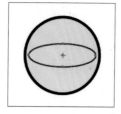)을 더블 클릭하여 'Horizontal : 90%, Vertical : 30%'를 지정하고 [Copy]를 눌러 복사한 후 Fill Color : C60M80, Stroke Color : None'을 지정하고 키보드의 화살표 ↓를 눌러 아래로 이동하여 배치합니다.

03 Star Tool(⭐)로 Shift 를 누르면서 타원 내부에 드래그하여 크기가 다른 2개의 별을 그리고 'Fill Color : C0M0Y0K0, Stroke Color : None'을 지정합니다. Selection Tool(▶)로 작은 별 모양을 선택하고 Alt 를 누르면서 드래그하여 3개의 별 모양을 복사하여 배치합니다.

04 Line Segment Tool(╱)로 Shift 를 누르면서 드래그하여 수직선을 그리고 'Fill Color : None, Stroke Color : C40M10'을 지정하고 Stroke 패널에서 'Weight : 5pt'를 적용합니다. 계속해서 Ellipse Tool(◯)로 Shift 를 누르면서 수직선 하단에 드래그하여 동일한 색상의 정원을 그립니다.

05 Selection Tool(▶)로 수직선과 정원을 함께 선택하고 Align 패널에서 'Horizontal Align Center(▣)'를 클릭하여 가로 가운데 정렬을 지정합니다. [Object]-[Path]-[Outline Stroke]를 선택하고 선을 면으로 확장합니다.

06 Pathfinder 패널에서 'Unite(◪)'를 클릭하여 합친 후 'Stroke Color : K100'을 지정하고 Stroke 패널에서 'Weight : 1pt'를 적용합니다. Shift + Ctrl + [를 눌러 맨 뒤로 보내기를 하고 Selection Tool(▶)로 장난감 모양을 모두 선택하고 Ctrl + G 를 눌러 그룹으로 설정합니다.

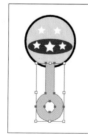

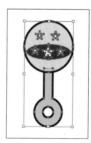

07 Rotate Tool(↻)을 더블 클릭한 후 'Angle : 25°'를 지정하여 회전하고 레이아웃에 맞게 배치합니다.

05 저장하기

01 [View]-[Guides]-[Hide Guides]($Ctrl+;$)를 선택하여 안내선을 숨기고 [View]-[Fit Artboard in Window]($Ctrl+0$)를 선택하여 현재 창에 맞추기를 합니다.

02 [File]-[Save As]를 선택하고 '저장 위치 : 내 PC₩문서₩GTQ, 파일 형식 : Adobe Illustrator(*AI), 파일 이름 : 수험번호-성명-문제번호.ai'를 확인하고 [저장]을 클릭한 후 [Illustrator Options] 대화상자에서 'Version : Illustrator 2020'으로 설정하고 [OK]를 클릭합니다.

03 답안 저장이 완료가 되면 [File]-[Close]($Ctrl+W$)를 선택하여 파일을 닫고 수험 프로그램에서 [답안 전송]을 클릭하여 감독관 컴퓨터로 전송합니다.

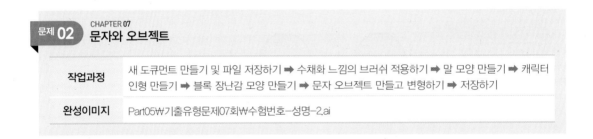

작업과정	새 도큐먼트 만들기 및 파일 저장하기 ➡ 수채화 느낌의 브러쉬 적용하기 ➡ 말 모양 만들기 ➡ 캐릭터 인형 만들기 ➡ 블록 장난감 모양 만들기 ➡ 문자 오브젝트 만들고 변형하기 ➡ 저장하기
완성이미지	Part05₩기출유형문제\07회₩수험번호-성명-2.ai

01 새 도큐먼트 만들기 및 파일 저장하기

01 [File]-[New]를 선택하고 'Width : 100mm, Height : 80mm, Units : Millimeters, Color Mode : CMYK'를 설정하여 새 도큐먼트를 만들고 [View]-[Rulers]-[Show Rulers]($Ctrl+R$)를 선택하여 눈금자를 표시합니다.

02 작품의 규격 왼쪽 상단에 원점(0,0)을 확인하고 왼쪽과 상단 눈금자 위에서 마우스로 각각 드래그하여 제시된 출력형태와 레이아웃 구성이 동일하게 안내선을 표시합니다.

03 작업 도큐먼트를 저장하기 위해 [File]-[Save As]를 선택하고 '저장 위치 : 내 PC₩문서₩ GTQ, 파일 형식 : Adobe Illustrator(*AI), 파일 이름 : 수험번호-성명-문제번호'를 입력하고 [저장]을 클릭한 후 [Illustrator Options] 대화상자에서 'Version : Illustrator 2020'으로 설정하고 [OK]를 클릭합니다.

02 수채화 느낌의 브러쉬 적용하기

01 Brushes 패널 하단의 'Brush Libraries Menu'를 클릭하고 [Artistic]-[Artistic_Watercolor]를 선택하여 추가 브러쉬 패널을 불러온 후 'Watercolor Stroke 3'을 선택합니다.

02 Line Segment Tool(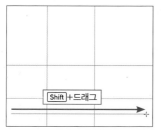)로 Shift 를 누르면서 작업 도큐먼트 하단에 왼쪽에서 오른쪽으로 드래그하여 수평선을 그리고 'Fill Color : None, Stroke Color : C50Y100'을 지정하고 'Watercolor Stroke 3' 브러쉬를 적용한 후, Stroke 패널에서 'Weight : 1pt'를 지정합니다.

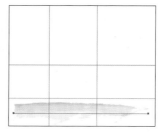

03 말 모양 만들기

01 Rounded Rectangle Tool(■)로 작업 도큐먼트를 클릭한 후 'Width : 20mm, Height : 9mm, Corner Radius : 7mm'를 입력하여 그리고 'Fill Color : 임의 색상, Stroke Color : 임의 색상'을 지정합니다.

02 Direct Selection Tool(▷)로 둥근 사각형의 오른쪽 4개의 고정점을 드래그하여 선택하고 Scale Tool(⊞)을 더블 클릭한 후 'Uniform : 130%'를 지정하여 패스를 확대합니다. Selection Tool(▶)로 선택하고 Rotate Tool(⟳)을 더블 클릭하여 'Angle : 30˚'를 지정하여 회전합니다.

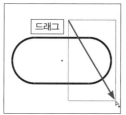
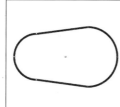
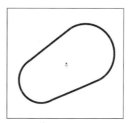

03 Rectangle Tool(■)로 작업 도큐먼트를 클릭한 후 'Width : 27mm, Height : 23mm'를 입력하여 그리고 'Fill Color : 임의 색상, Stroke Color : 임의 색상'을 지정합니다.

04 Pen Tool(✎)로 드래그하여 목과 다리 모양을 3개의 열린 패스로 각각 그리고 'Fill Color : None, Stroke Color : 임의 색상'을 지정한 후 Stroke 패널에서 'Weight : 28pt'를 적용합니다.

05 Pen Tool()로 드래그하여 열린 패스를 그리고 'Fill Color : None, Stroke Color : 임의 색상'을 지정한 후 Stroke 패널에서 'Weight : 11pt'를 적용합니다.

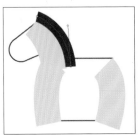

06 Selection Tool(▶)로 Shift 를 누르면서 4개의 열린 패스를 함께 선택하고 [Object]-[Path]-[Outline Stroke]를 선택하여 선을 면으로 확장합니다. Selection Tool(▶)로 드래그하여 말 모양의 오브젝트를 모두 선택하고 Pathfinder 패널에서 'Unite(◼)'를 클릭하여 합칩니다.

07 Rectangle Tool(◻)로 말 모양 하단에 불필요한 면과 겹치도록 임의 색상의 사각형을 그리고 Rounded Rectangle Tool(◻)로 둥근 사각형을 다리 모양에 맞춰 그립니다. Selection Tool(▶)로 3개의 오브젝트를 드래그하여 선택하고 Pathfinder 패널에서 'Minus Front(◻)'를 클릭하여 말 모양을 완성합니다.

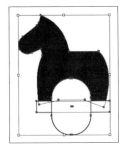
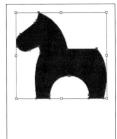

08 Ellipse Tool()로 드래그하여 입 부분과 겹치도록 원을 그리고 'Fill Color : None, Stroke Color : 임의 색상'을 지정합니다. Selection Tool(▶)로 말 모양과 함께 선택하고 Pathfinder 패널에서 'Divide(⬚)'를 클릭하여 면을 분할합니다.

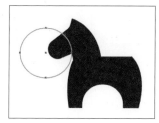

09 Selection Tool(▶)로 더블 클릭하여 Isolation Mode로 전환합니다. 왼쪽의 선만 있는 오브젝트를 클릭하고 Delete 를 눌러 삭제한 후 2개의 오브젝트를 각각 선택하여 'Fill Color : C10Y20K20, C30Y20, Stroke Color : None'을 지정합니다.

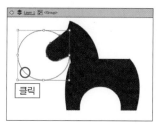
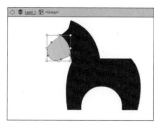
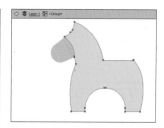

10 Ellipse Tool()로 Shift 를 누르면서 드래그하여 정원을 그리고 'Fill Color : K100, Stroke Color : None'을 지정합니다. Pen Tool(✎)로 입 모양의 열린 패스를 그리고 'Fill Color : None, Stroke Color : K100'을 지정한 후 Stroke 패널에서 'Weight : 1pt'를 적용합니다. [Object]-[Path]-[Outline Stroke]를 선택하여 선을 면으로 확장한 후 Esc 를 눌러 정상 모드로 전환합니다.

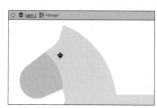
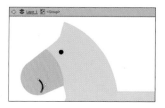

11 Ellipse Tool()로 작업 도큐먼트를 클릭한 후 'Width : 11mm, Height : 11mm'를 입력하여 그리고 'Fill Color : 임의 색상, Stroke Color : 임의 색상'을 지정합니다. Scale Tool(🔲)을 더블 클릭하여 'Uniform : 60%'를 지정하고 [Copy]를 눌러 복사한 후 Ctrl + D 를 눌러 반복 복사하고 가장 작은 정원에 'Fill Color : C30Y20, Stroke Color : None'을 지정합니다.

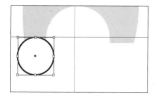
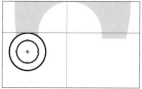
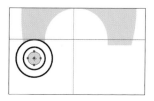

12 Selection Tool(▶)로 중간의 원을 선택한 후 'Fill Color : None, Stroke Color : C30Y20'을 지정하고 Stroke 패널에서 'Weight : 1pt'를 적용합니다. 가장 큰 원을 선택하고 'Fill Color : K100, Stroke Color : None'을 지정합니다.

 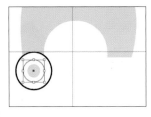 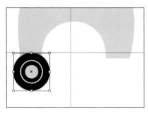

13 Selection Tool(▶)로 3개의 정원을 함께 선택하고 Ctrl+G로 그룹을 설정한 후 Alt+Shift를 누르면서 오른쪽을 드래그하여 복사합니다.

14 Pen Tool(✎)로 드래그하여 곡선의 열린 패스를 그리고 'Fill Color : None, Stroke Color : M60Y50'을 지정하고 Stroke 패널에서 'Weight : 1pt'를 지정합니다.

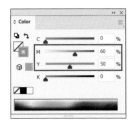  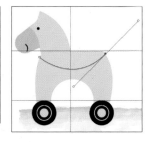

15 Polygon Tool(◻)로 작업 도큐먼트를 클릭한 후 'Radius : 2mm, Sides : 3'을 입력하여 삼각형을 그리고 'Fill Color : M60Y50, Stroke Color : None'을 지정합니다. Rotate Tool(↻)로 삼각형의 상단 고정점을 클릭하여 회전축을 설정한 후 드래그하여 열린 패스에 맞춰서 배치합니다.

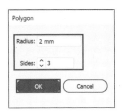 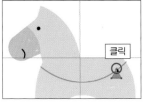 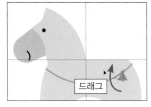

16 Selection Tool(▶)로 Alt를 누르면서 드래그하여 4개의 삼각형을 복사하고 Rotate Tool(↻)로 위와 같은 방법으로 각각 회전하여 배치합니다.

17 Selection Tool(▶)로 Shift를 누르면서 2개의 삼각형을 함께 선택한 후 'Fill Color : M20Y40, Stroke Color : None', 가운데 삼각형을 선택하여 'Fill Color : C0M0Y0K0, Stroke Color : None'을 지정한 후 열린 패스를 선택하고 Shift+Ctrl+]로 맨 앞으로 가져오기를 합니다.

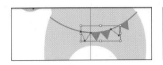 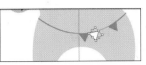 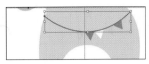

04 캐릭터 인형 만들기

01 Ellipse Tool(◉)로 작업 도큐먼트를 클릭한 후 'Width : 15mm, Height : 15mm'를 입력하여 그리고 'Fill Color : C50Y100, Stroke Color : None'을 지정합니다. 계속해서 Shift 를 누르면서 동일한 색상의 작은 정원을 귀 위치에 그립니다.

02 대칭적인 위치를 맞추기 위해 Reflect Tool(◁▷)로 큰 정원의 중심점을 클릭한 후 Alt 와 Shift 를 누르면서 누르면서 뒤집어 드래그하여 복사합니다.

 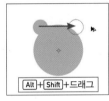 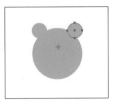

합격생의 비법

큰 정원의 중심점이 보이지 않을 때는 [View]-[Smart Guides](Ctrl+U)를 선택하거나 [View]-[Outline](Ctrl+Y)을 선택하고 윤곽선 보기를 한 후 정원의 중심에 ⊠ 표시를 클릭합니다.

---

03 Rounded Rectangle Tool(▢)로 작업 도큐먼트를 클릭한 후 'Width : 14mm, Height : 12mm, Corner Radius : 3mm'를 입력하여 그리고 'Fill Color : C50Y100, Stroke Color : None'을 지정합니다. Selection Tool(▶)로 4개의 오브젝트를 선택하고 Pathfinder 패널에서 'Unite(◧)'를 클릭하여 합칩니다.

04 Ellipse Tool(◉)로 Shift 를 누르면서 드래그하여 정원을 그리고 'Fill Color : M20Y50, Stroke Color : None'을 지정합니다. Pen Tool(✎)로 머리카락 모양을 그리고 'Fill Color : M50Y60, Stroke Color : None'을 지정합니다.

05 Selection Tool(▶)로 정원과 머리카락 모양을 함께 선택하고 Pathfinder 패널에 'Divide(▣)'를 클릭하여 면을 분할한 후 더블 클릭하여 Isolation Mode로 전환합니다. 상단의 불필요한 오브젝트를 선택하고 Delete 를 눌러 삭제하고 Esc 를 눌러 정상 모드로 전환합니다.

06 Ellipse Tool(◯)로 정원 내부에 드래그하여 3개의 타원을 그리고 'Fill Color : C0M0Y0K0, K100, C80M30Y20, Stroke Color : None'을 각각 지정한 후 Selection Tool(▶)로 볼 부분 타원을 선택하고 조절점의 밖을 드래그하여 회전합니다. Selection Tool(▶)로 3개의 타원을 함께 선택하고 Reflect Tool(▷◁)로 Alt 를 누르고 얼굴 모양 중앙을 클릭하여 'Axis : Vertical'을 지정하고 [Copy]를 눌러 복사합니다.

07 Pen Tool(✐)로 입 모양을 그리고 'Fill Color : K100, Stroke Color : None'을 지정합니다. 계속해서 머리카락 모양 위에 열린 패스를 그리고 'Fill Color : None, Stroke Color : K100'을 지정하고 Stroke 패널에서 'Weight : 0.5pt'를 지정합니다.

08 Rounded Rectangle Tool(▢)로 둥근 사각형을 그리고 'Fill Color : K20, Stroke Color : None'을 지정합니다. Line Segment Tool(╱)로 Shift 를 누르면서 드래그하여 수직선을 3개 그리고 'Fill Color : None, Stroke Color : 임의 색상'을 지정합니다.

09 Selection Tool(▶)로 Shift 를 누르면서 3개의 수직선과 둥근 사각형을 함께 선택하고 Pathfinder 패널에서 'Divide(⬛)'를 클릭하여 면을 분할합니다. 더블 클릭하여 Isolation Mode로 전환하고 2개의 오브젝트를 선택하여 'Fill Color : M100Y90, Stroke Color : None'을 지정하고 Esc 를 눌러 정상 모드로 전환합니다.

10 Rounded Rectangle Tool(▢)로 작업 도큐먼트를 클릭한 후 'Width : 22mm, Height : 22mm, Corner Radius : 8mm'를 입력하여 임의 색상의 둥근 사각형을 그리고 Rectangle Tool(▢)로 드래그하여 둥근 사각형과 겹치도록 그리고 'Fill Color : C20M80Y100K10, Stroke Color : None'을 지정합니다. Selection Tool(▶)로 2개의 오브젝트를 함께 선택하고 Pathfinder 패널에서 Intersect(⬛)를 클릭하여 겹친 부분만 남깁니다.

11 Selection Tool(▶)로 바퀴 모양을 선택하고 Ctrl + C 로 복사하고 Ctrl + V 로 붙여 넣기를 한 후 Scale Tool(⬚)을 더블 클릭하여 'Uniform : 45%, Scale Strokes & Effects : 체크'를 지정하여 축소합니다. Selection Tool(▶)로 Alt + Shift 를 누르면서 오른쪽으로 드래그하고 복사하여 배치합니다.

12 Rectangle Tool(▢)로 드래그하여 큰 바퀴와 수레 모양 사이에 사각형을 그리고 'Fill Color : K100, Stroke Color : None'을 지정합니다. Selection Tool(▶)로 드래그하여 하단의 'Watercolor Stroke 3' 브러쉬가 적용된 수평선과 함께 선택하고 Shift + Ctrl + [를 눌러 맨 뒤로 보내기를 합니다.

⑤ 블록 장난감 모양 만들기

01 Rectangle Tool(▣)로 드래그하여 직사각형을 그리고 'Fill Color : C50M20, Stroke Color : None'을 지정합니다. Selection Tool(▶)로 `Alt`+`Shift`를 누르면서 상단으로 드래그하여 복사하고 `Ctrl`+`D`를 눌러 반복 복사한 후 'Fill Color : C30Y20, C20M30, Stroke Color : None'을 각각 지정합니다.

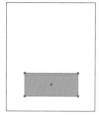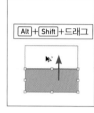

02 Rounded Rectangle Tool(▣)로 작업 도큐먼트에 드래그하여 둥근 사각형을 그리고 Fill Color : C20M30, Stroke Color : None'을 지정합니다. Selection Tool(▶)로 `Alt`+`Shift`를 누르면서 오른쪽으로 드래그하여 복사하고 `Ctrl`+`D`를 눌러 반복 복사합니다.

> **합격생의 비법**
>
> Rounded Rectangle Tool(▣)로 드래그하는 동안 키보드의 화살표 `↑`, `↓`를 누르면 모서리의 둥근 정도를 점증적으로 조절할 수 있습니다.

03 Selection Tool(▶)로 드래그하여 4개의 오브젝트를 선택하고 Pathfinder 패널에서 'Unite(◨)'를 클릭하여 합칩니다. Selection Tool(▶)로 상단 2개의 오브젝트를 선택하고 `Alt`를 누르면서 왼쪽 아래로 드래그하여 복사하고 상단 오브젝트에 'Fill Color : M60Y50, Stroke Color : None'을 지정합니다.

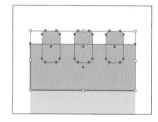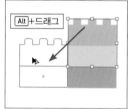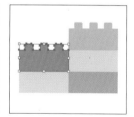

04 Pen Tool(✐)로 드래그하여 문자를 입력할 열린 곡선 패스를 그리고 'Fill Color : None, Stroke Color : 임의 색상'을 지정합니다.

05 Type on a Path Tool(⌻)로 곡선 패스의 왼쪽 끝점을 클릭하고 Character 패널에서 'Set the font family : Arial, Set the font style : Bold, Set the font size : 11pt'를 설정하고 'Fill Color : C80M10Y20, Stroke Color : None'을 지정하고 Welcome to the Playland ~를 입력합니다.

06 문자 오브젝트 만들고 변형하기

01 Ellipse Tool(⬭)로 작업 도큐먼트를 클릭한 후 'Width : 46mm, Height : 15mm'를 입력하여 그리고 'Fill Color : 임의 색상, Stroke Color : 임의 색상'을 지정합니다.

02 Gradient 패널에서 'Type : Linear Gradient, Angle : −90°'를 적용한 후 Gradient Slider의 왼쪽 'Color Stop'을 더블 클릭하여 C0M0Y0K0을 적용하고 오른쪽 'Color Stop'을 더블 클릭하여 M20Y30을 적용하고 면 색상에 지정합니다.

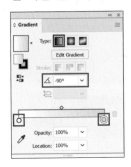
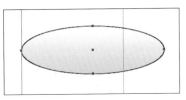

03 Brushes 패널 하단의 'Brush Libraries Menu'를 클릭하고 [Borders]-[Borders_Dashed]를 선택하여 추가 브러쉬 패널을 불러온 후 'Dashed Circles 1.1'을 선택한 후 Stroke 패널에서 'Weight : 0.5pt'를 적용합니다.

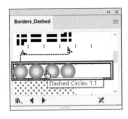

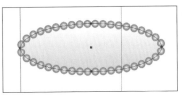

합격생의 비법

[Borders_Dashed] 브러쉬는 테두리 색상을 반영하지 않고 등록된 모양대로 적용됩니다.

04 [Effect]-[Illustrator Effects]-[Stylize]-[Drop Shadow]를 선택하고 'Opacity : 50%, X Offset : 1mm, Y Offset : 1mm, Blur : 1mm'를 지정하여 그림자 효과를 적용합니다.

05 Type Tool(T)로 작업 도큐먼트를 클릭한 후 Character 패널에서 'Set the font family : Times New Roman, Set the font style : Bold, Set the font size : 17pt'를 설정하고 'Fill Color : M90Y40, Stroke Color : None'을 지정한 후 TOYWORLD를 입력합니다.

06 Selection Tool(▶)로 TOYWORLD 문자를 선택하고 [Type]-[Create Outlines](Shift + Ctrl + O)를 선택하고 문자를 윤곽선으로 변환합니다. Pen Tool(✏)로 드래그하여 문자와 겹치도록 열린 곡선 패스를 그리고 'Fill Color : None, Stroke Color : 임의 색상'을 지정합니다.

07 Selection Tool(▶)로 문자 오브젝트와 열린 패스를 함께 선택하고 Pathfinder 패널에서 'Divide(▣)'를 클릭하여 면을 분할합니다.

08 Selection Tool(▶)로 더블 클릭하여 Isolation Mode로 전환한 후 분할된 문자 오브젝트의 상단을 드래그하여 선택하고 'Fill Color : C80M30, Stroke Color : None'을 지정합니다.

09 키보드의 화살표 ↑를 눌러 위쪽으로 이동한 후 Selection Tool(▶)로 Shift를 누르면서 불필요한 오브젝트를 선택하고 Delete를 눌러 삭제한 후 Esc를 눌러 정상 모드로 전환합니다.

합격생의 비법

'Divide' 과정에서 열린 패스와 문자 오브젝트 사이의 공간이 투명한 오브젝트로 생성되어 색상이 적용됩니다. Selection Tool(▶)로 선택한 후 Delete를 눌러 삭제합니다.

07 저장하기

01 [View]-[Guides]-[Hide Guides]([Ctrl]+[;])를 선택하여 안내선을 숨기고 [View]-[Fit Artboard in Window]([Ctrl]+[0])를 선택하여 현재 창에 맞추기를 합니다.

02 [File]-[Save As]를 선택하고 '저장 위치 : 내 PC₩문서₩GTQ, 파일 형식 : Adobe Illustrator(*AI), 파일 이름 : 수험번호-성명-문제번호.ai'를 확인하고 [저장]을 클릭한 후 [Illustrator Options] 대화상자에서 'Version : Illustrator 2020'으로 설정하고 [OK]를 클릭합니다.

03 답안 저장이 완료가 되면 [File]-[Close]([Ctrl]+[W])를 선택하여 파일을 닫고 수험 프로그램에서 [답안 전송]을 클릭하여 감독관 컴퓨터로 전송합니다.

문제 03	**CHAPTER 07** **어플리케이션 디자인**
작업과정	새 도큐먼트 만들기 및 파일 저장하기 ➡ 아이스크림 콘 모양 만들고 규칙적인 점선 설정하기 ➡ 라임 모양 만들기 ➡ 카드 모양 만들고 문자 입력하기 ➡ 화장품 튜브 모양 만들고 패턴 적용하기 ➡ 그라디언트 적용과 문자 입력하기 ➡ 저장하기
완성이미지	Part05₩기출유형문제07회₩수험번호-성명-3.ai

01 새 도큐먼트 만들기 및 파일 저장하기

01 [File]-[New]를 선택하고 'Width : 120mm, Height : 80mm, Units : Millimeters, Color Mode : CMYK'를 설정하여 새 도큐먼트를 만들고 [View]-[Show Rulers]([Ctrl]+[R])를 선택하여 눈금자를 표시합니다.

02 작품의 규격 왼쪽 상단에 원점(0,0)을 확인하고 왼쪽과 상단 눈금자 위에서 마우스로 각각 드래그하여 제시된 출력형태와 레이아웃 구성이 동일하게 안내선을 표시합니다.

03 작업 도큐먼트를 저장하기 위해 [File]-[Save As]를 선택하고 '저장 위치 : 내 PC₩문서₩GTQ, 파일 형식 : Adobe Illustrator(*AI), 파일 이름 : 수험번호-성명-문제번호'를 입력하고 [저장]을 클릭한 후 [Illustrator Options] 대화상자에서 'Version : Illustrator 2020'으로 설정하고 [OK]를 클릭합니다.

02 아이스크림 콘 모양 만들고 규칙적인 점선 설정하기

01 Polygon Tool(◉)로 작업 도큐먼트를 클릭한 후 'Radius : 7mm, Sides : 3'을 입력하여 삼각형을 그리고 'Fill Color : M20Y60, Stroke Color : M70Y90K60'을 지정한 후 Stroke 패널에서 'Weight : 1pt'를 지정합니다.

02 Reflect Tool()을 더블 클릭하고 'Axis : Horizontal'을 지정한 후 Direct Selection Tool(▷)로 하단의 고정점을 선택하고 **Shift**를 누르면서 아래쪽으로 드래그하여 패스를 변형합니다.

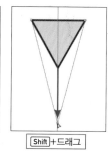
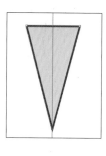

03 [Effect]-[Illustrator Effects]-[Stylize]-[Round Corners]를 선택하고 'Radius : 3mm'를 지정하여 역삼각형의 모서리를 둥글게 만듭니다. [Object]-[Expand Appearance]를 선택하여 오브젝트의 속성을 확장합니다.

04 Line Segment Tool(╱)로 드래그하여 길이가 다른 2개의 사선을 그리고 'Fill Color : None, Stroke Color : M70Y90K60'을 지정하고 Stroke 패널에서 'Weight : 1pt, Dashed Line : 체크, dash : 1pt'를 입력하여 규칙적인 점선을 그려 배치합니다.

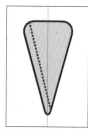
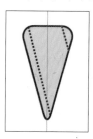

05 Selection Tool(▶)로 **Shift**를 누르면서 2개의 사선을 선택하고 [Object]-[Blend]-[Make]를 적용하고 [Object]-[Blend]-[Blend Options]로 'Specified Steps : 2'를 적용한 후 [Object]-[Blend]-[Expand]로 확장합니다.

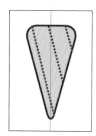
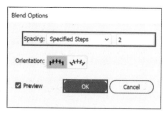
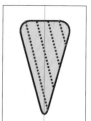
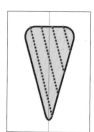

06 Pen Tool(✐)로 아이스크림 모양을 그리고 'Fill Color : Y30, Stroke Color : M70Y90K60'을 지정하고 Stroke 패널에서 'Weight : 1pt'를 지정한 후 Scale Tool(⬚)을 더블 클릭하여 'Uniform : 80%, Scale Strokes & Effects : 체크 해제'를 지정하고 [Copy]를 눌러 축소 복사하고 위쪽으로 이동한 후 'Fill Color : M50Y30'을 지정합니다.

07 Rounded Rectangle Tool(⬛)로 드래그하여 둥근 사각형을 그리고 'Fill Color : C40M70Y100K50, M90Y60, Stroke Color : None'을 각각 지정하고 Selection Tool (▶)로 조절점 밖을 드래그하여 회전합니다. Alt 를 누르면서 복사하고 각각 회전하여 배치합니다.

08 Ellipse Tool(⬤)로 아이스크림 모양 상단에 드래그하여 크기가 다른 3개의 타원을 그리고 'Fill Color : M100Y100K40, M100Y100, C0M0Y0K0, Stroke Color : None'을 각각 지정합니다. Selection Tool(▶)로 흰색 타원을 선택하고 조절점 밖을 드래그하여 회전합니다.

09 Pen Tool(✐)로 드래그하여 줄기 모양의 열린 패스를 그리고 'Fill Color : None, Stroke Color : C40M70Y100K50'를 지정하고 Stroke 패널에서 'Weight : 2pt, Cap : Round Cap'을 지정합니다. [Object]-[Path]-[Outline Stroke]를 선택하여 선을 면으로 확장한 후 Shift + Ctrl + [를 눌러 맨 뒤로 보내기를 합니다.

10 Ctrl + A 를 눌러 아이스크림 콘 모양을 모두 선택하고 Ctrl + G 로 그룹을 설정합니다.

🔵03 라임 모양 만들기

01 Rounded Rectangle Tool(🔲)로 작업 도큐먼트를 클릭한 후 'Width : 4mm, Height : 9mm, Corner Radius : 1mm'를 입력하여 그리고 'Fill Color : C10Y80, Stroke Color : None'을 지정합니다. Direct Selection Tool(▷)로 하단 2개의 고정점을 드래그하여 선택하고 Delete 를 눌러 삭제합니다.

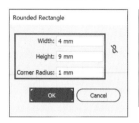  

02 Direct Selection Tool(▷)로 열린 패스의 하단 2개의 고정점을 드래그하여 선택하고 [Object]-[Path]-[Average]를 선택한 후 'Axis : Both'를 클릭하여 중간 평균 위치에 정렬합니다. Selection Tool(▶)로 오브젝트를 선택하고 Rotate Tool(🔄)로 Alt 를 누르면서 하단의 고정점을 [Rotate] 대화상자에서 'Angle : 45°'를 지정하고 [Copy]를 눌러 회전 복사합니다. Ctrl + D 를 6번 눌러 반복하여 회전 복사합니다.

03 Ellipse Tool(⬤)로 Alt 를 누르면서 과육 모양 중앙에 클릭한 후 'Width : 18mm, Height : 18mm'를 입력하여 그리고 'Fill Color : C30Y90, Stroke Color : None'을 지정한 후 Shift + Ctrl + [ ] 를 눌러 맨 뒤로 보내기를 합니다.

04 Ellipse Tool(⬤)로 드래그하여 나원을 그리고 'Fill Color : C40Y90, Stroke Color : None'을 지정한 후 Anchor Point Tool(⌐)로 오른쪽 고정점에 클릭하여 핸들을 삭제하고 뾰족하게 만듭니다.

05 Selection Tool(▶)로 잎 모양을 선택하고 Rotate Tool(↻)로 왼쪽 고정점에 클릭한 후 Alt 를 누르면서 반시계 방향으로 드래그하여 회전 복사한 후 'Fill Color : C60Y90, Stroke Color : None'을 지정합니다. Selection Tool(▶)로 2개의 잎 모양을 선택하고 Shift + Ctrl + [를 눌러 맨 뒤로 보내기를 합니다.

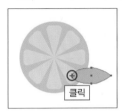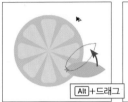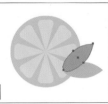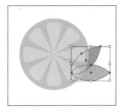

04 카드 모양 만들고 문자 입력하기

01 Rounded Rectangle Tool(▢)로 작업 도큐먼트를 클릭한 후 'Width : 50mm, Height : 28mm, Corner Radius : 11mm'를 입력하여 그리고 'Fill Color : M30Y50, Stroke Color : None'을 지정합니다. Ellipse Tool(◯)로 Shift 를 누르면서 카드 모양의 왼쪽 중앙에 정원을 그리고 'Fill Color : C0M0Y0K0, Stroke Color : None'을 지정합니다.

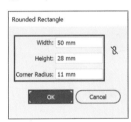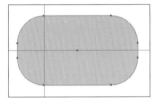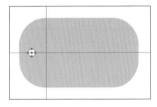

02 Ellipse Tool(◯)로 작업 도큐먼트를 클릭한 후 'Width : 35mm, Height : 25mm'를 입력하여 그리고 'Fill Color : C0M0Y0K0, Stroke Color : K80'을 지정한 후 Stroke 패널에서 'Weight : 1pt, Dashed Line : 체크, dash : 9pt, gap : 3pt, dash : 2pt, gap : 3pt'를 입력하고 불규칙적인 점선을 그려 배치합니다.

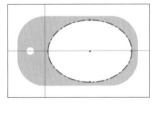

03 Selection Tool(▶)로 아이스크림 콘 모양을 선택하여 Ctrl + C 로 복사하고 Ctrl + V 로 붙여 넣기를 합니다. Scale Tool(⊡)을 더블 클릭하여 'Uniform : 45%, Scale Strokes & Effects : 체크'를 지정한 후 Rotate Tool(↻)을 더블 클릭하여 'Angle : 30°'를 지정하여 회전합니다.

04 Transparency 패널에서 'Opacity : 50%'를 설정하여 불투명도를 조절합니다.

05 Type Tool(T)로 작업 도큐먼트를 클릭한 후 Character 패널에서 'Set the font family : Arial, Set the font style : Regular, Set the font size : 10pt'를 설정하고 'Fill Color : C50Y70, Stroke Color : None'을 지정한 후 Lime Company를 입력합니다.

06 Selection Tool(▶)로 잎을 제외한 라임 모양을 선택하여 Ctrl+C로 복사하고 Ctrl+V로 붙여 넣기를 한 후 Ctrl+G를 눌러 그룹으로 설정합니다. Scale Tool(📐)을 더블 클릭하여 'Uniform : 20%'를 지정하여 축소한 후 배치합니다.

07 Selection Tool(▶)로 Alt+Shift를 누르면서 축소한 라임 모양을 오른쪽으로 드래그하여 복사하고 Ctrl+D를 눌러 간격을 일정하게 유지하며 반복 복사합니다. Selection Tool(▶)로 3개의 라임 모양 그룹을 함께 선택하고 Ctrl+G를 눌러 그룹으로 설정합니다.

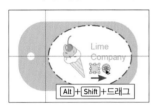 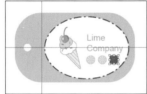 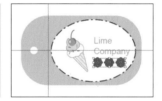

🄝 화장품 튜브 모양 만들고 패턴 적용하기

01 Rectangle Tool(▣)로 작업 도큐먼트를 클릭한 후 'Width : 34mm, Height : 5mm'를 입력하여 그리고 'Fill Color : M50Y30, Stroke Color : None'을 지정합니다. 계속해서 사각형의 왼쪽 하단 고정점에 클릭하여 'Width : 34mm, Height : 53mm'를 입력하여 그리고 'Fill Color : M10Y30, Stroke Color : 임의 색상'을 지정합니다.

02 [Object]-[Path]-[Add Anchor Points]를 선택하고 선분의 중앙에 고정점을 균일하게 추가한 후 Direct Selection Tool(▷)로 드래그하여 직사각형 하단 5개의 고정점을 선택합니다. Scale Tool(📐)을 더블 클릭하여 'Uniform : 67%'를 지정하여 패스를 축소합니다.

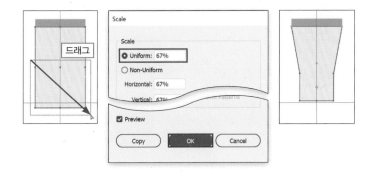

03 Ellipse Tool(⬤)로 작업 도큐먼트를 클릭한 후 'Width : 22.8mm, Height : 7mm'를 입력하여 동일한 색상의 타원을 그리고 Rectangle Tool(▣)로 타원 하단 중앙과 겹치도록 드래그하여 사각형을 그립니다.

합격생의 비법

Ellipse Tool(⬤)과 Rectangle Tool(▣)로 세로 안내선 위에 Alt 를 누르면서 드래그하면 중앙에서부터 오브젝트를 그릴 수 있습니다.

04 Selection Tool(▶)로 색상이 동일한 3개의 오브젝트를 선택하고 Align 패널에서 'Horizontal Align Center(⬛)'를 클릭하여 가로 가운데 정렬을 지정한 후 Pathfinder 패널에서 'Unite(⬛)'를 클릭하여 합치고 'Stroke Color : None'을 지정합니다.

05 Line Segment Tool(╱)로 드래그하여 사선을 그리고 'Fill Color : None, Stroke Color : M70Y30'을 지정하고 Stroke 패널에서 'Weight : 2pt, Cap : Round Cap'을 지정합니다. [Object]-[Path]-[Outline Stroke]를 선택하여 선을 면으로 확장한 후 Selection Tool(▶)로 Alt 를 누르면서 아래쪽으로 드래그하여 복사합니다.

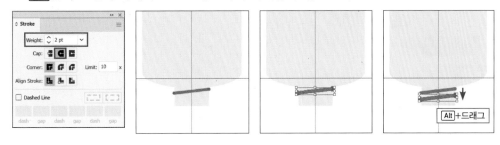

06 Line Segment Tool(╱)로 Shift 를 누르면서 드래그하여 하단에 수평선을 그리고 'Fill Color : None, Stroke Color : M70Y30'을 지정하고 Stroke 패널에서 'Weight : 4pt, Cap : Round Cap'을 지정합니다. [Object]-[Path]-[Outline Stroke]를 선택하여 선을 면으로 확장합니다. Pen Tool(✎)로 드래그하여 하이라이트 부분을 그리고 'Fill Color : C0M0Y0K0, Stroke Color : None'을 지정합니다.

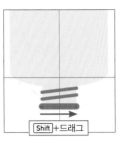

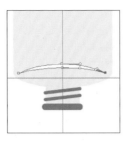

07 Selection Tool(▶)로 라임 모양을 모두 선택하여 Ctrl+C 로 복사하고 Ctrl+V 로 붙여 넣기를 합니다. Alt 를 누르면서 오른쪽 상단으로 드래그하여 복사합니다.

08 Rectangle Tool(▭)로 드래그하여 라임 모양과 겹치도록 그리고 'Fill Color : None, Stroke Color : None'을 지정합니다. Selection Tool(▶)로 2개의 라임 모양과 함께 선택하고 [Object]-[Pattern]-[Make]를 선택하고 Pattern Options에서 'Name : 라임'을 지정하고 패턴으로 등록합니다. Esc 를 눌러 패턴의 편집 모드에서 정상 모드로 전환하고 Delete 를 눌러 삭제합니다.

합격생의 비법

색상이 없는 투명한 사각형을 겹치도록 그리고 패턴으로 함께 등록하면 반복되는 패턴 사이의 간격을 조정할 수 있습니다.

09 Selection Tool(▶)로 화장품 튜브 모양을 선택하여 Ctrl+C 로 복사를 하고 Ctrl+F 로 복사한 오브젝트 앞에 붙여 넣기를 합니다. Swatches 패널에서 등록된 라임 패턴을 클릭하여면 색상에 적용한 후 Scale Tool(◳)을 더블 클릭하고 'Uniform : 30%, Transform Objects : 체크 해제, Transform Patterns : 체크'를 지정하여 패턴의 크기를 축소합니다.

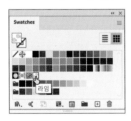

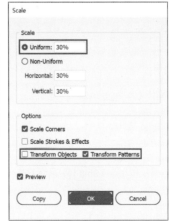

10 Rectangle Tool(■)로 드래그하여 튜브 모양 하단과 겹치도록 사각형을 그리고 임의 색상을 지정합니다. Selection Tool(▶)로 패턴이 적용된 오브젝트와 함께 선택하고 Pathfinder 패널에서 'Minus Front(▣)'를 클릭합니다. Transparency 패널에서 'Opacity : 50%'를 설정하여 불투명도를 조절합니다.

   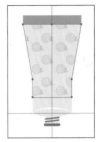

06 그라디언트 적용과 문자 입력하기

01 Ellipse Tool(◉)로 작업 도큐먼트를 클릭한 후 'Width : 22mm, Height : 22mm'를 입력하여 정원을 그리고 Gradient 패널에서 면 색상에 'Type : Radial Gradient'를 지정합니다. Gradient Slider의 왼쪽 'Color Stop'을 더블 클릭하여 M60Y30, 'Location : 30%'를, 오른쪽 'Color Stop'을 더블 클릭하여 C0M0Y0K0을 적용하고 'Stroke Color : C30M30'을 지정하고 Stroke 패널에서 'Weight : 1pt'를 적용합니다.

02 Selection Tool(▶)로 아이스크림 콘 모양을 선택하여 [Ctrl]+[C]로 복사하고 [Ctrl]+[V]로 붙여 넣기를 합니다. Reflect Tool(◁)을 더블 클릭하고 'Axis : Vertical'을 지정한 후 Scale Tool(◳)을 더블 클릭하고 'Uniform : 50%, Scale Strokes & Effects : 체크, Transform Objects : 체크, Transform Patterns : 체크 해제'를 지정하여 축소합니다.

03 Type Tool(T)로 작업 도큐먼트를 클릭한 후 Character 패널에서 'Set the font family : Times New Roman, Set the font style : Regular, Set the font size : 11pt'를 설정하고 'Fill Color : C80M50, Stroke Color : None'을 지정한 후 Hand Cream을 입력합니다.

04 Selection Tool(▶)로 문자와 화장품 튜브 모양을 모두 선택하고 Rotate Tool(↻)을 더블 클릭하여 'Angle : −20°, Transform Objects : 체크, Transform Patterns : 체크'를 지정하여 회전합니다.

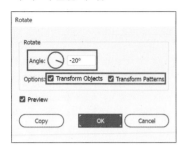 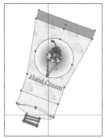

05 Ellipse Tool(◯)로 작업 도큐먼트를 클릭한 후 'Width : 18mm, Height : 5mm'를 입력하여 그리고 'Fill Color : C10M10Y10K20, Stroke Color : 임의 색상'을 지정합니다. Rectangle Tool(▢)로 작업 도큐먼트를 클릭한 후 'Width : 18mm, Height : 9mm'를 입력하여 동일한 색상의 사각형을 타원과 겹치도록 그립니다.

  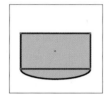

06 Selection Tool(▶)로 타원을 선택하고 Alt 를 누르면서 사각형 상단으로 드래그하여 복사한 후 3개 오브젝트를 선택하고 Align 패널에서 'Horizontal Align Center(≛)'를 클릭하여 가로 가운데 정렬을 지정합니다. 사각형과 하단의 타원을 함께 선택하고 Pathfinder 패널에서 'Unite(◨)'를 클릭하여 합칩니다.

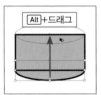 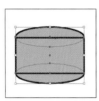  

07 Selection Tool(▶)로 상단 타원을 선택하고 Ctrl +] 를 눌러 앞으로 가져오기를 하고 'Fill Color : M10Y10K10'을 지정한 후 Alt + Shift 를 누르면서 아래쪽으로 드래그하여 복사합니다. Direct Selection Tool(▷)로 복사한 타원의 상단 고정점을 클릭하고 Delete 를 눌러 삭제한 후 'Fill Color : None'을 지정합니다.

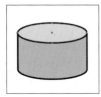 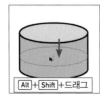 

08 Stroke 패널에서 'Weight : 5pt'를 지정하고 Scale Tool(🔲)을 더블 클릭한 후 'Uniform : 110%, Scale Strokes & Effects : 체크 해제, Transform Objects : 체크'를 지정하여 확대합니다. [Object]-[Path]-[Outline Stroke]를 선택하여 선을 면으로 확장합니다.

09 Rectangle Tool(🔲)로 임의 색상의 사각형을 겹치도록 그리고 면으로 확장된 오브젝트와 함께 선택한 후 Pathfinder 패널에서 'Intersect(🔲)'를 클릭하고 Fill Color : M50Y30'을 지정합니다. Selection Tool(▶)로 뚜껑 모양 모두를 선택하고 'Stroke Color : None'을 지정합니다.

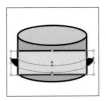  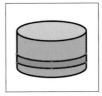 

07 저장하기

01 [View]-[Guides]-[Hide Guides](`Ctrl`+`;`)를 선택하여 안내선을 숨기고 [View]-[Fit Artboard in Window](`Ctrl`+`0`)를 선택하여 현재 창에 맞추기를 합니다.

02 [File]-[Save As]를 선택하고 '저장 위치 : 내 PC₩문서₩GTQ, 파일 형식 : Adobe Illustrator(*AI), 파일 이름 : 수험번호-성명-문제번호.ai'를 확인하고 [저장]을 클릭한 후 [Illustrator Options] 대화상자에서 'Version : Illustrator 2020'으로 설정하고 [OK]를 클릭합니다.

03 답안 저장이 완료가 되면 [File]-[Exit](`Ctrl`+`Q`)를 선택하여 일러스트레이터 프로그램을 종료하고 수험 프로그램에서 [답안 전송]을 클릭하여 감독관 컴퓨터로 전송합니다.

기출 유형 문제 08회

급수	문제유형	시험시간	수험번호	성명
2급	A	90분		

수 험 자   유 의 사 항

- 수험자는 문제지를 받는 즉시 응시하고자 하는 과목 및 급수가 맞는지 확인한 후 수험번호와 성명을 작성합니다.
- 파일명은 본인의 "수험번호–성명–문제번호"로 공백 없이 정확히 입력하고 답안폴더(내 PC₩문서₩GTQ)에 ai 파일 포맷으로 저장해야 하며, 다른 파일 형식으로 저장하였을 경우 0점 처리됩니다. 답안문서 파일명이 "수험번호–성명–문제번호"와 일치하지 않거나, 답안 파일을 전송하지 않아 미제출로 처리될 경우 불합격 처리됩니다.
- 수험자 정보와 저장한 파일명, 저장 위치가 다를 경우 전송이 되지 않으므로, 주의하시기 바랍니다.
- 답안 작성 중에도 주기적으로 '저장'과 '답안 전송'을 이용하여 감독위원 PC로 답안을 전송하셔야 합니다. (※ 작업한 내용을 저장하지 않고 전송할 경우 이전의 저장내용이 전송되오니 이점 반드시 유념하시기 바랍니다.)
- 답안문서는 지정된 경로 외의 다른 보조기억장치에 저장하는 행위, 지정된 시험 시간 외에 작성된 파일을 활용한 행위, 기타 통신수단(이메일, 메신저, 네트워크 등)을 이용하여 타인에게 전달 또는 외부 반출하는 행위는 부정으로 간주되어 자격기본법 제32조에 의거 본 시험 및 국가공인 자격시험을 2년간 응시할 수 없습니다.
- 시험 중 부주의 또는 고의로 시스템을 파손한 경우와 〈수험자 유의사항〉에 기재된 방법대로 이행하지 않아 생기는 불이익은 수험자의 책임임을 알려 드립니다.
- 시험을 완료한 수험자는 최종적으로 저장한 답안파일이 전송되었는지 확인한 후 감독위원의 지시에 따라 문제지를 제출하고 퇴실합니다.

답 안 작 성 요 령

- 온라인 답안 작성 절차
  수험자 등록 ⇒ 시험 시작 ⇒ 답안파일 저장 ⇒ 답안 전송 ⇒ 시험 종료
- 배점은 총 100점으로 이루어지며, 점수는 각 문제별로 차등 배분됩니다.
- 각 문제는 제시된 조건에 맞게 답안을 작성하셔야 하며, 조건을 지키지 못했을 경우에는 0점 또는 감점 처리됩니다.
- 조건에서 주어진 단위는 'mm(밀리미터)'입니다. 눈금자는 작성하지 않으며, 그 외는 출력형태(레이아웃, 색상, 문자, 규격 등)와 같이 작업하십시오.
- 문제 조건에 서체의 지정이 없을 경우 한글은 굴림이나 돋움, 영문은 Arial로 작업하십시오. (단, 그 외 제시되지 않은 문자 속성을 기본값으로 작성하지 않은 경우는 감점 처리됩니다.)
- 문제 조건에 크기와 색상, 두께의 지정이 없을 경우 《출력형태》를 참고하여 작업해 주시기 바랍니다.
- Image Mode(이미지 모드)는 별도의 처리조건이 없을 경우에는 CMYK로 작업하십시오.
- 조건에서 제시한 기능을 임의로 합치거나 각 기능에 대한 속성을 해지할 경우 해당 요소는 0점 처리됩니다.

한 국 생 산 성 본 부

다음의 《조건》에 따라 아래의 《출력형태》와 같이 작업하시오.

파일저장규칙	AI	파일명	문서₩GTQ₩수험번호-성명-1.ai
		크기	100 × 80mm

1. 작업 방법

① 도형, 변형 툴과 Pathfinder 기능을 활용하여 오브젝트를 작성한다.

② 그 외 《출력형태》 참조

출력형태

C40M60Y60K10,
C10M20Y70K20,
C60Y100,
C0M0Y0K0,
C80M50Y90K10,
C100Y100,
Y80,
[Stroke]
C80M50Y90K10, 1pt,
C100Y100, 2pt

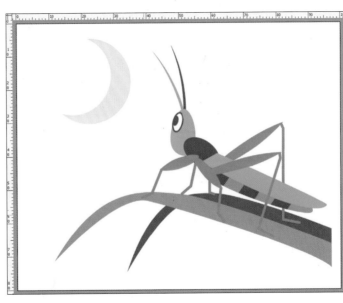

다음의 《조건》에 따라 아래의 《출력형태》와 같이 작업하시오.

조건

파일저장규칙	AI	파일명	문서₩GTQ₩수험번호−성명−2.ai
		크기	100 × 80mm

1. 작업 방법
① 'BOOK & SPACE' 문자에 Arial (Black) 폰트를 적용한다.
② 'Welcome! Book Club' 문자에 Type on a Path Tool을 활용한다.
③ Brush는 《출력형태》를 참고하여 작성한다.
④ Effect는 《출력형태》를 참고하여 작성한다.
⑤ 그 외 《출력형태》 참조

2. 문자 효과
① Welcome! Book Club (Times New Roman, Bold, 16pt, C70M90Y60K40))

출력형태

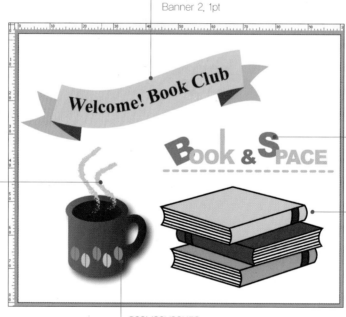

[Brush]
Banner 2, 1pt

C20M20Y40,
M70Y100,
K60,
[Stroke] C20M20Y40, 2pt

[Brush]
Charcoal − Feather,
C10M20Y40, 1pt

C0M0Y0K0,
M50Y100,
C40M70Y70K50,
C20M10Y30,
C20M80Y80K20,
[Stroke] K100, 1pt

C30M80Y90K50,
C80Y90, C30Y70,
C80M30Y40 → C80M30Y40K70,
[Effect] Drop Shadow

문제 3 ⋮ 어플리케이션 디자인 40점

다음의 《조건》에 따라 아래의 《출력형태》와 같이 작업하시오.

조건

파일저장규칙	AI	파일명	문서₩GTQ₩수험번호-성명-3.ai
		크기	120 × 80mm

1. 작업 방법

① 도형 툴로 오브젝트를 제작한 후 Pattern을 활용하여 작성한다. (패턴 등록 : 구름)
② 책갈피 줄에는 규칙적인 점선을, 책에는 불규칙적인 점선을 설정한다.
③ 책 표지에 Pattern을 적용한다.
④ 책갈피에 배치된 오브젝트는 정렬, 간격을 일정하게 한 후 Group 설정한다.
⑤ 그 외 《출력형태》 참조

2. 문자 효과

① Book Town (Arial, Bold, 12pt, C20M60Y80K50)
② Cloud Books (Times New Roman, Bold, 15pt, K100)

출력형태

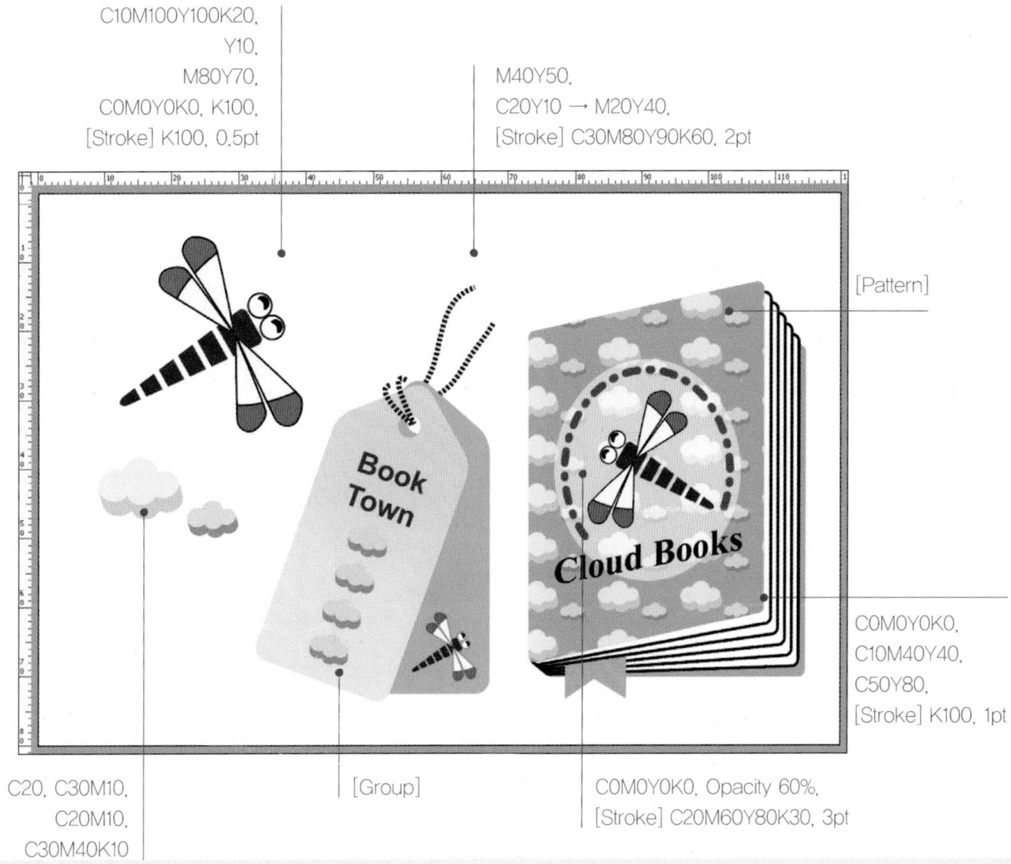
C10M100Y100K20,
Y10,
M80Y70,
C0M0Y0K0, K100,
[Stroke] K100, 0.5pt
M40Y50,
C20Y10 → M20Y40,
[Stroke] C30M80Y90K60, 2pt
[Pattern]
Book
Town
Cloud Books
C0M0Y0K0,
C10M40Y40,
C50Y80,
[Stroke] K100, 1pt
C20, C30M10,
C20M10,
C30M40K10
[Group]
C0M0Y0K0, Opacity 60%,
[Stroke] C20M60Y80K30, 3pt

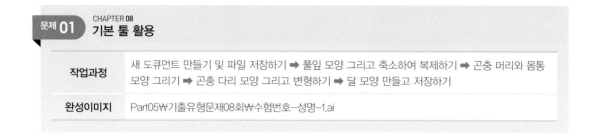

문제 **01**

CHAPTER 08
기본 툴 활용

작업과정	새 도큐먼트 만들기 및 파일 저장하기 ➡ 풀잎 모양 그리고 축소하여 복제하기 ➡ 곤충 머리와 몸통 모양 그리기 ➡ 곤충 다리 모양 그리고 변형하기 ➡ 달 모양 만들고 저장하기
완성이미지	Part05₩기출유형문제08회₩수험번호-성명-1.ai

01 새 도큐먼트 만들기 및 파일 저장하기

01 [File]-[New]를 선택하고 'Width : 100mm, Height : 80mm, Units : Millimeters, Color Mode : CMYK'를 설정하여 새 도큐먼트를 만들고 [View]-[Rulers]-[Show Rulers] (Ctrl+R)를 선택하여 눈금자를 표시합니다.

02 작품의 규격 왼쪽 상단에 원점(0,0)을 확인하고 왼쪽과 상단 눈금자 위에서 마우스로 각각 드 래그하여 제시된 출력형태와 레이아웃 구성이 동일하게 안내선을 표시합니다.

03 작업 도큐먼트를 저장하기 위해 [File]-[Save As]를 선택하고 '저장 위치 : 내 PC₩문서₩ GTQ, 파일 형식 : Adobe Illustrator(*AI), 파일 이름 : 수험번호-성명-문제번호'를 입력 하고 [저장]을 클릭한 후 [Illustrator Options] 대화상자에서 'Version : Illustrator 2020' 으로 설정하고 [OK]를 클릭합니다.

02 풀잎 모양 그리고 축소하여 복제하기

01 Pen Tool(✐)로 풀잎 모양을 그리고 'Fill Color : C40M60Y60K10, Stroke Color : None'을 지정합니다. Selection Tool(▶)로 풀잎 모양을 선택하고 Scale Tool(▣)을 더블 클릭하여 'Horizontal : 136%, Vertical : 100%'를 지정한 후 [Copy]를 눌러 'Fill Color : C10M20Y70K20, Stroke Color : None'을 지정합니다. Selection Tool(▶)로 조절점 밖 을 드래그하여 회전하고 배치합니다.

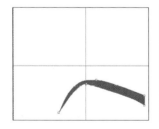  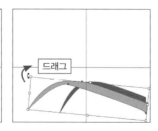

02 Direct Selection Tool(▷)로 오른쪽 4개의 고정점을 드래그하여 선택한 후 [Object]- [Path]-[Average]를 선택하고 'Axis : Vertical'을 지정하고 선택된 고정점을 세로에 정렬 합니다.

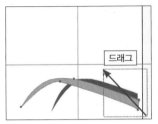

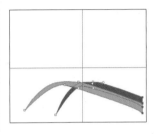

03 곤충 머리와 몸통 모양 그리기

01 Ellipse Tool(◉)로 작업 도큐먼트를 클릭한 후 'Width : 6mm, Height : 14mm'를 입력하여 그리고 'Fill Color : C60Y100, Stroke Color : None'을 지정합니다. Direct Selection Tool(▷)로 왼쪽 고정점을 선택하고 왼쪽 아래로 이동하여 패스를 변형합니다.

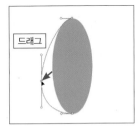

02 Ellipse Tool(◉)로 드래그하여 타원을 그리고 'Fill Color : C0M0Y0K0, Stroke Color : C80M50Y90K10'을 지정하고 Stroke 패널에서 'Weight : 1pt'를 지정합니다. 계속해서 작은 타원을 겹치도록 그리고 'Fill Color : C80M50Y90K10, Stroke Color : None'을 지정합니다.

03 Selection Tool(▶)로 3개의 오브젝트를 함께 선택하고 Rotate Tool(↻)을 더블 클릭하여 'Angle : 30°'를 지정하여 회전합니다. 2개의 눈 모양 타원을 함께 선택하고 조절점 밖을 드래그하여 회전합니다.

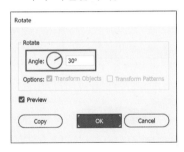

04 Pen Tool()로 더듬이 모양을 그리고 'Fill Color : C60Y100, Stroke Color : None'을 지정합니다. Selection Tool(▶)로 선택하고 Rotate Tool(↻)로 하단의 고정점을 클릭하고 Alt 를 누르면서 시계 방향으로 드래그하여 회전 복사한 후 'Fill Color : C80M50Y90K10, Stroke Color : None'을 지정하고 Shift + Ctrl + [를 눌러 맨 뒤로 보내기를 합니다.

 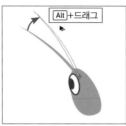 

05 Ellipse Tool(◯)로 타원을 그리고 'Fill Color : C80M50Y90K10, Stroke Color : None'을 지정합니다. 계속해서 작업 도큐먼트를 클릭한 후 'Width : 39mm, Height : 7mm'를 입력하여 그리고 'Fill Color : C10M20Y70K20, Stroke Color : None'을 지정합니다. Direct Selection Tool(▷)로 타원 하단의 고정점을 선택하고 왼쪽 아래로 이동하여 몸통 모양을 만듭니다.

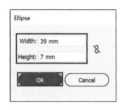  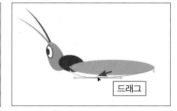

06 Line Segment Tool(╱)로 몸통 모양을 통과하는 임의 색상의 사선을 그리고 Selection Tool(▶)로 Alt 를 누르면서 오른쪽으로 드래그하여 복사하고 Ctrl + D 를 3번 눌러 반복 복사합니다.

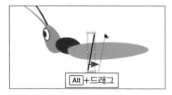 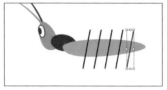

07 Selection Tool(▶)로 5개의 사선과 몸통 모양을 함께 선택하고 Pathfinder 패널에서 'Divide(▣)'를 클릭하여 면을 분할한 후 더블 클릭하여 Isolation Mode로 전환합니다. 3개의 오브젝트를 선택하여 'Fill Color : C80M50Y90K10, Stroke Color : None'을 지정하고 Esc 를 눌러 정상 모드로 전환합니다.

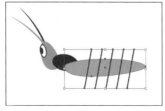  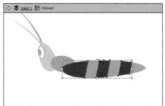

08 Pen Tool(✐)로 날개 모양을 그리고 'Fill Color : C60Y100, Stroke Color : None'을 지정합니다.

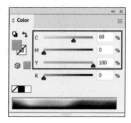 

04 곤충 다리 모양 그리고 변형하기

01 Ellipse Tool(◯)로 작업 도큐먼트를 클릭한 후 'Width : 25mm, Height : 3mm'를 입력하여 그리고 'Fill Color : C100Y100, Stroke Color : None'을 지정합니다. Anchor Point Tool(🖊)로 타원의 오른쪽 고정점을 클릭하여 핸들을 삭제합니다.

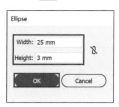  

02 Selection Tool(▶)로 선택한 후, Rotate Tool(↻)을 더블 클릭하여 'Angle : 40°'를 지정하여 회전하고 배치합니다.

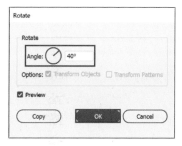 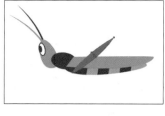

03 Pen Tool(✐)로 클릭하여 다리 모양을 그리고 'Fill Color : None, Stroke Color : C100Y100'을 지정한 후 Stroke 패널에서 'Weight : 2pt'를 적용합니다. Selection Tool(▶)로 2개의 다리 모양 오브젝트를 함께 선택하고 Ctrl+G를 눌러 그룹으로 설정한 후 Alt를 누르면서 상단으로 드래그하여 복사합니다. 조절점 밖을 드래그하여 회전하고 Shift+Ctrl+[를 눌러 맨 뒤로 보내기를 합니다.

04 Direct Selection Tool(⬓)로 맨 뒤로 보낸 다리 모양의 하단 2개의 고정점을 Shift를 누르면서 클릭하여 선택하고 아래쪽으로 이동하여 길이를 조절합니다.

05 Ellipse Tool(◯)로 타원을 그리고 'Fill Color : C100Y100, Stroke Color : None'을 지정합니다. Anchor Point Tool(⏷)로 타원의 오른쪽 고정점을 클릭하여 핸들을 삭제합니다. Selection Tool(▶)로 조절점 밖을 시계 방향으로 드래그하여 회전하여 배치합니다. Pen Tool(✎)로 클릭하여 작은 다리 모양을 그리고 'Fill Color : None, Stroke Color : C100Y100'을 지정하고 Stroke 패널에서 'Weight : 2pt'를 적용합니다.

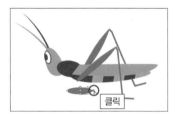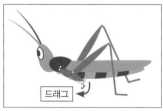

06 Selection Tool(▶)로 작은 다리 모양을 선택하고 Ctrl+G로 그룹으로 설정한 후 Reflect Tool(◁▷)로 Alt를 누르고 왼쪽 상단의 고정점을 클릭하여 'Angle : 100°'을 지정하고 [Copy]를 눌러 복사하고 배치합니다.

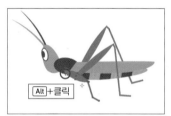

07 Pen Tool(✎)로 클릭하여 나머지 다리 모양을 2개의 열린 패스로 그리고 'Fill Color : None, Stroke Color : C100Y100'을 지정하고 Stroke 패널에서 'Weight : 2pt'를 적용합니다. Selection Tool(▶)로 곤충 모양을 모두 선택한 후 Ctrl+G를 눌러 그룹 설정을 하고 Rotate Tool(↻)을 더블 클릭하여 'Angle : −25°'를 지정하여 회전하고 풀잎 모양 위에 배치합니다.

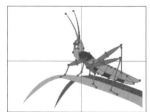

05 달 모양 만들고 저장하기

01 Ellipse Tool(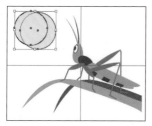)로 Shift를 누르면서 드래그하여 크기가 다른 2개의 정원을 겹치도록 그립니다. Selection Tool(▶)로 2개의 정원을 함께 선택하고 Pathfinder 패널에서 'Minus Front(▣)'를 클릭하여 달 모양을 만든 후 'Fill Color : Y80, Stroke Color : None'을 지정합니다.

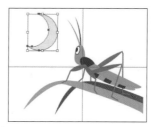

02 [View]-[Guides]-[Hide Guides](Ctrl+;)를 선택하여 안내선을 숨기고 [View]-[Fit Artboard in Window](Ctrl+0)를 선택하여 현재 창에 맞추기를 합니다.

03 [File]-[Save As]를 선택하고 '저장 위치 : 내 PCW문서WGTQ, 파일 형식 : Adobe Illustrator(*AI), 파일 이름 : 수험번호-성명-문제번호.ai'를 확인하고 [저장]을 클릭한 후 [Illustrator Options] 대화상자에서 'Version : Illustrator 2020'으로 설정하고 [OK]를 클릭합니다.

04 답안 저장이 완료가 되면 [File]-[Close](Ctrl+W)를 선택하여 파일을 닫고 수험 프로그램에서 [답안 전송]을 클릭하여 감독관 컴퓨터로 전송합니다.

문제 02	CHAPTER 08 문자와 오브젝트	
작업과정	새 도큐먼트 만들기 및 파일 저장하기 ➡ 머그컵 모양 만들기 ➡ 책 모양 만들고 복사하여 배치하기 ➡ 문자 오브젝트 만들고 변형하기 ➡ 배너 브러쉬 설정하기 ➡ 저장하기	
완성이미지	Part05W기출유형문제08회W수험번호-성명-2.ai	

01 새 도큐먼트 만들기 및 파일 저장하기

01 [File]-[New]를 선택하고 'Width : 100mm, Height : 80mm, Units : Millimeters, Color Mode : CMYK'를 설정하여 새 도큐먼트를 만들고 [View]-[Rulers]-[Show Rulers](Ctrl+R)를 선택하여 눈금자를 표시합니다.

02 작품의 규격 왼쪽 상단에 원점(0,0)을 확인하고 왼쪽과 상단 눈금자 위에서 마우스로 각각 드래그하여 제시된 출력형태와 레이아웃 구성이 동일하게 안내선을 표시합니다.

03 작업 도큐먼트를 저장하기 위해 [File]-[Save As]를 선택하고 '저장 위치 : 내 PC₩문서₩ GTQ, 파일 형식 : Adobe Illustrator(*AI), 파일 이름 : 수험번호-성명-문제번호'를 입력 하고 [저장]을 클릭한 후 [Illustrator Options] 대화상자에서 'Version : Illustrator 2020' 으로 설정하고 [OK]를 클릭합니다.

02 머그컵 모양 만들기

01 Ellipse Tool(◉)로 작업 도큐먼트를 클릭한 후 'Width : 18mm, Height : 9mm'를 입력하 여 그리고 'Fill Color : 임의 색상, Stroke Color : 임의 색상'을 지정합니다.

02 Rectangle Tool(■)로 Alt 를 누르면서 세로 안내선을 클릭한 후 'Width : 18mm, Height : 15mm'를 입력하여 그리고 'Fill Color : 임의 색상, Stroke Color : 임의 색상'을 지정합니 다. Ellipse Tool(◉)로 사각형 상단에 겹치도록 드래그하여 동일한 색상의 타원을 그려 배치 합니다.

 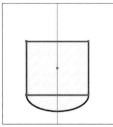 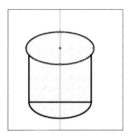

03 Ellipse Tool(◉)로 드래그하여 타원을 그리고 'Fill Color : None, Stroke Color : 임의 색상'을 지정하고 Stroke 패널에서 'Weight : 7pt'를 지정합니다. Selection Tool(▶)로 조 절점 밖을 시계 방향으로 드래그하여 회전하고 [Object]-[Path]-[Outline Stroke]를 선택 하여 선을 면으로 확장합니다. Ctrl + A 를 눌러 컵 모양을 모두 선택하고 Pathfinder 패널에 서 'Unite(■)'를 클릭하여 합칩니다.

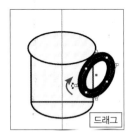 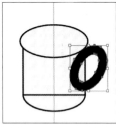  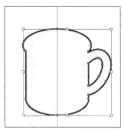

04 Gradient 패널에서 'Type : Linear Gradient, Angle : 0˚'를 적용한 후 Gradient Slider 의 왼쪽 'Color Stop'을 더블 클릭하여 C80M30Y40을 적용하고 오른쪽 'Color Stop'을 더블 클릭하여 C80M30Y40K70을 적용하고 'Stroke Color : None'을 지정합니다.

05 Ellipse Tool(⬤)로 드래그하여 컵 모양 상단 내부에 타원을 그리고 'Fill Color : C30M80Y90K50, Stroke Color : None'을 지정합니다. Direct Selection Tool(▷)로 타원의 상단 고정점을 선택하고 위쪽으로 이동하여 패스를 변형합니다.

06 Ellipse Tool(⬤)로 작업 도큐먼트를 클릭한 후 'Width : 2.5mm, Height : 4mm'를 입력하여 그리고 'Fill Color : C80Y90, Stroke Color : None'을 지정합니다. Line Segment Tool(╱)로 Shift 를 누르면서 드래그하여 수직선을 그리고 'Fill Color : None, Stroke Color : 임의 색상'을 지정합니다. Selection Tool(▶)로 타원과 함께 선택하고 Align 패널에서 'Horizontal Align Center(⬛)'를 클릭하여 가로 가운데 정렬을 지정합니다.

  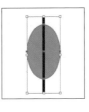

07 Pathfinder 패널에서 'Divide(⬛)'를 클릭하여 면을 분할하고 Selection Tool(▶)로 더블 클릭하여 Isolation Mode로 전환하고 분리된 오른쪽 오브젝트를 이동한 후 Esc 를 눌러 정상 모드로 전환합니다. Selection Tool(▶)로 Alt 를 누르면서 오른쪽 아래로 드래그하여 복사하고 'Fill Color : C30Y70, Stroke Color : None'을 지정합니다.

 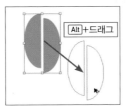 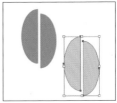

08 Selection Tool(▶)로 2개의 오브젝트를 함께 선택하고 Alt + Shift 를 누르면서 오른쪽으로 드래그하여 복사한 후 Ctrl + D 를 눌러 반복 복사하고 맨 마지막 오브젝트는 Delete 를 눌러 삭제합니다.

09 Brushes 패널 하단의 'Brush Libraries Menu'를 클릭하고 [Artistic]-[Artistic_ChalkCharcoalPencil]을 선택하여 추가 브러쉬 패널을 불러온 후 'Charcoal - Feather'를 선택합니다.

10 Paintbrush Tool(✏️)로 'Fill Color : None, Stroke Color : C10M20Y40'을 지정하고 Stroke 패널에서 'Weight : 1pt'를 지정하여 위쪽에서 아래쪽으로 드래그하여 칠합니다. Selection Tool(▶)로 Alt 를 누르면서 오른쪽으로 드래그하여 복사하고 조절점의 상단 중앙을 아래쪽으로 드래그하여 높이를 축소합니다.

11 Selection Tool(▶)로 컵 모양을 선택하고 [Effect]-[Illustrator Effects]-[Stylize]-[Drop Shadow]를 선택하고 'Opacity : 75%, X Offset : 1.2mm, Y Offset : 1.2mm, Blur : 1mm'를 지정하여 그림자 효과를 적용합니다.

03 책 모양 만들고 복사하여 배치하기

01 Pen Tool(✏️)로 책의 왼쪽과 오른쪽 모양을 그리고 Fill Color : C0M0Y0K0, M50Y100, Stroke Color : K100'을 각각 지정한 후 Stroke 패널에서 'Weight : 1pt'를 지정합니다.

 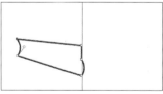 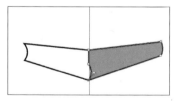

02 Pen Tool(✏️)로 오른쪽 오브젝트와 겹치도록 열린 패스를 그리고 'Fill Color : None, Stroke Color : 임의 색상'을 지정합니다. Selection Tool(▶)로 열린 패스를 선택하고 Alt 를 누르면서 오른쪽으로 드래그하여 복사합니다.

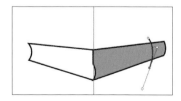 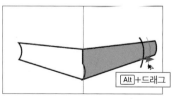

03 Selection Tool(▶)로 2개의 열린 패스와 오른쪽 오브젝트를 함께 선택하고 Pathfinder 패널에서 'Divide(⬚)'를 클릭하여 면을 분할한 후 더블 클릭하여 Isolation Mode로 전환합니다. 가운데 오브젝트를 선택하여 'Fill Color : C40M70Y70K50'을 지정하고 Esc 를 눌러 정상 모드로 전환합니다. Pen Tool(✏)로 클릭하여 책의 상단 모양을 그리고 'Fill Color : M50Y100, Stroke Color : K100'을 지정하고 Stroke 패널에서 'Weight : 1pt'를 지정합니다.

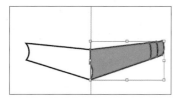 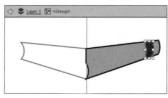 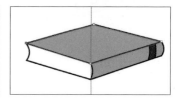

04 Line Segment Tool(╱)로 드래그하여 왼쪽 오브젝트와 완전히 겹치도록 3개의 사선을 순서대로 그리고 'Fill Color : None, Stroke Color : K100'을 지정하고 Stroke 패널에서 'Weight : 1pt'를 지정합니다.

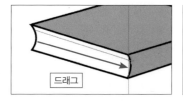 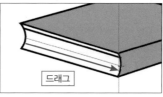 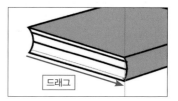

05 Selection Tool(▶)로 Shift 를 누르면서 클릭하여 3개의 사선을 함께 선택하고 Align 패널에서 'Vertical Distribute Center(⬓)'를 클릭하고 [Object]-[Blend]-[Make]로 중간 단계의 선을 생성한 후 [Object]-[Blend]-[Expand]로 확장하여 책의 속 페이지 모양을 완성합니다.

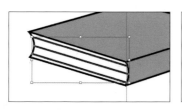 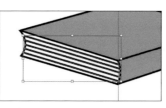

합격생의 비법

[Object]-[Blend]-[Make]로 간격을 균일하게 유지하면서 중간 단계의 선을 생성할 수 있습니다.

06 Selection Tool(▶)로 드래그하여 책의 위와 오른쪽 모양을 선택하고 Shift + Ctrl +] 로 맨 앞으로 가져오기를 하여 튀어 나온 선을 정리한 후 책 모양을 모두 선택하고 Ctrl + G 로 그룹을 설정합니다.

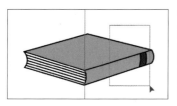 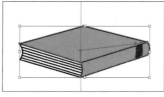 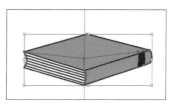

07 Selection Tool(▶)로 Alt 를 누르면서 책 모양을 상단으로 드래그하여 복사하고 Ctrl + D 를 눌러 반복 복사합니다.

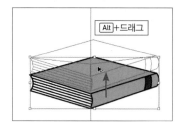 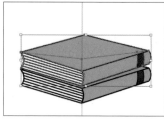 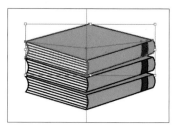

08 Selection Tool(▶)로 맨 위의 책 모양을 왼쪽으로 이동하여 배치하고 Group Selection Tool(▷)로 Shift 를 누르면서 맨 위 책 모양에서 3개의 오브젝트를 선택하고 'Fill Color : C20M10Y30'을 지정합니다.

09 Selection Tool(▶)로 가운데 책 모양을 선택하고 Reflect Tool(◁)을 더블 클릭하여 'Axis : Vertical'을 지정하여 뒤집기를 한 후 오른쪽으로 이동하고 Group Selection Tool(▷)로 3개의 오브젝트를 선택하고 'Fill Color : C20M80Y80K20'을 지정합니다.

 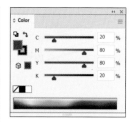 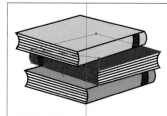

04 문자 오브젝트 만들고 변형하기

01 Type Tool(T)로 작업 도큐먼트를 클릭한 후 Character 패널에서 'Set the font family : Arial, Set the font style : Black, Set the font size : 17pt, Set the tracking for the selected characters(VA) : −50'을 설정하고 'Fill Color : C20M20Y40, Stroke Color : None'을 지정하고 BOOK & SPACE를 입력합니다.

02 Selection Tool(▶)로 BOOK & SPACE 문자를 선택하고 [Type]−[Create Outlines] (Shift + Ctrl + O)를 선택하고 문자를 윤곽선으로 변환합니다.

03 Selection Tool(▶)로 더블 클릭하여 Isolation Mode로 전환한 후 'B'와 'S'문자를 선택하고 'Fill Color : M70Y100'을 지정합니다. '&' 문자를 선택하고 'Fill Color : K60'을 지정합니다. Selection Tool(▶)로 'B' 문자를 선택하고 Scale Tool(⧉)을 더블 클릭하여 'Uniform : 170%'를 지정하여 확대합니다.

04 Direct Selection Tool(▷)로 'B' 문자의 왼쪽 상단 고정점을 선택하고 왼쪽으로 이동하여 모양을 변형하고 Selection Tool(▶)로 조절점 밖을 드래그하여 회전합니다.

  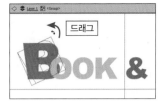

05 Direct Selection Tool(▷)로 'K' 문자의 상단 2개의 고정점을 드래그하여 선택하고 위쪽으로 이동하여 문자를 변형합니다. Selection Tool(▶)로 'S' 문자를 선택하고 Scale Tool(⧉)을 더블 클릭하여 'Uniform : 170%'를 지정하여 확대한 후 상단으로 이동하고 [Esc]를 눌러 정상 모드로 전환합니다.

06 Line Segment Tool(╱)로 문자 오브젝트 하단에 클릭한 후 'Length : 52mm, Angle : 0°'를 지정하여 수평선을 그리고 'Fill Color : None, Stroke Color : C20M20Y40'을 지정합니다. Stroke 패널에서 'Weight : 2pt, Cap : Round Cap, Dashed Line : 체크, dash : 4pt'를 입력하여 규칙적인 점선을 그려 배치합니다. [Ctrl]을 누르고 도큐먼트의 빈 곳을 클릭하여 선택을 해제합니다.

⑤ 배너 브러쉬 설정하기

01 Brushes 패널 하단의 'Brush Libraries Menu'를 클릭하고 [Decorative]–[Decorative_ Banners and Seals]를 선택하여 추가 브러쉬 패널을 불러온 후 'Banner 2'를 선택합니다.

02 Pen Tool(✐)로 왼쪽에서 오른쪽 방향으로 곡선의 열린 패스를 그리고 'Fill Color : None, Stroke Color : 임의 색상'을 지정한 후 'Banner 2' 브러쉬를 적용하고 Stroke 패널에서 'Weight : 1pt'를 지정합니다.

03 Selection Tool(▶)로 'Banner 2'가 적용된 패스를 선택하여 [Ctrl]+[C]로 복사하고 [Ctrl]+ [F]로 복사한 오브젝트 앞에 붙여 넣기를 합니다.

> **합격생의 비법**
>
> • 브러쉬 모양대로 곡선을 따라 흐르는 문자를 입력하므로 복사하여 제자리 에 붙여 넣기를 하여 사용합니다.
> • Tool 패널 하단의 Default Fill and Stroke()를 클릭하여 면과 선 속성을 초기화하지 않아도 문자를 입력하면 색상이 없어지므로 그대로 사용합니다.

04 Type on a Path Tool(⤳)로 열린 패스의 왼쪽을 클릭한 후, Character 패널에서 'Set the font family : Times New Roman, Set the font style : Bold, Set the font size : 16pt'를 설정하고 Paragraph 패널에서 'Align center(≡)'를 클릭하여 가운데 정렬을 지정 합니다. Color 패널에서 'Fill Color : C70M90Y60K40, Stroke Color : None'을 지정한 후 Welcome! Book Club을 입력합니다.

05 Selection Tool(▶)로 곡선 패스 위에 문자의 위치를 조절합니다.

06 저장하기

01 [View]-[Guides]-[Hide Guides]($\boxed{\text{Ctrl}}$+$\boxed{;}$)를 선택하여 안내선을 숨기고 [View]-[Fit Artboard in Window]($\boxed{\text{Ctrl}}$+$\boxed{0}$)를 선택하여 현재 창에 맞추기를 합니다.

02 [File]-[Save As]를 선택하고 '저장 위치 : 내 PC₩문서₩GTQ, 파일 형식 : Adobe Illustrator(*AI), 파일 이름 : 수험번호-성명-문제번호.ai'를 확인하고 [저장]을 클릭한 후 [Illustrator Options] 대화상자에서 'Version : Illustrator 2020'으로 설정하고 [OK]를 클릭합니다.

03 답안 저장이 완료가 되면 [File]-[Close]($\boxed{\text{Ctrl}}$+$\boxed{\text{W}}$)를 선택하여 파일을 닫고 수험 프로그램에서 [답안 전송]을 클릭하여 감독관 컴퓨터로 전송합니다.

문제 03	CHAPTER 08 어플리케이션 디자인	
작업과정	새 도큐먼트 만들기 및 파일 저장하기 ➡ 잠자리 모양 만들기 ➡ 입체적인 구름 모양 만들기 ➡ 태그 모양 만들기 ➡ 책 모양 만들기 ➡ 구름 패턴 등록 및 적용하기 ➡ 문자 입력 및 저장하기	
완성이미지	Part05₩기출유형문제08회₩수험번호-성명-3.ai	

---

01 새 도큐먼트 만들기 및 파일 저장하기

01 [File]-[New]를 선택하고 'Width : 120mm, Height : 80mm, Units : Millimeters, Color Mode : CMYK'를 설정하여 새 도큐먼트를 만들고 [View]-[Rulers]-[Show Rulers] ($\boxed{\text{Ctrl}}$+$\boxed{\text{R}}$)를 선택하여 눈금자를 표시합니다.

02 작품의 규격 왼쪽 상단에 원점(0,0)을 확인하고 왼쪽과 상단 눈금자 위에서 마우스로 각각 드래그하여 제시된 출력형태와 레이아웃 구성이 동일하게 안내선을 표시합니다.

03 작업 도큐먼트를 저장하기 위해 [File]-[Save As]를 선택하고 '저장 위치 : 내 PC₩문서₩ GTQ, 파일 형식 : Adobe Illustrator(*AI), 파일 이름 : 수험번호-성명-문제번호'를 입력하고 [저장]을 클릭한 후 [Illustrator Options] 대화상자에서 'Version : Illustrator 2020'으로 설정하고 [OK]를 클릭합니다.

02 잠자리 모양 만들기

01 Rectangle Tool(▣)로 작업 도큐먼트를 클릭한 후 'Width : 23mm, Height : 6mm'를 입력하여 그리고 'Fill Color : C10M100Y100K20, Stroke Color : None'을 지정합니다. Direct Selection Tool(▷)로 사각형의 왼쪽 2개의 고정점을 드래그하여 선택하고 Scale Tool(▦)을 더블 클릭하여 'Uniform : 20%'를 지정하여 축소합니다.

 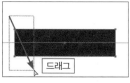 

02 [Effect]-[Illustrator Effects]-[Stylize]-[Round Corners]를 선택하고 'Radius : 1mm'를 지정하고 모서리를 둥글게 만든 후 [Object]-[Expand Appearance]를 선택하여 오브젝트의 속성을 확장합니다.

03 Rectangle Tool(▣)로 드래그하여 임의 색상의 사각형을 겹치도록 그리고 Selection Tool(▶)로 Alt를 누르면서 오른쪽으로 드래그하여 복사하고 Ctrl+D를 3번 눌러 반복 복사합니다. Ctrl+A를 눌러 모두 선택하고 Pathfinder 패널에서 'Minus Front(▣)'를 클릭하여 몸통 모양을 완성합니다.

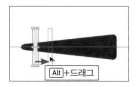  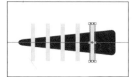 

04 Ellipse Tool(◯)로 작업 도큐먼트를 클릭한 후 'Width : 4mm, Height : 4mm'를 입력하여 그리고 'Fill Color : Y10, Stroke Color : K100'을 지정한 후 Stroke 패널에서 'Weight : 0.5pt'를 적용합니다. Direct Selection Tool(▷)로 정원의 하단 고정점을 몸통 모양 쪽으로 드래그하며 이동합니다.

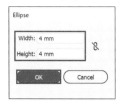 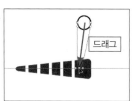

05 Anchor Point Tool(⊼)로 하단 고정점에 클릭하여 핸들을 삭제한 후 Direct Selection Tool(▷)로 오른쪽 고정점을 이동하여 날개 모양으로 변형합니다.

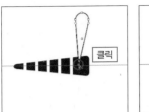
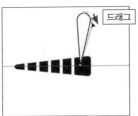

06 Selection Tool(▶)로 날개 모양을 선택한 후 Rotate Tool(↻)로 Alt를 누르면서 하단의 고정점을 클릭하고 'Angle : 25˚'를 지정하고 [Copy]를 눌러 회전 복사합니다. Scale Tool (▦)로 Alt를 누르면서 날개 모양 하단의 고정점을 클릭하고 'Uniform : 90%, Scale Strokes & Effects : 체크 해제'를 지정하여 축소합니다.

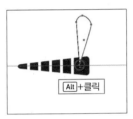
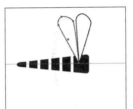

07 Arc Tool(⌐)로 왼쪽 하단에서 오른쪽 상단으로 드래그하여 날개 모양과 겹치도록 호를 그리고 'Fill Color : None, Stroke Color : 임의 색상'을 지정합니다.

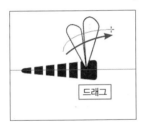
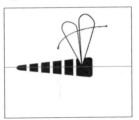

08 Selection Tool(▶)로 날개 모양과 함께 선택하고 Pathfinder 패널에서 'Divide(▣)'를 클릭하여 면을 분할한 후 더블 클릭하여 Isolation Mode로 전환합니다. 2개의 오브젝트를 선택하여 'Fill Color : M80Y70'을 지정하고 Esc를 눌러 정상 모드로 전환합니다.

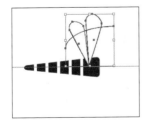

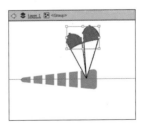

09 Ellipse Tool(◉)로 Shift 를 누르면서 드래그하여 몸통 모양 오른쪽에 정원을 그리고 'Fill Color : C0M0Y0K0, Stroke Color : K100'을 지정한 후 Stroke 패널에서 'Weight : 0.5pt'를 적용합니다. 크기가 작은 정원을 겹치도록 그리고 Direct Selection Tool(▷)로 왼쪽 고정점을 이동하여 변형하고 'Fill Color : K100, Stroke Color : None'을 지정합니다.

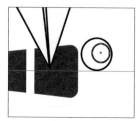 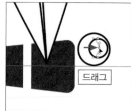 

10 Selection Tool(▶)로 Shift 를 누르면서 날개와 눈 모양을 함께 선택한 후 Reflect Tool(▷◁)로 Alt 를 누르고 가로 안내선을 클릭하여 'Axis : Horizontal'을 지정하고 [Copy]를 눌러 복사합니다. Ctrl + A 로 잠자리 모양을 모두 선택하고 Ctrl + G 로 그룹을 설정한 후 Rotate Tool(↻)을 더블 클릭하고 'Angle : 30°'를 지정하여 회전합니다.

 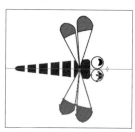 

03 입체적인 구름 모양 만들기

01 Ellipse Tool(◉)로 작업 도큐먼트에 드래그하여 4개의 원을 서로 겹치도록 그리고 'Fill Color : 임의 색상, Stroke Color : None'을 지정합니다. Selection Tool(▶)로 4개의 원을 모두 선택하고 Pathfinder 패널에서 'Unite(▣)'를 클릭하여 구름 모양을 만듭니다.

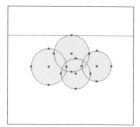  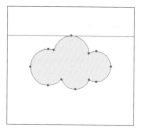

02 [Effect]-[Illustrator Effects]-[3D]-[Extrude & Bevel]을 선택한 후 'Specify rotation around the X axis : 30°, Specify rotation around the Y axis : 10°, Specify rotation around the Z axis : 0°, Perspective : 0°, Extrude Depth : 12pt'를 입력하여 입체 모양을 만들고 [Object]-[Expand Appearance]를 선택하여 오브젝트의 속성을 확장합니다.

03 Selection Tool(▶)로 2번 더블 클릭하여 Isolation Mode로 전환합니다. 상단 구름 모양을 드래그하여 선택하고 Pathfinder 패널에서 'Unite(◧)'를 클릭하여 합친 후 'Fill Color : C20, Stroke Color : None'을 지정합니다.

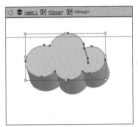  

04 Selection Tool(▶)로 하단 구름 모양을 드래그하여 선택하고 Pathfinder 패널에서 'Unite(◧)'를 클릭하여 합친 후 'Fill Color : C30M10, Stroke Color : None'을 지정하고 [Esc]를 눌러 정상 모드로 전환합니다.

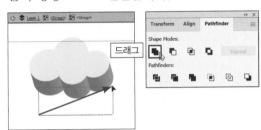 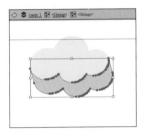

05 Selection Tool(▶)로 구름 오브젝트를 선택하고 Scale Tool(◲)을 더블 클릭하여 'Uniform : 60%'를 지정하고 [Copy]를 눌러 축소 복사합니다. Group Selection Tool(▷)로 선택하고 'Fill Color : C20M10, C30M40K10, Stroke Color : None'을 각각 지정합니다.

04 태그 모양 만들기

01 Rectangle Tool(▢)로 작업 도큐먼트를 클릭한 후 'Width : 21mm, Height : 37mm'를 입력하여 그리고 'Fill Color : 임의 색상, Stroke Color : None'을 지정합니다. Add Anchor Point Tool(▱)로 사각형 상단의 선분 중앙에 클릭하여 고정점을 추가한 후 위로 이동하여 패스를 변형합니다.

 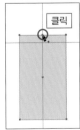 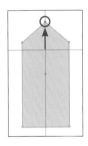

02 [Effect]-[Illustrator Effects]-[Stylize]-[Round Corners]를 선택하고 'Radius : 2mm'를 지정하여 모서리를 둥글게 만든 후 [Object]-[Expand Appearance]를 선택하여 오브젝트의 속성을 확장하고 'Fill Color : M40Y50, Stroke Color : None'을 지정합니다.

 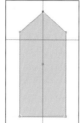 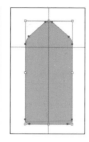

03 Ellipse Tool(⬭)로 Alt+Shift를 누르면서 태그 모양 상단 세로 안내선에 드래그하여 임의의 색상의 정원을 그리고 Selection Tool(▶)로 태그 모양과 함께 선택하고 Pathfinder 패널에서 'Minus Front(◻)'를 클릭한 후 Alt를 누르면서 왼쪽으로 드래그하여 복사합니다.

04 Gradient 패널에서 'Type : Linear Gradient, Angle : 90°'를 적용한 후 Gradient Slider의 왼쪽 'Color Stop'을 더블 클릭하여 'C20Y10, Location : 30%'로 지정하고 오른쪽 'Color Stop'을 더블 클릭하여 M20Y40을 적용합니다.

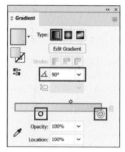 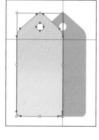

05 Type Tool(T)로 작업 도큐먼트를 클릭한 후 Character 패널에서 'Set the font family : Arial, Set the font style : Bold, Set the font size : 12pt'를 설정하고 Paragraph 패널에서 'Align center(☰)'를 선택하고 'Fill Color : C20M60Y80K50, Stroke Color : None'을 지정한 후 Book Town을 입력하여 문장을 가운데 배치합니다.

06 Selection Tool(▶)로 작은 구름 모양을 선택합니다. Ctrl+C로 복사하고 Ctrl+V로 붙여 넣기를 합니다. Scale Tool(⊡)을 더블 클릭하여 'Uniform : 80%'를 지정하고 축소하여 배치합니다.

07 Selection Tool(▶)로 Alt +Shift 를 누르면서 아래쪽으로 드래그하여 축소된 구름 모양을 복사하고 Ctrl + D 를 2번 눌러 반복하여 복사합니다. 4개의 구름 모양을 함께 선택하고 Ctrl + G 로 그룹을 설정합니다.

08 Selection Tool(▶)로 왼쪽 태그 모양과 문자, 구름 그룹을 함께 선택하고 Align 패널에서 'Horizontal Align Center(▣)'를 클릭하여 가로 가운데 정렬을 지정합니다. Rotate Tool(◯)을 더블 클릭하여 'Angle : −20°'를 지정하여 회전합니다.

09 Selection Tool(▶)로 잠자리 모양을 선택한 후 Ctrl + C 로 복사하고 Ctrl + V 로 붙여 넣기를 합니다. Scale Tool(▣)을 더블 클릭하여 'Uniform : 35%, Scale Strokes & Effects : 체크'를 지정하고 축소하여 하단에 배치합니다.

10 Pen Tool(✎)로 태그 상단에 4개의 열린 패스를 그리고 오른쪽 2개의 열린 패스는 Shift + Ctrl + [를 눌러 맨 뒤로 보내기를 합니다. 4개의 패스에 'Fill Color : None, Stroke Color : C30M80Y90K60'을 지정하고 Stroke 패널에서 'Weight : 2pt, Dashed Line : 체크, dash : 1pt'를 입력하여 규칙적인 점선을 그려 배치합니다.

 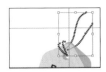

⑤ 책 모양 만들기

01 Rounded Rectangle Tool(▢)로 작업 도큐먼트를 클릭한 후 'Width : 39mm, Height : 48mm, Corner Radius : 1mm'를 입력하여 그리고 'Fill Color : 임의 색상, Stroke Color : 임의 색상'을 지정합니다.

02 Selection Tool(▶)로 Alt 를 누르면서 왼쪽 상단으로 드래그하여 복사하고 Direct Selection Tool(▷)로 둥근 사각형의 오른쪽 4개의 고정점을 선택하고 왼쪽 상단으로 이동하여 패스를 변형합니다.

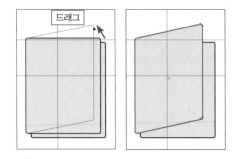

합격생의 비법

Rounded Rectangle Tool(▣)로 작업 도큐먼트를 한번 더 클릭하고 [OK]를 눌러 동일한 크기의 둥근 사각형을 그릴 수도 있습니다.

03 Selection Tool(▶)로 2개의 둥근 사각형을 선택한 후 [Object]-[Blend]-[Make]를 적용하고 [Object]-[Blend]-[Blend Options]로 'Specified Steps : 5'를 적용합니다.

04 [Object]-[Blend]-[Expand]로 중간 단계를 오브젝트로 확장한 후 [Object]-[Ungroup](Shift + Ctrl + G)을 선택하고 그룹을 해제합니다. Selection Tool(▶)로 가운데 5개의 오브젝트를 선택하여 'Fill Color : C0M0Y0K0, Stroke Color : K100'을 지정하고 Stroke 패널에서 'Weight : 1pt'를 지정합니다. 나머지 2개의 오브젝트를 함께 선택하고 Fill Color : C10M40Y40, Stroke Color : None'을 지정합니다.

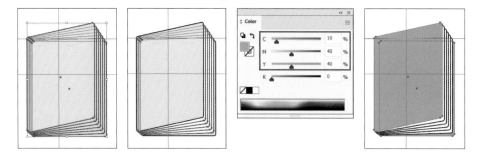

05 Rectangle Tool(▣)로 책 모양 하단에 드래그하여 사각형을 그리고 'Fill Color : C50Y80, Stroke Color : None'을 지정합니다. Add Anchor Point Tool(🖋)로 사각형의 하단 선분 중앙에 클릭하여 고정점을 추가하고 키보드의 ↑를 눌러 위쪽으로 이동한 후 Ctrl+[를 3번 눌러 뒤로 보내기를 합니다.

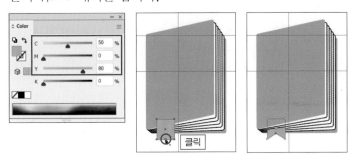

06 구름 패턴 등록 및 적용하기

01 Rectangle Tool(▣)로 드래그하여 2개의 입체 구름 모양과 겹치도록 사각형을 그리고 'Fill Color : None, Stroke Color : None'을 지정합니다. Selection Tool(▶)로 2개의 구름 모양 오브젝트와 함께 선택하고 [Object]-[Pattern]-[Make]를 선택하고 Pattern Options에서 'Name : 구름'을 지정하고 패턴으로 등록합니다. Esc를 눌러 패턴의 편집 모드에서 정상 모드로 전환한 후 사각형을 선택하고 Delete를 눌러 삭제합니다.

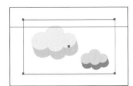 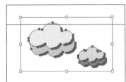 

02 Selection Tool(▶)로 책 모양의 맨 앞 오브젝트를 선택한 후 Ctrl+C로 복사하고 Ctrl+F로 복사한 오브젝트 앞에 붙여 넣기를 합니다. Swatches 패널에서 등록된 구름 패턴을 클릭하여 면 색상에 적용한 후 Scale Tool(☉)을 더블 클릭하고 'Uniform : 50%, Transform Objects : 체크 해제, Transform Patterns : 체크'를 지정하여 패턴의 크기를 축소합니다.

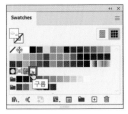 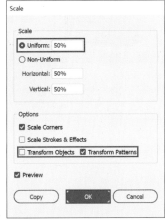 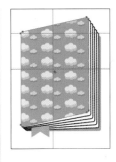

03 Ellipse Tool(⬭)로 작업 도큐먼트를 클릭한 후 'Width : 28mm, Height : 32mm'를 입력하여 타원을 그리고 'Fill Color : C0M0Y0K0, Stroke Color : None'을 지정하고 Transparency 패널에서 'Opacity : 60%'를 설정하여 불투명도를 조절합니다.

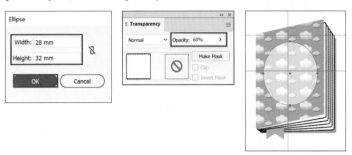

04 [Object]-[Path]-[Offset Path]를 선택한 후 'Offset : −1.5mm'를 지정하여 축소된 복사본을 만든 후 Transparency 패널에서 'Opacity : 100%'를 설정하고 'Fill Color : None, Stroke Color : C20M60Y80K30'을 지정합니다. Stroke 패널에서 'Weight : 3pt, Cap : Round Cap, Dashed Line : 체크, dash : 5pt, gap : 5pt, dash : 1pt, gap : 5pt'를 입력하여 불규칙적인 점선을 적용합니다.

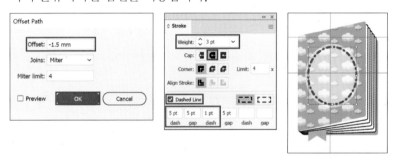

05 Scissors Tool(✂)로 불규칙한 점선이 적용된 타원 하단의 선분을 2번 클릭하여 패스를 자르고 [Delete]를 2번 눌러 삭제한 후 열린 패스를 만듭니다.

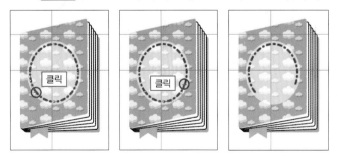

06 Selection Tool(▶)로 큰 잠자리 모양을 선택하고 Ctrl+C로 복사하고 Ctrl+V로 책 모양 위에 붙여 넣기를 한 후 Reflect Tool(◁)를 더블 클릭하고 'Axis : Vertical, Transform Objects : 체크, Transform Patterns : 체크 해제'를 지정합니다. Scale Tool(▣)을 더블 클릭하여 'Uniform : 70%, Scale Strokes & Effects : 체크, Transform Objects : 체크, Transform Patterns : 체크 해제'를 지정하고 축소하여 배치합니다.

07 문자 입력 및 저장하기

01 Type Tool(T)로 작업 도큐먼트를 클릭한 후 Character 패널에서 'Set the font family : Times New Roman, Set the font style : Bold, Set the font size : 15pt'를 설정하고 'Fill Color : K100, Stroke Color : None'을 지정하고 Cloud Books를 입력합니다.

02 Shear Tool(🖉)을 더블 클릭하고 'Shear Angle : -10°, Axis : Vertical, Transform Objects : 체크, Transform Patterns : 체크 해제'를 지정하여 책 모양의 기울기와 맞춘 후 타원 하단에 배치합니다.

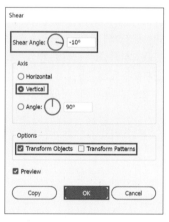

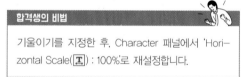

합격생의 비법

기울이기를 지정한 후, Character 패널에서 'Horizontal Scale(𝕀) : 100%'로 재설정합니다.

03 [View]-[Guides]-[Hide Guides](Ctrl+;)를 선택하여 안내선을 숨기고 [View]-[Fit Artboard in Window](Ctrl+0)를 선택하여 현재 창에 맞추기를 합니다.

04 [File]-[Save As]를 선택하고 '저장 위치 : 내 PC₩문서₩GTQ, 파일 형식 : Adobe Illustrator(*AI), 파일 이름 : 수험번호-성명-문제번호.ai'를 확인하고 [저장]을 클릭한 후 [Illustrator Options] 대화상자에서 'Version : Illustrator 2020'으로 설정하고 [OK]를 클릭합니다.

05 답안 저장이 완료가 되면 [File]-[Exit](Ctrl+Q)를 선택하여 일러스트레이터 프로그램을 종료하고 수험 프로그램에서 [답안 전송]을 클릭하여 감독관 컴퓨터로 전송합니다.

기출 유형 문제 09회

급수	문제유형	시험시간	수험번호	성명
2급	A	90분		

수 험 자 유 의 사 항

- 수험자는 문제지를 받는 즉시 응시하고자 하는 과목 및 급수가 맞는지 확인한 후 수험번호와 성명을 작성합니다.
- 파일명은 본인의 "수험번호-성명-문제번호"로 공백 없이 정확히 입력하고 답안폴더(내 PC₩문서₩GTQ)에 ai 파일 포맷으로 저장해야 하며, 다른 파일 형식으로 저장하였을 경우 0점 처리됩니다. 답안문서 파일명이 "수험번호-성명-문제번호"와 일치하지 않거나, 답안 파일을 전송하지 않아 미제출로 처리될 경우 불합격 처리됩니다.
- 수험자 정보와 저장한 파일명, 저장 위치가 다를 경우 전송이 되지 않으므로, 주의하시기 바랍니다.
- 답안 작성 중에도 주기적으로 '저장'과 '답안 전송'을 이용하여 감독위원 PC로 답안을 전송하셔야 합니다. (※ 작업한 내용을 저장하지 않고 전송할 경우 이전의 저장내용이 전송되오니 이점 반드시 유념하시기 바랍니다.)
- 답안문서는 지정된 경로 외의 다른 보조기억장치에 저장하는 행위, 지정된 시험 시간 외에 작성된 파일을 활용한 행위, 기타 통신수단(이메일, 메신저, 네트워크 등)을 이용하여 타인에게 전달 또는 외부 반출하는 행위는 부정으로 간주되어 자격기본법 제32조에 의거 본 시험 및 국가공인 자격시험을 2년간 응시할 수 없습니다.
- 시험 중 부주의 또는 고의로 시스템을 파손한 경우와 〈수험자 유의사항〉에 기재된 방법대로 이행하지 않아 생기는 불이익은 수험자의 책임임을 알려 드립니다.
- 시험을 완료한 수험자는 최종적으로 저장한 답안파일이 전송되었는지 확인한 후 감독위원의 지시에 따라 문제지를 제출하고 퇴실합니다.

답 안 작 성 요 령

- 온라인 답안 작성 절차
  수험자 등록 ⇒ 시험 시작 ⇒ 답안파일 저장 ⇒ 답안 전송 ⇒ 시험 종료
- 배점은 총 100점으로 이루어지며, 점수는 각 문제별로 차등 배분됩니다.
- 각 문제는 제시된 조건에 맞게 답안을 작성하셔야 하며, 조건을 지키지 못했을 경우에는 0점 또는 감점 처리됩니다.
- 조건에서 주어진 단위는 'mm(밀리미터)'입니다. 눈금자는 작성하지 않으며, 그 외는 출력형태(레이아웃, 색상, 문자, 규격 등)와 같게 작업하십시오.
- 문제 조건에 서체의 지정이 없을 경우 한글은 굴림이나 돋움, 영문은 Arial로 작업하십시오. (단, 그 외 제시되지 않은 문자 속성을 기본값으로 작성하지 않은 경우는 간접 처리됩니다.)
- 문제 조건에 크기와 색상, 두께의 지정이 없을 경우 《출력형태》를 참고하여 작업해 주시기 바랍니다.
- Image Mode(이미지 모드)는 별도의 처리조건이 없을 경우에는 CMYK로 작업하십시오.
- 조건에서 제시한 기능을 임의로 합치거나 각 기능에 대한 속성을 해지할 경우 해당 요소는 0점 처리됩니다.

한 국 생 산 성 본 부

다음의 《조건》에 따라 아래의 《출력형태》와 같이 작업하시오.

조건

파일저장규칙	AI	파일명	문서₩GTQ₩수험번호-성명-1.ai
		크기	100 × 80mm

1. 작업 방법
① 도형, 변형 툴과 Pathfinder 기능을 활용하여 오브젝트를 작성한다.
② 그 외 《출력형태》 참조

출력형태

C70M20Y50K40,
M60Y50K20,
C100M100,
C70M10,
C40Y40,
C40,
C90M30,
Y80,
M10Y100,
M30Y100,
[Stroke] M60Y50K50, 3pt

다음의 《조건》에 따라 아래의 《출력형태》와 같이 작업하시오.

조건

파일저장규칙	AI	파일명	문서\GTQ\수험번호-성명-2.ai
		크기	100 × 80mm

1. 작업 방법

① '1st Anniversary' 문자에 Times New Roman (Bold) 폰트를 적용한다.
② 'SEA HORSE LAND' 문자에 Type on a Path Tool을 활용한다.
③ Brush는 《출력형태》를 참고하여 작성한다.
④ Effect는 《출력형태》를 참고하여 작성한다.
⑤ 그 외 《출력형태》 참조

2. 문자 효과

① SEA HORSE LAND (Arial, Bold, 16pt, K70)

출력형태

C20M10Y40,
C80M10 → C0M0Y0K0,
[Effect] Drop Shadow

C100M70K30,
C90M40Y30,
C60,
C0M0Y0K0, K100,
[Stroke] C60Y10K10, 5pt

[Brush]
Dry Ink 2,
C0M0Y0K0,
1.5pt, 0.5pt

C100M70K30,
C80M10

[Brush] Banner 7, 1.5pt

M60Y80,
M30Y80

다음의 《조건》에 따라 아래의 《출력형태》와 같이 작업하시오.

조건

파일저장규칙	AI	파일명	문서₩GTQ₩수험번호−성명−3.ai
		크기	120 × 80mm

1. 작업 방법

① 도형 툴로 오브젝트를 제작한 후 Pattern을 활용하여 작성한다. (패턴 등록 : 소라)
② 열쇠고리에는 규칙적인 점선을, 쇼핑백에는 불규칙적인 점선을 설정한다.
③ 쇼핑백에 Pattern을 적용한다.
④ 열쇠고리에 배치된 오브젝트는 정렬, 간격을 일정하게 한 후 Group 설정한다.
⑤ 그 외 《출력형태》 참조

2. 문자 효과

① Sliced raw fish (Arial, Bold Italic, 10pt, C100M80)
② Fresh Seafood Restaurant (Arial, Regular, 8pt, C90M50)

출력형태

K10, C50Y40 → C0M0Y0K0,
[Stroke] K100, 1pt,
C0M0Y0K0, 1pt

C100M70K30, C40,
C100M20,
C0M0Y0K0

C40Y10,
K40, K70,
[Stroke] K100, 0.5pt,
C60M50, 2pt

C0M0Y0K0,
Opacity 80%

[Pattern]

M100Y60,
Y10K40,
M40Y50

[Group]

작업과정	새 도큐먼트 만들기 및 파일 저장하기 ➡ 조타 핸들 모양 만들기 ➡ 물결과 배 모양 만들기 ➡ 닻 모양 만들기 ➡ 저장하기
완성이미지	Part05₩기출유형문제09회₩수험번호-성명-1.ai

01 새 도큐먼트 만들기 및 파일 저장하기

01 [File]-[New]를 선택하고 'Width : 100mm, Height : 80mm, Units : Millimeters, Color Mode : CMYK'를 설정하여 새 도큐먼트를 만들고 [View]-[Rulers]-[Show Rulers] (Ctrl+R)를 선택하여 눈금자를 표시합니다.

02 작품의 규격 왼쪽 상단에 원점(0,0)을 확인하고 왼쪽과 상단 눈금자 위에서 마우스로 각각 드래그하여 제시된 출력형태와 레이아웃 구성이 동일하게 안내선을 표시합니다.

03 작업 도큐먼트를 저장하기 위해 [File]-[Save As]를 선택하고 '저장 위치 : 내 PC₩문서₩ GTQ, 파일 형식 : Adobe Illustrator(*AI), 파일 이름 : 수험번호-성명-문제번호'를 입력하고 [저장]을 클릭한 후 [Illustrator Options] 대화상자에서 'Version : Illustrator 2020'으로 설정하고 [OK]를 클릭합니다.

02 조타 핸들 모양 만들기

01 Ellipse Tool(◎)로 안내선의 교차지점에 Alt를 누르면서 클릭하여 'Width : 43mm, Height : 43mm'를 입력하여 그리고 'Fill Color : None, Stroke Color : C70M20Y50K40'을 지정한 후 Stroke 패널에서 'Weight : 13pt'를 적용합니다. [Object]-[Path]-[Outline Stroke]를 선택하여 선을 면으로 확장합니다.

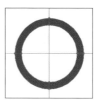

02 Rounded Rectangle Tool(▢)로 작업 도큐먼트를 클릭한 후 'Width : 4mm, Height : 5mm, Corner Radius : 1mm'를 입력하여 그리고 'Fill Color : C70M20Y50K40, Stroke Color : None'을 지정합니다. Ellipse Tool(◎)로 작업 도큐먼트에 드래그하여 동일한 색상의 타원과 정원을 그리고 상단에 배치합니다.

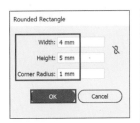
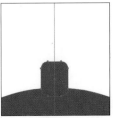

03 Direct Selection Tool()로 정원의 하단 고정점을 선택한 후 아래쪽으로 이동하여 패스를 변형합니다. Selection Tool(▶)로 상단 3개의 오브젝트를 선택하고 Align 패널에서 'Horizontal Align Center(▣)'를 클릭하여 가로 가운데 정렬을 지정합니다.

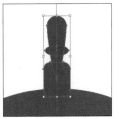

04 Rotate Tool(↻)로 Alt 를 누르면서 안내선의 교차 지점을 클릭하고 [대화상자]에서 'Angle : 60°'를 지정하고 [Copy]를 눌러 회전 복사한 후 Ctrl + D 를 4번 눌러 반복 복사합니다. Ctrl + A 로 모두 선택하고 Pathfinder 패널에서 'Unite(▣)'를 클릭하여 합칩니다.

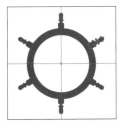

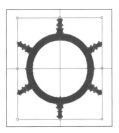

🄳 물결과 배 모양 만들기

01 Line Segment Tool(╱)로 Shift 를 누르면서 드래그하여 수직선을 그리고 'Fill Color : None, Stroke Color : M60Y50K50'을 지정하고 Stroke 패널에서 'Weight : 3pt, Cap : Round Cap'을 지정합니다.

02 Pen Tool(✏️)로 수직선 하단에 배 모양을 그리고 'Fill Color : M60Y50K20, Stroke Color : None'을 지정합니다. 계속해서 2개의 돛 모양을 그리고 'Fill Color : C100M100, Stroke Color : None'을 지정합니다. 5개의 열린 패스를 돛 모양과 겹치도록 그리고 'Fill Color : None, Stroke Color : 임의 색상'을 지정합니다.

03 Selection Tool(▶)로 2개의 돛 모양과 5개의 열린 패스를 함께 선택하고 Pathfinder 패널에서 'Divide(⬚)'를 클릭하여 면을 분할한 후 더블 클릭하여 Isolation Mode로 전환합니다. 3개의 오브젝트를 각각 선택하여 'Fill Color : C70M10, C40Y40, Stroke Color : None'을 지정하고 Esc를 눌러 정상 모드로 전환합니다.

04 Pen Tool(✏️)로 수직선 상단에 깃발 모양을 그리고 'Fill Color : C40Y40, Stroke Color : None'을 지정합니다.

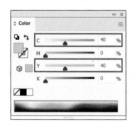 

05 Line Segment Tool(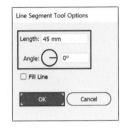)로 작업 도큐먼트에 클릭하여 'Length : 45mm, Angle : 0°'를 지정하여 수평선을 그리고 'Fill Color : None, Stroke Color : 임의 색상'을 지정하고 배 모양 하단에 배치합니다. [Effect]-[Illustrator Effects]-[Distort & Transform]-[Zig Zag]를 선택하고 'Size : 1mm, Absolute : 체크, Ridges per segment : 9, Points : Corner'를 지정한 후 [Object]-[Expand Appearance]를 선택하여 오브젝트의 속성을 확장합니다.

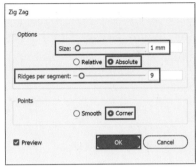

06 [Object]-[Transform]-[Move]를 선택하고 'Horizontal : 0mm, Vertical : 4mm'를 입력하고 [Copy]를 눌러 아래쪽으로 이동하여 복사한 후 Ctrl + D 를 눌러 반복 복사합니다.

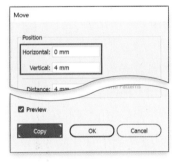

07 Ellipse Tool()로 Alt 를 누르면서 안내선의 교차 지점을 클릭하여 'Width : 38.5mm, Height : 38.5mm'를 입력하여 그리고 'Fill Color : 임의 색상, Stroke Color : None'을 지정합니다.

08 Selection Tool(▶)로 3개의 물결 모양 패스와 함께 선택하고 Pathfinder 패널에서 'Divide(⬚)'를 클릭하여 면을 분할한 후 더블 클릭하여 Isolation Mode로 전환하고 상단 오브젝트를 Delete 를 눌러 삭제합니다. 3개의 오브젝트를 각각 선택하여 'Fill Color : C40, C70M10, C90M30, Stroke Color : None'을 지정하고 Esc 를 눌러 정상 모드로 전환합니다.

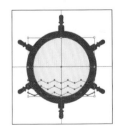

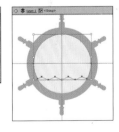
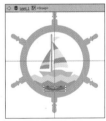

04 **닻 모양 만들기**

01 Ellipse Tool(◉)로 작업 도큐먼트를 클릭한 후 'Width : 9mm, Height : 9mm'를 입력하여 그리고 'Fill Color : None, Stroke Color : Y80'을 지정한 후 Stroke 패널에서 'Weight : 10pt'를 적용합니다.

02 Line Segment Tool(╱)로 작업 도큐먼트에 클릭하여 'Length : 34mm, Angle : 90°'를 지정하여 수직선을 그리고 'Fill Color : None, Stroke Color : Y80'을 지정한 후 Stroke 패널에서 'Weight : 10pt'를 적용합니다. 계속해서 [Shift]를 누르면서 수직선 상단과 겹치도록 동일한 색상의 수평선을 그립니다.

03 Pen Tool(✏)로 닻의 하단 모양을 열린 패스로 그리고 'Fill Color : None, Stroke Color : Y80'을 지정합니다. Stroke 패널에서 'Weight : 10pt'를 지정하고 [Arrowheads] 항목의 'Click to pick arrowhead to apply to start point of path : Arrow 2, Scale : 40%'로 지정하고 패스의 시작 부분에 화살표 모양을 만듭니다.

04 Ellipse Tool(◉)로 작업 도큐먼트를 클릭한 후 'Width : 7mm, Height : 7mm'를 입력하여 그리고 'Fill Color : Y80, Stroke Color : None'을 지정합니다. Selection Tool(▶)로 수평선과 함께 선택하고 Align 패널에서 'Vertical Align Center(╫)'를 클릭하여 세로 가운데 정렬을 지정합니다.

05 Selection Tool(▶)로 왼쪽의 정원과 화살표 모양 패스를 함께 선택하고 Reflect Tool(▷◁)로 Alt를 누르고 세로 안내선을 클릭하여 'Axis : Vertical'을 지정하고 [Copy]를 눌러 복사합니다.

06 Selection Tool(▶)로 테두리 색상이 지정된 5개의 패스를 함께 선택하고 [Object]-[Path]-[Outline Stroke]를 선택하여 선을 면으로 확장합니다. 닻 모양을 모두 선택하고 Pathfinder 패널에서 'Unite(◧)'를 클릭하여 합칩니다.

 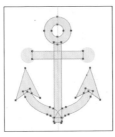  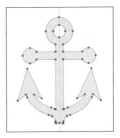

07 Direct Selection Tool(▷)로 닻 모양 하단 3개의 고정점을 드래그하여 선택하고 [Object]-[Path]-[Average]를 선택하고 'Axis : Both'를 클릭하여 중간 평균 위치에 정렬합니다.

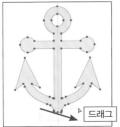  

08 Line Segment Tool(╱)로 Shift를 누르면서 드래그하여 닻 모양 중앙에 수직선을 그리고 'Fill Color : None, Stroke Color : 임의 색상'을 지정합니다. 계속해서 Pen Tool(✐)로 화살표 모양 패스 중간과 겹치도록 곡선의 열린 패스를 그린 후 Selection Tool(▶)로 선택하고 Reflect Tool(▷◁)로 세로 안내선을 클릭하고 Alt와 Shift를 누르면서 오른쪽으로 드래그하여 뒤집어 복사합니다.

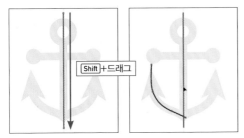 

09 Selection Tool(▶)로 닻 모양과 3개의 열린 패스를 함께 선택하고 Pathfinder 패널에서 'Divide(▣)'를 클릭하여 면을 분할한 후 더블 클릭하여 Isolation Mode로 전환합니다. 3개의 오브젝트를 차례대로 선택하여 'Fill Color : M10Y100, M30Y100, M60Y50K20, Stroke Color : None'을 지정하고 상단 중앙의 불필요한 오브젝트는 Delete 를 눌러 삭제하고 Esc 를 눌러 정상 모드로 전환합니다.

10 Selection Tool(▶)로 닻 모양을 선택하고 Rotate Tool(↻)을 더블 클릭하여 'Angle : 20°'를 지정하여 회전합니다.

05 저장하기

01 [View]-[Guides]-[Hide Guides](Ctrl + ;)를 선택하여 안내선을 숨기고 [View]-[Fit Artboard in Window](Ctrl + 0)를 선택하여 현재 창에 맞추기를 합니다.

02 [File]-[Save As]를 선택하고 '저장 위치 : 내 PC\문서\GTQ, 파일 형식 : Adobe Illustrator(*AI), 파일 이름 : 수험번호-성명-문제번호.ai'를 확인하고 [저장]을 클릭한 후 [Illustrator Options] 대화상자에서 'Version : Illustrator 2020'으로 설정하고 [OK]를 클릭합니다.

03 답안 저장이 완료가 되면 [File]-[Close](Ctrl + W)를 선택하여 파일을 닫고 수험 프로그램에서 [답안 전송]을 클릭하여 감독관 컴퓨터로 전송합니다.

문제 02	CHAPTER 09 문자와 오브젝트	
작업과정	새 도큐먼트 만들기 및 파일 저장하기 ➡ 지그재그 모양 만들고 그라디언트 및 이펙트 적용하기 ➡ Dry Ink 2 브러쉬 적용하기 ➡ 해마 모양 만들기 ➡ 불가사리 모양 만들기 ➡ 곡선을 따라 흐르는 문자 입력하기 ➡ Banner 7 브러쉬 적용하기 ➡ 문자 오브젝트 만들고 변형하기 ➡ 저장하기	
완성이미지	Part05\기출유형문제09회\수험번호-성명-2.ai	

01 새 도큐먼트 만들기 및 파일 저장하기

01 [File]-[New]를 선택하고 'Width : 100mm, Height : 80mm, Units : Millimeters, Color Mode : CMYK'를 설정하여 새 도큐먼트를 만들고 [View]-[Rulers]-[Show Rulers] (Ctrl)+(R)를 선택하여 눈금자를 표시합니다.

02 작품의 규격 왼쪽 상단에 원점(0,0)을 확인하고 왼쪽과 상단 눈금자 위에서 마우스로 각각 드래그하여 제시된 출력형태와 레이아웃 구성이 동일하게 안내선을 표시합니다.

03 작업 도큐먼트를 저장하기 위해 [File]-[Save As]를 선택하고 '저장 위치 : 내 PC₩문서₩GTQ, 파일 형식 : Adobe Illustrator(*AI), 파일 이름 : 수험번호-성명-문제번호'를 입력하고 [저장]을 클릭한 후 [Illustrator Options] 대화상자에서 'Version : Illustrator 2020'으로 설정하고 [OK]를 클릭합니다.

02 지그재그 모양 만들고 그라디언트 및 이펙트 적용하기

01 Ellipse Tool(◉)로 (Alt)를 누르면서 안내선의 교차 지점을 클릭한 후 'Width : 69mm, Height : 69mm'를 입력하여 그리고 'Fill Color : C20M10Y40, Stroke Color : None'을 지정합니다.

02 [Effect]-[Illustrator Effects]-[Distort & Transform]-[Zig Zag]를 선택하고 'Size : 1.5mm, Absolute : 체크, Ridges per segment : 9, Points : Corner'를 지정한 후 [Object]-[Expand Appearance]를 선택하여 오브젝트의 속성을 확장합니다.

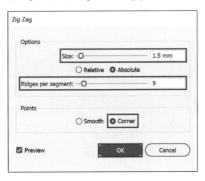 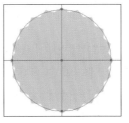 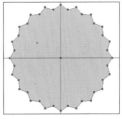

03 [Effect]-[Illustrator Effects]-[Stylize]-[Drop Shadow]를 선택하고 'Opacity : 75%, X Offset : 2.47mm, Y Offset : 2.47mm, Blur : 1.76mm'를 지정하여 그림자 효과를 적용합니다.

04 Ellipse Tool(◉)로 **Alt**를 누르면서 안내선의 교차 지점을 클릭한 후 'Width : 62mm, Height : 62mm'를 입력하여 정원을 그리고 Tool 패널 하단의 Default Fill and Stroke(◨)를 클릭하여 면과 선의 색상 값을 초기화합니다.

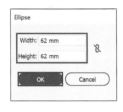

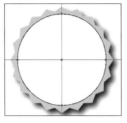

합격생의 비법

Default Fill and Stroke(◨)를 클릭하면 면과 선의 색상 값이 초기화되며 앞서 지정한 이펙트가 삭제됩니다.

05 Gradient 패널에서 'Type : Linear Gradient, Angle : 90˚'를 적용한 후 Gradient Slider의 왼쪽 'Color Stop'을 더블 클릭하여 C80M10을 적용하고 오른쪽 'Color Stop'을 더블 클릭하여 C0M0Y0K0을 적용하고 'Stroke Color : None'을 지정합니다. Selection Tool(▶)로 도큐먼트의 빈 곳을 클릭하여 선택을 해제합니다.

03 Dry Ink 2 브러쉬 적용하기

01 Brushes 패널 하단의 'Brush Libraries Menu'를 클릭하고 [Artistic]–[Artistic_Ink]를 선택하여 추가 브러쉬 패널을 불러온 후 'Dry Ink 2'를 선택합니다.

02 Paintbrush Tool(✎)로 왼쪽 상단에서 오른쪽 하단으로 드래그하여 곡선 패스를 그리고 'Fill Color : None, Stroke Color : C0M0Y0K0'을 지정하고 Stroke 패널에서 'Weight : 1.5pt'를 지정합니다.

03 Ellipse Tool()로 작업 도큐먼트를 클릭한 후 'Width : 7mm, Height : 7mm'를 입력하여 그리고 'Fill Color : None, Stroke Color : C0M0Y0K0'을 지정하고 Stroke 패널에서 'Weight : 0.5pt'를 지정합니다.

04 해마 모양 만들기

01 Pen Tool()로 해마의 몸통 모양과 지느러미를 그리고 'Fill Color : C100M70K30, C90M40Y30, Stroke Color : None'을 각각 지정합니다.

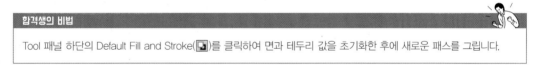
합격생의 비법
Tool 패널 하단의 Default Fill and Stroke(■)를 클릭하여 면과 테두리 값을 초기화한 후에 새로운 패스를 그립니다.

02 Selection Tool(▶)로 지느러미 모양을 선택하고 Reflect Tool(◄)을 더블 클릭하여 'Angle : 75°'를 지정하고 [Copy]를 눌러 복사합니다. 오른쪽으로 이동하여 배치하고 조절점의 오른쪽 중간을 드래그하여 너비를 확대합니다. 왼쪽 지느러미를 선택하고 Ctrl + [[]를 눌러 뒤로 보내기를 합니다.

03 Pen Tool(✐)로 오브젝트를 그리고 'Fill Color : C60, Stroke Color : None'을 지정합니다. Ellipse Tool(◯)로 드래그하여 크기가 다른 2개의 타원을 겹치도록 그리고 'Fill Color : C0M0Y0K0, K100, Stroke Color : None'을 각각 지정합니다. Pen Tool(✐)로 곡선의 열린 패스를 그리고 'Fill Color : None, Stroke Color : C60Y10K10'을 지정하고 Stroke 패널에서 'Weight : 5pt, Dashed Line : 체크, dash : 2pt'를 입력하여 점선을 그려 배치합니다.

05 불가사리 모양 만들기

01 Star Tool(✰)로 작업 도큐먼트를 클릭한 후 'Radius 1 : 6mm, Radius 2 : 3mm, Points : 6'을 입력하여 그리고 'Fill Color : M60Y80, Stroke Color : None'을 지정합니다.

02 [Effect]-[Illustrator Effects]-[Stylize]-[Round Corners]를 선택하고 'Radius : 2mm'를 입력하여 모서리를 둥글게 만든 후 [Object]-[Expand Appearance]를 선택하여 오브젝트의 속성을 확장합니다.

 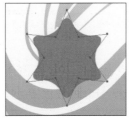 

03 Line Segment Tool(╱)로 Shift 를 누르면서 드래그하여 별 모양을 통과하는 수직선을 그리고 Selection Tool(▶)로 별 모양과 함께 선택하고 Align 패널에서 'Horizontal Align Center(▤)'과 'Vertical Align Center(▥)'를 각각 클릭하여 가운데 정렬을 지정합니다.

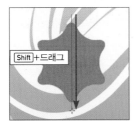 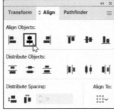  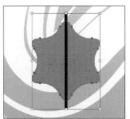

04 Selection Tool(▶)로 수직선을 선택하고 Rotate Tool(↻)을 더블 클릭하여 'Angle : 60°'를 지정하고 [Copy]를 눌러 복사한 후 Ctrl + D를 눌러 반복 복사합니다.

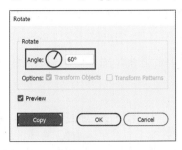

05 Selection Tool(▶)로 별 모양과 3개의 선을 함께 선택하고 Pathfinder 패널에서 'Divide(▦)'를 클릭하여 면을 분할한 후 더블 클릭하여 Isolation Mode로 전환합니다. 3개의 오브젝트를 선택하여 'Fill Color : M30Y80, Stroke Color : None'을 지정하고 Esc 를 눌러 정상 모드로 전환합니다.

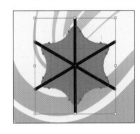

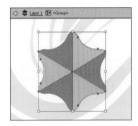

06 Selection Tool(▶)로 완성된 불가사리 모양을 선택한 후 Rotate Tool(↻)을 더블 클릭하고 'Angle : 20°'를 지정하여 회전합니다.

06 곡선을 따라 흐르는 문자 입력하기

01 Ellipse Tool(◉)로 Alt 를 누르면서 안내선의 교차 지점을 클릭한 후 'Width : 48mm, Height : 48mm'를 입력하여 그리고 'Fill Color : None, Stroke Color : 임의 색상'을 지정합니다. Direct Selection Tool(▷)로 정원의 하단 고정점을 선택하고 Delete 를 눌러 삭제한 후 열린 패스를 만듭니다.

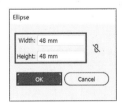

클릭

02 Type on a Path Tool(로 곡선 패스를 클릭하고 Character 패널에서 'Set the font family : Arial, Set the font style : Bold, Set the font size : 16pt'를 설정합니다. Paragraph 패널에서 'Align center(▤)'를 클릭하여 가운데 정렬을 지정한 후 'Fill Color : K70, Stroke Color : None'을 지정하고 SEA HORSE LAND를 입력합니다. Direct Selection Tool(▷)로 패스 상의 수직선 모양(▶⊦)을 드래그하여 문자의 위치를 조절한 후 도큐먼트의 빈 곳을 클릭하여 선택을 해제합니다.

⑦ Banner 7 브러쉬 적용하기

01 Brushes 패널 하단의 'Brush Libraries Menu'를 클릭하고 [Decorative]-[Decorative_ Banners and Seals]를 선택하여 추가 브러쉬 패널을 불러온 후 'Banner 7'을 선택합니다.

02 Line Segment Tool(╱)로 작업 도큐먼트에 클릭하여 'Length : 80mm, Angle : 0°'를 지정하여 수평선을 그리고 'Fill Color : None, Stroke Color : 임의 색상'을 지정하고 'Banner 7' 브러쉬를 적용한 후, Stroke 패널에서 'Weight : 1.5pt'를 지정합니다.

⑧ 문자 오브젝트 만들고 변형하기

01 Type Tool(T)로 도큐먼트를 클릭한 후 Character 패널에서 'Set the font family : Times New Roman, Set the font style : Bold, Set the font size : 22pt'를 설정하고 'Fill Color : C100M70K30, Stroke Color : None'을 지정한 후 1st Anniversary를 입력합니다.

02 Selection Tool(▶)로 1st Anniversary 문자를 선택하고 [Type]−[Create Outlines] (Shift + Ctrl + O)를 선택하고 문자를 윤곽선으로 변환합니다. Selection Tool(▶)로 더블 클릭하여 Isolation Mode로 전환한 후 Pen Tool(✏)로 문자와 겹치도록 곡선의 열린 패스 를 그리고 'Fill Color : None, Stroke Color : 임의 색상'을 지정합니다.

03 Ctrl + A 로 문자 오브젝트와 열린 패스를 함께 선택하고 Pathfinder 패널에서 'Divide(▣)' 를 클릭하여 면을 분할합니다. 분할된 문자 오브젝트의 하단을 드래그하여 선택하고 'Fill Color : C80M10, Stroke Color : None'을 지정하고 Esc 를 눌러 정상 모드로 전환합니다.

드래그

'Divide' 과정에서 열린 패스와 문자 오브젝트 사이의 공간에 투명 색상의 오브젝트가 생성됩니다. Selection Tool(▶) 로 선택한 후 Delete 를 눌러 삭제합니다.

⑨ 저장하기

01 [View]−[Guides]−[Hide Guides](Ctrl + ;)를 선택하여 안내선을 숨기고 [View]−[Fit Artboard in Window](Ctrl + O)를 선택하여 현재 창에 맞추기를 합니다.

02 [File]−[Save As]를 선택하고 '저장 위치 : 내 PC\문서\GTQ, 파일 형식 : Adobe Illustrator(*AI), 파일 이름 : 수험번호−성명−문제번호.ai'를 확인하고 [저장]을 클릭한 후 [Illustrator Options] 대화상자에서 'Version : Illustrator 2020'으로 설정하고 [OK]를 클릭합니다.

03 답안 저장이 완료가 되면 [File]−[Close](Ctrl + W)를 선택하여 파일을 닫고 수험 프로그램에 서 [답안 전송]을 클릭하여 감독관 컴퓨터로 전송합니다.

작업과정	새 도큐먼트 만들기 및 파일 저장하기 ➡ 물고기 모양 만들기 ➡ 소라 모양 만들기 ➡ 열쇠고리 모양 만들고 그라디언트 및 규칙적인 점선 설정하기 ➡ 쇼핑백 모양 만들고 불투명도 및 불규칙적인 점선 설정하기 ➡ 저장하기
완성이미지	Part05₩기출유형문제09회₩수험번호−성명−3.ai

01 새 도큐먼트 만들기 및 파일 저장하기

01 [File]−[New]를 선택하고 'Width : 120mm, Height : 80mm, Units : Millimeters, Color Mode : CMYK'를 설정하여 새 도큐먼트를 만들고 [View]−[Rulers]−[Show Rulers] (Ctrl+R)를 선택하여 눈금자를 표시합니다.

02 작품의 규격 왼쪽 상단에 원점(0,0)을 확인하고 왼쪽과 상단 눈금자 위에서 마우스로 각각 드래그하여 제시된 출력형태와 레이아웃 구성이 동일하게 안내선을 표시합니다.

03 작업 도큐먼트를 저장하기 위해 [File]−[Save As]를 선택하고 '저장 위치 : 내 PC₩문서₩ GTQ, 파일 형식 : Adobe Illustrator(*AI), 파일 이름 : 수험번호−성명−문제번호'를 입력하고 [저장]을 클릭한 후 [Illustrator Options] 대화상자에서 'Version : Illustrator 2020'으로 설정하고 [OK]를 클릭합니다.

02 물고기 모양 만들기

01 Pen Tool(✏)로 물고기 몸통 모양을 그리고 'Fill Color : C100M70K30, Stroke Color : None'을 지정합니다. 계속해서 몸통 모양과 겹치도록 2개의 열린 패스를 그리고 'Fill Color : None, Stroke Color : 임의 색상'을 지정합니다.

02 Ctrl+A를 눌러 모두 선택하고 Pathfinder 패널에서 'Divide(▣)'를 클릭하여 면을 분할합니다. Selection Tool(▶)로 더블 클릭하여 Isolation Mode로 전환하고 2개의 오브젝트를 선택하여 'Fill Color : C40, Stroke Color : None'을 지정한 후 Esc를 눌러 정상 모드로 전환합니다.

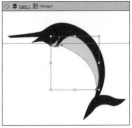

03 Pen Tool(✏️)로 지느러미 모양을 그리고 'Fill Color : C100M70K30, Stroke Color : None'을 지정하고 Ctrl + [ ]를 눌러 뒤로 보내기를 합니다. 계속해서 앞 지느러미 모양을 동일한 색상으로 그립니다. 등지느러미 모양을 그리고 'Fill Color : C100M20, Stroke Color : None'을 지정하고 Shift + Ctrl + [ ]를 눌러 맨 뒤로 보내기를 합니다.

04 Ellipse Tool(⬭)로 Shift 를 누르면서 정원을 그리고 'Fill Color : C0M0Y0K0, Stroke Color : None'을 지정한 후 Scale Tool(📐)을 더블 클릭하여 'Uniform : 70%'를 지정하고 [Copy]를 클릭하여 축소 복사하고 'Fill Color : C100M70K30, Stroke Color : None'을 지정합니다. Ctrl + A 를 눌러 모두 선택하고 Ctrl + G 를 눌러 그룹으로 설정합니다.

🟢03 소라 모양 만들기

01 Pen Tool(✏️)로 소라 모양을 그리고 'Fill Color : M100Y60, Stroke Color : None'을 지정합니다. 계속해서 소라 모양과 겹치도록 2개의 닫힌 패스를 그리고 'Fill Color : 임의 색상, Stroke Color : None'을 지정합니다. Selection Tool(▶)로 소라 모양과 2개의 닫힌 패스를 선택하고 Pathfinder 패널에서 'Minus Front(🔳)'를 클릭합니다.

   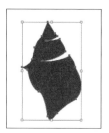

02 Pen Tool(✏️)로 열린 패스를 겹치도록 그리고 'Fill Color : None, Stroke Color : 임의 색상'을 지정합니다. Selection Tool(▶)로 소라 모양과 함께 선택하고 Pathfinder 패널에서 'Divide(⬛)'를 클릭하여 면을 분할한 후 더블 클릭하여 Isolation Mode로 전환합니다. 하단 오브젝트를 선택하고 'Fill Color : Y10K40, Stroke Color : None'을 지정하고 Esc 를 눌러 정상 모드로 전환합니다.

  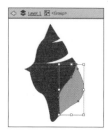

03 Selection Tool(▶)로 소라 모양을 선택하고 Scale Tool(⬜)을 더블 클릭하여 'Uniform : 70%'를 지정하고 [Copy]를 눌러 오른쪽 하단으로 이동합니다. Rotate Tool(↻)을 더블 클릭하여 'Angle : −45˚'를 지정하여 회전하고 Selection Tool(▶)로 더블 클릭하여 Isolation Mode로 전환한 후 축소한 소라의 상단을 선택하고 'Fill Color : M40Y50, Stroke Color : None'을 지정하고 Esc 를 눌러 정상 모드로 전환합니다.

04 열쇠고리 모양 만들고 그라디언트 및 규칙적인 점선 설정하기

01 Rounded Rectangle Tool(⬜)로 작업 도큐먼트를 클릭한 후 'Width : 18mm, Height : 44mm, Corner Radius : 3mm'를 입력하여 그리고 'Fill Color : K10, Stroke Color : K100'을 지정한 후 Stroke 패널에서 'Weight : 1pt'를 적용합니다. Line Segment Tool(/)로 Shift 를 누르면서 드래그하여 2개의 수평선을 그리고 'Fill Color : None, Stroke Color : 임의 색상'을 지정합니다.

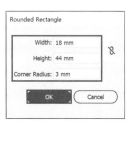 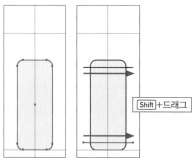

02 Selection Tool(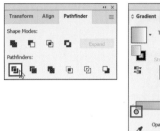)로 둥근 사각형과 2개의 수평선을 함께 선택하고 Pathfinder 패널에서 'Divide(▥)'를 클릭하여 면을 분할하고 더블 클릭하여 Isolation Mode로 전환합니다. 가운데 사각형을 선택하고 Gradient 패널에서 'Type : Linear Gradient, Angle : 0°'를 적용하고 Gradient Slider의 왼쪽 'Color Stop'을 더블 클릭하여 C50Y40을, 오른쪽 'Color Stop'을 더블 클릭하여 C0M0Y0K0을 적용한 후 Esc 를 눌러 정상 모드로 전환합니다.

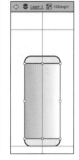

03 Rounded Rectangle Tool(▢)로 드래그하여 상단에 겹치도록 그리고 'Fill Color : K10, Stroke Color : K100'을 지정한 후 Stroke 패널에서 'Weight : 1pt'를 적용하고 Ctrl + [를 눌러 뒤로 보내기를 합니다. Ellipse Tool(◉)로 작업 도큐먼트를 클릭한 후 'Width : 3.3mm, Height : 3.3mm'를 입력하여 그리고 'Fill Color : None, Stroke Color : 임의 색상'을 지정한 후 Stroke 패널에서 'Weight : 3pt'를 적용합니다.

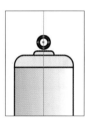

04 Ellipse Tool(◉)로 정원의 상단에 클릭하고 [OK]를 눌러 동일한 크기의 정원을 배치합니다. 계속해서 작업 도큐먼트를 클릭한 후 'Width : 11mm, Height : 11mm'를 입력하여 그리고 Stroke 패널에서 'Weight : 4pt'를 적용합니다.

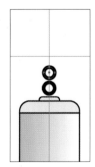

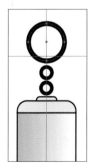

05 Line Segment Tool(✏)로 [Shift]를 누르면서 드래그하여 정원과 둥근 사각형 사이에 3개의 수직선을 그리고 'Fill Color : None, Stroke Color : 임의 색상'을 지정하고 Stroke 패널에서 'Weight : 3pt, Cap : Round Cap'를 지정합니다. Selection Tool(▶)로 열쇠고리 모양을 모두 선택하고 Align 패널에서 'Horizontal Align Center(▯)'를 클릭하여 가로 가운데 정렬을 지정합니다.

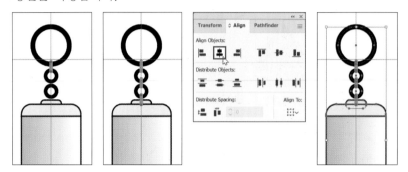

06 Selection Tool(▶)로 3개의 정원과 3개의 수직선을 함께 선택하고 [Object]-[Path]-[Outline Stroke]를 선택하여 선을 면으로 확장한 후 'Fill Color : K10, Stroke Color : K100'을 지정한 후 Stroke 패널에서 'Weight : 1pt'를 적용하고 [Shift]+[Ctrl]+[[]를 눌러 맨 뒤로 보내기를 합니다.

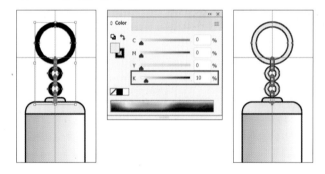

07 Line Segment Tool(✏)로 [Shift]를 누르면서 드래그하여 왼쪽 하단에 수직선을 그리고 'Fill Color : None, Stroke Color : C0M0Y0K0'을 지정하고 Stroke 패널에서 'Weight : 1pt, Dashed Line : 체크, dash : 3pt'를 입력하여 규칙적인 점선을 배치합니다.

08 Selection Tool(▶)로 물고기 모양을 선택하고 [Ctrl]+[C]로 복사하고 [Ctrl]+[V]로 붙여 넣기를 합니다. Scale Tool(▱)을 더블 클릭하여 'Uniform : 25%'를 지정하여 축소한 후 Rotate Tool(↻)을 더블 클릭하여 'Angle : 30°'를 지정하여 회전하고 열쇠고리 상단에 배치합니다.

09 Selection Tool(▶)로 Alt + Shift 를 누르면서 아래쪽으로 드래그하여 복사하고 Ctrl + D 를 3번 눌러 일정한 간격으로 반복 복사합니다. 5개의 물고기 모양을 모두 선택하고 Ctrl + G 로 그룹을 설정합니다.

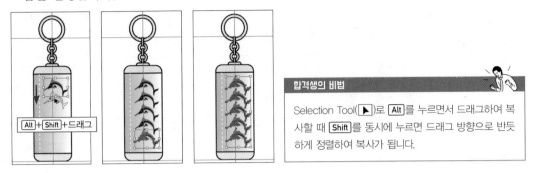

합격생의 비법

Selection Tool(▶)로 Alt 를 누르면서 드래그하여 복사할 때 Shift 를 동시에 누르면 드래그 방향으로 반듯하게 정렬하여 복사가 됩니다.

05 쇼핑백 모양 만들고 불투명도 및 불규칙적인 점선 설정하기

01 Rectangle Tool(▣)로 작업 도큐먼트를 클릭한 후 'Width : 44mm, Height : 57mm'를 입력하여 그리고 'Fill Color : C40Y10, Stroke Color : K100'을 지정한 후 Stroke 패널에서 'Weight : 0.5pt'를 적용합니다.

02 Rectangle Tool(▣)로 사각형의 왼쪽 상단 고정점에 클릭한 후 'Width : 43.8mm, Height : 45mm'를 입력하여 그리고 'Fill Color : C0M0Y0K0, Stroke Color : None'을 지정한 후 Transparency 패널에서 'Opacity : 80%'를 지정하여 불투명도를 조절합니다.

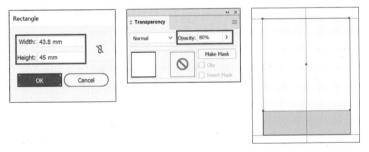

03 Line Segment Tool(/)로 Shift 를 누르면서 드래그하여 수평선을 그리고 Transparency 패널에서 'Opacity : 100%'를 지정합니다. 'Fill Color : None, Stroke Color : C60M50'을 지정하고 Stroke 패널에서 'Weight : 2pt, Dashed Line : 체크, dash : 17pt, gap : 3pt, dash : 6pt, gap : 3pt'를 입력하여 불규칙적인 점선을 그려 배치합니다.

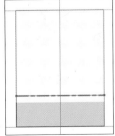

04 Ellipse Tool(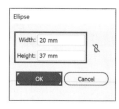)로 작업 도큐먼트를 클릭한 후 'Width : 20mm, Height : 37mm'를 입력하여 그리고 'Fill Color : None, Stroke Color : K40'을 지정하고 Stroke 패널에서 'Weight : 4pt, Cap : Round Cap, Dashed Line : 체크 해제'를 지정합니다. Direct Selection Tool(△)로 타원의 하단 고정점을 선택하고 Delete 를 눌러 삭제하고 [Object]-[Path]-[Outline Stroke]를 선택하여 선을 면으로 확장합니다.

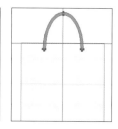

05 Ellipse Tool()로 작업 도큐먼트를 클릭한 후 'Width : 3mm, Height : 3mm'를 입력하여 그리고 'Fill Color : K70, Stroke Color : None'을 지정한 후 Ctrl + [를 눌러 뒤로 보내고 Selection Tool(▶)로 Alt + Shift 를 누르면서 오른쪽으로 드래그하여 복사합니다.

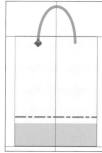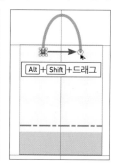

06 Selection Tool(▶)로 물고기 모양을 선택하고 Ctrl + C 로 복사하고 Ctrl + V 로 쇼핑백 상단에 붙여 넣기를 합니다. Reflect Tool(▷◁)을 더블 클릭하여 'Axis : Vertical'을 지정한 후 Scale Tool(◩)을 더블 클릭하여 'Uniform : 70%'를 지정하여 축소합니다.

07 Rectangle Tool(▢)로 드래그하여 2개의 소라 모양과 겹치도록 그리고 'Fill Color : None, Stroke Color : None'을 지정합니다. Selection Tool(▶)로 2개의 소라 모양과 함께 선택하고 [Object]-[Pattern]-[Make]를 선택하고 Pattern Options에서 'Name : 소라'를 지정하고 패턴으로 등록합니다. Esc 를 눌러 패턴의 편집 모드에서 정상 모드로 전환한 후 사각형을 선택하고 Delete 를 눌러 삭제합니다.

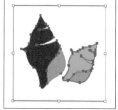

08 Selection Tool(▶)로 쇼핑백의 큰 사각형 모양을 선택한 후 [Ctrl]+[C]로 복사하고 [Ctrl]+[F]로 복사한 오브젝트 앞에 붙여 넣기를 한 후 Swatches 패널에서 등록된 소라 패턴을 클릭하여 면 색상에 적용합니다.

09 Scale Tool(⊞)을 더블 클릭하고 'Uniform : 50%, Scale Strokes & Effects : 체크 해제, Transform Objects : 체크 해제, Transform Patterns : 체크'를 지정하여 패턴의 크기를 축소한 후 Rotate Tool(↻)을 더블 클릭하여 'Angle : 30°, Transform Objects : 체크 해제, Transform Patterns : 체크'를 지정하여 회전합니다.

10 Type Tool([T])로 작업 도큐먼트를 클릭한 후 Character 패널에서 'Set the font family : Arial, Set the font style : Bold Italic, Set the font size : 10pt'를 설정하고 'Fill Color : C100M80, Stroke Color : None'을 지정한 후 Sliced raw fish를 입력합니다.

11 Type Tool([T])로 작업 도큐먼트를 클릭한 후 Character 패널에서 'Set the font family : Arial, Set the font style : Regular, Set the font size : 8pt'를 설정하고 'Fill Color : C90M50, Stroke Color : None'을 지정한 후 Fresh Seafood Restaurant를 입력합니다.

🄰 저장하기

01 [View]-[Guides]-[Hide Guides]([Ctrl]+[;])를 선택하여 안내선을 숨기고 [View]-[Fit Artboard in Window]([Ctrl]+[0])를 선택하여 현재 창에 맞추기를 합니다.

02 [File]-[Save As]를 선택하고 '저장 위치 : 내 PC₩문서₩GTQ, 파일 형식 : Adobe Illustrator(*AI), 파일 이름 : 수험번호-성명-문제번호.ai'를 확인하고 [저장]을 클릭한 후 [Illustrator Options] 대화상자에서 'Version : Illustrator 2020'으로 설정하고 [OK]를 클릭합니다.

03 답안 저장이 완료가 되면 [File]-[Exit]([Ctrl]+[Q])를 선택하여 일러스트레이터 프로그램을 종료하고 수험 프로그램에서 [답안 전송]을 클릭하여 감독관 컴퓨터로 전송합니다.

급수	문제유형	시험시간	수험번호	성명
2급	A	90분		

수 험 자 유 의 사 항

- 수험자는 문제지를 받는 즉시 응시하고자 하는 과목 및 급수가 맞는지 확인한 후 수험번호와 성명을 작성합니다.
- 파일명은 본인의 "수험번호–성명–문제번호"로 공백 없이 정확히 입력하고 답안폴더(내 PC₩문서₩GTQ)에 ai 파일 포맷으로 저장해야 하며, 다른 파일 형식으로 저장하였을 경우 0점 처리됩니다. 답안문서 파일명이 "수험번호–성명–문제번호"와 일치하지 않거나, 답안 파일을 전송하지 않아 미제출로 처리될 경우 불합격 처리됩니다.
- 수험자 정보와 저장한 파일명, 저장 위치가 다를 경우 전송이 되지 않으므로, 주의하시기 바랍니다.
- 답안 작성 중에도 주기적으로 '저장'과 '답안 전송'을 이용하여 감독위원 PC로 답안을 전송하셔야 합니다. (※ 작업한 내용을 저장하지 않고 전송할 경우 이전의 저장내용이 전송되오니 이점 반드시 유념하시기 바랍니다.)
- 답안문서는 지정된 경로 외의 다른 보조기억장치에 저장하는 행위, 지정된 시험 시간 외에 작성된 파일을 활용한 행위, 기타 통신수단(이메일, 메신저, 네트워크 등)을 이용하여 타인에게 전달 또는 외부 반출하는 행위는 부정으로 간주되어 자격기본법 제32조에 의거 본 시험 및 국가공인 자격시험을 2년간 응시할 수 없습니다.
- 시험 중 부주의 또는 고의로 시스템을 파손한 경우와 〈수험자 유의사항〉에 기재된 방법대로 이행하지 않아 생기는 불이익은 수험자의 책임임을 알려 드립니다.
- 시험을 완료한 수험자는 최종적으로 저장한 답안파일이 전송되었는지 확인한 후 감독위원의 지시에 따라 문제지를 제출하고 퇴실합니다.

답 안 작 성 요 령

- 온라인 답안 작성 절차
  수험자 등록 ⇒ 시험 시작 ⇒ 답안파일 저장 ⇒ 답안 전송 ⇒ 시험 종료
- 배점은 총 100점으로 이루어지며, 점수는 각 문제별로 차등 배분됩니다.
- 각 문제는 제시된 조건에 맞게 답안을 작성하셔야 하며, 조건을 지키지 못했을 경우에는 0점 또는 감점 처리됩니다.
- 조건에서 주어진 단위는 'mm(밀리미터)'입니다. 눈금자는 작성하지 않으며, 그 외는 출력형태(레이아웃, 색상, 문자, 규격 등)와 같게 작업하십시오.
- 문제 조건에 서체의 지정이 없을 경우 한글은 굴림이나 돋움, 영문은 Arial로 작업하십시오. (단, 그 외 제시되지 않은 문자 속성을 기본값으로 작성하지 않은 경우는 감점 처리됩니다.)
- 문제 조건에 크기와 색상, 두께의 지정이 없을 경우 《출력형태》를 참고하여 작업해 주시기 바랍니다.
- Image Mode(이미지 모드)는 별도의 처리조건이 없을 경우에는 CMYK로 작업하십시오.
- 조건에서 제시한 기능을 임의로 합치거나 각 기능에 대한 속성을 해지할 경우 해당 요소는 0점 처리됩니다.

한 국 생 산 성 본 부

다음의 《조건》에 따라 아래의 《출력형태》와 같이 작업하시오.

조건

파일저장규칙	AI	파일명	문서₩GTQ₩수험번호-성명-1.ai
		크기	100 × 80mm

1. 작업 방법

① 도형, 변형 툴과 Pathfinder 기능을 활용하여 오브젝트를 작성한다.
② 그 외 《출력형태》 참조

출력형태

C20M20Y40,
M20Y30,
C40Y40,
Y20K90,
C0M0Y0K0,
Y20K10,
M90Y80,
M50Y60,
C20M20Y40K50,
[Stroke] Y20K90, 1.5pt

다음의 《조건》에 따라 아래의 《출력형태》와 같이 작업하시오.

조건

파일저장규칙	AI	파일명	문서₩GTQ₩수험번호-성명-2.ai
		크기	100 × 80mm

1. 작업 방법
① 'Dog Show' 문자에 Arial (Bold Italic) 폰트를 적용한다.
② 'CHAMPION' 문자에 Type on a Path Tool을 활용한다.
③ Brush는 《출력형태》를 참고하여 작성한다.
④ Effect는 《출력형태》를 참고하여 작성한다.
⑤ 그 외 《출력형태》 참조

2. 문자 효과
① CHAMPION 1 (Times New Roman, Bold Italic, 10pt, 18pt, C0M0Y0K0, K100)

출력형태

C0M0Y0K0,
[Brush] Starburst 6, 0.5pt

[Brush] Dark Ink Wash,
C70M20, 0.25pt

C20Y20K20,
C50M70Y80K30,
C20M20Y40

Y80 → M40Y90,
C0M0Y0K0,
M40Y90,
M100Y100, C80,
C10M100Y90K10,
[Effect] Drop Shadow

C0M0Y0K0, K100, Y10, Y10K10,
C10M30Y50, M20Y10K40,
C40M60Y90K30, C10M20Y30K10,
C10M30Y30K30, Y50K10,
[Stroke] C10M10Y30K20, 1.5pt

다음의 《조건》에 따라 아래의 《출력형태》와 같이 작업하시오.

조건

파일저장규칙	AI	파일명	문서₩GTQ₩수험번호-성명-3.ai
		크기	120 × 80mm

1. 작업 방법

① 도형 툴로 오브젝트를 제작한 후 Pattern을 활용하여 작성한다. (패턴 등록 : 뼈다귀)
② 모자에는 규칙적인 점선을, 앞치마의 주머니에는 불규칙적인 점선을 설정한다.
③ 앞치마에 Pattern을 적용한다.
④ 앞치마 주머니에 배치된 오브젝트는 정렬, 간격을 일정하게 한 후 Group 설정한다.
⑤ 그 외 《출력형태》 참조

2. 문자 효과

① My Puppy (Times New Roman, Regular, 10pt, C0M0Y0K0)
② Lovely Pet (Arial, Bold, 9pt, K100)

출력형태

M20Y30K10, M80Y80K60,
C10M70Y80, Y10K10,
C0M0Y0K0, K100, M40Y40,
[Stroke] M20Y40K10, 1pt,
C10M70K30, 1pt

C20M20Y40,
M30Y40K20,
Y10K10

[Group]

C10Y10, C40Y10,
C50Y10 → C80M70,
K80, C90M80,
[Stroke] C0M0Y0K0, 1pt

C90M20Y10, C10Y10, C90M70Y10K10,
C50Y30, Opacity 60%,
[Stroke] M80Y80K60, 1pt,
[Pattern]

작업과정	새 도큐먼트 만들기 및 파일 저장하기 ➡ 고양이 얼굴 모양 만들기 ➡ 몸통과 꼬리 모양 만들기 ➡ 하트 모양 만들기 ➡ 저장하기
완성이미지	Part05₩기출유형문제10회₩수험번호-성명-1.ai

01 새 도큐먼트 만들기 및 파일 저장하기

01 [File]-[New]를 선택하고 'Width : 100mm, Height : 80mm, Units : Millimeters, Color Mode : CMYK'를 설정하여 새 도큐먼트를 만들고 [View]-[Rulers]-[Show Rulers] (Ctrl+R)를 선택하여 눈금자를 표시합니다.

02 작품의 규격 왼쪽 상단에 원점(0,0)을 확인하고 왼쪽과 상단 눈금자 위에서 마우스로 각각 드래그하여 제시된 출력형태와 레이아웃 구성이 동일하게 안내선을 표시합니다.

03 작업 도큐먼트를 저장하기 위해 [File]-[Save As]를 선택하고 '저장 위치 : 내 PC₩문서₩ GTQ, 파일 형식 : Adobe Illustrator(*AI), 파일 이름 : 수험번호-성명-문제번호'를 입력하고 [저장]을 클릭한 후 [Illustrator Options] 대화상자에서 'Version : Illustrator 2020'으로 설정하고 [OK]를 클릭합니다.

02 고양이 얼굴 모양 만들기

01 Pen Tool(✎)로 드래그하여 왼쪽 얼굴과 귀 모양을 그리고 'Fill Color : C20M20Y40, Stroke Color : Y20K90'을 지정하고 Stroke 패널에서 'Weight : 1.5pt'를 지정합니다.

02 Direct Selection Tool(▷)로 수직 안내선에 배치된 2개의 고정점을 드래그하여 선택합니다. [Object]-[Path]-[Average]를 선택하고 'Axis : Vertical'을 지정하여 수직의 평균 위치에 반듯하게 정렬합니다. Pen Tool(✎)로 안쪽 귀 모양을 그리고 'Fill Color : M20Y30, Stroke Color : None'을 지정합니다.

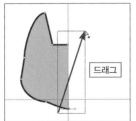
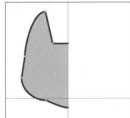
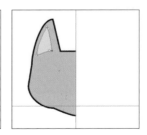

03 Ellipse Tool(◉)로 Shift 를 누르면서 드래그하여 정원을 그리고 'Fill Color : C40Y40, Stroke Color : Y20K90'을 지정하고 Stroke 패널에서 'Weight : 1.5pt'를 지정합니다. 계속해서 원의 내부에 타원을 그리고 'Fill Color : Y20K90, Stroke Color : None'을 지정합니다.

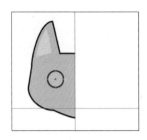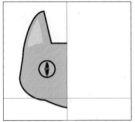

04 Ellipse Tool(◉)로 Shift 를 누르면서 드래그하여 정원을 그리고 'Fill Color : C0M0Y0K0, Stroke Color : None'을 지정합니다. Direct Selection Tool(▷)로 왼쪽 고정점을 선택하고 왼쪽으로 이동하여 패스를 변형합니다.

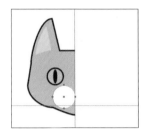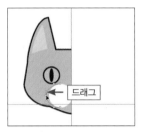

05 Pen Tool(✎)로 수염 모양을 3개의 열린 패스로 그리고 'Fill Color : None, Stroke Color : Y20K90'을 지정하고 Stroke 패널에서 'Weight : 1.5pt'를 지정합니다. Ctrl + A 로 모두 선택한 후 Reflect Tool(▷◁)로 Alt 를 누르고 가운데 세로 안내선을 클릭하여 'Axis : Vertical'을 지정하고 [Copy]를 눌러 복사합니다.

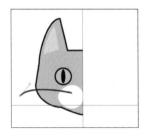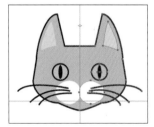

합격생의 비법

Pen Tool(✎)로 패스를 그리는 도중 Ctrl 을 누르면서 Selection Tool(▶)로 전환한 후 도큐먼트의 빈 곳을 클릭하면 열린 패스를 완료할 수 있습니다. Pen Tool(✎)의 마우스 커서가 ✎ₓ 모양일 때 클릭하여 새로운 패스를 그릴 수 있습니다.

06 Selection Tool(▶)로 고양이 얼굴에 해당하는 2개의 오브젝트를 드래그하여 선택하고 Pathfinder 패널에서 'Unite(◧)'를 클릭하여 합친 후 Shift + Ctrl + [를 눌러 맨 뒤로 보내기를 합니다.

  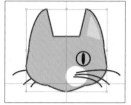 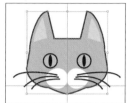

07 Pen Tool(✎)로 양쪽 귀 사이에 머리털 오브젝트를 그리고 'Fill Color : Y20K10, Stroke Color : None'을 지정합니다.

08 Ellipse Tool(◯)로 Alt 를 누르면서 세로 안내선에 드래그하여 중심에서부터 타원을 그리고 'Fill Color : M90Y80, Stroke Color : None'을 지정합니다. Direct Selection Tool(▷) 로 Shift 를 누르면서 클릭하여 상단과 하단 2개의 고정점을 선택합니다. 선택된 2개의 고정점 을 아래쪽으로 드래그하여 이동한 후 Anchor Point Tool(⏷)로 하단의 고정점에 클릭하여 핸들을 삭제합니다.

09 Ellipse Tool(◯)로 Alt 를 누르면서 세로 안내선에 드래그하여 타원을 그리고 'Fill Color : Y20K90, Stroke Color : None'을 지정한 후 Ctrl + [를 여러 번 눌러 뒤로 보내기를 합니 다.

🅞🅳 몸통과 꼬리 모양 만들기

01 Rectangle Tool(■)과 Pen Tool(✎), Ellipse Tool(●)로 작업 도큐먼트에 드래그하여 3 개의 오브젝트를 차례대로 그리고 'Fill Color : C20M20Y40, Stroke Color : Y20K90'을 지정하고 Stroke 패널에서 'Weight : 1.5pt'를 지정합니다. Selection Tool(▶)로 왼쪽 오브젝트와 타원을 함께 선택한 후 Pathfinder 패널에서 'Unite(■)'를 클릭하여 합칩니다.

02 Pen Tool(✎)로 왼쪽 수염 모양 아래쪽에 패스를 그리고 'Fill Color : C0M0Y0K0, Stroke Color : None'을 지정합니다. Selection Tool(▶)로 발 모양 오브젝트와 함께 선택하고 Reflect Tool(◁)로 Alt 를 누르면서 세로 안내선을 클릭하여 'Axis : Vertical'을 지정하고 [Copy]를 눌러 복사합니다. Selection Tool(▶)로 2개의 흰색 오브젝트를 선택하고 Pathfinder 패널에서 'Unite(■)'를 클릭하여 합칩니다.

03 Ellipse Tool(●)로 Alt 를 누르면서 세로 안내선에 드래그하여 타원을 그리고 'Fill Color : M50Y60, Stroke Color : None'을 지정합니다. Direct Selection Tool(▷)로 하단 고정 점을 클릭한 후 Alt 를 누르면서 양쪽 핸들을 각각 아래쪽으로 드래그하여 대칭형으로 패스를 변형합니다.

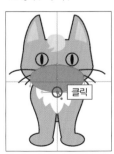  

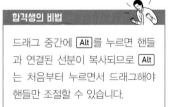

합격생의 비법

드래그 중간에 Alt 를 누르면 핸들과 연결된 선분이 복사되므로 Alt 는 처음부터 누르면서 드래그해야 핸들만 조절할 수 있습니다.

04 [Object]-[Path]-[Offset Path]를 선택한 후 'Offset : −1mm'를 지정하여 축소된 복사본을 만든 후 'Fill Color : M90Y80, Stroke Color : None'을 지정합니다.

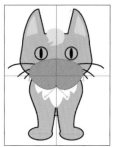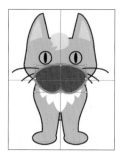

05 Selection Tool(▶)로 드래그하여 머리 부분을 제외한 6개의 오브젝트를 함께 선택하고 Shift+Ctrl+[ ]를 눌러 맨 뒤로 보내기를 합니다.

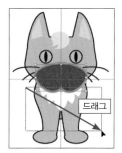

06 Pen Tool(✏)로 드래그하여 꼬리 모양의 열린 패스를 그리고 'Fill Color : None, Stroke Color : C20M20Y40K50'을 지정합니다. Stroke 패널에서 'Weight : 15pt, Cap : Round Cap'을 지정하여 패스의 끝 모양을 둥글게 하고 [Object]-[Path]-[Outline Stroke]를 선택하여 선을 면으로 확장합니다.

07 Knife(✏)로 꼬리 모양 오른쪽 부분에 각각 4번을 드래그하여 면을 분할합니다.

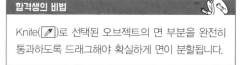

합격생의 비법

Knife(✏)로 선택된 오브젝트의 면 부분을 완전히 통과하도록 드래그해야 확실하게 면이 분할됩니다.

08 Selection Tool(▶)로 Shift 를 누르면서 분할된 2개의 오브젝트를 함께 선택하고 'Fill Color : C20M20Y40, Stroke Color : None'을 지정한 후 분할된 왼쪽 오브젝트를 선택하고 Shift + Ctrl + [를 눌러 맨 뒤로 보내기를 합니다.

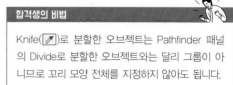

합격생의 비법

Knife(✎)로 분할한 오브젝트는 Pathfinder 패널의 Divide로 분할한 오브젝트와는 달리 그룹이 아니므로 꼬리 모양 전체를 지정하지 않아도 됩니다.

04 하트 모양 만들기

01 Ellipse Tool(◯)로 작업 도큐먼트를 클릭한 후 'Width : 22mm, Height : 22mm'를 입력하여 그리고 'Fill Color : M50Y60, Stroke Color : None'을 지정합니다.

02 Direct Selection Tool(▷)로 상단 고정점을 선택하고 아래쪽으로 이동한 후 Alt 를 누르면서 양쪽 핸들을 각각 위쪽으로 드래그하여 대칭형으로 패스를 변형합니다.

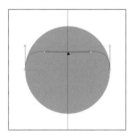 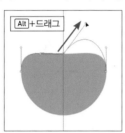 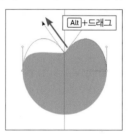

03 계속해서 Direct Selection Tool(▷)로 하단 고정점을 클릭하여 선택한 후 Alt 를 누르면서 양쪽 핸들을 각각 위쪽으로 드래그하여 대칭형으로 패스를 변형하여 하트 모양을 완성합니다.

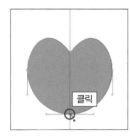 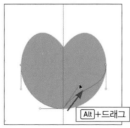 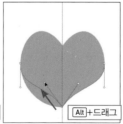

04 Selection Tool(▶)로 조절점 밖을 시계방향으로 드래그하여 회전한 후 Scale Tool(⊡)을 더블 클릭하여 'Uniform : 60%'를 지정하고 [Copy]를 눌러 축소 복사합니다. 'Fill Color : M20Y30, Stroke Color : None'을 지정하고 조절점 밖을 시계방향으로 회전하고 오른쪽에 배치합니다.

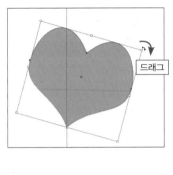  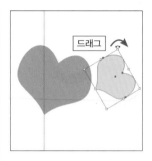

05 저장하기

01 [View]-[Guides]-[Hide Guides](Ctrl+;)를 선택하여 안내선을 숨기고 [View]-[Fit Artboard in Window](Ctrl+0)를 선택하여 현재 창에 맞추기를 합니다.

02 [File]-[Save As]를 선택하고 '저장 위치 : 내 PC₩문서₩GTQ, 파일 형식 : Adobe Illustrator(*AI), 파일 이름 : 수험번호-성명-문제번호.ai'를 확인하고 [저장]을 클릭한 후 [Illustrator Options] 대화상자에서 'Version : Illustrator 2020'으로 설정하고 [OK]를 클릭합니다.

03 답안 저장이 완료가 되면 [File]-[Close](Ctrl+W)를 선택하여 파일을 닫고 수험 프로그램에서 [답안 전송]을 클릭하여 감독관 컴퓨터로 전송합니다.

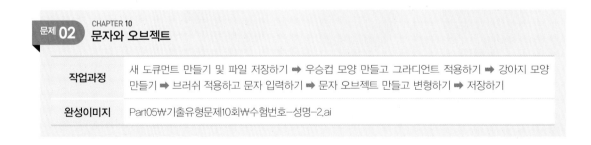

문제 02	CHAPTER 10 **문자와 오브젝트**	
작업과정	새 도큐먼트 만들기 및 파일 저장하기 ➡ 우승컵 모양 만들고 그라디언트 적용하기 ➡ 강아지 모양 만들기 ➡ 브러쉬 적용하고 문자 입력하기 ➡ 문자 오브젝트 만들고 변형하기 ➡ 저장하기
완성이미지	Part05₩기출유형문제10회₩수험번호-성명-2.ai

01 새 도큐먼트 만들기 및 파일 저장하기

01 [File]-[New]를 선택하고 'Width : 100mm, Height : 80mm, Units : Millimeters, Color Mode : CMYK'를 설정하여 새 도큐먼트를 만들고 [View]-[Rulers]-[Show Rulers] (Ctrl + R)를 선택하여 눈금자를 표시합니다.

02 작품의 규격 왼쪽 상단에 원점(0,0)을 확인하고 왼쪽과 상단 눈금자 위에서 마우스로 각각 드래그하여 제시된 출력형태와 레이아웃 구성이 동일하게 안내선을 표시합니다.

03 작업 도큐먼트를 저장하기 위해 [File]-[Save As]를 선택하고 '저장 위치 : 내 PC₩문서₩ GTQ, 파일 형식 : Adobe Illustrator(*AI), 파일 이름 : 수험번호-성명-문제번호'를 입력하고 [저장]을 클릭한 후 [Illustrator Options] 대화상자에서 'Version : Illustrator 2020' 로 설정하고 [OK]를 클릭합니다.

02 우승컵 모양 만들고 그라디언트 적용하기

01 Ellipse Tool(◎)로 작업 도큐먼트를 클릭한 후 'Width : 13mm, Height : 30mm'를 입력하여 그리고 'Fill Color : 임의 색상, Stroke Color : 임의 색상'을 지정합니다.

02 Rectangle Tool(▣)로 타원의 하단과 겹치도록 임의 색상의 사각형을 그리고 Ctrl + A 를 눌러 모두 선택하고 Pathfinder 패널에서 'Intersect(▣)'를 클릭하여 겹치는 부분만을 남깁니다.

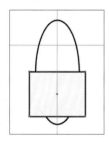  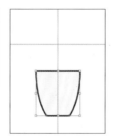

03 Add Anchor Point Tool(▚)로 상단 중앙의 선분에 클릭하여 고정점을 추가하고 키보드의 화살표 ↑를 눌러 위로 이동한 후 Anchor Point Tool(⊼)로 고정점에 수평 방향으로 드래그하여 곡선의 패스로 변형합니다.

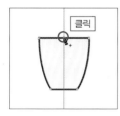   

합격생의 비법

드래그할 때 Shift 를 누르면 핸들이 수평 방향으로 조절이 됩니다.

04 Rectangle Tool()로 임의 색상의 사각형을 그리고 Ellipse Tool(◉)로 크기가 다른 3개의 타원을 그리고 배치합니다. [Ctrl]+[A]를 눌러 모두 선택하고 Align 패널에서 'Horizontal Align Center(⬌)'를 클릭하여 가로 가운데 정렬을 지정한 후 Pathfinder 패널에서 'Unite(◧)'를 클릭하여 합칩니다.

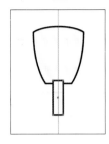  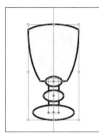 

05 Direct Selection Tool(▷)로 [Shift]를 누르면서 중간의 2개의 고정점을 선택하고 위로 이동하여 패스를 변형합니다. Gradient 패널에서 'Type : Linear Gradient, Angle : 0°'를 적용한 후 Gradient Slider의 왼쪽 'Color Stop'을 더블 클릭하여 Y80을 적용하고 오른쪽 'Color Stop'을 더블 클릭하여 M40Y90을 적용하고 'Stroke Color : None'을 지정합니다.

 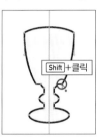  

06 Rounded Rectangle Tool(▢)로 작업 도큐먼트를 클릭한 후 'Width : 16mm, Height : 6mm, Corner Radius : 3mm'를 입력하여 그리고 'Fill Color : None, Stroke Color : M40Y90'을 지정한 후 Stroke 패널에서 'Weight : 6pt'를 적용합니다. [Object]-[Path]-[Outline Stroke]를 선택하여 선을 면으로 확장한 후 [Shift]+[[]를 눌러 뒤로 보내기를 합니다.

07 Star Tool(★)로 수직 안내선에 클릭하여 'Radius 1 : 4mm, Radius 2 : 2mm, Points : 5'를 입력하여 그리고 'Fill Color : C0M0Y0K0, Stroke Color : None'을 지정합니다.

08 Rectangle Tool()로 작업 도큐먼트를 클릭한 후 'Width : 4mm, Height : 17mm'를 입력하여 그리고 'Fill Color : C10M100Y90K10, Stroke Color : None'을 지정합니다. [Object]-[Path]-[Add Anchor Points]를 선택하고 각 선분의 중앙에 고정점을 추가합니다.

09 Direct Selection Tool()로 하단 선분 중앙의 고정점을 위로 이동하여 패스를 변형합니다. 계속해서 오브젝트의 면을 클릭하여 선택하고 Alt 를 누르면서 왼쪽으로 드래그하여 복사한 후 'Fill Color : C80, Stroke Color : None'을 지정합니다.

10 Line Segment Tool(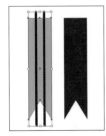)로 Shift 를 누르면서 드래그하여 2개의 수직선을 왼쪽 오브젝트와 겹치도록 그리고 'Fill Color : None, Stroke Color : 임의 색상'을 지정합니다. Selection Tool()로 3개의 오브젝트를 선택하고 Pathfinder 패널에서 'Divide()'를 클릭하여 면을 분할한 후 더블 클릭하여 Isolation Mode로 전환합니다. 가운데 모양을 선택하고 'Fill Color : M100Y100, Stroke Color : None'을 지정하고 Esc 를 눌러 정상 모드로 전환합니다.

11 Selection Tool(▶)로 2개의 리본 끈 모양을 함께 선택하고 [Effect]-[Illustrator Effects]-[Warp]-[Flag]를 선택하고 'Vertical : 체크, Bend : 70%'를 지정한 후 [Object]-[Expand Appearance]를 선택하여 오브젝트의 속성을 확장합니다.

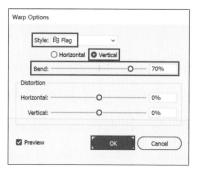 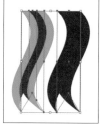 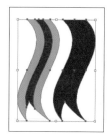

12 Selection Tool(▶)로 왼쪽 오브젝트를 선택한 후 Rotate Tool(↻)을 더블 클릭하여 'Angle : -15°'를 지정하여 회전하고 배치합니다. [Effect]-[Illustrator Effects]-[Stylize]-[Drop Shadow]를 선택하고 'Opacity : 75%, X Offset : 1mm, Y Offset : 1mm, Blur : 1mm'를 지정하여 그림자 효과를 적용합니다.

03 강아지 모양 만들기

01 Pen Tool(✏)로 강아지의 털 모양을 3개의 닫힌 패스로 그리고 'Fill Color : Y10, Stroke Color : C10M10Y30K20'을 지정하고 Stroke 패널에서 'Weight : 1.5pt'를 지정합니다. Selection Tool(▶)로 오른쪽 2개의 오브젝트를 선택하고 [Ctrl]+[[]를 눌러 뒤로 보내기를 합니다.

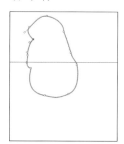 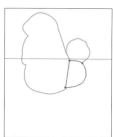 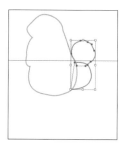

02 Pen Tool(✐)로 앞 다리 모양을 그리고 'Fill Color : C10M30Y30K30, Stroke Color : None'을 지정한 후 털 모양을 그리고 'Fill Color : Y10, Stroke Color : C10M10Y30K20'을 지정하고 Stroke 패널에서 'Weight : 1.5pt'를 지정합니다. Selection Tool(▶)로 2개의 오브젝트를 선택하고 Alt 를 누르면서 오른쪽으로 드래그하여 복사한 후 다리 모양을 선택하고 'Fill Color : C10M20Y30K10'을 지정합니다.

 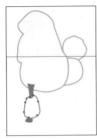  

03 Pen Tool(✐)로 뒤쪽 다리 모양을 순서대로 그리고 'Fill Color : C10M30Y30K30, C10M20Y30K10, Stroke Color : None'을 각각 지정합니다. 털 모양에는 'Fill Color : Y10, Stroke Color : C10M10Y30K20'을 지정하고 Stroke 패널에서 'Weight : 1.5pt'를 지정합니다. Selection Tool(▶)로 다리 모양을 모두 선택하고 Shift + Ctrl + [를 눌러 맨 뒤로 보내기를 합니다.

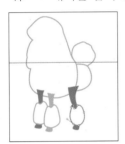 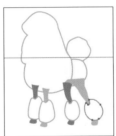 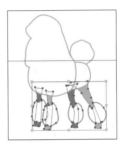

04 Pen Tool(✐)로 얼굴 부분의 음영과 얼굴 모양을 순서대로 그리고 'Fill Color : Y10K10, C10M30Y50, Stroke Color : None'을 각각 지정합니다.

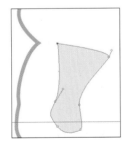  

05 Pen Tool(✐)로 얼굴 모양과 겹치도록 2개의 열린 패스를 그리고 'Fill Color : None,
Stroke Color : 임의 색상'을 지정합니다. Selection Tool(▶)로 얼굴 모양과 2개의 열린 패
스를 함께 선택하고 Pathfinder 패널에서 'Divide(⬚)'를 클릭하여 면을 분할합니다.

 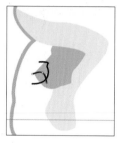 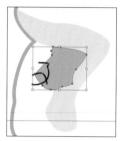 

06 Selection Tool(▶)로 더블 클릭하여 Isolation Mode로 전환하고 2개의 오브젝트를 각각
선택하여 'Fill Color : K100, M20Y10K40, Stroke Color : None'을 지정하고 [Esc]를 눌
러 정상 모드로 전환합니다.

07 Pen Tool(✐)로 입 모양을 열린 패스로 그리고 'Fill Color : None, Stroke Color :
C40M60Y90K30'을 지정합니다. Stroke 패널에서 'Weight : 0.75pt, Cap : Round Cap'
를 지정한 후 [Object]-[Path]-[Outline Stroke]를 선택하여 선을 면으로 확장합니다.

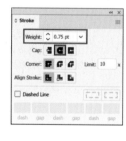 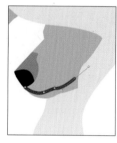 

08 Ellipse Tool(◯)로 드래그하여 크기가 다른 2개의 원을 그리고 'Fill Color : K100,
C0M0Y0K0, Stroke Color : None'을 각각 지정하여 눈 모양을 완성합니다. Selection
Tool(▶)로 위쪽 음영 모양을 선택하고 [Shift]+[Ctrl]+[]]를 눌러 맨 앞으로 가져오기를 합니다.

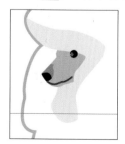 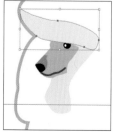

09 Ellipse Tool(◉)로 작업 도큐먼트를 클릭한 후 'Width : 48mm, Height : 10mm'를 입력하여 그리고 'Fill Color : Y50K10, Stroke Color : None'을 지정한 후 [Shift]+[Ctrl]+[[]를 눌러 맨 뒤로 보내기를 합니다. [Ctrl]을 누르면서 도큐먼트의 빈 곳을 클릭하여 선택을 해제합니다.

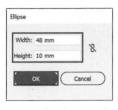  

04 브러쉬 적용하고 문자 입력하기

01 Brushes 패널 하단의 'Brush Libraries Menu'를 클릭하고 [Artistic]-[Artistic_Ink]를 선택하여 추가 브러쉬 패널을 불러온 후 'Dark Ink Wash'를 선택합니다.

02 Paintbrush Tool(✏)로 'Fill Color : None, Stroke Color : C70M20'을 지정하고 Stroke 패널에서 'Weight : 0.25pt'를 지정하고 드래그하여 구름 모양을 완성한 후 [Ctrl]을 누르면서 도큐먼트의 빈 곳을 클릭하여 패스의 선택을 해제합니다.

> **합격생의 비법**
>
> 연속해서 다른 종류의 브러쉬를 추가 설정할 때는 [Ctrl]을 누르면서 Selection Tool(▶)로 전환한 후 도큐먼트의 빈 곳을 클릭하여 패스의 선택을 해제합니다.

03 Brushes 패널 하단의 'Brush Libraries Menu'를 클릭하고 [Decorative]-[Decorative_Banners and Seals]를 선택하여 추가 브러쉬 패널을 불러온 후 'Starburst 6'을 선택합니다.

04 Pen Tool(✏)로 작업 도큐먼트 상단에 오른쪽에서 왼쪽 방향으로 열린 패스를 그리고 'Fill Color : None, Stroke Color : 임의 색상'을 지정한 후 'Starburst 6' 브러쉬를 적용하고 Stroke 패널에서 'Weight : 0.5pt'를 지정합니다.

> **합격생의 비법**
>
> 제시된 브러쉬의 양 끝 형태를 보고 패스의 시작점과 끝점을 설정해야 출력형태와 동일한 결과가 나옵니다.

05 Pen Tool(✒️)로 브러쉬 모양 위에 문자를 입력할 열린 곡선 패스를 왼쪽에서 오른쪽으로 그림과 같이 그리고 'Fill Color : None, Stroke Color : 임의 색상'을 지정합니다.

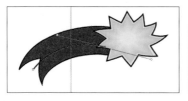

> **합격생의 비법**
> Tool 패널 하단의 Default Fill and Stroke(⬛)를 클릭하여 면과 선 속성을 초기화한 후에 새로운 패스를 그립니다.

06 Type on a Path Tool(🖈)로 곡선 패스의 왼쪽 끝점을 클릭하고 Character 패널에서 'Set the font family : Times New Roman, Set the font style : Bold Italic, Set the font size : 10pt'를 설정하고 'Fill Color : C0M0Y0K0, Stroke Color : None'을 지정하고 CHAMPION을 입력합니다.

07 Ellipse Tool(⬭)로 원을 그리고 'Fill Color : C0M0Y0K0, Stroke Color : None'을 지정하여 배치합니다. Type Tool(T)로 도큐먼트를 클릭한 후 Character 패널에서 'Set the font family : Times New Roman, Set the font style : Bold Italic, Set the font size : 18pt'를 설정하고 'Fill Color : K100, Stroke Color : None'을 지정하고 1을 입력합니다.

🄯 문자 오브젝트 만들고 변형하기

01 Type Tool(T)로 작업 도큐먼트를 클릭한 후 Character 패널에서 'Set the font family : Arial, Set the font style : Bold Italic, Set the font size : 24pt'를 설정하고 'Fill Color : C50M70Y80K30, Stroke Color : None'을 지정한 후 Dog Show를 입력합니다. Selection Tool(▶)로 Dog Show 문자를 선택하고 [Type]-[Create Outlines](Shift+Ctrl+O)를 선택하여 문자를 윤곽선으로 변환합니다.

02 Ellipse Tool(⬭)로 작업 도큐먼트에 드래그하여 문자와 겹치도록 2개의 타원을 그리고 'Fill Color : None, Stroke Color : 임의 색상'을 지정하고 배치합니다. Direct Selection Tool(▷)로 타원의 하단과 상단의 고정점을 각각 선택하고 Delete를 눌러 삭제하고 열린 패스로 변형합니다.

03 Selection Tool(▶)로 문자 오브젝트와 2개의 열린 패스를 함께 선택하고 Pathfinder 패널에서 'Divide(⬚)'를 클릭하여 면을 분할한 후 더블 클릭하여 Isolation Mode로 전환합니다. 분할된 문자 오브젝트의 상단과 하단을 각각 선택하고 'Fill Color : C20Y20K20, C20M20Y40, Stroke Color : None'을 지정하고 위쪽과 아래쪽으로 각각 이동하여 배치하고 [Esc]를 눌러 정상 모드로 전환합니다.

06 저장하기

01 [View]-[Guides]-[Hide Guides]([Ctrl]+[;])를 선택하여 안내선을 숨기고 [View]-[Fit Artboard in Window]([Ctrl]+[0])를 선택하여 현재 창에 맞추기를 합니다.

02 [File]-[Save As]를 선택하고 '저장 위치 : 내 PC₩문서₩GTQ, 파일 형식 : Adobe Illustrator(*.AI), 파일 이름 : 수험번호-성명-문제번호.ai'를 확인하고 [저장]을 클릭한 후 [Illustrator Options] 대화상자에서 'Version : Illustrator 2020'으로 설정하고 [OK]를 클릭합니다.

03 답안 저장이 완료가 되면 [File]-[Close]([Ctrl]+[W])를 선택하여 파일을 닫고 수험 프로그램에서 [답안 전송]을 클릭하여 감독관 컴퓨터로 전송합니다.

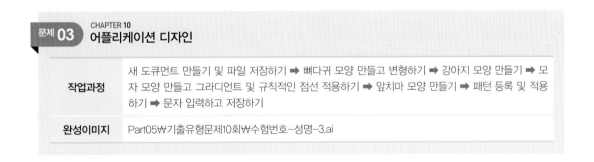

문제 03	CHAPTER 10 어플리케이션 디자인
작업과정	새 도큐먼트 만들기 및 파일 저장하기 ➡ 뼈다귀 모양 만들고 변형하기 ➡ 강아지 모양 만들기 ➡ 모자 모양 만들고 그라디언트 및 규칙적인 점선 적용하기 ➡ 앞치마 모양 만들기 ➡ 패턴 등록 및 적용하기 ➡ 문자 입력하고 저장하기
완성이미지	Part05₩기출유형문제10회₩수험번호-성명-3.ai

01 새 도큐먼트 만들기 및 파일 저장하기

01 [File]-[New]를 선택하고 'Width : 120mm, Height : 80mm, Units : Millimeters, Color Mode : CMYK'를 설정하여 새 도큐먼트를 만들고 [View]-[Rulers]-[Show Rulers] ([Ctrl]+[R])를 선택하여 눈금자를 표시합니다.

02 작품의 규격 왼쪽 상단에 원점(0,0)을 확인하고 왼쪽과 상단 눈금자 위에서 마우스로 각각 드래그하여 제시된 출력형태와 레이아웃 구성이 동일하게 안내선을 표시합니다.

03 작업 도큐먼트를 저장하기 위해 [File]–[Save As]를 선택하고 '저장 위치 : 내 PCW문서W GTQ, 파일 형식 : Adobe Illustrator(*AI), 파일 이름 : 수험번호–성명–문제번호'를 입력하고 [저장]을 클릭한 후 [Illustrator Options] 대화상자에서 'Version : Illustrator 2020'으로 설정하고 [OK]를 클릭합니다.

02 뼈다귀 모양 만들고 변형하기

01 Rectangle Tool(▣)로 작업 도큐먼트를 클릭한 후 'Width : 8mm, Height : 2.5mm'를 입력하여 그리고 'Fill Color : C20M20Y40, Stroke Color : None'을 지정합니다.

02 Ellipse Tool(◯)로 원을 그리고 'Fill Color : C20M20Y40, Stroke Color : None'을 지정하고 Selection Tool(▶)로 [Alt]를 누르면서 아래쪽으로 드래그하여 복사합니다. 계속해서 2개의 원을 함께 선택하고 [Alt]를 누르면서 오른쪽으로 드래그하여 복사합니다. [Ctrl]+[A]를 눌러 모두 선택하고 Pathfinder 패널에서 'Unite(▣)'를 클릭하여 합칩니다.

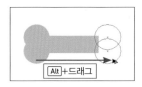
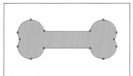

03 Ellipse Tool(◯)과 Rounded Rectangle Tool(▣)로 뼈다귀 왼쪽 모양 위에 임의 색상의 크기가 동일한 2개의 원과 둥근 사각형을 그립니다. Selection Tool(▶)로 3개의 오브젝트를 함께 선택하고 Reflect Tool(▷◁)로 [Alt]를 누르면서 가운데 부분을 클릭하여 'Axis : Vertical'을 지정하고 [Copy]를 눌러 복사합니다. [Ctrl]+[A]를 눌러 모두 선택하고 Pathfinder 패널에서 'Minus Front(▣)'를 클릭합니다.

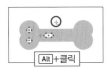

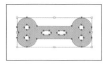

04 Scale Tool()을 더블 클릭하여 'Uniform : 60%'를 지정하고 [Copy]를 눌러 축소 복사합니다. Rotate Tool()을 더블 클릭하여 'Angle : −45°'를 지정하여 회전하고 'Fill Color : M30Y40K20, Stroke Color : None'을 지정하고 배치합니다.

05 Rectangle Tool()로 작업 도큐먼트를 클릭한 후 'Width : 19mm, Height : 17mm'를 입력하여 그리고 'Fill Color : Y10K10, Stroke Color : None'을 지정한 후 [Shift]+[Ctrl]+[[]를 눌러 맨 뒤로 보내기를 합니다.

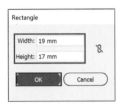
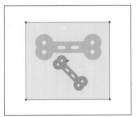

03 강아지 모양 만들기

01 Rounded Rectangle Tool()로 작업 도큐먼트를 클릭한 후 'Width : 13mm, Height : 16mm, Corner Radius : 4mm'를 입력하여 그리고 'Fill Color : M20Y30K10, Stroke Color : None'을 지정합니다.

02 Direct Selection Tool()로 하단 4개의 고정점을 드래그하여 선택하고 Scale Tool()을 더블 클릭하여 'Uniform : 85%'를 지정하여 패스를 축소합니다.

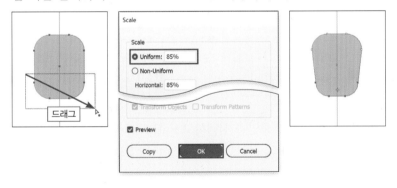

03 Pen Tool()로 귀 모양을 그리고 'Fill Color : M80Y80K60, Stroke Color : None'을 지정하고 [Ctrl]+[[]를 눌러 뒤로 보내기를 합니다. 계속해서 앞쪽 귀 모양을 그리고 'Fill Color : C10M70Y80, Stroke Color : None'을 지정합니다.

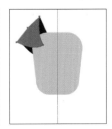

04 Pen Tool(✐)로 아래쪽 수염 모양을 그리고 'Fill Color : Y10K10, Stroke Color : M20Y40K10'을 지정한 후 Stroke 패널에서 'Weight : 1pt'를 지정합니다. 계속해서 앞쪽 수염 모양을 그리고 'Fill Color : C0M0Y0K0, Stroke Color : M20Y40K10'을 지정하고 Stroke 패널에서 'Weight : 1pt'를 지정합니다. Ellipse Tool(◯)로 2개의 크기가 다른 정원을 그리고 'Fill Color : C0M0Y0K0, K100, Stroke Color : None'을 각각 지정하여 눈모양을 완성합니다.

 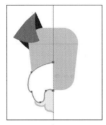 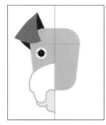

05 Selection Tool(▶)로 귀와 눈, 수염 모양의 오브젝트를 모두 선택하고 Reflect Tool(◁)로 Alt 를 누르면서 세로 안내선을 클릭하여 'Axis : Vertical'을 지정하고 [Copy]를 눌러 복사합니다. Selection Tool(▶)로 오른쪽의 뒤쪽 귀 모양을 선택하고 Shift + Ctrl + [를 눌러 맨 뒤로 보내기를 합니다.

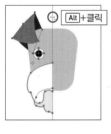  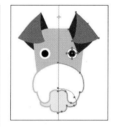 

06 Selection Tool(▶)로 아래쪽 2개의 수염 모양을 선택하고 Pathfinder 패널에서 'Unite(▣)'를 클릭하여 합칩니다. 계속해서 위쪽 2개의 수염 모양도 동일한 방법으로 합칩니다.

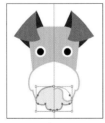  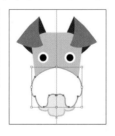

튀어나온 고정점 정리하기

Unite 과정 중 튀어나온 고정점은 Direct Selection Tool(▷)로 선택하고 [Object]–[Path]–[Average]를 선택하고 'Axis : Both'를 클릭하여 가운데 평균의 위치에 정렬합니다.

07 Ellipse Tool(◉)로 세로 안내선 중앙에 타원을 그리고 'Fill Color : M40Y40, Stroke Color : None'을 지정합니다. Line Segment Tool(╱)로 Shift 를 누르면서 타원 중앙에 수직선을 그리고 'Fill Color : None, Stroke Color : C10M70K30'을 지정하고 Stroke 패널에서 'Weight : 1pt, Cap : Round Cap'을 지정합니다. Selection Tool(▶)로 위쪽 수염 모양을 선택하고 Shift + Ctrl +] 를 눌러 맨 앞으로 가져오기를 합니다.

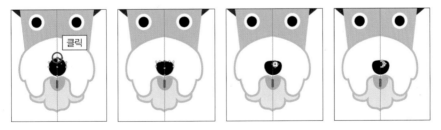

08 Ellipse Tool(◉)로 Shift 를 누르면서 크기가 다른 2개의 정원을 그리고 'Fill Color : K100, C0M0Y0K0, Stroke Color : None'을 각각 지정합니다. Direct Selection Tool(▷)로 큰 정원의 상단 고정점을 아래쪽으로 이동한 후 작은 정원의 왼쪽 고정점을 이동하여 코 모양을 완성합니다.

09 Selection Tool(▶)로 강아지 모양을 모두 선택하고 Ctrl + G 를 눌러 그룹으로 설정합니다.

04 모자 모양 만들고 그라디언트 및 규칙적인 점선 적용하기

01 Rounded Rectangle Tool(■)로 작업 도큐먼트를 클릭한 후 'Width : 38mm, Height : 38mm, Corner Radius : 14mm'를 입력하여 그리고 'Fill Color : C10Y10, Stroke Color : 임의 색상'을 지정합니다.

02 Scale Tool(▣)을 더블 클릭하여 'Horizontal : 80%, Vertical : 100%, Scale Strokes & Effects : 체크 해제'를 지정하고 [Copy]를 눌러 너비만 축소하여 복사합니다. 계속해서 Scale Tool(▣)을 더블 클릭하여 'Horizontal : 52%, Vertical : 100%, Scale Strokes & Effects : 체크 해제'를 지정하고 [Copy]를 눌러 너비만 축소하여 복사합니다.

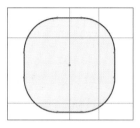 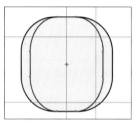 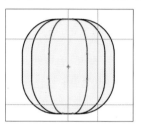

03 Ellipse Tool(●)로 작업 도큐먼트를 클릭한 후 'Width : 50mm, Height : 18mm'를 입력하여 그리고 'Fill Color : 임의 색상, Stroke Color : 임의 색상'을 지정하고 하단에 배치합니다.

04 Selection Tool(▶)로 4개의 오브젝트를 함께 선택하고 Pathfinder 패널에서 'Trim(▣)'을 클릭한 후 더블 클릭하여 Isolation Mode로 전환합니다. 타원을 선택하고 [Delete]를 눌러 삭제한 후 2개의 오브젝트를 함께 선택하여 'Fill Color : C40Y10, Stroke Color : None'을 지정하고 [Esc]를 눌러 정상 모드로 전환합니다.

 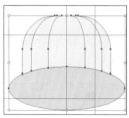 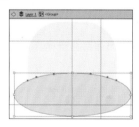 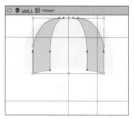

05 Rounded Rectangle Tool(■)로 [Alt]를 누르면서 세로 안내선에 클릭하여 'Width : 38mm, Height : 15mm, Corner Radius : 4mm'를 입력하여 그리고 'Fill Color : 임의 색상, Stroke Color : 임의 색상'을 지정합니다.

06 Direct Selection Tool(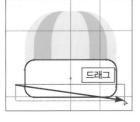)로 둥근 사각형 하단의 4개의 고정점을 드래그하여 선택한 후 Scale Tool(⊞)을 더블 클릭하여 'Uniform : 105%'를 지정하여 하단 패스를 확대합니다.

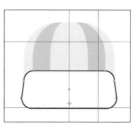

07 Selection Tool(▶)로 모자 모양 상단을 선택하고 Shift + Ctrl + G 를 눌러 그룹을 해제합니다. 바깥쪽 2개의 오브젝트와 하단 오브젝트를 함께 선택하고 Pathfinder 패널에서 'Unite (▣)'를 클릭하여 합친 후 Shift + Ctrl + [를 눌러 맨 뒤로 보내기를 합니다.

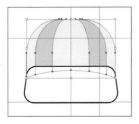
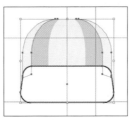

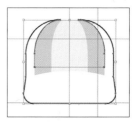

08 Add Anchor Point Tool(✎)로 하단 선분의 중앙에 클릭하여 고정점을 추가하고 위로 이동한 후 Anchor Point Tool(⊾)로 수평으로 드래그하며 Shift 를 누르면서 곡선의 핸들을 추가합니다.

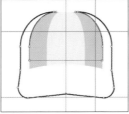
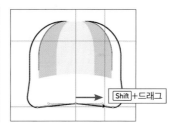

09 Gradient 패널에서 'Type : Linear Gradient, Angle : 0°'를 적용한 후 Gradient Slider의 왼쪽 'Color Stop'을 더블 클릭하여 C50Y10을 적용하고 오른쪽 'Color Stop'을 더블 클릭하여 C80M70을 적용한 후 'Stroke Color : None'을 지정합니다. Selection Tool(▶)로 그라디언트가 적용된 오브젝트를 선택하고 [Object]-[Transform]-[Move]를 선택하고 'Horizontal : 0mm, Vertical : 0.8mm'를 입력하고 [Copy]를 눌러 아래쪽으로 이동하여 복사한 후 'Fill Color : K80, Stroke Color : None'을 지정합니다.

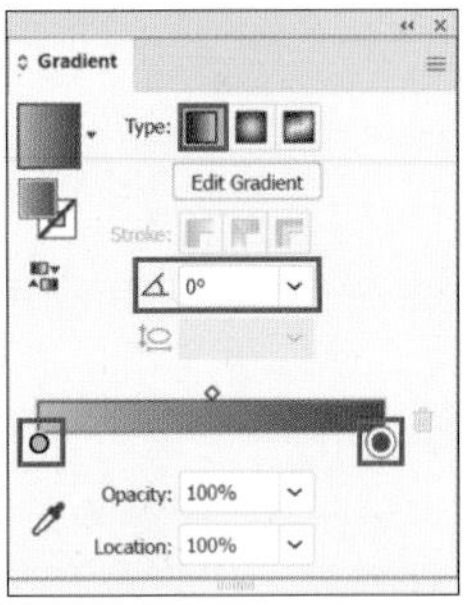

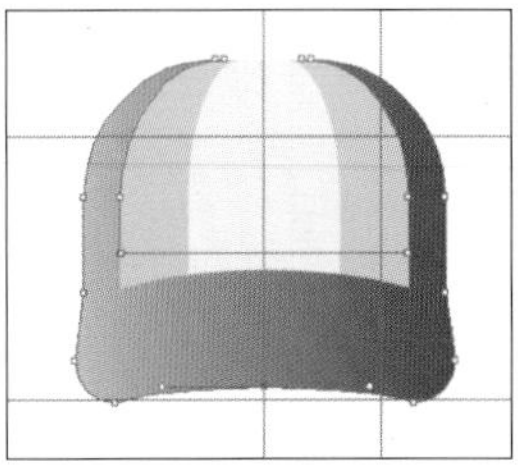
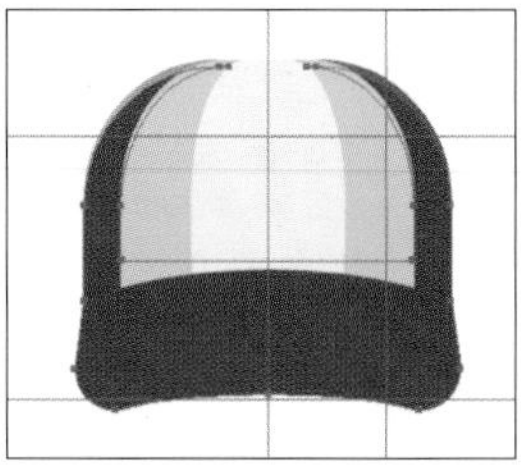

10 Rectangle Tool(□)로 상단과 겹치도록 임의 색상의 사각형을 그리고 Selection Tool(▶)로 회색이 적용된 오브젝트와 함께 선택합니다. Pathfinder 패널에서 'Minus Front(◰)'를 클릭한 후 Shift+Ctrl+[를 눌러 맨 뒤로 보내기를 합니다.

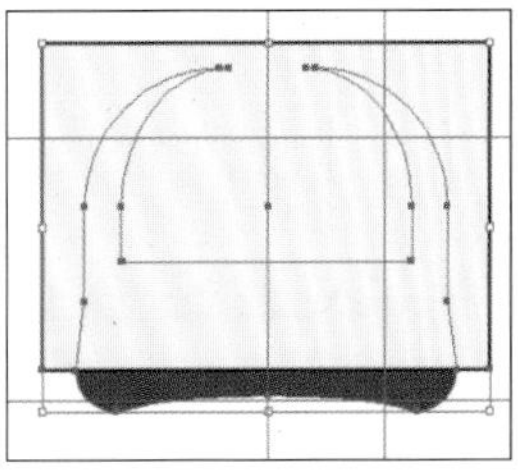
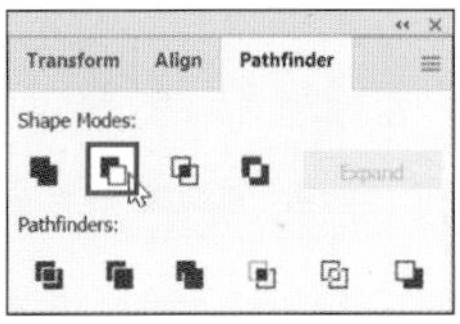

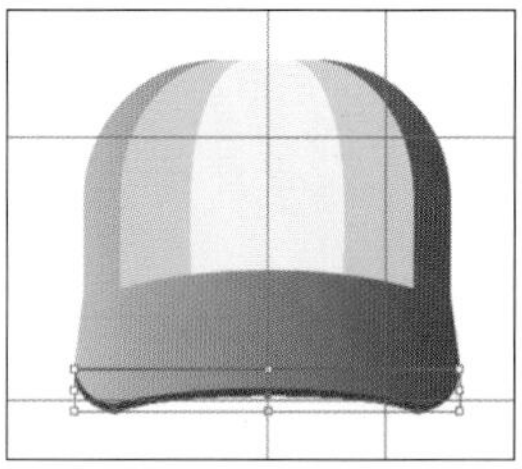

11 Selection Tool(▶)로 그라디언트가 적용된 오브젝트를 선택하고 [Object]-[Path]-[Offset Path]를 선택한 후 'Offset : -1mm'를 지정하여 축소된 복사본을 만든 후 더블 클릭하여 Isolation Mode로 전환합니다. Direct Selection Tool(▷)로 상단 고정점을 드래그하여 선택하고 Delete를 눌러 열린 패스를 만듭니다.

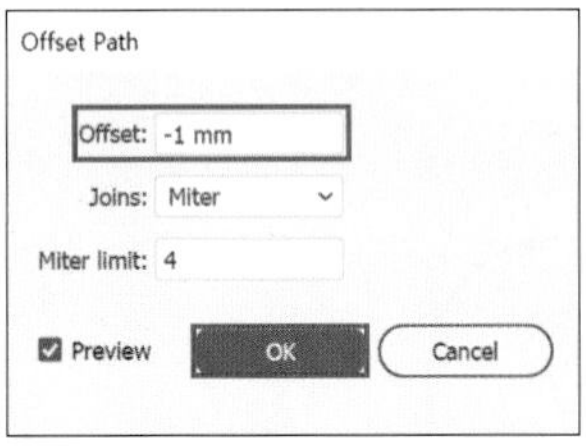

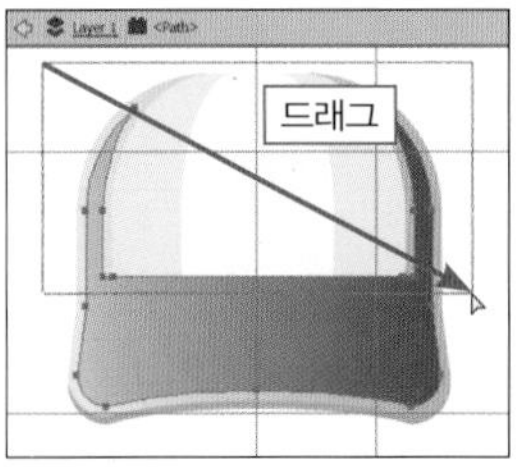

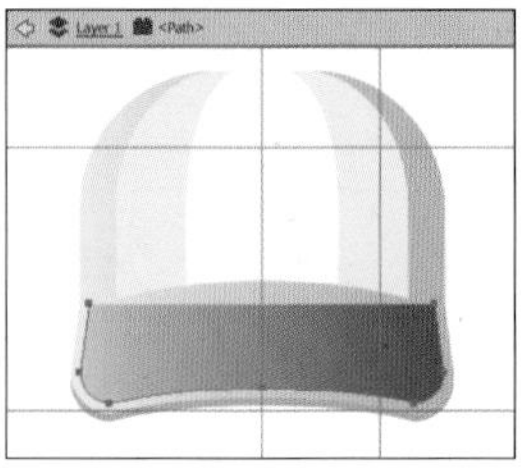

12 Color 패널에서 'Fill Color : None, Stroke Color : C0M0Y0K0'을 지정하고 Stroke 패널에서 'Weight : 1pt, Dashed Line : 체크, dash : 2pt'를 입력한 후 Esc 를 눌러 정상 모드로 전환합니다. Ellipse Tool(◉)로 Alt 를 누르면서 모자 모양 상단 중앙에 드래그하여 타원을 그리고 'Fill Color : C90M80, Stroke Color : None'을 지정합니다.

13 Selection Tool(▶)로 강아지 모양을 선택하고 Ctrl + C 로 복사하고 Ctrl + V 로 붙여 넣기를 한 후 Scale Tool(🔲)을 더블 클릭하여 'Uniform : 60%, Scale Strokes & Effects : 체크'를 지정하여 축소한 후 모자 중앙에 배치합니다.

14 Type Tool(T)로 작업 도큐먼트를 클릭한 후 Character 패널에서 'Set the font family : Times New Roman, Set the font style : Regular, Set the font size : 10pt'를 설정하고 'Fill Color : C0M0Y0K0, Stroke Color : None'을 지정한 후 My Puppy를 입력합니다. Rotate Tool(↻)을 더블 클릭하고 'Angle : 30°'를 지정하여 회전한 후 오른쪽에 배치합니다.

05 앞치마 모양 만들기

01 Rectangle Tool(▢)로 작업 도큐먼트를 클릭한 후 'Width : 20mm, Height : 14mm'를 입력하여 그리고 'Fill Color : None, Stroke Color : 임의 색상'을 지정합니다. 계속해서 사각형 하단에 클릭하여 'Width : 30mm, Height : 45mm'를 입력하여 그리고 'Fill Color : None, Stroke Color : 임의 색상'을 지정합니다.

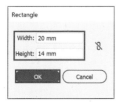 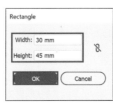 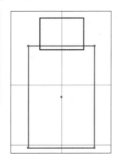

02 Selection Tool(▶)로 2개의 사각형을 함께 선택하고 Align 패널에서 'Horizontal Align Center(♣)'를 클릭하여 가로 가운데 정렬을 지정한 후 Pathfinder 패널에서 'Unite(▣)'를 클릭하여 합칩니다.

03 Direct Selection Tool(▷)로 중간의 2개의 고정점을 선택하고 위쪽으로 이동하여 패스를 변형합니다. [Effect]-[Illustrator Effects]-[Stylize]-[Round Corners]를 선택하고 'Radius : 1mm'를 입력하여 모서리를 둥글게 만든 후 [Object]-[Expand Appearance]를 선택하여 오브젝트의 속성을 확장합니다.

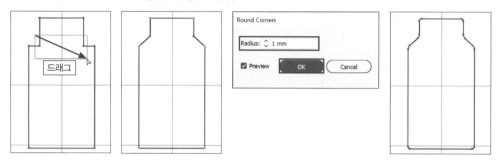

04 Direct Selection Tool(▷)로 하단 4개의 고정점을 선택하고 Scale Tool(⬚)을 더블 클릭하여 'Uniform : 120%'를 지정하여 패스를 확대합니다.

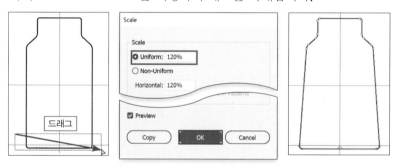

05 Rounded Rectangle Tool(◻)로 **Alt**를 누르면서 세로 안내선에 클릭하여 'Width : 17mm, Height : 17mm, Corner Radius : 4mm'를 입력하여 그리고 'Fill Color : C90M20Y10, Stroke Color : None'을 지정합니다.

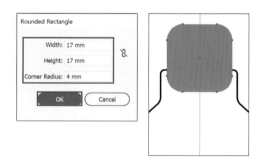

06 Rectangle Tool(◻)로 임의 색상의 사각형을 중앙에 겹치도록 그리고 Selection Tool(▶)로 둥근 사각형과 함께 선택합니다. Align 패널에서 'Horizontal Align Center(♣)'를 클릭하여 가로 가운데 정렬을 지정한 후 Pathfinder 패널에서 'Minus Front(▣)'를 클릭합니다.

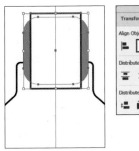   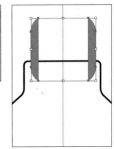

07 Rectangle Tool(◻)로 상단의 끈 모양 사이에 사각형을 그리고 'Fill Color : C10Y10, Stroke Color : None'을 지정합니다. Selection Tool(▶)로 앞치마 끈 모양을 모두 선택하고 Ctrl+[를 눌러 뒤로 보내기를 합니다.

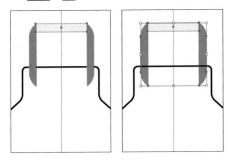

06 패턴 등록 및 적용하기

01 Selection Tool(▶)로 사각형과 뼈다귀 모양을 모두 선택하고 [Object]-[Pattern]-[Make]를 선택하고 Pattern Options에서 'Name : 뼈다귀'를 지정하고 패턴으로 등록합니다. Esc 를 눌러 패턴의 편집 모드에서 정상 모드로 전환합니다.

02 Selection Tool(▶)로 앞치마 모양을 선택하고 Swatches 패널에서 등록된 뼈다귀 패턴을 클릭하여 면 색상에 적용하고 'Stroke Color : None'을 지정합니다. Scale Tool(⬚)을 더블 클릭하고 'Uniform : 40%, Transform Objects : 체크 해제, Transform Patterns : 체크'를 지정하여 패턴의 크기를 축소합니다.

 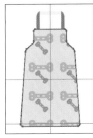  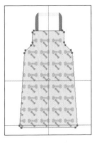

03 Polygon Tool()로 끈 모양 아래쪽에 Shift를 누르면서 드래그하여 6각형을 그리고 'Fill Color : C90M20Y10, Stroke Color : None'을 지정한 후 Selection Tool(▶)로 Alt + Shift를 누르면서 오른쪽으로 드래그하여 복사합니다. Ellipse Tool(◯)로 작업 도큐먼트를 클릭한 후 'Width : 16mm, Height : 16mm'를 입력하여 정원을 그리고 'Fill Color : C90M70Y10K10, Stroke Color : None'을 지정하고 앞치마 모양의 상단 중앙에 배치합니다.

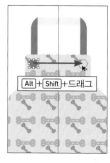

04 Selection Tool(▶)로 강아지 모양을 선택하고 Ctrl + C로 복사하고 Ctrl + V로 붙여 넣기를 합니다. Scale Tool(⊞)을 더블 클릭하고 'Uniform : 40%, Scale Strokes & Effects : 체크, Transform Objects : 체크, Transform Patterns : 체크 해제'를 지정하여 축소합니다. Rotate Tool(↻)을 더블 클릭하여 'Angle : 30°, Transform Objects : 체크, Transform Patterns : 체크 해제'를 지정하여 회전합니다.

05 Rounded Rectangle Tool(▢)로 작업 도큐먼트를 클릭한 후 'Width : 21mm, Height : 19mm, Corner Radius : 2mm'를 입력하여 그리고 'Fill Color : C50Y30, Stroke Color : None'을 지정하고 하단 중앙에 배치합니다.

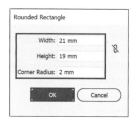
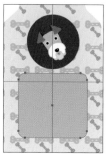

06 Rounded Rectangle Tool(▢)로 드래그하여 둥근 사각형의 상단과 겹치도록 그리고 임의의 색상을 지정합니다. Selection Tool(▶)로 2개의 오브젝트를 함께 선택하고 Pathfinder 패널에서 'Minus Front(▣)'를 클릭하여 주머니 모양을 완성합니다.

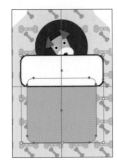

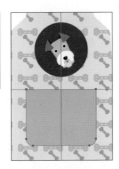

07 [Object]–[Path]–[Offset Path]를 선택한 후 'Offset : −1mm'를 지정하여 축소된 복사본을 만든 후 'Fill Color : None, Stroke Color : M80Y80K60'을 지정합니다. Stroke 패널에서 'Weight : 1pt, Dashed Line : 체크, dash : 5pt, gap : 2pt, dash : 2pt, gap : 3pt'를 입력하여 불규칙적인 점선을 그려 배치합니다.

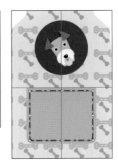

08 Selection Tool(▶)로 큰 주머니 모양을 선택하고 Transparency 패널에서 'Opacity : 60%'를 설정하여 불투명도를 조절합니다.

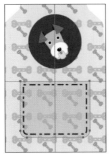

07 문자 입력하고 저장하기

01 Selection Tool(▶)로 도큐먼트 왼쪽 상단의 작은 뼈다귀 모양을 선택하고 Ctrl+C로 복사하고 Ctrl+V로 붙여 넣기를 합니다. Scale Tool(🔲)을 더블 클릭하고 'Uniform : 90%, Transform Objects : 체크, Transform Patterns : 체크 해제'를 지정하여 축소한 후 Rotate Tool(🔄)을 더블 클릭하여 'Angle : 110°'를 지정하여 회전합니다.

02 Selection Tool(▶)로 Alt+Shift를 누르면서 오른쪽으로 드래그하여 복사하고 Ctrl+D를 눌러 간격을 일정하게 유지하며 반복 복사합니다. 3개의 뼈다귀 모양을 함께 선택하고 Ctrl+G를 눌러 그룹을 설정합니다.

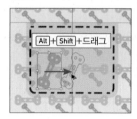 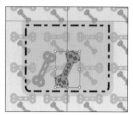 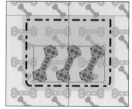

03 Type Tool(T)로 작업 도큐먼트를 클릭한 후 Character 패널에서 'Set the font family : Arial, Set the font style : Bold, Set the font size : 9pt'를 설정하고 'Fill Color : K100, Stroke Color : None'을 지정한 후 Lovely Pet을 입력합니다.

04 [View]-[Guides]-[Hide Guides](Ctrl+;)를 선택하여 안내선을 숨기고 [View]-[Fit Artboard in Window](Ctrl+0)를 선택하여 현재 창에 맞추기를 합니다.

05 [File]-[Save As]를 선택하고 '저장 위치 : 내 PC₩문서₩GTQ, 파일 형식 : Adobe Illustrator(*AI), 파일 이름 : 수험번호-성명-문제번호.ai'를 확인하고 [저장]을 클릭한 후 [Illustrator Options] 대화상자에서 'Version : Illustrator 2020'으로 설정하고 [OK]를 클릭합니다.

06 답안 저장이 완료가 되면 [File]-[Exit](Ctrl+Q)를 선택하여 일러스트레이터 프로그램을 종료하고 수험 프로그램에서 [답안 전송]을 클릭하여 감독관 컴퓨터로 전송합니다.